U0098621

William A. Scott
威廉・史考特 著

經濟思想史

三民書局印行

國立中央圖書館出版品預行編目資料

經濟思想史／威廉・史考特著. -- 五版. --臺北市：三民，民85

面；　　公分

ISBN 957-14-0379-2（平裝）

550

網際網路位址　http://Sanmin.com.tw

© 經濟思想史

著作人　William A. Scott
　　　　威廉・史考特

發行人　劉振强

著作財產權人　三民書局股份有限公司
　　　　　　　臺北市復興北路三八六號

發行所　三民書局股份有限公司
　　　　地　址／臺北市復興北路三八六號
　　　　郵　撥／〇〇〇九九九八—五號

印刷所　三民書局股份有限公司

門市部　復北店／臺北市復興北路三八六號
　　　　重南店／臺北市重慶南路一段六十一號

初　版　中華民國六十五年十月

五　版　中華民國八十五年八月

編　號　S 55043

基本定價　柒元捌角

行政院新聞局登記證局版臺業字第〇二〇〇號

有著作權・不准侵害

ISBN 957-14-0379-2（平裝）

著者原序

著者本四十年作研究生和大學教授的經驗，寫成此書，這經驗增強了早年的見地，就是，經濟學家的最好的，也許最主要的訓練，是經濟學的歷史的研究。在牠的發展中，經濟學已經過了幾個階段，在每一階段之內，過去的思考常被那時的經濟和社會狀況以及各方面的思想所影響。因此任何時期之經濟思想的單獨原則與體系的意義、範圍和限度，祇有從歷史的觀察纔能了解。

以歷史的觀點去研究經濟學的學者，遇到了一大批的著作，可是他僅能研究其中的一小部分，對于他所讀的怎樣去作適當的選擇和參透意義，正是他的問題。在選擇的過程中，他雖然得到史籍的幫助，但是祇有獨具烱眼的人纔能採取適當的材料。尋常的學者讀了史籍，茫無頭緒，雖則其中分門別類和着眼點各有不同，而他所要注意的這些歷史中著作家和書籍有這麼多，簡直使他頭暈腦脹，往往得不到全部的透視，使他能集中心力于經濟學上最重要的和最有意義的，而略去其他的材料。

排除這種困難，須借助于許多學說史，而非著作家和書籍所能爲力，但是，卽使有這些學說，也很少取材宏富的，並且因爲他們必須從上下文中分割出來著作家的一種或多種學說，他們往往留下不完備和曲解的印象。

這一本書應用了排除研究者困難之另一方法。這就是把所研究的題目集中於英國古典學派經濟學的發展，而考慮第一、前時期的經濟生活和思想的背景第二、古典學派經濟學本身的發展第三、古典學派經濟學的初期的批評；第四新古典學派改造經濟學的企圖包括這些企圖的時人時代和批評在每一個主要的節目中只選擇了代表和顯名的著作家以資討論其餘的或完全省略或在和前者的關係中加以討論這樣或可望較優的全部配合得告成功和同時的歷史比較起來對於經濟學的主要著作家和學說有更充分更完備的討論並且所討論的著作家和學說的數目已減少到尋常研究者在相當期間內所能了解的範圍這書更仔細討論經濟學發展中的主要階段所屬的時期中經濟生活的顯著的特點而占有比普通多些的篇幅。

論述的方法是儘量客觀的目的在於把所討論的著作家的思想正確地表現出來並不在於表現著者對於這種思想的反應爲了這種目的就應用了許多引證並且特別爲了注重要點而採用了許多評論在同一著作的前後幾段的引證中有很長的删節時則在删節之前用了引號。

此書的編製是多年同現在散居全世界的千數百個學生在課室內的和個別的討論的結果此書的出版大部分是由於他們許多人時常表示的需要特別是那些在學術界中的人希望這些討論的主旨成爲可以供給他們自己和他們的學生應用著者對於這些學生的建議和批評表示感謝。

威廉史攷特

一九三二年

目次

第一章　導言……一
第一編　古典學派經濟學的背景
第二章　重商主義……三
一　重商主義當作一種國家政策……三
二　英國的重商主義……四
三　其他國家的重商主義……一二
四　重商主義的學說……一三
第三章　法國重商主義的反動……二四
一　泰恩對於當時情形的敘述……二四
二　思想界的革命……二八
三　重農主義者的精神上的先驅……二九

(甲)波雅吉爾伯……二九
(乙)服榜……三五
(丙)康第良……三七
第四章　重農主義……四一
一　重農主義的起源……四一
(甲)密拉波……四一
(乙)揆內……四二
二　重農學派的發展……四七
三　重農學派的學說……四九
四　重農學派的衰微……五三
第五章　英國重商主義的衰微……五五
一　干涉政策的推翻……五五
二　反重商主義的學說……五六
三　十八世紀……五八

第二編　古典學派經濟學的發展
第六章　亞丹斯密與原富的演進……六一
一　亞丹斯密生平……六一
二　「原富」的演進……六六
第七章　原富的分析……六九
一　分工與國富……六九
(甲)本書的主旨與綱要……六九
(乙)勞力爲國富的淵源……七〇
(丙)分工的性質利益原因與結果……七一
(丁)分工的限度……七二
(戊)資本與分工……七三
二　資本與國富……七四
(甲)資本的功用……七四

(乙)資本的定義分類與淵源……七四
(丙)社會上的總收入與純收入……七六
(丁)資本的各種使用的效果……七七
(戊)生產的與不生產的勞力……八一
(己)社會上的資本基金的數量……八二
(庚)耐用的財貨與不耐用的財貨的費用比較……八四
三　政府與國富……八四
(甲)自私與資本的用途……八五
(乙)政府干涉的影響……八六
(丙)貿易自由原則的例外……八九
第八章　從一七七六年到一八一五年……九〇
一　經濟狀況與社會狀況……九〇
二　馬爾薩斯的人口論……九三
三　地租說……九七

四　資本生產說……一〇三
五　銀行鈔票的發行與價格的漲落……一〇七
第九章　大衛呂嘉圖及其分配論……一〇九
一　呂嘉圖的生平及其著作……一〇九
二　呂嘉圖對於分配問題的概念及用以解決此問題的學說……一一三
三　呂嘉圖的價值說……一一三
四　呂嘉圖的地租說……一一九
五　呂嘉圖的工資說……一二四
六　呂嘉圖的利潤說……一三〇
七　地主勞動者與資本家的利益衝突……一三三
第十章　從一八一五年到一八四八年……一三四
一　經濟狀況……一三四
二　改革運動……一三五
三　馬爾薩斯對於呂嘉圖的地租說的批評……一四〇

四 理查瓊斯……一四四
五 施尼爾的節約說……一五〇
六 施尼爾的獨佔說……一五四
七 工資基金說……一五七
八 利息的使用說……一六五
第十一章 約翰斯圖亞特彌爾……一六八
一 彌爾的準備和他對於這種工作的合格……一六九
二 彌爾的經濟學原理的題旨的組織……一七二
三 生產……一七三
四 分配……一八三
五 交易……一九二
六 社會進步對於生產和分配的影響……一九七
七 政府的影響……二〇六

第三編 古典學派經濟學的早期批評家

第十二章　國家主義派……二一一
一　小引……二一一
二　勞德岱……二一二
(甲)公私財富的區別……二一二
(乙)對於斯密的節約說的批評……二一四
(丙)調劑資本的數量以適合國家的需要……二一五
三　亞當亨里米勒……二一六
四　雷夢……二二〇
五　李斯脫……二二五
六　國家主義派的著作的意義……二三七
第十三章　舊歷史學派……二四〇
一　歷史的背景……二四〇
二　羅希爾……二四二
三　希德布蘭……二五〇

四　克尼思……………………………………………………二五五
五　歷史學派的特徵……………………………………………二六〇
第十四章　樂觀派……………………………………………二六四
一　小引…………………………………………………………二六四
二　卡里…………………………………………………………二六五
三　巴師夏………………………………………………………二七六
第十五章　社會主義者………………………………………二八五
一　近世社會主義運動…………………………………………二八五
二　薛斯夢迪……………………………………………………二八六
第十六章　集產主義與組合主義……………………………二九七
一　聖西蒙與集產主義…………………………………………二九七
二　聖西蒙之徒…………………………………………………三〇一
三　組合主義派…………………………………………………三〇二
（甲）奧文……………………………………………………三〇三

(乙)傅立葉……三〇六
(丙)白朗克……三一〇
(丁)蒲魯東……三一二
第十七章　科學的社會主義……三一七
一　羅培圖斯……三一八
二　馬克思……三二六

第四編　經濟學的改造

第十八章　經濟學在十九世紀後期初葉的狀況……三三三
一　開恩斯……三三三
二　工資基金說的爭辯……三三九
三　古典學派的主要學說的弱點……三四一
(甲)價值學說……三四一
(乙)分配論……三四五

(丙)資本論……三四八
(丁)進步論……三五一
四　方法的爭論……三五一
五　貨幣信用及價格……三五二
(甲)貨幣的功用……三五二
(乙)貨幣的價值……三五三
(丙)信用……三五七
(丁)缺點……三五八
六　經濟學範圍的擴大及新方法……三六一
第十九章　過去五十年中的特徵……三六二
一　經濟狀況的變遷……三六二
(甲)技術……三六二
(乙)信用制度的發展……三六三
(丙)商業經濟……三六四

(丁)調劑變化的狀況的困難……三六五
二 世界大戰……三六七
三 思想界的變遷……三六八
四 經濟學的發展……三六九
第二十章 孟琦及奧國學派的發軔期……三七〇
一 孟琦的著作……三七〇
二 經濟的科學……三七一
三 孟琦及辟穆勒……三七一
四 經濟學大綱的分析……三七三
(甲)需要……三七三
(乙)貨物……三七四
(丙)需要及貨物的數量方面……三七六
(丁)經濟及經濟貨物……三七八
(戊)財產……三八二

(己)價值……三八三
(庚)交換……三八八
(辛)商品……三九〇
(壬)貨幣……三九一
第二十一章　魏沙……三九三
一　生產貨物的估價……三九四
二　補充貨物的估價……三九六
三　歸與價值的定律……三九七
四　利息問題及魏沙的解釋……三九八
五　魏沙的成本說……三九九
六　其他成本學說……四〇二
第二十二章　貫巴衛……四〇八
一　利息問題……四〇九
二　生產力說……四一〇

三　使用說……四一三
四　節約說……四一六
五　勞力說……四一八
六　褫奪說……四一九
七　折衷說……四二三
八　資本的性質來源及功用……四二五
九　賁巴衛對於價值說的貢獻……四三〇
十　將來貨物的估價……四三三
十一　利息的方式……四三六
十二　「生產手段」的市場……四三九
十三　利率……四四二
第二十三章　奧國學派學說的應用及重述……四四五
一　公共財政及公共行政……四四六
二　魏克斯梯的「政治經濟學常識」……四四八

第二十四章　奧國學派學說的批評……四六三
一　邊際效用價值說……四六三
(甲)心理根據的缺點……四六三
(乙)邊際效用說的無用……四六八
(丙)邊際成本對邊際效用……四七二
(丁)過偏抽象及循環推論……四七四
二　賁巴衛的利息論……四七六
第二十五章　克拉克……四八五
一　經濟學說的分部……四八五
二　財富的普遍現象及定律……四八六
三　社會的靜態經濟……四八九
(甲)交換是生產的社會要素……四八九
(乙)社會生產包括價值及分配……四九〇
(丙)自然的價格、工資及利息……四九一

(丁)勞力及資本得其所生產的……四九二
四　社會的動態經濟……五一三
第二十六章　馬夏爾……五一七
一　經濟學原理的目標……五一九
二　主要的原則……五一九
(甲)繼續的原則……五一九
(乙)邊際增加的原則……五二二
三　供需學說的適用……五二二
四　分配問題……五二九
五　馬夏爾的著作的評價……五三二
第二十七章　經濟學說的其他進展……五三四
一　社會價值說……五三四
二　利潤說……五四二
(甲)華爾克的理論……五四三

(乙)麥佛蘭的理論……五四七
(丙)剩餘要求者的理論……五五〇
三　分配的邊際生產力說……五五〇
四　貨幣與信用的理論……五五一
(甲)貨幣數量說的重說與批評……五五二
(乙)價格的其他說明……五六二
(丙)銀行論……五六四
(丁)價格的穩定……五六六
第二十八章　過去五十年中對於正統派經濟學的反抗……五六九
一　新歷史學派……五六九
(甲)希謨勒……五六九
(乙)賴斯里……五七五
(丙)般格蘭……五八〇
(丁)亞希里……五八四
二　制度學派的經濟學……五八六
三　統計學派的經濟學……五八九
參攷書……一一四

第一章　導言

經濟學的淵源可以追溯到兩種思潮：一種為哲學家所貢獻，一種為實行者所造成。前一個導源於希臘時代。亞里士多德（Aristotle）與柏拉圖（Plato）曾經討論過社會問題的經濟方面和屬於現代經濟學內容的許多特殊題目。他們以及「斯多亞派」(Stoics)與「伊璧鳩魯派」(Epicureans)的觀念、學說與推究經過補充和修正，傳到後代。最顯著的是羅馬法學家中古「煩瑣哲學家」(Schoolmen)，和最早的近代哲學家像普芬道夫（Pufendorf）、格羅秀斯（Grotius）、霍布士（Hobbes）、洛克（Locke）、休謨（Hume）、與亞丹斯密(Adam Smith)的老師赫起森（Hutcheson）諸人的補充與修正。

至於另一種思想的源流，在初期時很難追溯到了十六世紀以後才漸明顯。那種思潮包括商人、立法者、以及與政府有關係的人員的觀察與思想。他們因直接要解決經濟問題而受了刺激，這些人的思想往往淺薄，質朴缺乏哲學家著作的系統性，而對於當時實際生活的解釋倒很深刻。

在十八世紀下半期，這兩種思潮的結晶表現於重農學派與亞丹斯密的著作之中，經濟學居然成為一種獨立的科學。後來牠更從哲學家與實行者兩方面得到補充，並受人類知識的其他部門的影響，而人類的他種知識正如經濟學一樣，起始都包含於哲學之中。

因爲十八世紀末葉英國在經濟發展上所佔的超卓的地位以及亞丹斯密初版於一七七六年的原富（*Wealth of Nations*）的獨步一時的價値，經濟思潮洋溢於英國，而我們之所闡發者卽以該思潮爲先導。原富和大衞・呂嘉圖（David Ricardo）與約翰・斯圖亞特・彌爾（John Stuart Mill）的著作，顯然指出這思潮初期的趨勢，但是他們學說的淵源有些出於更早的時代，有些出於他們同時代的著作。

我們第一步的工作，就是解釋亞丹斯密學說的淵源，特別是重商學派（Mercantilists）與重農學派（Physiocrats）以及他們當時的經濟生活。然後我們將依次討論亞丹斯密，自原富出版至拿破崙戰爭結束之間的一時期；呂嘉圖，自政治經濟與賦稅原理出版到彌爾的經濟學原理出版之間的一時期，然後再論到約翰・斯圖亞特・彌爾，在他的著作內，所謂古典學派的經濟學闡明得最透澈。在本書的以後幾部份，我們還要討論這種思想體系的主要批評，以及古典學派沒落以來所發生的改造這種科學的企圖。

第一編

古典學派經濟學的背景

第二章　重商主義

重商主義盛行於十七世紀與十八世紀初葉，雖然牠的開端遠在十七世紀之前，而其殘餘陳迹還是存在。牠含有國家政策與學說體系這兩者，至少局部表現於歐洲各國的實施與論著。我們先討論前一方面，就是國家政策。

一　重商主義當作一種國家政策

石慕勒（Schmoller）教授解釋重商主義政策的秘訣在探討歐洲各國國家經濟的發展。區域經濟，城市經濟，部落經濟與家庭經濟逐漸演進。每種經濟代表歐洲文化史上的某一階段，而且顯示對立勢力的掙扎，完備的組織往往克服散漫的組織。他說：「重商主義的要旨，並不在於貨幣或貿易均衡的原理，也不在於保護關稅或航海條例；而在於更遠大的事物，即社會與社會組織的整個改造，國家與國家制度的整個變遷，把民族國家的經濟政策代替區域的經濟政策。」（註一）他更確定地說：「全部十七世紀與十八世紀的國內歷史，不僅在德國，並且在任何國家，可以概括於

（註一）Gustav Schmoller: *The Mercantile System and Its Historical Significance* (New York: Macmillan Co. 1896) P. 51

國家經濟政策與城、縣以及幾種階級的經濟政策的對立；全部的外國史則可總括於新興諸國彼此的利益衝突，此等國家都要獲得而且保持其在歐洲國家社會中的地位，和控制美洲與印度的國外貿易。當時的目標是把眞正的「政治經濟成爲統一的機體，其中心不僅爲向各方伸展的國家政策而且是一種生機活潑的統一的情操」（註二）

在歐洲的每個國家，這種國家經濟的發展隨着類似而非同一的路徑，如果我們要仔細解釋，那末至少要從中世紀末葉的歐洲經濟史敘述起，這種工作是在本書的範圍與目的之外的。我們不過簡單概述其所得的結果。

二　英國的重商主義

自中世紀起，英國經濟政策已開始超過地方的界限，着重國家的利益，例如國外貿易在極早的時代已經屬於國家範圍，其促進與統制在重商主義時代之前，恆爲國王與議會所注意。工業與農業方面也有相同的情形。初期的許多事實可以證明純粹的地方規定與地方經濟自給不足以資應付這些事項，實有全國合作的必要。英國國家經濟是逐漸發展的，事實上很難正確地決定究竟什麼時候完成，我們祇能說明直到某時代爲止，地方觀念支配經濟活動，而國家觀點，國家利益與國家規定倒是次要的。這兩種互相衝突的勢力並行了幾世紀，而地方觀念實佔優勢。後來國家主義逐漸發展，最終推翻地方觀念，居然支配英國的經濟生活。這是重商主義時代。

地方主義的特徵是經濟生活爲城市與莊園（Manors）所控制。這種控制的主要機關在城市中爲行會(Gilds)

（註二）　前書 P. 56.

與城市會議。前者爲組織各種工業與商業的團體，每種工商業的雇主與雇工共同組織一種團體，以組合的資格來控制一切營業，并不像現在勞工之自由行動。當時已經有了精密的法規規定貨物的種類、品質、和格價以及工資、工作的時間、學徒制度、和雇主與雇工的關係等等。

城市的統治團體爲行會代表所支配，但行會本身却附屬於統治團體的權威之下。行會規則的實行，糾紛的解決，和利益的保障都是倚靠統治團體。有些時候尤其是在這時代的後期，他們享有關於工商業事務的立法創制權。對外則統治團體代表全體市民與行會，規定與其他城市的商業關係以及調停本城市民與更高的官吏，如國王、諸侯、宗敎職官、及屬於封建政治的其他人物。

這時代的鄉村生活爲莊園組織（manorial organization）所支配，莊園主人卽莊園的領袖。農業及維持當時鄉村生活最關重要的商業都受他們的操縱。

莊園大半是自給的。祇有少數的商品係向定期大市（fairs）與城鎭常市（markets of the towns）裏買來的。城市也是自給的，遠非今日可比。四周的土地爲市民所佔有所使用，其管理之法與工匠所受的管理相同。城市與莊園當然都是附屬於國王與其政府所代表的國家；但是政府並沒有支配經濟事項，而由地方自行管理。國王的生活大半自給，換句話說，他是一個大地主，王國之內最大的地主，而且是許多莊園的領主。莊園收入構成主要的財源。他從城鎭，及其他莊園領主方面得到封建性質的各種稅收，并接受特殊的贈物。他收集邊疆的賦稅，並且時常參加與外國往來的商業事務。他統制通貨，頒給城市的特許證，解決城市間與莊園間的糾紛，有時通常不大干涉的事項，他也偶然行使其威權來調處。雖然如此，實際上支配當時的經濟生活者仍是地方的權力。

宗敎革命與新大陸的開拓是推翻地方主義和發展國家經濟的原動力，英國反抗羅馬敎會之後，卽繼以寺院土地的充公。國家既擁有土地，其力足以操縱地主貴族，幷推倒莊園的地方主義。英國爲歐洲新敎的領袖國家，大陸上逃亡的新敎徒受其保護，因此許多善于工業的人民到英國去，他們之加入于英國工業生活是一件國家的而非地方的事務。英國參加宗敎革命及宗敎戰爭，增加政府的財政需要，而有增加收入的必要，所以政府不得不對於私人掌握的全國財源加以控制。印度與美洲的侵略需要國家的援助與管轄，最後也成了政府經營的範圍。

宗敎革命所發生的國際糾紛到了新大陸的開拓更加劇烈。英國必須戰爭，或時常準備戰爭，這不僅爲着分享新世界的權利，並且要保護其國家的生存。爲達這種目的，她需要艦隊與陸軍以及造成艦隊與陸軍的資源。水手、兵士、船舶，以及設備是主要的經濟問題，解決的方法在於操縱農業、工業和商業，使整個國家的利益可以顧到。

除了上述影響以外，還有地方的特殊情形。在十六世紀時，利己心使城市自動地改變獨佔的態度，特別是排除外人在他們市塲中的權利與加於外人的苛重通行稅。差不多所有城市的商人都感覺那些規定的痛苦，他們當然贊成互惠和互相寬容。此等結果由於訂立城市間的條約及取銷和弛緩昔時的規定而獲得。同時地域分工的逐漸發展也有利於這種運動，地域分工使城市間的貿易獲益，並且在某種情形之下是必要的。

城市工業組織的漸行衰落，由於城市人民的利益衝突，强大商業對於弱小商業的壓迫，以及家庭工業的勃興。這些情形使中央政府對於城市事務加以干涉，而反抗政府的勢力就削弱了。倫敦與其他若干大城市的商人階級的產生促進同樣的結果。商人階級的利益擴張到他們所住的城市之外，並因地方上商業阻碍的廢除而促進。這個階級的勢力在十六世紀及其以後發展得很快。（註三）

同時，莊園因爲羊毛業代替耕種，所以不像從前那樣和外部隔絕，這種變遷使得農民倚賴城市市塲比從前多些，而圈地（enclosure）所引起的社會問題，需要中央政府干涉莊園上的事項。

從亨利王六世到伊利撒伯女王的朝代，國家統制農工商業的機關達到高度的發展。由諮議院（Council of State）創制法律，經國會批准，保安法官執行，把這種管轄權伸張到經濟組織的主要部份。最值得注意的是一五六三年的學徒條例與一六〇一年的卹貧法。

學徒條例包括類似從前行會所實行的學徒規則，使他們可以適用於全國的工業，並且規定適當工資的支付，不論在工人稀少或工人過多的時候，由法官立定規條給付雇工以合宜的工資，這種估價由他們決定，遇必要時他們可以修改。

（註三） W. J. Ashley: *An Introduction to English Economic History and Theory* (New York: G. P. Putnam's Sons; London: Longmans & Co., 1893) Part II, secs. 29–30

這種法律假定凡身體强健的人應當獲得職業。如果沒有職業便屬游手好閒之徒，按照一五九八年通過的條例，應當衆加以笞責，再遣回他們的原來所在地，强迫其工作，倘若沒有法子找到工作就送他們到貧民院和感化院。凡不能工作的貧民根據一六〇一年議案的規定由法官派定視察員從事救濟，並按照籌集救濟基金的需要征收教區的捐稅。

其他的法律限制牧羊業的圈地，並規定莊園領主與其佃戶等的關係。

在十七世紀，國家工商業組織已經發展，最重要的是介於生產者與消費者以及介於各種生活階級間的中間人。在主要的生產者之中，有羊毛批發商、製布者、布商與國外貿易公司。羊毛批發商購買農人的羊毛，賣給製造家或外國商人。製布者介於梳毛者、紡績者、織布者、以及其他工匠之間，他們從羊毛批發商買到羊毛後交給梳毛者與紡績者，再把紗線分配給織布者織成布匹，然後把布匹交與漂布者、捲布者，或織布者。紡績者梳毛者織布者與漂布者散處全國鄉村，與城市之中，他們大部份以耕種爲主業或副業。布商購買布匹而售於消費者或外國商人。這等布商也有和國外貿易公司發生連帶關係。國外貿易大半爲國外貿易公司所經營，每個公司取得特許證後，可在指定的地方享受貿易的特權。例如東士公司（The Eastland Company）獲得與斯干底那維亞（Scandinavia）與波羅的海沿岸（The Baltic region）貿易的特權，俄羅斯公司（The Russian Company）獲得與俄國貿易的特權，商人冒險團（The merchant adventurers）獲得與尼得蘭（Netherlands）貿易的特權；東方公司（The Levant Company）獲得與地中海沿岸貿易的特權；幾尼亞或非洲公司（The Guinea or African Company）獲得與非洲貿易的特權；東印度公司（The East India Company）獲得與亞洲各國貿易的特權；此外其他公司則獲得與美洲各地貿易的特權。在十七世紀初葉惟有法蘭西、西班牙與葡萄牙、等國的貿易，可由一個非貿易公司人員的英國人經營之。（註四）

在十七世紀，英國國王對其王國的態度好像大產業的主人對其產業或大營業的領袖對其營業的態度一樣，努力發展、維護和規定管理的細目。

這種大產業實際的用途大部份為十七世紀的國際競爭所決定，這是宗教革命時代的自然結果。在宗教革命的紛爭之中國家間互相仇視，搶奪報復相繼發生，經濟資源與海陸軍實力的競爭，激發軍事上的野心。新大陸的發現以及往印度的好望角航路的開拓也助成同樣的趨勢。要開發這些地方的廣大富源的慾望是普遍的，各國爭先恐後正如運動員搶奪錦標一般。

在這激烈競爭的時代，強國野心勃勃，都想成為歐洲的支配者以及分享新大陸的土地和財富。國家一切設施無非要達到這種目的，其他目的不過是附屬能了。為解決這種問題，起見各國不特費了精力，並且經過許多困難。其中最重要的問題是擴充海陸軍增加人口以及生產原料和糧食。威力是惟一的有效手段，所以強盛的陸軍與海軍是不可

（註四）Clive Day: *A History of Commerce* (New York: Longmans, Green & Co., 1907) PP. 202–204

少的。這兩要素全缺或兩者缺其一的國家，很難保持其獨立生存，更談不到什麼野心的目標了。

因爲地勢的關係，強盛海軍對於英國非常重要，所以設備海軍的問題是當時英國的主要企圖之一。有兩種方法可以造成強盛的海軍，一爲戰艦的建造，一爲擴充商船使其在必要時卽變爲艦隊。在十六世紀與十七世紀時祇有第二種方法在英國是可能的，因此擴充商船成爲英國的一種重要政策。

爲了擴充商船，國外貿易是很關重要的。祇有覓到有利的職業，纔能鼓勵英國人去建造，裝置和駕駛船舶。漁業是另一種容納船舶與航海者的事業。因此國外貿易與漁業的鼓勵頗爲英國政治家所注意。

爲達到這些目的，英國政府應用了許多的方法，如新大陸的拓殖，航海條例，貿易公司，商約，與製造業的發展。製造業的發展尤關重要，因爲在當時，差不多歐洲各國的農產物已夠本國消費。製造品價値較大，易於運輸，數量與種類又可隨意增加；並且對於土地狹小的英國是更有重要的關係，製造業可給人民以相當的職業。

新大陸的拓殖，頗關重要，不特爲英國製造業者開闢市場，供給原料，同時英國也可以操縱貴重金屬和供給船舶與水手以職業。航海條例就是要達到末了一種目的。商約保障和擴大英國貨物的市場，並使英國貿易均衡政策實現，此項政策後當敍述。貿易公司也是促進拓殖與國外貿易的必要工具。個人的資財不適宜於這種性質的企業，保護行程安全，征服殖民地的敵人，維護殖民與貿易勢力範圍，以及發展廣大的屬地，都是需要商人合作。

爲着鼓勵製造業與施行這種政策的其他細目起見，英政府擬定了許多方略並付諸實行。猶如在以前的幾世紀一樣英國繼續庇護一般被壓迫者，她歡迎當時被法國所驅逐的新教徒（Hugenots），利用他們爲英國建造絲業與其他工業。鼓勵荷蘭人移住英國也是爲着同樣的目的。專賣權與獨佔權的准許給與製造家以特殊的權利。所以建造強盛海軍以爲國防與侵略之工具的野心可以解釋當時經濟史中的大部份。此外我們還要說明國家政策的另一特點，即維持有利的貿易均衡之企圖。

爲獲得並維持海陸軍政策所必需的船舶與人員起見，必須繼續增加國家歲入及流通的金銀的數量。當時，英國已經進展到貨幣經濟階段。國家歲入愈增加，貨幣的需要愈大，除却常常擴張貨幣的流通數量那就無法應付了。國外海陸軍的活動和商業的經營也是需要現金的一個原因。當時信用制度還沒有成立這種活動與經營祇有由海陸軍人員與冒險商人團到處攜帶貴重金屬去接濟。另一方法，就是從家鄉攜帶足供遠征應用的物資，這在事實上是辦不到的。

像英國這樣的國家，沒有金礦與銀礦，惟一的方法，即是操縱國外貿易使得金銀的數量增加。要達這個目的，本國人民出售貨物的價值，要大于購進的價值，貿易差額總是用現金給付。因此維持有利的貿易均衡成了國家政策的特點。

通常要實現貿易均衡所用的方法是進口稅、出口稅、奬金、通商約條、撙節法規和殖民地了。對於應當鼓勵本國製造的或應當禁止消費的貨物，都要課以極重的進口稅，對於本國不能生產或生產不足的貨物與原料，則准予自由貿易，有的時候還用進口的獎金爲鼓勵出口起見，往往利用獎金；凡是要防止出口的，則施行出口稅。扶助製造品輸出，以及防止原料輸出，是當然的趨勢。如果別國與英國間的商業含着有利的可能性，就要締結互惠的商約，當然的，如兩國抱着同樣的目標，則甲國的策略易爲乙國的策略所抵銷。撙節法規用以防止或絕對禁止某種貨物的消費，如法國酒、葡萄牙酒，這種貨物進口將使入超增加，無法促進輸出。

殖民地對於實行這種政策的重要是明顯的，牠們不特可以開拓英國的製造品的市塲，而且供給英國自己不能生產的原料，和供給職業於英國的船舶。爲了確實使殖民地供此等目的之用，英政府通過航海條例並製定其他法規，阻止殖民地的人民爲求他們自己的私益而妨害國家政策。

殖民地之用途正如上述的其他方法，一般在於促進有利的貿易均衡。有些殖民地金銀礦豐富，可以供給金銀，例如西班牙從她的南美殖民地得到極大的利益。這個成例引起其他國家爲拓殖的目標而去尋求富於這種礦產的屬地，凡殖民地所在之處，應用各種可能的方法去尋覓與侵略這種財富。

三　其他國家的重商主義

前面各節關於英國重商主義的許多敍述，可以不須根本變更而適用於法蘭西、西班牙、普魯士、荷蘭、及其他歐洲國家。在那些國家重商主義的政策所支配的國家經濟已經發展了，但是進行的細目與完成的程度各國大不相同。例如，法國行使中央集權的統制甚於英國，但是許多地方主義的特點，如各省水道上大路上的關稅與通行稅，存留到革命時代，阻礙國家經濟及經濟觀念一致的發展。在德國，祇有普魯士能夠行使國家權力，而在其他小邦與自由城，這種勢力却極有限。在西班牙，中央集權的統制有高度的發展，但這並非完全是經濟的原動力所推動的，因此國家經濟的發展是不健全的和片面的。荷蘭大族與黨派的競爭阻礙管轄的統一，結果國家經濟不能平均發展，並且國家的財源缺乏，維持荷蘭商業所必需的製造業與農業都衰落了。因爲地域的限制，組織的特殊，以及政治生活的轉變，意大利諸邦與諸城缺乏平均發展國家經濟的要素。

四　重商主義的學說

現在我們必須轉到在開始論述時所說的重商主義的第二方面，即是重商主義的學說方面。倘若要加以詳細的判斷，則須表現其整個的形式，這是現代尚未着手的工作。但是，對於我們的目標，整個的學說是重要的；雖然沒有人能夠對於全部有把握，我們仍將試述其結構。

最重要的是國家主義的學說。這是與現代盛行的個人主義學說相反的。按照國家主義，國家高於一切；按照個人主義，個人就是主體，政府與其他社會制度不過是達到個人目的之工具。例如我是一個需求快樂與幸福的個人，而財富則是達此目的之工具。政府與其他社會制度之存在，其目的在於助我獲得這些東西。按照另一種學說，國家是重要的個體，個人不過構成其組織部份，而且在任何方面，總是附屬於國家的。他們好像是身體的手、臂、足及其他部份對於人的關係一樣。他們離開了本體就不行了。

當國家的理想是擴張軍備與侵略新地的時候，這種原則的必然結果卽是確信工資應當低、與糧食應當賤。低廉工資可以減少生產成本使本國貨物在外國市場還比外人賣得便宜因此出口量可以增加。至於低工資要降低羣衆的幸福，阻礙他們的生活目的，以及防止他們儘量發展自己等事項，似乎並無重大關係。當然，工資不能低於維持健康的生活所必需的限度；但是這種限度並不是爲個人利益着想，而是因爲健康的、強壯的人口，對於有效率的海陸軍之維持是不可少的。

對於低廉的糧食與低廉的原料的態度，也是取決於同樣的理由。生產者的利益無庸顧及，而所注意的祇是國家利益，低廉的糧食所以必要，因爲這可以使工資降低。原料價賤正如低廉的工資一樣，減輕製造品的生產成本。

重商主義的人口論簡單得很。按照這種學說，一國的人口之生長愈速及愈多則愈好；因爲兵力與人口成正比例，並且人口數目之速增卽是勞工供給量之速增，這個對於低廉工資是必要的。

假如一個重商主義者好像後來的經濟學家一樣要去說明一國的各種工業的相對的重要，他必定把國外貿易列在第一項而置農業於最後一項。他的理由就是國外貿易與海軍力量有密切的關係。當然，這並不是說重商主義者認農業不關重要，不過是說他們沒有想到農業也像國外貿易一樣，直接有助於國家之強大。在他們的計劃之中、製造業佔住中等的地位，較之農業更與國家利益密切相關，但尚不及國外貿易的重要；因此對於國外貿易，政府的扶助是必需的。

重商主義以爲金銀是構成國家財富的最要範疇因爲牠們是交易的中介而與國家經濟發生關係具有豐富金銀的國家易於滿足一切慾望因爲金銀是可以普遍交換的財富的其他範疇則不能如此。

貿易均衡說是一種自然的結果。如果金銀是最重要的那末國家應當努力積蓄並且好的東西總不怕太多的，倘若礦產缺少（除了西班牙以外當時歐洲的主要國家都是缺少礦產）國外貿易必須輸入金銀並且爲確定金銀之輸入，有利的貿易均衡必須維持。

保護製造業者的學說依照當時的設施，與現代全不相同。這並不是顧到勞動階級的利益，也不是計及本國市場對於生產者的重要關係，或是各種工業對於一切階級的重要關係，而却是有利貿易均衡的絕對重要，與課某種生產品以高稅的必要藉以減低國際資產負債表上的負債方面。稅率對於鼓勵製造某種貨物的影響也是考慮過的，祇求那種貨物可以輸出而因此增加資產負債表上的資產方面。

國家對於工業的關係的學說包含於重商主義的設施之內。這可稱爲「企業家學說」。國王對於國家好像大地主或大企業的領袖。他的職務是要注意國家財源的開發能夠適應國家需要。爲了這種目的他必須指導各種工業，按照情形的需要加以限制或促進。簡直沒有一件事體他可以不直接負担的。爲實現國家政策起見，對於私人企業的任何干涉都認爲正當的。誠然人民與財產不過是爲需要而適用的工具罷了。

重商主義的理論方面反映於當時的著作中者却不甚完備。當時沒有一個作家將重商主義加以系統的論述，雖然他們的思想大半循着通常的途徑，然而有許多作家發表了與重商主義不相融洽的概念。

所謂重商主義的著作是零碎的，不過討論某某方面而已。東印度公司促成不少的著作，牠的利益往往與政府的及其他商人的利益相衝突。牠能夠利用當時幾個有才學之人來辯護牠的計畫和企圖。托馬斯蒙恩（Thomas Mun）因經營東方貿易（Levant trade）而獲得財富，並在一六一五年當選為東方公司的董事，一六二一年出版的英國在東印度貿易論（*A Discourse of trade from England into the East Indies*）一書辯護該公司輸出金銀的行為，在此書之內，貿易均衡的原則發揮得很充分。促進重商主義的著作之另一原因則為荷蘭，當重商主義的時代在歐洲中她的商業是最發達。在許多方面，她能夠做別國的模範，但是因為她侵略其他國家與妨礙他們的計畫，常引起爭論而發為文章。歸於此種原因的著作中有：蒙恩的經商於東印度的倫敦商人的管理者的請求與抗議（*The Petition and Remonstrance of the Governor of Merchants of London Trading to the East Indie*，一六二八年出版）；鄧普爾（Temple）的對於尼德蘭聯合省的觀察（*Observations upon the united Province of the Netherlands*，一六七二年）；烏拉里（Raleigh）的關於與荷蘭人及其他國家通商的觀察（*Observations Touching Trade and Commerce With the Hollander and Other Nations*，一六〇三年）；蔡爾德（Child）的商業新論（*A New Discourse in Trade*，一六九〇年）。

除了上述的書籍或小冊之外，一六三〇年托馬斯蒙恩出版英國國外貿易的寶藏（*England's Treasure by

Foreign Trade)以示其子，此卽重商主義的特色的著作之良好模型。亞丹斯密引證及此，許多經濟學家也注意到。其他著名的作家爲蔡爾德爵士(Sir Josiah Child)、柯爾伯波爵士(Sir Thomas Culpepper)、狄吉斯爵士(Sir Dunley Diggis)、瑪林(G. De Malynes)、密瑟爾登(E. Misselden)、與玻勒克斯芬(John Pollexfen)。

法國產生了幾個最著名重商主義的實行者，如麥克彌倫(Maxmillan de Béthune)、洛斯內男爵(Baron de Rosny)、舒萊公爵(Duc de Sulley)〔亨利四世(King Henry IV)主要顧問之一〕。與科爾伯特(Colbert)〔路易十四(Louis XIV)的著名的財政大臣〕。他們本來都是行政官，却留下著作闡釋他們對於濟經問題的概念。亨利四世死後舒萊辭職，由他的祕書集成「追憶錄」(Mémoires)以皇家經濟(*Economics royales*)的名稱於一六三八年刊行一部分，至于全部則出版於一六六五年。此書根據舒萊退休時所帶去的他與國王的往來信扎，報告與賬目，文書與公文，和他個人所追憶的。這些文件並不構成經濟學的論著，不過表現亨利四世時代的主要的經濟結果以及激動國王與其大臣的理由。就是在亨利四世時代，法國國家經濟的基礎業已奠定，後來更嚴格地循着重商主義的途徑而發展。所以，皇家經濟係反映着與國家經濟的發展同時而起的思想那一階段，而不是國家經濟直接向着嚴格的重商主義途徑上走去的那一個思想階段。

科爾伯特的文稿與舒萊的具有同一的普通性質，也是信扎訓令與追憶錄所構成的。(註五)但是，反映重商主義

(註五) 在一八六〇——一八七一年由俾兒克勒蒙(Pierre Clement)出版的全集有七巨冊。

的思想，這與舒萊是不同的。科爾伯特是法國重商主義政策的主要實行者，在他的信扎，訓令與其他文件中可以發見對於重商主義的各種特點的闡發與辯護。他比英國作家更完備的反映國家主義的原則以及國家對於工業的關係。在路易十四時代，此等原則的設施在法國較之任何其他國家更爲顯著；對於此種事實，科爾伯特負有大部份的責任。路易十四不僅企圖做法國的專制統治者，而且希望做歐洲的獨裁者。他覺得國外貿易的發展與世界上金銀的操縱可以幫助他達到目的。

還有一位值得說明的法國重商主義者，即蒙特克勒濆（Montcretien de Watteville），他在一六一五年出版了一本書名爲政治經濟論（*Traité d'économie politique*），也許是以這種名稱出版的第一本著作。此書的題材分列於以下四種大綱：

「第一編——經濟技術，其次序與效用，製造業之管理，以及從社會利益的觀點判定各種商業與手藝的區別。」

「第二編——國內商業與國外商業。」

「第三編——航海，殖民地與東方貿易。」

「第四編——關於各種問題對於國君的忠告，如虔誠、慈善、惡意與財政。」

雖則這個作家沒有別出心裁的思想，有時他的觀念超過了重商主義或與重商主義相反，然大概說來，他是一個重商主義者，而且他對於這個題目的論述較之多數作家更有系統，更形完備。

德國的重商主義作家即「財政學者」(Cameralists)，這是一個適用於最大多數的經濟學家的名稱較早的與較遲的幾個經濟學家都包括在內。

「國庫」(Camera)一詞，(那一般財政學者因此得名)在中世紀初葉是指王室財寶的貯存所後來則指財寶的本身。德意志諸侯委派特殊的官吏管理財政事務，此等官吏即稱為「財政官」(Camerarii)。在時代的進程中，此等「財政官」特別是其中最能幹者在他們的職務上發展了許多規則與條例；當諸侯的財政事務擴張到國家的財政事務時，此等規則與條例構成當時的政治經濟學，在政治經濟學範圍內政治的、法理的、技術的、與經濟的概念是混在一起的。這種學問在德國稱為計臣學(Kameralwissenschaft)。

在重商主義時代，雖然祇有少數的「財政學者」是純粹的重商主義者，而計臣學則完全充滿了重商主義的概念。這時代的代表作家即柏赫(Johann Joachim Becher)、何尼(Philipp Wilhelm von Hornig)與斯魯德(Wilhelm von Schröder)。

柏赫曾任官醫與盟因斯(Mainz)醫學教授，由此再往符次堡(Würzburg)，後來又到維也納(Vienna)。在後來這兩個地方他與統治者的國庫(Camera)發生關係。他有關於自然科學與計臣學(Kameralwissenschaft)的著作，後者的主要作品即一六六八年在佛蘭福爾(Frankfurt)出版的 *Politische Discurs von den eigentlichen ursachen des Auf- und Abnehmens des Städte, Lander und Republiken, in specie, wie ein*

Land Volkreich und Nahrhaft zu Machen und in rechte Societaten civilen zu bringen。在這本書內，他辯護以下的根本論題：（註六）城市的人口愈多，則城市的勢力愈大，但爲求人口衆多起見，必須有充分的滋養料之供給；一個社會的份子包括（甲）服務於社會而爲社會所供給的人，例如政府官吏、僧侶、學者、醫生、製藥者、兵士等等；與（乙）眞正構成社會的人，即農人、工匠與商人。這三種階級都是緊要的。他解釋這三階級的相互關係，其辯論如下：「消費是這三階級的靈魂，此即使他們結合而互賴以求生存的唯一聯繫。因爲消費的關係，不管農人階級怎樣多，而商人階級在社會上總是不能缺少的，……因爲要完成社會的營養，祇能由于貿易及轉變貨物而爲貨幣……凡阻礙此等工作者，即阻礙和減少人口的稠密。」

論到金銀供給的重要，他說：「一國所有的金錢應當保存，並從外國源源的輸入，因爲金錢是一個地方的靈魂與神經。」他加以解釋，謂金錢有助於人們獲得職業與交換出產。他說金銀的儲藏是一切階級的基石，「工匠賴金銀而生存，農人賴工匠而生存，一地的諸侯賴農人而生存，商人則賴這一切而生存。」

在一個地方應加以攻擊的最大的禍害，即是獨佔（Monopolium）、合佔（Polypolium）與分佔（Propolium），因爲第一個阻礙人口的稠密，第二個妨礙社會的營養，第三個阻礙社會的團結。獨佔使少數人富有，多數人貧窮，而妨

（註六）以下的引論錄自威廉洛瑟（Wilhelm Roscher）的*Geschichte der National-Oekonomik in Deutschland* (München 1874) PP. 273—277

礙人口的發展合佔由于擾亂各種手藝、工業、與商業的均衡而妨害社會的營養，卽使更多的人民加入一種職業而不能賴此謀生分佔引起賣者與買者間的仇視與反對弄得社會分裂。

柏赫贊成由國家嚴格規定所有的商業關係，以便阻止此等與其他禍害，並治愈國家的病態；他又討論此種規定的詳細節目。當論到國外貿易時，他採納普通的重商主義的規定，並說明重商主義的理由。

何尼是帕蘇紅衣主敎（The Cardinal Bishop of Passau）的顧問與牧師，他著了一本在當時頗負盛譽的書，名爲 *Oesterreich über alles, Wann es nur will*，在這本書內，除了其他事項以外，他認定一國的力量取決于本國和鄰國財源的比例。因此，爲維持本國或勝過英國法國與荷蘭起見，奧大利必須採用這幾國家強大的各種方法。在討論此等方法時，他表示他自己是一個澈底的重商主義者，尤其是從他的觀點論到金銀對於國家利益的關係。他的主要論題卽是自足，因此他也重視別種財富。

斯魯德（Wilhelm Freiherr von Schröder）按照柏赫的計畫大綱，在奧國充任工廠的管理者。他著了幾本書，其中最著名的爲 *Furstliche Schatz und Rentkammes*，出版於一六八六年。他是專制君主的強有力的辯護者，在下面的一段內闡明重商主義觀點下的統治者與其人民的關係：「國君猶如家主。倘若他要從他的田地中獲得收穫，他必施肥而且耕耘他的田地。倘若他要得魚，他必須善爲布置他的池沼。倘若他要屠宰牲畜，他必須供給他們的食料。倘若他希望他的母牛供給牛乳，他必須飼以乾草。所以，國君必須先幫助他的臣民獲得良好的生活，倘若他希望從

他們取得任何東西。(註七)

論到國家財富這個題目他說：不管貨幣出於土壤或來自任何其他淵源，都能夠把地方變成富足，如果貨幣外溢則地方更為貧窮因此一個地方的財富必須按照該地所貯藏的金銀總數而估計之。吸收黃金的普通方法是由國外貿易，「國外貿易所以獲利因為他人必須向我們購置貨物；國外貿易所以損失，却因我們缺少必需品而向外人購買，……除非有商業就是最豐腴的地方也不足重視，過剩的生產品須有鄰人把牠們換成貨幣纔算是一種福賜。」他的其他學說嚴格地根據此等基本原則而且大部份偏於重商主義。但是，他的銀行論倒是例外。對於這個題目，他具有新近的眼光超過他的時代的。

最著名的意大利重商主義者為安徒尼與塞拉(Antonio Serra)，他在一六一三年出版了 *Breve trattato delle cause che possono fare abondare gli regni d'oro e d'argento dove non sono miniere*。在這本書內，重商主義已有系統的闡發。此書出版的日期早於任何一樣的有系統的和材料豐富的關於這題目的著作。雖則此書也許沒有直接影響到前面已經述過的其他的作家，然而却值得特別注意。

由於以上的討論，讀者可以明瞭反映於各著作的重商主義學說很難加以概括的敘述。洛瑟(Roscher)總括此種學說，謂重商主義的作家過於注重(甲)稠密的人口(乙)一國金錢的數量(丙)國外貿易(丁)製造業與(戊)國家。

(註七) 此段及以下的引論錄自洛瑟的前書二九五頁及二九六頁。

此種摘要的適當在以上諸頁內已足證明似乎毋須再加申明。反映此等傾向的主題的論證，在各種著作之內絕不相同；雖然有許多著作中頗有相似之點特別是論到貨幣的供給與國外貿易的著作。

對於重商主義的一方面或兩方面下批評非常容易但是沒有用。把重商主義當作一種普遍適用的經濟政策或是當作引導政治家與經濟學家的學說看現代的學子很明白牠的缺點。可是參照重商主義盛行時代的那些問題，來考慮牠一下，那就不易挑剔這制度的毛病。重商主義的確在歐洲文化史上佔了一個重要地位。它不特有助於英、法、德、各大國的建造而且是十六七世紀經濟發展的最有效率的方法。重商主義與經濟問題的探討以一種重大的刺激，這對於經濟學的發展大有貢獻，以後我們將加以說明。

第三章　法國重商主義的反動

前章述及在歐洲各國發展的歷史的階段中重商主義有許多方面很能夠適應，然在較後的一時期，重商政策成為發展的障礙和阻力。這發生于十八世紀的下半期，那時便有對於重商主義的政策以及維持這政策的學說和論證的批評，並且也有新的思想體系。這經濟發展的新階段的情形並不各處相同，所以最好是分別討論，至少法國和英國應當分論；在這個時代中，這兩國產生了影響經濟學發展的思想體系。

在法國路易十四時代的末年，情形趨于嚴重，結果產生一種批評的狂潮，反對科爾伯特（Colbert）的經濟政策。此等情形泰恩（Taine）在他的古代制度（*Ancient Regime*）之內描寫得很透徹。

一　泰恩對於當時情形的敘述（註一）

泰恩告訴我們在法國大革命時代，法國的人口總數大概是二七，〇〇〇，〇〇〇，其中百分之一或二七〇，〇〇〇

（註一）H. Jaine: *Les Origines de France Contemporaine* (Paris! Librairie Hachette et Cie, 1899) Vols. land II

屬於特權階級，卽貴族與僧侶，前者約一四〇、〇〇〇人，後者約一三〇、〇〇〇人。貴族之中有二五、〇〇〇到三〇、〇〇〇家僧侶包括二、五〇〇寺院中的二三、〇〇〇修道士，一、五〇〇修道院中的三七、〇〇〇修道女，以及許多教會與小禮拜堂中的六〇、〇〇〇副牧師與牧師。按照這個估計，較高的僧侶約計一〇、〇〇〇。除了特權階級以外，還有中等階級（The middle class）或法國人所稱的「資產階級」（bourgeoisie）與平民。泰恩沒有再測度這兩種階級的各別的數目中等階級包括商人、製造業者、店主人、教員、律師、醫生、各種官吏、經紀人、僱員所謂平民，大部份是農人、僕役、以及低級的勞動者。

依泰恩的敍述，法國的財產大約分配如下：（註二）土地的五分之一屬於國王，五分之一屬於郡縣（communes），五分之一屬於鄉村平民，五分之一屬於僧侶，五分之一屬於貴族。除了公共土地與郡縣的土地之外，所剩下的特權階級享有一半，而且是最有價值的一半，因爲它包括所有的宏大美麗的房屋，如宮殿、城堡、寺院與大禮拜堂，以及國中大部份貴重的動產，如家具、美術品，以及前代所積聚的名著與寶藏。

除了享有本國大部份財產之外，特權階級的權利包括着：蠲除最重要的賦稅與免充强迫軍役；勒索依他們的產業與教區過活的平民使供貢賦稅與勞役，這是封建制度的一種遺跡，牠的許多特點早已消滅；獨佔官府裏許多事簡俸多的優缺，把持地方政府上實際的職務；接近宮廷與博得國王的恩寵。這裏面包括了所有的社會上的特權及財政

（註二）前書 I，21—25

上的利益。

中等階級以財富論次於特權階級，但其中有些份子在財富上與大貴族、牧師相等，有時且在他們之上。爲了財力關係，此種階級的有些份子利用賄賂免除最重的賦稅與課於普通人民的其他苛捐。國中的工業與商業是在他們掌握之中的，並且從路易十四統治的下半期到大革命時期，此種階級中較富的與野心較大的份子獲得了廣大的地產。

法國的農業在莊園制度組織之下經營，每種工業組成行會而受極精密的規定所束縛，商業則操于管理嚴密的公司的掌握之中。

法國的政府是最專制的君主，路易十四的格言「朕卽國家」（"L'état, c'est moi"）一語充分地表現此種精神。朝廷上宏壯富麗，包括大貴族和大僧侶，他們應王廷之請求，不得不離開自己的產業而居於王室所在的地方。

朝廷上爲着國王與貴族化了浩大的用費。凡爾賽（Versailles）一座八萬居民的城市專供王廷的奉養與鋪張，因此成爲全國的負擔。泰恩敘述此事如下：（註三）「此地祇有顧到國王的個人生活，這祇是一個皇宮，其設備完全是爲着國王的需要和娛樂以及供奉保護和服事。……從該撒以來沒有別人的生活在世界上佔住了這樣地位。」凡含有節儉意味的事項都是屬于中產階級的，所以不合于國王及侍王左右的重要人物的身份。

不止半世紀的時期，路易十四把國家當做維持堂皇宏麗的王廷與不斷地和鄰國交戰的機關。路易十四自命爲

（註三）前書 I. 135, 137.

衆王之王，而且雄心勃勃，想迫世界各國這樣的承認他。爲求達到這種目的，他浪費人民的許多生命與財富。維持上述的政體所需的收入，卽在最好的情形之下，也要使全國受重大的負擔。以十八世紀法國所實施的征稅方法以及國內財富的生產與分配的狀況而言，人民的負擔確是太重。

當時所應用的租稅制度(註四)包括着一種名爲人口稅(Taille)的直接稅，間接稅，與徭役 (corvé)。人口稅就人丁及財產而課納，但貴族與僧侶可以免除，這是按照他們對於國王僅負勞務而不輸金錢的理論。人民購買貴族特許權，可享免稅的權利。此種賦稅的征收極不平等，在有些地方遠較其他地方爲重，對於有些人遠較其他人爲重。主要的間接稅卽是鹽稅 (gabelle)。此稅在各省之中，其數量亦大不相同，並且除了在某某受特惠的地方以外，尙有一種的賦稅課於每個年滿八歲以上的人民。此等間接稅與其他的間接稅由包捐官吏 (farmers-general) 承辦，他們照每年所能抽得捐稅的總數，遞年預交政府。此等賦稅征收員的苛索，常帶暴歛的性質，而他們的征收方法是嚴厲的，討厭的。徭役包括一種課於農民而以勞力給付的賦稅。例如每年修路若干天數，爲駐紮在他們中間的兵士供食、住、和運輸的義務；以及强迫每縣人民分攤應出的丁額服役於民團。此等國家賦稅以外，還有各種地方稅與敎會所課的什一稅。

除了人口稅之外，此等賦稅與其他許多賦稅在理論上是課於各階級的，但事實上特權階級大部份都是免除。泰

(註四) 參看 Henry Higgs, *The Physiocrats* (London: Macmillan & Co., Ltd., 1897), Ch I.

恩說：（註五）「賦稅征收員停收他們捐稅，因爲國王覺得封建的財產和他自己的財產的來源是一樣的。假如版稅是一種特權，那末鑄幣稅爲另一種特權。國王簡直是特權中之最有特權者。對於他自己的權利最堅持的路易十四當應付緊急需要不得不征收什一稅的時候，尙有所顧慮。契約、先例、遠古的習慣和古代法律的追憶，限制了賦稅征收者的措施。地主愈似古代的獨立的統治者，則恩免納稅也愈大。」

泰恩與他人所描寫的舊制度，因牠在經濟力量的活動上與當時人對于這些力量的解釋上有所啓發，故爲研究經濟學史者所宜措意。關于法國的經濟情形，有兩件顯著的事實，就是不甚留心的觀察者也會注意到。此卽平民數目的減少與農業的荒蕪。此等情形甚爲嚴重，使全國貧困，卽國王與貴族亦受其影響。十八世紀末葉，已呈破產的現象。賦稅達了最高的限度。沒有一種征收新稅的新計劃或征收賦稅的新方法可以從人民方面多得到一個銅幣。在革命以前，爲着補足短絀的借款，政府的信用已經動搖。許多貴族份子的收支簡直不能相抵，而且因爲過度的借款快要破產了。

二　思想界的革命

在此等情形的發展過程中，思想界方面的變動幾乎可稱爲思想革命。這是指以天然律支配一切的原則爲根據的自然科學，社會科學和哲學的發展。

（註五）前書 I, 25, 16,

從一六八七年牛頓(Newton)的自然哲學原理(*Philosophiae Naturalis Principia*)出版而後，物理、化學、天文學、生物學等科學繼續着發展。這些科學的進展發現了自然界、植物界與動物界，都有規律的存在，其運用並不靠着人類的意志或人類的創造，而人類反完全爲天然律所支配，與宇宙、植物及其他動物一樣；結果是一個構造複雜的宇宙，裏面各部份互相適應着，而且時常變遷成爲更複雜、更希奇與更美麗的世界。

在宇宙之內，一個人祇是一種原子，他的身體既然受天然律所支配，爲什麼他的心理與道德性不是這樣呢？這個問題的答案自然是肯定的，而且是十八世紀的心理學、倫理學及社會科學的先鋒所答覆的。他們以爲觀察是探討社會科學的眞理的適當方法，這些科學的目的在於發現支配人類社會的天然律。此等法則之存在既無可疑，則一經發現之後，便足領導正當的社會活動與解決人類社會的禍害。

在社會科學的諸先進中，有孟德斯鳩(Montesquieu)、福特爾(Voltaire)與負世界盛譽的盧騷(Rousseau)，以及其他許多不大著名的學者。在後者的一羣內有三個人是重農主義者的精神上的先驅。這些人都是當時社會政治狀況的產物，他們對於舊制度下了澈底的批評。

三　重農主義者的精神上的先驅

(甲)　波雅吉爾伯　(Boisguillebert)

這三個人中第一個值得我們注意的是波雅吉爾伯(Pierre de Boisguillebert)，他屬於十八世紀時由資產階級升到貴族地位的盧昂（Rouen）族。他是幼子，曾在盧昂及洛亞爾港（Port Royal）的耶穌中學（College of Jesuits）與巴黎的法律學校（Ecole de Droit）肄業，後來做過律師。可是他並不專力從事于這種職業，因為早年即致力於文學的研究；及一六六八年又在本縣任子爵，這個位置使他做農民案件第一審法庭的審判官。

他做官的收入並不充裕，因此他兼任農、商和銀行業，居然有些積蓄，他用了一部份的財產去買位置較高俸祿較厚的官職，即盧昂（Rouen）公堂的首席。這個位置使他成為高級官吏團體中的一個重要人員，此等官吏辦理法國政府的事務，連籌措供給國王與朝廷的經費的事項也在其內。

兩度居官的經驗，一方面使他熟悉本國的財政制度與行政制度，一方面使他明瞭民眾的情況。他深信這兩個有連帶關係，他覺得民眾的貧困與王室歲入的短絀都是由於不良的財政制度與行政制度。他把這種信仰發表於一六九七年出版的法國的瑣事（*Le detail lde a France*）。這本書的讀者很少，也沒有留下多大的印象，所以他又寫了一本更精細的著作，名為恢復國家金融的最簡便的方法（*Moyenes tres faciles de retablir les finances de l'Etat*），至一七〇七年始行出版。同時他出版了三本值得注意的小冊：即穀物的性質、耕種、貿易及其利益（*Traite de la nature, culture, commerce et interet des grains*），銀稀少之原因與公眾對於此事的錯誤理論之闡明（*Causes de la rarete, de l'argent et eclaircissements des mauvais raisonnement du public à cet ègard*），關於世人對財富、銀與租稅之性質的錯誤觀念的探討（*Dissertation sur la nature des richesses, de l'argent et des tributs ou l'on découve la fausse idée qui regne dans le monde a l'égard de ces trois articles*）。

一七〇七年救濟國家財政的方法的出版大概是爲了他從前的著作未收改革之功而覺得失望，並且爲了人民的日益貧困。他的建議爲財政審計長章彌耶（Chamillart）所聽從，章氏本不固執己見，但是此種建議所含之實施方法在當時是認爲不合實用的。他受此種事實的激動，出版一冊法國瑣事補遺（*Supplement au "Detail de la France"*）。他的固執使他與長官衝突，他的救濟國家財政的方法也於一七一七年三月十四日被諮議院（Council of State）的命令所禁止。波雅吉爾伯撤了職，流放於奧汾湼（Auvergne）地方。

他一生所要實現的目的雖沒有立刻成功，但是波氏各種著作中所發表的觀念却收功于他的繼承者的生活與思想上面。他是一個重農主義的精神與智慧的先驅，而重農主義是有助於後來革命之產生的。我們現在敘述他留下重大影響的那些觀念。

這些基本觀念之一發表於瑣事（*Detail*）的第一編內，（註六）名爲論國家財富之減少（*De la diminutionde la richesse nationale*）。該篇的大意謂國家的財富與力量基於土地、鑛產、漁業以及其他原料來源的生產力。所有其他各種財富都與這些成爲比例。他認定歐洲的富源是穀物、酒、鹽與布帛，其他物件的生產與此等物件之佔有成比例。按照此種觀念，他斷言法國的力量是由於她爲本國人民的消費而生產的所有的必需品，並有剩餘以供輸出。他將法

（註六）引證的文句錄自 *Economistes financiers du & XVIIIe Siècle.*

國的財產分爲不動產與工業產生的一切財貨（biens fonds et biens de revenue d'industrie），換句話說，卽基本財貨以及從工業所獲得或產生的財貨。後一類的生產與消費所關的人民三倍於前一類的生產與消費所關的人民，後一類的加增與減少與前一類成比例。他說：「土地生產的增加使得律師、醫生、演員以及各種技師從事工作，因爲此二者的關係至爲密切，可知在荒瘠之地這種人很少，而在其他地方倒很多。」（註七）

他又說自一六六〇年起，法國的基本出產已減少一半的數量，由此他斷定其他出產減少得更多。爲舉例起見，他計算基本財貨的生產減少五百「里佛耳」（livre）〔法國古銀幣〕時，將使其他財貨的生產減少三千「里佛耳」以上。

他在第四章財富之性質的論文內，詳細闡明這個基本的主題，述及法國通常二百種職業依賴于農業的情形，以爲其他社會的禍害，都與每年農產物的跌價有關。

他更進一步來證明這個主題，因而論到貨幣的性質與功用，並反駁對於這種論題的錯誤。這些討論散見於他的著作之內，但是他曾另著小冊專論此題，這在前面已經述過了。

在瑣事內，他討論貨幣與財富的關係說道：（註八）「因爲金銀本身並不算是財富，而祇因其與生活必需品有關

（註七） 所引證者見前書 P. 173.

（註八） 前書 P. 178.

始有價值可言——金銀對於生活必需品的功用祇是價值的保障與測量，倘若這產生同一的結果，則我們有多少的金銀，實在無關重要。」他又用以下的話去證明金銀或多或少所產生的同一結果：「我們從昔日的記載，知道一二五〇年一個在巴黎的勞動者每日祇能得到四便士，而在今日則一天能得到四十或五十「蘇」（sou）「値一佛郞之二十分之一」，卽是祇能得到現在他所能得的百分之十二。但是在當時他的生活仍然與現在一樣的舒適，因爲物價與貨幣的數量成正比例。他用他的四個便士以滿足他的需要，正與現在從事於同一職業者用他的五十「蘇」一樣。可知當時有地租一千「里佛耳」的人與現在有十萬「里佛耳」的人，是同樣的富有。」

他又說（註九）「倘若有充足的貨幣去維持生活必需品的價格，則貨幣本身並非貨物，其數量對於一國的富足亦無補益。」

這可以說，一國愈富，則更宜於不用硬幣，因爲許多人民可以使用硬幣的代表，如匯票等。

「從此等原則可知國家的財富不過是謀得生活必需品與安適品的力量而已，貨幣祇是手段，而有用的商品却是目的，一國可以不要許多貨幣而富足，但是倘若貨幣不易交換其他商品，則祇有貨幣的國家將感到非常困苦。」

他說（註十）金銀有銅、皮革、貝殼等爲敵手，而「一張毫無價值的紙可以因爲無限次數的傳遞而有億萬金錢所

（註九）前書 pp. 209 and 210.

（註十）前書 P. 398.

有的功用。」為了說明起見，他提起里昂的定期大市如下：在八十兆以上的交易中看不見一個「蘇」(sou marqué)的貨幣。一切都是用匯票代替的，此種匯票經過無數的傳遞之後，最後又回到原來出票人的手中。」

他所見的不動產與工業產生的一切財貨間的關係、以及金錢與其他貨物間的關係、提示了其他均衡的形式。他把貨物分為土地的出產與工業的出產，又按照所有權把貨物分為業主的與農人的財產，房東、地主和辦公室，銀與票據所有者的財產，以及手工勞動者與批發商及零售商的財產。他說，土地的主要出產是穀物、酒、蘋果汁、火酒、動物、與布帛。他又繼續說，祇有當他種人民以不致損失的價格去購買勞動者的出產的時候，勞動者方能繼續生產這些貨物。他說這也是必要的，那二百種職業中的份子應當互為交易，並且他們努力的結果應當是「與土地的出產特別是與他們所賴以為生的穀物相等」。他着重各方面的人在交易上都能夠獲益。他說，一個人的破壞損害全體。在其他的段落中，(註十一)他注重買賣均衡與價格調劑，特別是原料與製造品的價格。

他斷定這種調劑祇能根據自然。以下從他的論文第五章內引出的話明顯地表現此種學說：(註十二)

「要使人民協和及遵守法律，必須有一種督察，因為他們從早到晚互相傾軋排擠和欺詐，時常希望鄰人的衰敗以獲得自已的殷富。我們祇得倚靠自然律去維持秩序與和平。此外其他的權力來參與這些事項，不管牠用意怎樣好，

(註十一)　參看 *Dissertation*, ch. V 與 *the Factum*, ch. I-III.

(註十二)　所引證者見前書 pp. 408 and 409.

總是破壞一切，因爲天然律的運用，一爲外力的干涉所侵擾，便呈出一般紊亂的景象。宇宙的原意是要所有的人因他們自己的工作或他們祖先的工作都能享受安適生活。簡言之，這是確定的，每種商業必須有利於其主人，否則他必須關閉店門，而經營他業。宇宙愛人類並不次於她愛野獸，她從來沒有帶一個野獸到世界上來，而不同時給牠食糧，她對於人也是一樣的。」

（乙）服榜（Vauban）

服榜生於一六三三年五月十四日。當他十歲時，他的父母死了，由封騰（Abbé Fontaine）照顧，封氏授他以軍事工程的訓練。後來路易十四累次戰爭，其中許多重要的圍攻，以及堡壘道路與橋樑之設計與建造，都藉助于他的擘劃。

不像當時許多軍事職務或政府行政的人們，服榜非常仁慈，對於平民尤表同情；他的旅行與觀察使他明瞭平民的苦況。他在沒有開始關於此事的著作以前，早已注意到法國內可能與實在的生產力間的差異。

他經過一番思考，確信此事的關鍵有些可求之於賦稅的總額，但大半則在于賦稅的分配與征收的方法，而且補救國家積弊的方法，卽在於賦稅制度的澈底改造。爲了計畫改革，他在晚年費却許多心思，結果於一六九四年寫成一封短札致勒柏勒第爾（M. Le Pelletier）專論此事，又在一六九九年開始著作皇室什一稅（*Dîme Royal*）但至一七〇七年始行出版。

在此書之內，他引證波雅吉爾伯所描寫的情況以及他對於賦稅制度的批評。他說他自己的研究已顯示了「完全與法國瑣事的作者對於此事的記載相符合的情形，該書的作者暴露人口稅、勒捐與各省關稅的征收的惡習。」（註十三）在他致勒柏勒第爾的短札中，他說：「請陛下注意國王的光榮祇能用臣民的數目去測量，他們所有的光榮、權力、財富，皆基於此；倘若沒有臣民，則國王的虛銜便無用了。」（註十四）

在他的著作內，他說：「一切的人民應當按照他們的收入負担公共經費，不得享有特權或免除賦稅；應當善於徵收以免引起爭端或財政機關方面的麻煩；在可能範圍之內，納稅者應於一次完納其所有的賦稅。」（註十五）

他所計畫的改造卽是他所稱爲皇室什一稅之征課，此種賦稅的來源分以下四種：

一、不動產的出產，以物品徵收者不得超過十分之一。

二、徵收鄉村及城市房屋、磨坊、工業、地租、工資、年金等收入以及相似的收入不得超過十分之一。

三、鹽稅。

四、徵收所有其他的收入不得超過十分之一，所謂其他收入因其性質多種，故包括一切而言。

（註十三）*La Dime Royal (Petite Bibliotheque Economique)* P. 3.

（註十四）前書 *Michel's Introduction*, P. XX IV

（註十五）前書 P. XXV

皇室什一稅脫稿於一六九九年，但至一七〇七年始行出版。此書被國王的王家會議(King's Royal Council)列於禁書的表冊之內，其所主張的賦稅改革方法亦大遭嚴譴，此事至少爲該書作者致死之原因的一部分。作者之死即在該事件發生的那一年四月十六日。

(丙) 康第良 (Cantillion)

自波雅吉爾伯與服榜的各種著作出版至康第良的商業概論(*Essai sûr le Commerce en général*)問世時，約模有半世紀之久。在此時期內，曾經抑制皇室什一稅的那些反動勢力，堵住了波雅吉爾伯與服榜式的改革者的口，箝制了他們的筆；但在十八世紀中葉國內久被壓制的智力掙斷了他們的束縛，經濟名著於是產生，其中有康第良的論文。這本來是用英文寫成的，于一七三〇年與一七三四年之間在英國出版。這篇論文，或其中的一部份，後來由著者自己譯成法文，以供他的一個法國友人的應用，至一七五五年，此書遂完全用法文出版。

此書著者理查康第良(Richard Cantillion)於一六五〇年及一六九〇年之間生於愛爾蘭。路易十四死後，他即遷往巴黎；當羅約翰(John Law)的事業興旺的時代，他從事於銀行業。康第良相信密士失必計畫(The Mississippi scheme)終歸失敗，於是他投機於市場的賣空方面，結果發了財，但因此惹下羅的仇視，只得離開法國。一七三四年五月十六日，他被一個開除的僕人刺殺於倫敦，那個僕人放火燒他的屋子並偷去他的一些文件。

康第良的論文題目着重「一般」(en général)兩字，他認定商業性質之研究，不應從歷史上某一階段中所表現於某一特殊國家的情形上着手，而應從一般情形上着手。他所研究的題目是財富的性質；牠的生產方法；牠在國內各階級人民間及各國間的流通；此等階級的形式；收入的分配；並說明各種勞動階級的各種工資率；價格；貨幣；信用；銀行以及國外匯兌。

他的結論如下：「土地是財富的淵源」而「人類的勞動則是產生財富的原動力。」「財富是……生活的資養品、便利品與安適品；在各種社會之內，土地所有權必屬於少數人；盈餘則聽憑地主處分，他們消費此種盈餘的方法決定本國生產的性質；獲得技巧的代價足以說明熟練工人與不熟練工人工資之不同；生產成本往往規定所有的勞務與商品的價格；各種職業方面的勞動者人數都能夠適應需要。」

在第十二章內他以下面的文字引伸他的論辯，關於土地及土地所有者的費用與一國經濟生活的關係。

「倘若國君與地主將土地封鎖，不許任何人去耕種，則全國的居民當然沒有食物和衣帛；所以一國的居民不特從爲地主而耕種的土地上的產品取得養生之物，並且從地主的土地上得到他們所有的一切東西。

「耕種者通常取得土地出產的三分之二，三分之一作爲他們的費用與維持生存，另外三分之一則作爲他們的企業的利潤。由此三分之二，耕種者通常直接地或間接地供給所有居於鄉間的人們以及居於城市的許多工匠與企業家，因爲城市中的商品是消費於鄉間的。

「地主通常享有土地出產的三分之一，由此三分之一，他供養工匠與他在城中所雇傭的人，以及從鄉間運輸出產到城市中的人。

「通常認爲國內居民的一半居於城市而另一半則居於鄉間在此種情形之下享有土地出產三分之二或五分之四的耕種者直接地或間接地將其中五分之一與城市的居民交換其他產物此五分之一，以及地主在城市中所用去的三分之一或五分之二等於土壤出產的五分之三或二分之一。這種計算祇是爲了留下一個比例的概念而已。「每一研究個人養生之資便往往要溯到其來源由于地主的產業，即耕種者的三分之二或地主所保留的三分之一的產物。

「倘若地主祇有一個耕者所必需的土地數量，則這個耕者從土地所得的養生之資將優於地主。但是居在鄉間的大資產的貴族與業主有時有千百個的耕者，在任何國家之內這些人不過佔居民總數的極小部分而已。「的確在大城市中往往有許多企業家與技師依賴國外貿易謀生，因此外國地主供其犧牲；但是我現在所討論的，祇限于那些在一國內從土地上獲得養生之資的人們，以免論題的複雜。

「地產屬於地主，但是這財產將成無用，倘若沒有人去耕種土地，如果其他情形不變，耕種愈勤所得愈多；貨物愈多，其價值亦愈大。由此可知地主需要其他居民，正像其他居民需要地主。但在這種經濟狀況之下，祇有地主能夠處分財產，並且對於這些事項負有指導與運動的責任。在一國之內，一切皆賴於地主的興味、習慣以及生活方式，以後我將於此文內試爲述明。」

這論辯與後來重農主義者所用的是這樣的相似，所以我們總免不了斷定後者導源于前者或至少大部份受其影響。重農學派的始創者在出版他們的特殊的學說以前曾經研究康第良的論文，（註十六）至少其中學說之一受了大部份的影響。

（註十六）關於康第良生平及其論文的各種事實參閱 *Introduction to the edition of the Essai Published by Harvard University in 1892.*

第四章　重農主義

一　重農主義的起源

重農學派的建立者是密拉波(Marquis de Mirabeau)與揆內（Francois Quesnay)。在以前的諸頁內我們已經討論過的作家爲他們準備了途徑。以前的作家，特別是康第良（Cantillion)早已露出他們的一些基礎學說了。

（甲）密拉波（Mirabeau)

密拉波的生世（一七一五年十月四日至一七八九年七月十三日）介乎路易十四之死與革命爆發之間。他曾經在軍隊服務，一七三四年繼承他父親的爵位與產業以及這二者所包含的社會上的聲望與權勢。他早抱着成就一偉大的政治家之志願，對於公共事業非常注意，他的文章，口才和人格都是不可多得。他有煊赫的家族與社會的榮譽，以及過人的膽量與誠實，不過不能臨機應變能了。

按照韋勒爾思(Wealersse)的記載，(註一)一七四一年或一七四二年，康第良的論文入於密拉波之手，從此他

(註一) Georges Weulersse, *Le Mouvement physiocratique en France* 1, P. 34

就開始研究經濟學。他本來想用他自己的名義出版一本關於該論文的註解，但是後來他決定祇把原文出版。以前述過的一七五五年的版本卽是此種結果。兩年以後，他著了一本書，名爲人口論（*Traité de la Population*）。他自己說，這論文取材於康第良，並敍述之如下：「我和他及許多別人一樣，有以下的推論：財富是土地的生產聽憑人類支配。祇有人類的勞動能夠增加財富。所以人類愈多則勞力愈大，勞力愈大則財富愈多。」（註二）

在人口論密拉波說道：「人的繁殖爲人口，土地生產的增加爲農業。這兩種財富的原理關係至密。」（註三）爲證明起見，他縱論糧食爲維持生命所不可少的命題。所以糧食的供給量愈大，則其所能維持的生命的數目亦愈多；農業是人類糧食的來源，在任何國家內人口的數目皆以農業的發展爲基礎。他以羊比猥多的例子來證明人口的多少不在靠着生殖力。羊之多是由于他們的糧食充足，而不是由于他們的生殖力大。人類的生殖力的確可以使人口和糧食供給量相平衡，所以糧食與農業都很重要。

此書風行一時，引起揆內的注意。揆內當時是綳巴多夫人（Madame de Pompadour）的醫生，她請求與該書著者會談，結果建立了重農學派。

（乙）　揆內（Quesnay）

（註二）　前書 I, 54.

（註三）　*L' Ami des hommes*, ed. of 1758, P. 13

揆內出身農家，在最初的十七年中，他住于農場上。後來在巴黎為雕刻師的學徒，不久改習醫學。他在醫學界的地位與名譽，使他受聘為王廷醫生，最初在緬巴多夫人處，後來在國王左右。他不適於王廷生活，毫不感到牠的興趣，因此人們稱他為怪僻者及具有農業狂的人。他在職務上僅費很少的時間，因此他有充分的餘暇去閱讀、研究與思索。當前的環境與職業雖不相宜，而他對於農業的興趣却是堅持到底，愈研究愈有心得的。

關於他的思想，因記錄太缺之，使人不能窺見其演進的程序。他在一七五六年投於第德羅與達倫伯爾的百科全書（*Encyclopédie of Diderot and D'Alembert*）的兩篇論文，一為「農人」（*Fermiers*）一為「穀物」（*Grains*）也沒有暗示他的觀念。但這兩篇表明他對于經濟論題的思想是在變換的過程中的，並且他頗熟悉當時的經濟著作，康第良的著作也在內。這些學說似乎是在長時間內逐漸發展的，其泐成定式是由於人口論（*Traité de la Population*）的詳細研究及與此書著者會晤後時常討論的結果。至於題名經濟表（*Tableau Economique*）的專門論文無疑地是由於一七五八年末政府成立時的情形促其寫成。

當時，七年戰爭正在進行，法國的軍隊繼續慘敗，一次在羅斯巴哈（Rosbach），一次在克累維爾特（Crevelt），重編新軍所費不貲。政府的財政狀況，竭蹶萬狀，前後連換三個財政總長，總不能使財政狀況略有起色。擔任查究和建議改革的特派委員會發現了侵呑軍費的弊竇；因此政府的信用幾于完全墜落。揆內認為這是貢獻他的理論體系於政府的機會，他相信他的理論體系「足為王國保證光榮的而且穩定的財政狀況之恢復」，因此在一七五八年十二月，他完成了經濟表，(註四)據韋勒爾思的記載這經濟表化了他一年的工夫並且在凡爾賽(Versailles)宮內自行出版。

在經濟表之內揆內用表格的形式後面加以說明並註釋他意想中的財富循環於社會上各階級間的途徑。假定一個社會每年用六百「里佛耳」(livre)來種植土地的產品他稱這數目為每年農業的墊款。他再加以下列五種假說：(一)此六百「里佛耳」的用費會產出一千二百「里佛耳」的收成，這就是說此項費用將生出百分之百的利潤；(二)此六百「里佛耳」的利潤歸於地主而以一半用於購買耕種者的物品，另一半用於購買工業階級的物品；(三)經過工業階級之手的那一部份的純利潤或三百「里佛耳」為工業階級所耗費而不產生利潤，這就是說，此項費用結果又是三百里佛耳；(四)工業階級自行用去他所收入的一半，而以另一半從耕種階級購買物品；(五)耕種階級自行用去他所收入的一半而以另一半用於工業階級。以下的表格便是構造於此等假說之上的：

生產的費用	收入或利潤的費用	不生產的費用
每年六百「里佛耳」的墊款產生純收入	六百「里佛耳」	——
三百「里佛耳」再生產	三百「里佛耳」	三百「里佛耳」

(註四)　這本小書的歷史以及此書後來所表現的許多形式，由 Higgs 記載於 *The Physiocrats* pp. 42 and 43 並參看 Weuleresse 前書 I, 69 and 70

一百五十「里佛耳」再生產　　一百五十「里佛耳」　　一百五十「里佛耳」

七五「里佛耳」再生產　　七五「里佛耳」　　七五「里佛耳」

直到總數六百「里佛耳」再生產　　六百「里佛耳」　　六百「里佛耳」

在此種方式之下，揆內意在說明按照上述的方式而應用的六百「里佛耳」的資本可以自行再生產雙倍此種費用的程序也可以無限地重複而得到同樣的結果。但是，若變更此等數目字，則其結果將大不相同。例如，倘若地主與工業階級所用於農業的費用少於他們所收入的一半，則每年的農業費用將不能完全償付而必不免於減少地主的收入則將逐漸減少，並且所用於工業階級的費用則將減少。反過來說，假如地主與工業階級所用於耕種階級的費用多於他們的進款的一半，則所償還於農業階級者將多於每年的農業費用地主階級的收入將增加，而用於工業階級的費用亦將增加。在前者的情形之下，社會上的財富將逐漸減少，而在後者的情形之下，則將逐漸增加。所以，此等費用的調節對於一國的幸福頗關重要。

他解釋完畢後舉出這些費用調節失當的八種原因，並以為這會引起國家的衰微。此等原因有如下述：

一、妨害農業的不良賦稅。

二、征收賦稅的用費過多。

三、裝飾的用費過多。

四、訴訟的用費過多。

五、在農產物方面的國外貿易的缺點。

六、在農產物方面的國內商業的缺少自由。

七、加于全國居民的個人煩惱。

八、每年農業純生產報酬的失敗。

附加於經濟表之後有短而標明數目的二十三節，照着舒雷著的王家經濟的撮要（*Extrait des Economies Royales de M. De Sully*）的標題。其實這些章節並非取自舒雷所作的任何作品。這些都是經濟表所提示的應為與不應為的事項的註解。在這些章節之內，著者主張國內與國外商業的自由，因為干涉將要增加非農產物的價格間接影響到農產物，因而減少再生產的總數。他認定有利的商業均衡不一定表示一國有利的商業。他主張賦稅應直接課於地主的收入之上而不應課於出產之上，因為征收賦稅的費用可以減至最小的限度，一國的生產基金可以不受損害，商業可不致受到阻礙。他主張凡是直接增加原料需求的商品的費用應由政府加以鼓勵，而用於他所稱為「裝飾」（décoration）的費用則應由政府加以遏制。他對於鼓勵農業或製造業以外的「金錢資產」提出警告，因為過求金錢必礙及國家財富的流通，而使農業受到損害。他認定普通人民的利益需要國王的注意，他們的舒服與安適不應加以侵害。

經濟表爲重農主義者認爲奇異的作品，其作者亦被認爲偉大的天才。密拉波滿口頌揚這部著作。然而對於局外之人，這書並未留下深刻的印象。要表現其眞正的含義，尙有待於解釋與闡揚。此書包含着許多學說的胚胎，并未明白說出，有許多人對牠簡直是莫明其妙。這些學說在後來由作者自己及此派的其他份子充分發展。總之，牠不失爲重農主義的經典，並且當著者作書時所未想到的一些事物也一定由讀者的闡揚加入其中了。

二　重農學派的發展

起初密拉波是揆內的獨一澈底的被感化者。有些人對揆氏的偉大的目的與他的改革的建議表同情，但是拒絕接受他的基本學說。任過商業大臣許多年的顧爾奈（Gourney）即是屬於這一班人的。在經濟表出版前不久他已死了。在他死前的幾個月內，他與揆內及密拉波頗爲接近，他也許與他們合作來發揮他的原理，即是放任主義，後來爲重農主義所採用。（註五）揆內與密拉波忠實地共同工作，目的在感化政府和民衆。他們所遭遇的困難，即是經濟表的形式通俗的闡發與解釋，遂認爲必要。密拉波按章逐行地批評揆內，其結果即是他的經濟表說明（*L' Explication du Tableau économique*）。此書出版爲他的人口論的第六編。爲了同樣的目的，密拉波又著賦稅原理（*Théorie de L'impôt*）。在這兩種著作之內，他過于熱烈，出言不愼，他對於行政尤其是對於包捐官吏的批評的坦白與嚴格觸怒國王，因此下獄。

（註五）參閱 Weulersse 前書 I, 27 and 28, 47 and 59.

這不順利的事情暫時減少了新派所爭的衆望，但是最後却因密拉波之成爲殉主義者而收相反的結果。當一七六一年一七六二年此派的敎師與其特殊的學生——他被囚的時期是很短的——對於他們的宣傳方法愈益謹愼，而在公衆方面則不似開始時那樣活動，雖然他們是如此的樂觀，希望政府財政的改革可以付託於他們之手。在此時期內他們完成了農村的哲學（*Philosophie rurale*），此書出版爲一印刷精良的數百頁的大四開本，並且計劃使其成爲經濟學的完備論著。關於此事，韋勒爾思（Weulersse）說：（註六）「這並不是短時期的作品，也不是立卽救濟危機的計劃。這是具有方略的學說，所包含的眞理可以適用於任何國家與任何時代。這部偉大的著作闡明了這種學說的富豐概念與複雜的推論，同時牠却是非常有力而且正確的，這可于應用數學公式附以許多註解處見之。」

揆內與密拉波努力於感化許多人民，尤其是有勢力的人們，信仰這種新的學說。爲達到目的起見，他們辦了一種雜誌與一座學校，并於一七六七年底，他們組織一種團體，每星期按時在密拉波家中開會。這個團體中最著名最活動的份子卽狄蓬（Dupont de Nemours），他是密拉波的鄰人，是稍有聲望的作家；阿伯爾（Abeille），他是不累達內（Brittany）農業學會的秘書；墨西爾（Mercier de Riviere），他是巴黎議會某支部的議員，曾任瑪第利格（Martinique）的總督；巴多（Badeau）他是模仿愛狄生文報（Addison's *Spectator*）的名爲公民叢報（*Ephémérides du citoyen*）的編輯；勒特落納（Le Trosne）他是稍有聲望的律師；狄爾歌（Tusgot）他歷任政府的要職以及財

（註六）前書 I, 85.

政大臣，但嚴格地說來，並非此派的份子，因爲他沒有參加這個團體的活動，然而他遵守他們的學說，他的公共事業也是受他們的領導。

他們想法子擴充勢力到全世界。因此，他們利用各省的農業團體與其他團體，並且遣派代表到俄羅斯的喀德鄰第二（Catherine II）、巴登的卡爾佛理德利（Carl Friederich of Baden）、瑞典的居斯達運斯第三（Gustavus III）、土斯卡內的利奧波爾德（Leopold II of Tuscany）——後來的奧大利皇帝——西班牙的查理斯第三（Charles III）、皇帝約瑟第二（Joseph II）與那普爾斯的斐迭南（Ferdinand of Naples）。他們又與著作家科學家，與其他的智識份子以及當時的榮耀而有勢力的婦人函件往來。

三 重農學派的學說

在農村哲學內此派的學說有系統地闡明之後，又出現了其他幾本重要的書籍以及許多次要的著作。此等書籍中，以墨西爾的社會的自然與必要的現象（*L'Ordre Naturel et essential des sociétés*），與狄蓬的重農學派（*Physiocratie*），——此二書皆出版於一七六七年——以及狄爾歌的回憶（*Reflexions*）——一七六九年出版——最爲著名。大部份較短的著作散見於農業商業財政雜誌（*Journal de l'agricuture du Commerce et des Finances*）與公民叢報（*Ephémérides du citoyen*），二者皆係此派在各時代所經營的雜誌，是狄蓬與巴多（Abbé Badeau）所編輯的。

這些著作顯示經濟學開端的有系統的學說，這可以簡單地概述如下：

人類的經濟活動有一種自然的秩序，如果遵守那末可以保障他們的幸福。這種秩序對於聰明的人雖是明顯的但是必須去探討及發現之後，人們自然要遵循，因為對於他們有利益，並且自利心會阻止他們去違反天然律。上帝制定此種秩序賜與人類以土地。土壤具有特殊的性質可以產生多於耕種過程中所花的費用，稱為「純生產」（Produit net），除了耕種者以外社會上所有各階級必賴純生產以生存，因為除了農業以外經濟活動中沒有其他部門可有同樣的剩餘。製造業不過混合或合併原有的原料，商業也不過把貨物從此處運至彼處從甲手轉到乙手，並沒有生產。除了農民與地主以外，其他階級都是不生產的。

政府的收入必來自「純生產」，因為沒有其他可以生產此種收入的來源。假如賦稅課於耕種階級，或則他們的費用將不能收回，並且以後的生產將因而減少，以至於普遍的貧窮；或則他們所支付於地主將因此減少，而土地的收入卽是「純生產」。假如賦稅課於不生產階級，或則他們必須減少所購自耕種者的物品，而結果則減少上述的他們每年的用費；或則他們提高農產物的價格使得租稅轉嫁於地主身上。

維持國家既此要靠「純生產」，那末賦稅應當直接課於地主，因為土壤的生產流入他們之手。地主必須負担所有的賦稅之另一理由卽是土地「聯合所有權」（Coproprietorship）。原來土地是屬於統治者的，統治者之所以為聯合所有者（Coproprietor）不僅是從封建時代流傳下來的習慣，並且也由于國家實際上對於農業大有貢獻。

地主不過灌溉土壤以及施肥，而國家建造道路、橋樑、運河，對於農業繁榮更爲重要。

重農學派把經濟事務上的一種重要而且特殊的職務歸與地主階級，而認所有權是一種神聖的制度。此種職務與康第良所歸與這個階級者相同，即是攤分「純生產」——所有其他階級維持生活的工具——的職務。他們忘却了這個階級的寄生性質，並且忘却了後來通常所加於地主階級與地產的批評。要說明這種態度，我們要認得在他們的眼光之下勞力並沒有像我們所想像的尊榮。勞力並非生產的，即耕種者的勞力也如此。在農業方面眞正的生產者是自然界，並非勞力。重農學派以及他們的祖先所居住的社會已使他們習慣於土地所有者的統治。往往社會的經濟與政治勢力都是這個階級操縱，他們認爲這種情形是必需的，正如亞里士多德觀察奴隸制度一樣。阿柏波多（Abbé Badeau）認這種情形是正當的，因爲地主開墾土地以供耕種，而且土地所有權是繼承或購買得到，他們繼續改良土地；他們的土地的所有權是基於首先的佔有，（註七）按照他們的意見，這是一種自然的而且正當的權利。

雖然重農學派把商業與製造業看做不生產的，但是他們以爲祇要在適當的範圍內去經營，仍是有益的。按照分工的原則，他們要耕種者集中力量生產穀物，因此這縱然不是必需的職業，亦是有用的可貴的職業。祇有介乎商人與耕種者之間的直接交易在他們的眼光中是必要的，爲再行出賣而購買，他們認爲有害的，因爲這結果使商人階級吸

（註七）參閱 Charles Gide and Charles Rist, *A History of Economic Doctrines*, translated by William Smart and R. Richards. PP. 22

收非必要的財富他們並且主張商業應當完全自由，不應受任何拘束因爲商人間的自由競爭對於適當的價格之維持是重要的。這種原則應當適用於國際的及國內的商業因爲「自然秩序」沒有境界的分別每個人可以按照自己的意見自由賣買不管他是在國內抑在國外貿易。

倘若將金錢的借貸算作商業貿易自由原則的唯一例外卽是利息之禁止，除了應用於農業上的借款之外，多數重農主義者以爲所有其他的借款都是不生產的。但是，狄爾歌對於這種例外是贊成的，因爲禁止利息卽是禁止借貸，資本的所有者往往利用資本購買可以生利的土地而不願借與他人而得不到相等的報酬。

重農學派並以重要的職務歸於國家，他們相信國家應由一個專制的君主統轄。他們以爲自然秩序的本身有賴於了解牠的人們；聰明的人們了解牠的特性，會聽憑天然律；但是所有的人民不見得都是聰明的，甚至聰明的人民亦須加以敎育。所以，重農學派以促進明瞭自然秩序，傳布關於自然秩序的知識，以及保障自然秩序以免無知者之暗害所不可少的敎育，歸于國家的職務。自然秩序需要公共工程之搆造與維持，如道路、橋樑、港灣等等，這些是所有的人們所需要，所應用的，代表公衆並爲公衆而活動的國家所應當供給的。

按照他們的意見，祇有專制的世襲君主可以受這種工作的付託。祇有這種人能夠超過自私自利以及工商界的糾紛，因此他的觀點比較公平而且透徹。現代人們所謂的政治自由他們是完全不贊成的。（註八）

（註八）前書 PP. 40 and 41

四　重農學派的衰微

約在一七六七年此派勢力最大，自此以後，漸漸衰微。此派關於君主政體與專制政治的觀點爲一般有思想的人民所反對，資產階級對於此派也不滿意。商業階級與製造業階級尤爲反對，因爲他們的利益受了侵犯。此派的原理不能吸引許多有勢力的人們，而且受了批評，最著名的批評見諸農業雜誌（*Journal d'agriculture*），商業雜誌（*Gazette du Commerce*），佛蓬奈（Forbonnais）的經濟學原理與觀察（*Principes et observations economiques*），以及格拉斯林（Grasslin）的財富與賦稅之分析概論（*Essai analytique sur la richesse et sur l'impôt*）。福爾特爾（Voltaire）與盧騷（Rousseau）對於此派也有評批。（註九）

一七六六年穀物自由貿易的法令頒布之後不久，穀物的價格大漲，以致平民叫苦，並在有些地方叛亂。此種事項之發生，却由於該項法令而非由於當年的歉收，而重農學派對於該項法令是應當負責的。

自一七六七年起，遂發生一個反重農主義的黨派，聲勢逐漸强大。他們與重農學派爭辯學說上的論點，並且與他們在政府方面競爭勢力，特別是關於糧食抽稅的事項。一七七〇年他們居然取消一七六六年的法令。一七七四年狄爾歌就任內閣的職務，又起了反動，但至一七七六年反對黨的勢力迫得狄爾歌辭職，一七七四年所頒布的糧食輸入自由的法令又取銷了。

（註九）Weulersse 前書 I, 148—154.

一七七六年原富之出版，給了重農學派一個打擊，在學理方面與實用方面，這本書都超過重農主義者的著作，這是大家所公認的。此書至少在一個時代之內被當作歐洲的經濟學課本，雖然重農學派在許多年內沒有正式解散，但是他們的勢力已經衰微了。

第五章　英國重商主義的衰微

英國，與法國一樣重商主義的政策引起反抗。結果個人主義與放任主義以及原富所闡明的經濟學系統的發展逐漸代替了重商政策和學說。我們將首先敍述政策的轉變。

一　干涉政策的推翻

在重商主義時代以前及重商主義時代所施行的干涉政策逐漸推翻。此種過程最初開始於十四世紀而一直繼續到十九世紀中葉才完成。此種轉變的基本原因卽是人類愛好自由，有了機會，人們就要反抗任何拘束而加以推翻。十四世紀的黑死疫與農民的反叛剛剛給了一種機會，貨幣經濟逐漸代替自然經濟，也是一個機會。

各種干涉的法令變爲進步的阻礙。多數人民的利益並沒有因爲法令之施行而促進，因此這些法令變成虛文，後來竟從律例中除去而爲人所不能記憶了。

也許此等規定從未完全實施過；莊園制度與行會制度逐漸衰微，商業與中等階級開始發展，商業團體與工業團體的數目增加。而此等法規對於服從其規定的人民所實施者，亦日益和緩了。個人主義與商業及工業的自由之運動，在十八世紀，進行甚速，並且遠在工業革命與原富出版之前。

堪甯漢(Cunningham)在他的英國工業與商業之發展(*Growth of English Industry & Commerce*)內詳細敍述此種過程，特別注意估定工資的慣例之中止。他說這在十八世紀之末，事實早已爲人所忘卻——麵包與布匹的「度量衡與價格之估定」(Setting the assizes)以及管理布業之嘗試。十八世紀中葉，價格的規定不過是偶然的，他說：「這是明顯的，論到國家經濟的這一重要部份——粮食供給的分配以公平的價格售於公衆——自由競爭優於干涉政策」。在布匹製造業的管理之下，布商爲着自己的利益願意共同欺騙，並且應用商標以代舊法。在國外貿易方面，舊的貿易公司被未受特許的營業者以及因國會拒絕保護其特權所逐漸損壞。重商主義所應負責的進口出口之賦稅與獎金的精密制度之破壞，乃是一個漸進的過程，至將近十九世紀中葉時始告完成，但其開始則頗早。(註一)

二　反重商主義的學說

與重商主義的學說相衝突的觀念發現於十七世紀，至十八世紀影響日大。其中最主要的學說，即謂自然與勞力是國家財富的淵源，並非金銀；農業對於國家經濟較國外貿易更關重要；國家經濟政策的目標是要全國人口生活必需品與便利品之適當供給，而非有利的貿易均衡之維持；工業商業的自由較之保護關稅、獎金、獨佔與享有特權的公

(註一) W. Cunningaam, *The Growth of English Industry and Commerce*(Cambri 'ge University Press,1892) Book VIII, Part I, esp. pp. 268—272, 359, 360.

司更能促進繁榮。此種思想的先驅是威廉彼得爵士（Sir William Petty）與達累諸斯爵士（Dudley North）。

彼得於一六二三年五月二十六日生於鄰近倫敦的地方，死於一六八七年十二月十六日。他肄業於牛津大學，又曾服務於英國海軍。一六四三年爲着研究醫學他在尼德蘭（Netherland）與法國住了三年。回國後，即在牛津大學講授醫學，一六五〇年該校授他以博士學位。當時，他行醫頗有成效。一六五二年，他派往愛爾蘭軍隊中担任軍醫，不久升任愛爾蘭總督的秘書。他在當地詳細測量全境，特別是被克倫威爾（Cromwell）所充公的土地。這種工作完成時，他製好了已經測量過的地方的地圖，這是當時最正確的地圖。

他的重要的經濟學著作係賦稅與抽餉論（*A Treatise of Taxes and Contributions* 一六七九年），貨幣論（*A Tract Concerning Money* 一六八二年）與政治算學論文（*Several Essays in Political Arithmetic*）。這些論文起初出版於皇家學會（The Royal Society）議事錄內，——他是皇家學會的建立者與促進者之一，——而於一七三一年印成書本的形式。

他所說的「政治數學」（Political Arithmetic）即是我們現在所稱的統計學。他在這方面的工作是著名的，因爲這是應用統計方法於經濟學的研究的開始。關於生產，價值，地租，高利，與貨幣的觀念，顯然是反對重商主義的。他說：「勞力是財富之父，土地則是財富之母。」從事於供給有用的原料品於社會的人民是生產者，他們的工作即是生產。生產一件東西所必需的勞力決定該物的價值，地租則是土地生產的價格超過其生產成本的剩餘。有限的貨幣數量對於經營一國的交易是必需的，但是可以過多亦可以過少。金銀中應取一種為一國通貨的基礎，其他一種則如其他任何商品一樣地流通。他反對禁止輸出貨幣的法律，高利貸的法律以及政府的干涉工業。(註二)

達累諾斯於一六四四年生於倫敦，於一六九一年死於同地。他是東方貿易中的一個著名的商人他經商的主要地方係康士坦丁堡(Constantinople)與斯米那(Smyrna)在這些地方他得到很大的商業上的成功。他成為政府所相信的一個顧問官，他一生中曾任司法官市參議稅務司國會議員以及國王遺產的管理員。

一六九一年他的惟一書籍——商業概論(*Discourses upon Trade*)——出版，他的貨幣觀念與彼得的相似，他認定所需要的貨幣數量可以自然地限制其本身，並且否認商業不振由於貨幣數量缺少。他說這是由於本國市場的積貨過多，國外貿易的混亂，或因貧窮所致的消費不足。他贊成商業自由，謂國與國間的經濟關係好像城市及家庭與國家的關係，而貿易不過是多餘物品的交換而已。他反對一切的固定價格的方法，主張價格應當由供需律決定。他並且反對其他的國家干涉因為和平、勤勉、自由與未受阻礙的經濟活動對於經濟的繁榮是至關重要的。他以為利率是由資本的需求與供給所決定的，低利率是不能由他同時的人們所主張的強制管理而得確定的。(註三)

三　十八世紀

(註二) John Kells Ingram, *A History of Political Economy* (London; A. and C. Black, Ltd., 1915) P. 49

(註三) 前書 P. 50

在十八世紀，不僅有重商主義衰微的事實而且各方面發生個人的創造與企業。農業方面，圈地增加，爲利潤的大產業的資本制度居然代替了農人管業公田等等的舊莊園制度所遺留者。工業方面有時具有類似近代工廠設備的比較大量的單位侵犯了舊式的家庭與城市的製造方法，紡織物機器的發明開始了完全爲改革製造方法與從事此種工業的人民的生活的工業革命。商業發展迅速，舊的貿易公司與獨佔在未受特殊的營業者與自由任意的企業的侵犯之下而逐漸崩潰。

在此世紀之內，英國人民幾乎完成了對於中央與地方政府的控制而享受他們前此所未有的權力。在漢諾威皇族的喬治統治之下，（The Georges of the house of Hanover）——他們對於英國與英國民族的知識是微少的，——國會的權勢迅速地增加，國王的權勢則減少。內閣制度於是成立。自經過許多內戰以來地方行政大半委託保安法官，市政府，以及教區委員。國會祇有在受到請求時以及特別事項內得加干涉。雖則選舉議員權有限制，並且下議院中的賣官鬻爵是普通的現象，然而政府制度却是代議的，在公共場所與私人住宅都可以自由討論政治，民衆勢力發現於雜誌和報紙之上，輿論已成爲政府中的有力的原動力。

亞丹斯密解釋這新時代的經濟生活與其產物非常透徹，他是古典學派經濟學的創始者。

第二編

古典學派經濟學的發展

第六章　亞丹斯密與原富的演進

一　亞丹斯密生平（註一）

亞丹斯密的一生起自一七二三年六月五日至一七九〇年七月十七日止。他生於蘇格蘭附近愛丁堡（Edinburgh）的克爾喀狄（Kirkcaldy），曾在格拉斯哥（Glasgow）大學與牛津大學受過教育，並在愛丁堡大學講授英國文學與經濟學有三年之久；一七五一到一七六三的十三年中掌教格拉斯哥大學，最先担任論理學後來改授倫理學，嗣後少年布克勒公爵（Duke of Buccleugh）聘他爲導師旅行和覊留國外大約三年，此時期內他在吐魯斯（Toulouse）過了八個月，在法國南部旅行了兩個月，在日內瓦兩個月，在巴黎十個月。他在蘇格蘭與英格蘭過了他的餘生，以大部分的時間用於自己的研究與原富的著作與修正。自一七七八年至一七九〇年，在他一生最後的十二年，他充任愛丁堡稅務司，而在最後三年他兼任格拉斯哥大學監督（Rector）。他從未結婚，他的家庭生活由他的母親與表妹都格拉斯小姐（Jean Douglas）爲他經理，他很忠實地依戀着他們兩個。

他是具有非常優美的情操之人，一生行爲可資模範，並且有高深的學識。他的生活不受商業的煩惱及政治的漩渦所影響，所以他能夠客觀地觀察事實的過程；他的敏捷，與智力以及不斷的努力使他貫通基本的原理，他同時代的人在天資與訓練上沒有比他更適合於他所担任的工作，並且在任何科學的論著上沒有看到智識更完備的作者下過大半世的工夫。

要去說明這樣的人產生的背景是不容易的。像詩人一樣，這種人是天生的，不是造成的。但是他的學識淵源可以窺見的。

一個淵源無疑地可溯到格拉斯哥的倫理學敎授赫起森（Hutcheson）。據代斯密作傳記的約翰勒（John Rae）的記載，以及他自己的證明，他在大學時，這位敎授所給與他的影響比任何人都大些。赫起森思想卓絕，循循善誘，他所講的許多題目後來斯密爲大學敎授與著作家時加以論究。赫起森是神學中的自由主義者，相信上帝是慈善的，他的意志表現於自然律而不是表現於「神秘的徵兆或天命」，他爲人類的幸福而存在，所謂人類的幸福卽是「最大多數人的最大幸福」，這句成語據說是赫起森所首創的。他並且是宗敎的、政治的、與經濟的自由的辯護者。斯密的道德情操說以及價值、利息和貨幣等的觀念大半是受赫起森影響的。（註二）

大衞休謨（David Hume）對於斯密也有相當的影響，他是斯密的知交。原來休謨是蘇格蘭男爵的幼子，生於

（註一）參閱 John Rae, *Life of Adam Smith* (London: Macmillan and Co., Ltd., 1895)

（註二）Rae 前書 pp. 11—15

一七一一年四月二十六日。他在愛丁堡大學與法國受過教育，最初研究法律，後來轉而研究哲學，他是一位有卓識的思想家與著作家，又是英國歷史家。關於道德、政治、文學以及經濟問題，他發表很多文章。爲維持生計起見，他曾於早年在布里斯拖（Bristol）商業機關服務，後來聖克萊（St. Clair）担任駐維也納（Vienna）與楚累哈（Zurich）的大使的時候，授以秘書的位置。他曾經任過愛丁堡辯護士圖書館（Advocates library）的管理員和駐巴黎的英國公使館的秘書。

休謨對於經濟問題的意見（註三）特別表現在他的論商業、貨幣、利息與貿易均衡的諸論文中的，簡直是反重商主義的，有許多的觀點與彼得（Petty）及諾斯（North）的相同。他認爲任何團體的經濟力量基於「人類與商品」之上，特別是基於「勞力」，而貨幣不過是商業的工具，夠做交易媒介罷了，數量多少無關緊要。貨幣過多反使物價漲高，阻礙國外貿易。各國間的貿易如果自由，不怕貨幣不足，因爲在此種情形之下，金銀可以按照貿易的需要而流通分配。他說：「政府祇有保護其人民與製造業，至於貨幣，只可聽其自然，不要恐慌與嫉妒。」他特別注重地域分工，並且闡明歐洲各國貿易上的障礙與關稅的害處。他反對「國際貿易上一國所得者卽爲他國所失的觀念，而堅持着一國的繁榮與所有的國家都有利益。他說：「我不僅以個人的地位，並且以大不列顛國民的地位，爲德國、西班牙、意大利和法國祈求興旺的商業。」

（註三） Ingram, *A History of Political Economy*, pp. 81–84

在一篇賦稅的論文中他批評重農主義的單一稅的學說以及當時一般人所謂公共債務的本身是有利的，不管舉債的目的是怎樣的觀念。他反對以借款爲公共企業籌措基金而把還債的責任加於後世子孫。他研究經濟的方法是歷史的與社會學的。他着重經濟問題與其他社會現象以及文化開展的關係，並且以社會演進的當代情形與過去並論。

當與休謨發生關係的時候，斯密纔十六歲。他已經寫了一篇關於休謨出版不久的人性論（*Treatise on Human Nature*）的摘要，這篇摘要頗得該書著者的歡心，因此他就以原著一本贈送斯密而將這篇摘要出版於倫敦。這正當斯密的學生時代。他同休謨的友誼在他担任格拉斯哥的教授以後才密切。他們互相羨慕，這可以從他們的通訊中看得出的。他們的通訊是密切的而且表示他們互相討論互有興趣的事項及互相磋商他們的私人事務。當斯密辭去格拉斯哥的論理學講席而就任倫理學的講席時，他竭力主張聘請休謨繼任，休謨至少亦趁一種機會使斯密得到愛丁堡的任命。從他們的通訊中我們可以看出休謨的有些著作在未出版以前曾和斯密磋商，而休謨對於斯密的道德情操論（*Theory of Moral Sentiments*）與原富的著作尤爲關心。

他們兩個彼此深刻地影響着是無疑的，但是要去詳細記述此種影響的相互作用，是不可能的。休謨年齡較長，早已發揮了他的哲學觀念，當然會影響到斯密的哲學體系。休謨的經濟學發揮也比斯密早。但是在這方面最先啓發斯密思想卻是赫起森，而休謨不過增廣學識罷了。

重農主義者所給予斯密的影響從他在往法國之前在格拉斯哥大學所講授的關於「正義、公安、國課、軍備」的演講與原富的比較便可明瞭。當時有一個學生聽斯密演講留下筆記，後來這種筆記經麥可熙（Charles C. Maconschie）交給堪南（Edwin Cannan）。原來麥可熙在他的叔祖的屋頂內的一堆舊書中找到這些筆記。這些筆記經過堪南與原富比較以後於一八九六年出版。這種比較表示着在斯密遇見重農主義者之前，甚至他們開始著作之前，原富的基本原理早已完成。但是他從巴黎回來之後，增加不少重要的材料，這也許是重農主義的影響的結果。

關於斯密與重農學派接近的情形，有如下述：當他跟隨布克勒公爵僑居巴黎的十個月內，他遇着許多學者與政治家，包括揆內，狄蓬，狄爾歌，也許還有其他重農主義者在內。這十個月正當這般經濟學家獲得勢力與受人承認的時代，但是當時他們的權勢還沒達到頂點。密拉波的星期二的宴會尚未開始，然而此派已時常集會於揆內的寓所，狄蓬謂斯密常在該處與他們坦白地討論在他計劃中的著作內容，他時常會見狄爾歌並與他討論經濟問題。當時狄爾歌正在著作他的財富的形成與分配論（*Réflexions sur la formation et la distribution des richesses*），三年後才出版。無疑的他們兩個討論過的學說後來發表在他們各人的作品中。

斯密在巴黎所以能夠得到好機會，大半受休謨之助。休謨久居巴黎，頗孚衆望。斯密到後，他介紹了許多重要的人物。一七五九年出版的道德情操論亦頗著名於巴黎，原書爲許多有聲望的人們所誦讀，經過法文的繙譯而普及於全國。他在巴黎與狄德羅（Diderot）瑪蒙特爾（Marmontel）烏勒諾爾（Raynol）加里亞尼（Galiani）穆惹勒

(Morellet) 赫佛秀斯 (Helvetius) 達倫伯爾 (D' Alembert) 格累蒙 (Grimm) 與奈克爾 (Necker) 諸人的接近,——茲不再舉許多著名的婦人,——對於擴大他的眼光與刺激他的思想不無重大的影響。

二 「原富」的演進

原富的開始可以追溯到斯密在格拉斯哥從赫起森所受的教訓。他所聽過的講演也許是編製在「倫理學概要」(*Elements of Ethics*)「自然律概要」(*Elements of the Law of Nature*) 及「政治經濟原理」(*Principles of Economics and Politics*) 等名稱之下的。其實一七四五年赫起森出版的拉丁文小冊就是這樣編成的。當斯密担任格拉斯哥的倫理學教授時,他的演講的編製無疑的受着他的老師與前任教授的大綱的影響。斯密的傳記作者之一,斯圖亞特 (Dugald Stewart) 說:「他從一個學生聽到斯密的演講是編製在自然神學(*Natural Theology*)「倫理學」(*Ethics*),「法理學」(*Jurisprudence*) 與「增進國家財富、權力及繁榮的實利法規 (*Political Regulations Founded upon Expediency and Calculated to Increase the Riches the Power and the Prosperity of the State*) 等名稱之下的。」堪南所出版的學生的筆記歸併爲「正義、公安、國課、與軍備的演講」(*Lectures on Justice, Police, Revenue aud Arms*), 無疑地包括了該項課程的第三部份與第四部份。

一七五九年出版的道德情操論是屬於第二部份,而原富則爲其第四部份。這最後的一部份無疑地是由於他的老師的「經濟學與政治學原理」的演講的啓發。堪南所刊行的學生的筆記與上述的赫起森的小冊的比較表示着斯密的課程根據赫起森的基本原理。但是加以補充與修正至於二者的相似之處不過幾點而已。

原富是斯密的演講底稿編成的，這個可從他的道德情操論末段證明，在該段內他允許將來討論此等題目如法律與政府的原理及其各時代的改革不僅關於正義抑且關於政策國課和軍備。該書第六版的序言內他提示原富即為此種允許的部份的實現。

該書實在開始於吐魯斯（Toulouse），可以從一七六四年七月斯密致休謨的信中看出來。（註四）當時斯密心中所擬的大綱也許範圍較大，這大概是他在道德情操論中所指的那個大綱，包括着正義或法理學以及公安、國課、軍備等題目。

從法國回來後的十年內斯密努力研究，預備著作原富。他在倫敦六個月，得出入於不列顛博物院（British Museum）並與閣員以及其他具有他所需要的報告的人們商議。後來他在克爾喀狄的家鄉費了七年的時間去研究與寫作，時常到愛丁堡的圖書館。一七七三年他完成了他的草稿，是年春他再往倫敦結束此稿準備出版，居然又費了三年的時間，這的確是出了他意料之外的。

按照上述可知原富是亞丹斯密一生的傑作。至少從一七五二年至一七七六年他為着這個著作而思索、研究、講授、以及工作，他的特殊性情、知慧、與餘暇使得他完成這部著作。沒有任何著作在這樣順利的情形之下產生的，這應當

（註四）所引證的見前書 PP. 178, 179.

算是偉大的著作，而且從歷史的判斷，這是世界偉大著作之一。

第七章　原富的分析

一　分工與國富

(甲) 本書的主旨與綱要

在開始的一段內，斯密曾經表示本書的主旨並解釋其最重要的細目。此種說明有如下述：(註一)（所引證的是重行加以分段的）

「各國每年的勞力就是供給一國每年所消費的生活必需品與便利品的基金，此種基金常常存在於勞力的直接出產，或存在於以此種出產購買他國的物品。

「此種出產或以此種出產購買他國的物品與消費此種出產的人數成比例，所以國家對於必需品與便利品的供給，有些豐裕有些缺乏的。

「但是這種比例要受兩個不同的條件所限制：第一，爲僱用勞力所需的技巧與熟練所限制；第二，爲被僱用於有

(註一) 所有的引證取自一八九一年倫敦 T. Nelsno and Sons出版並有J. Shield Nicholson 的文言與解釋的版本。

用的勞動的人數與未被如此雇用的人數的比例所限制。……不論任何國家的土壤、氣候與地域的範圍怎樣，在此種特殊情形之下，一國每年的供給量必憑藉兩個條件而定。」

「他首先注意的題目是通常僱用勞力所需的技巧與熟練，」第一卷專門討論這個題目。其次則為「被僱用於有用的勞動的人數與未被如此僱用的人數的比例，」第二卷就是發揮這個問題。在這兩卷內他闡明了他的基本的學說，第三卷內他所討論的是「各國富饒的不同的發展，」說明何以有些國家繁榮而其他國家衰微。此卷分為四章，第一章名為「論富饒的自然發展」，第二章「論羅馬帝國崩潰後歐洲古代各國農業所受的挫折」；第三章「論羅馬帝國崩潰後城市之興起與發展」；第四章「論城市商業對於促進農村的貢獻」。

在第四卷內他以批評的眼光探究重商主義與重農主義，這卷可以稱做當時的經濟學史。第五卷則專論公共財政，名為「論統治者或國民的收入，」而分為三個細目，依次名為「論統治者或國民的用費」，「論社會上公共收入的來源」與「論公共債務」。

（乙）勞力為國富的淵源

在敘述「各國每年的勞力供給一國所有的生活必需品與便利品，」斯密並未忘記自然界在生產中所佔的重要地位。前面所引證的一段的末句說得很明白，其他可資引證的段節還多。他明顯地指示各國的天然環境是固定而不變的，而勞力卻是變動的。有了固定的環境，各國財富的變動靠着勞力要素而定。要說明兩個或更多的國家的財富的差別必定要考慮到天然環境與勞力的差別。對於這一點，斯密是很了解的。

也許此處對於勞力要素的特別注意原來是斯密要使他的觀點與重農主義者對立，不論是否有此意向，而實際上已達到此種結果。重農主義者認定祗有土地是生產的國家財富與農業「純生產」的關係猶結果對於原因一般。斯密則建立他的體係於完全不同的主題之上，但是承認并採用重農主義者的基本論題中的眞理。

（丙）分工的性質利益原因與結果

爲了解答基於「通常僱用（一國的）勞力所需的技巧、與熟練」的問題，斯密說（第一卷第一章第二頁）「勞動生產力的改進，以及僱用勞力所需的技巧與熟練大半是分工的效果。」這就是第一卷的主要的題目其次爲「論（一國）出產自然地分配於人民各階級所依照的秩序，」這明顯地是離題，大概他到了法國之後受了重農主義者的暗示才加上的。這一卷可以删去而不致妨礙首兩卷的論證。

在「分工」的題目之下，斯密將各種職業的分別以及每種職業分工的程序包括在內，並謂這種分工並不是人類智慧的結果，却是人類天性的某種傾向的必然的，雖然是很遲緩而漸進的結果，此即互相交易的傾向」（第一卷第二章第六頁）。「到底這種傾向是出於人類天性，或是理智的必然結果，」他沒有說明，但是堅持着所有的人都有這種傾向，所以分工是基於人類天性的，並且是科學所賴以開始並建立於其上的永久的事實之一。

分工的利益即是勞動生產力的大量增加。他以造針的事實解釋分工結論謂僱用於此種製造業的勞動者「假如他們獨立地工作，而且他們中的任何人皆未受過特殊職業的教育，他們每人每天不能夠製造二十顆針或一顆針；這就是說，他們不能達到分工下所能製造的二百四十分之一或四千八百分之一。(第一卷第一章第三頁)

這種生產力的提高，他用了三種條件來解釋：第一，每個特定工人的熟練之增加；第二，節省通常從工作某一部門轉至另一部門所損失的時間；第三，機器的發明減輕工作並且使得一人能做多人的工作。(第一卷第一章第四章)

他舉出分工的若干結果於以下的節段內(第一卷第一章第五頁)：「分工促進各種技術的生產力，結果社會富庶，平民也受到利益。原來每個工人所要做的工作往往超過他自己的能力，其他工人在同一情形之下，可把他自己的貨物去交換他供給他們所需要的東西，而他們則以他所需要的互相交換，這樣子社會上各階級都變成寬裕了。」

(丁)　分工的限度

分工的重要使得斯密研究實行分工的範圍及其限度。他把職業的性質，市場的範圍，和商業的工具為分工要素。例如，在農業方面分工即不能像在製造業方面一樣地實行，並且在有些製造業方面，分工的程度超過其他製造業。製造的程序是決定的因素，所以分工有一定的限度。此種限制在各種工業都有的。

到底分工能否就工業性質範圍達到極點，大半要看市場的大小。斯密說(第一卷第一章第八頁)：「交易促進分工，所以分工的範圍必定恆為交易力量的限度所限制，換言之，即為市場的範圍所限制。當市場狹小的時候，人們不會專門致力於一種職業，因為他們不能把他們自己所生產的剩餘而消費不了的部份去交換他人的產物。」

市場的範圍是以運輸的便利與人口的稠密爲條件的。爲貿易起見，人民必須能夠彼此交通並從此地送貨至彼地而勿須耗費過多的時間與勞力。斯密說明最初的文明發生於海岸及大河流域就是因爲交通便利。他認定某種職業，例如搬運行李的職業，祇能行使於大市鎭之內，因爲祇有許多人民彼此密居的時候，才有這種工作的必要。

交易與分工有密切的關係，所以斯密特地提出貨幣討論。他認定貨幣是便利交易的一種工具，沒有貨幣大量的商業即不可能；所以貨幣對於分工大有貢獻。

貨幣的題目引起斯密來談到價格與分配論。按照他的觀點，地租、工資、與利潤都是商品價格的成分。此等題目的排列，不合論理學原則，使我們疑心分配論是後來加入；大概是受了重農學派的暗示，並且因爲沒有更適當的位置，所以插在這裏。其實分配與價格不見得與分工接連，而分工却是本卷的主題。

（戊）資本與分工

在市場的範圍人口的稠密與交易的工具限制之下，分工的限度靠着資本。斯密以爲分工普及之後，每個人出售其剩餘的出產來滿足慾望。但是剩餘出產的蓄積只有預先蓄積資本夠維持勞動者在生產期間內的生活纔能做到。按照他自己的話，（第二卷導言第三頁）各種貨物的資本必須集蓄於各處，以他的工作的材料與工具充分的維持他並供給他直到貨物的生產與出售爲止。

他的論證中的第二步即謂實行分工的範圍是與所蓄積的資本總數成比例的。他說（前書）「資本的蓄積既然必在分工之前，所以資本蓄積愈多則工作愈可細分……因此，爲了給與相等的勞動者人數以恆久的職業，則必須預先蓄積相等的糧食和較多的原料與工具。」

按照斯密的見解，不僅工業的總數在任何特定時期與資本的蓄積成比例，並且各種工業的效率也是一樣的。他說：（前書）「各國的工業數量，不僅與從事工業的資本以俱增，抑且因爲資本增加而同量的工商生產更多。」

二　資本與國富

第二個主要題目是「從事生產勞動的一國的人口總數的比例」。斯密從一國資本的總數與使用資本的方式來解決這個問題。

（甲）　資本的功用

斯密認定資本的功用是在於「推動勞力」，換句話說，在分工的社會之下，資本供給勞力以生產程序所必需的糧食、工具、和房屋等等。前章末節的論證此處可以適用的。資本的蓄積在精細分工之前是不可少的，並且超過某種範圍以外的時候，分工的擴張和效率的提高是與資本蓄積的總數成正比例的。所以資本是推動社會上的生產工具並且增進生產效率。所以一國的人口從事生產勞動的額數，以該國的資本總數與使用資本的方式爲比例。但是，資本的意義，怎樣生產的與非生產的勞動怎樣分別，以及資本是怎樣蓄積起來的？這些都是第二卷中所討論的題目。

（乙）　資本的定義分類與淵源

斯密界說資本是供給或產生收入的個人或社會的資本的一部份這是與用作卽時的消費的那一部份相對的，；在實質上這個定義與後來通常所應用的定義沒有分別卽認資本爲生產其他財富的社會上的財富因爲社會從財富取得收入的惟一方法卽是應用資本去生產其他財富。

按照資本對於所有者產生收入的方式，斯密分之爲固定的與流動的。固定資本是產生收入或利潤而勿須流通的資本這包括着「便利並縮短工作的有用的機器與商業工具」，「所有出租的房屋」，「土地的改良」，以及「社會上所有的居民的有用才幹」。

流動資本是以流通的行程而產生收入的資本，並且包括（甲）貨幣（乙）「屠夫牧畜者農人，穀物商和製酒者等所貯藏的粮食」；（丙）製造業的原料；（丁）半製造品以及（戊）「尙未交與或分配於適當的消費者」的製造品。

固定資本是從流動資本而產生的，而流動資本則是從「土地礦產與漁業」而產生的。斯密對於整個生產程序的概念可用下面的圖來說明：

固定資本與流動資本幫助勞力運用土地、礦產及漁業等類的自然富源以產生粮食與原料。更進一步，改造一部份原料爲粮食而以另一部份原料造成製造品，轉入消費者的貨物的範疇，另一部份入於固定資本，而另一部份則直接幫助勞力的活動。有一部份食物亦直接入於消費者的貨物的範疇，其餘的則再助勞力的活動。所有的固定資本皆用於勞力活動。

(丙) 社會上的總收入與純收入

以上的分析揭示斯密與重農學派認爲重要的分別，即社會上總收入與純收入的分別。他說(第二卷第二章第二一五——二一六頁)：「一個大國內所有的居民的總收入包括他們的土地與勞力每年的總生產，而純收入要減去固定資本與流動資本的費用，和必需品與便利品等的費用。他們的實在的財富不是與他們的總收入成比例，而是與他們的純收入爲比例的。」按照斯密的分析，在下面的圖表內所表示的「消費者的貨物」即是純收入，擴充這項純收入是社會上經濟活動的眞正的目標。斯密以爲這純收入與重農學派的「純生產」所佔的地位相似。

社會上固定資本與流動資本的維持費，是第一、可以充分補償固定資本所受的損害的款項，第二、可以充分維持貨幣供給量的款項。斯密並不以其他三種流通資本——即糧食，原料與製造品——的補償從純收入除開，而純收入却包括着每年並未轉入固定資本範疇內的這三種資本。這種方法使他避免將勞動者所消

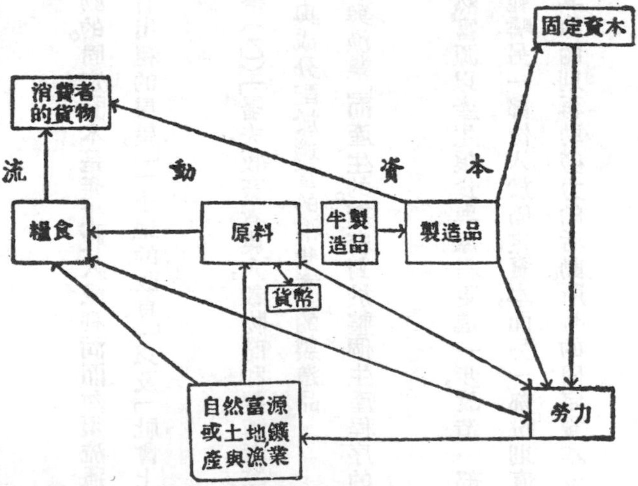

費的糧食與製造品除出純收入範疇之外，但是他却把勞動者運用的原料及他並非爲個人消費而是爲他的工作而需要的製造品包括在純收入之內。按照斯密的分析，這是不能歸併於固定資本之內的。

斯密闡發交易媒介非常透澈。爲了表示費用怎樣能夠減少，斯密首先說明紙幣的用途。他說：（第二卷第二章第一〇八頁）「以紙幣代替金幣銀幣，可以免去極昂貴的交易工具而代之以價值較低的工具，而且有時同樣地方便通貨的循環可以換一種新的轉輪，費用較少而維持較易。」

在解釋紙幣怎樣代替硬幣，斯密涉及銀行的論題，這表現他對於當時尙在初步發展的近代商業上的重要工具的廣博正確的知識與透澈的了解。

（丁）資本的各種使用的效果

在上述的討論之內，斯密所提示的增加社會上純收入的兩種方法——卽增加資本的蓄積與減少維持蓄積的費用——之外，他加上第三種方法，卽善爲應用資本。他說：（第二卷第五章第一四七頁）「雖然所有的資本祇用以維持生產的勞力，然而相等的資本所能推動的勞力數量隨用途而不同，正如此種資本的使用所加於一國的土地與勞力的每年出產的價値的變動一樣。」

他分析一國應用資本的方法如下：（前書）「應用資本的方法有四：第一、用以獲得社會上應用與消費每年所需要的粗陋的產物；第二、用以製造或準備使粗陋的產物以供立刻的使用與消費；第三、用以運輸粗陋的或製造的產物從此等產物豐富的地方至缺少此等產物的地方；第四區分各種貨物爲小部分以適合需要。在第一種方法之下，所使用的資本是屬於所有從事於土地之改良如農業、鑛業、或漁業的人們；在第二種方法之下，是屬於所有的主要製造業者的；在第三種方法之下是屬於批發商的；在第四種方法之下，是屬於零賣商的。假如應用資本的方法不屬於此四者的任何一種，這是不易使人相信的。」

這同一的分類可以擴充到農業資本、製造資本與商業資本，而商業再分爲國內的與國外的以代替上述所分的整賣商業與零售商業。

斯密以爲經濟活動固然互相倚賴，但是同量的資本所推動的勞力數量在農業方面是最多的，其次爲製造業，再次爲國內商業，最少的爲國外貿易。基於「勞力是眞正的生產力」的原理，他斷定生產的數量與勞力的數量成正例。因此農業是最生產的事業，而製造業與國內貿易及國外貿易的生產力都在農業之後。

同量的資本在農業所推動的勞力多於製造業，製造業多於國內貿易，國內貿易多於國外貿易，他舉出每個工人在各業中所需的相對的資本數量以說明之。農業需要極少的或勿需原料形式的資本，土壤本身充當原料，所需的工具與機械形式的資本數量按照勞動者的人數比例是少於工業方面的。他說：「製造業所用的同量的勞力不見得有這麼多的再生產。在製造業上，自然界沒做什麼；人做了一切，而且再生產往往與生產要素的力量成比例的。所以，農業的投資比製造業的投資生產力更大，並且依照所僱用的勞力數量的比例，一國的土地與勞力的每年出產增加更大

的價值於本國居民的實在財富與收入。在所有的使用資本的方法之中，這是對於社會最有利益的方法。」（第二卷第五章第一四九頁）

以上所述斯密也許受了重農主義者的影響。祇有農業自然界與人共同工作的觀念，隨處表現出來——尤其是他的論地租的一章——這表示斯密接受了他們的基本學說之一，而且關於各種工業生產力的問題他與他們的差異以「生產的」（Productive）一詞的應用爲中心而不在於他們的主要的爭論。

然而斯密在他的「論資本的各種用途」一章內所說的並非農業與其他工業的同量勞力的相對生產力，而是在生產的各方面同量的資本所推動的勞力數量。從這種觀點，自然界在農業上的功用就是以土地代替製造業所需要的原料與機器，因此可以節省資本。

在國內貿易與國外貿易每個工人所使用的資本，特別是在製造品方面比較任何製造業要大得多，因此同量的資本祇能使較少的勞力活動。

在國外貿易上有一部份的勞力，在國外轉運業上則幾乎所有在活動的勞力都屬於外國；因此增加外國的財富而不是增加本國的財富。所以使用於國內商業的同量的資本對於本國更爲有益，因爲這可使更多的本國的勞力從事工作。爲着同樣的理由，在他所說的兩項國外貿易裏面，即國外運輸業與國外消費貿易（從一國購買貨物而出售於他國）前者更爲有益。

此種討論引起任何國內或任何工業的資本數量的限制問題。在斯密的一部份的討論之內，雖然沒有直接說明，可是有這麼一種的限制明顯地包括在內。這裏他所注意的是怎樣利用一國的資本倘若一國的資本不夠各項用途，農業應當值得首先的注意。他說（第二卷第五章第一五〇頁）：

「倘若一國的資本不夠投於農業製造業與商業，而農業投資比較多些，那末本國的勞動生產力較大，而資本的使用所加於土地與勞力的每年出產的價值也愈大。農業以外製造業的投資生產力最大，而對於每年的出產增加最大的價值。輸出業的投資在三者中產生最小的效果。

「沒有充分的資本去發展農工商的國家，卽不能達到富饒的程度。倘若資本不夠而要達到以上三種目的，這誠然不是社會的捷徑。一國所有的資本與個人的資本一樣，有其限度，並且祇能限於某種用途。一國所有的資本之增加與個人的資本之增加一樣，卽是繼續蓄積並把收入所省下的加上。倘若用了資本可以供給一國所有的人民的最大收入，那末資本便很快增加了，因爲他們儲蓄很多。但是，一國人民的收入往往與他們的土地及勞力的每年出產成正比例的。」

這一段以及隨後他討論適宜於美洲殖民地的政策的一段，顯示一國工業演進的程序。農業最值得注意，製造業與商業則聽任於更進步的國家。其次在發展程序上的則是製造業。當一國的資本已增加到以一部分用於製造業而不致妨礙農業的發展時，卽可達到這個階段。再次爲國內商業，最後爲國外貿易。

斯密不以一國之內的資本數量的限制問題當作實際的重要，這從下面的敘述內可以看到的。（第二卷第五章第一五二頁）「誠然人類繁榮的過程很少有這樣長的繼續性使任何大國獲得充分的資本以達到所有的那三種目的；除非我們相信中國、古代埃及、以及印度斯坦(Indostan)古國的財富與耕作的奇異記載。卽是在那三國，按照所有的記載，曾爲世界上最富足的國家亦是因農業與製造業的高度而著名的。這些國家並不因國外貿易而著名，古代埃及人有一種厭海的迷信；幾乎同樣的迷信盛行於印度人之間；而中國人則從未在國外貿易上有所優勝。那三國的大部份的剩餘出產恆爲外國人所輸出，外國人則與他們交換其他的東西，因爲他們發現那些地方的需要往往是金銀。」

（戊）生產的與不生產的勞力

資本所推動的勞力卽是斯密所說的「生產的勞力，」但是另有一種他稱爲「不生產的勞力，」在國家經濟上有大不相同的作用。前者「增加其本身所賦予的事物的價值；」而後者則無所增加。對於前者他以一個製造業者爲例；對於後者則以一個僕役爲例。他說：（第二卷第三章第一三五頁）「製造業者通常增加所致力工作的原料的價值，此卽他自己的養生之資並且是他的主人的利潤。相反的，僕役的勞動沒有增加任何東西的價值……一個人因僱用許多的製造業者而致富，而因僱用許多僕役而致貧。」

「不生產的勞力」包括僕役與乎統治者……以及在他之下効力於司法界和海陸軍的官吏。他說：（第二卷第三章第一三六頁）「在這同一類別之下，必須列入一些最偉大的而且最重要的，以及一些無足輕重的職業：牧師、律師、醫生、文人、丑脚、樂師、伶人、舞女、等等。此等最低下的勞力有某種價値，而受控制其他勞力的同一原理所控制；最高貴的與最有用的勞力並不產生後來可以購買或獲取相等的勞力數量的東西，例如伶人的飾詞，演說家的演說，或樂師的曲調，他們的工作消滅於生產的頃刻間。」

因爲一國的財富靠着生產的勞動者對於整個人口的比例，當然包括不生產的勞動者在內。所以前者的一類應當儘量加多而後者應當儘量減少，假如一國財富要想增加的。這個後者的問題斯密並未加以考慮。他的工作是去說明國家財富如何增加及減少，而不論其需要或不需要，並且對於他這是顯明的：不生產的勞動者是一國的耗費的一種淵源，從社會上總收入取出而用以供給他們的減少了資本基金的同樣數量，並且因爲此種基金使生產的勞力活動，所以減少一國的生產力。

（己）社會上的資本基金的數量

因爲社會上的資本基金的數量是決定生產力的要素，所以對於決定此種數量的勢力加以考慮應當在國家財富論中佔住一個重要地位。按照斯密的意見，最重要的是「節約」或是他的繼承者通常所說的「儲蓄的本能」。與節約相反的乃是「浪費」或是「浪費於卽刻的滿足與不端的行爲的本能」。他說（第二卷第三章第一三八頁）「資本因節約而增加，因浪費與行爲不端而減少。一個從他的收入所節省下來的卽加入他的資本之內，或由他自己用於維持一般生產者，或貸他人而收取利息，換言之，卽收取一部份的利潤。個人的資本祇能從他每年的收入所省下的而有所增加，所以社會上的資本祇能從同樣的方法而增加。」

此等人類本能（節約、浪費、行爲不端）的作用的直接效果是一樣的；這就是說三者都是消費財富；但是最終的效果是極不相同的。儲蓄的結果可以多僱生產的勞力，使得再生產並且較之業已消費者的再生產更多；至於浪費與行爲不端祇有消耗財富而沒有任何再生產。斯密說：（第二卷第三章第一三九頁）「每年所儲蓄的正如每年所耗費的一樣規律地消費了，並且差不多也在同時；但這是由於另一類的人民所消費的。一個富人每年所耗費的一部分財產大牛爲客人與僕役所消費，而他們的消費沒有留下任何東西的。他每年所儲蓄的，例如爲利潤而儲蓄的那一部份，則立即用作資本，而在同樣的方式並且差不多也在同時被另一類的人民，即勞動者、製造業者、工匠等所消費，這些人再生產他們每年所消費的價值還加上一些利潤。假定他的收入是以貨幣給付的，倘若他耗費全部收入，則全部收入所能購買的粮食、衣服、居屋，將在前一類的人民中分配了。因爲儲蓄一部份，例如爲利潤而儲蓄的一部份，由他自己或由他人立即用爲資本，則此種資本可以購買的粮食、衣服、居屋，必爲後者而保留了。消費是一樣的，不過消費者不同而已。」

發展節約與浪費的本能的各種力量，斯密沒有充分加以說明。但是他相信前者較後者是人類天性中的更固執的特性，並且有增加其强力的傾向。例如，他主張「定爲補償資本」的基金與定爲不生產的消費的基金間的比例，在富裕的國家較大於在貧窮的國家，並且按照他的推論，前者儲蓄的本能相對地更爲有力。

（庚）耐用的財貨與不耐用的財貨的費用比較

按照斯密的意見，前一類的費用所貢獻於公共財富者多於後一類的所貢獻者。他說（第二卷第三章第一四二頁及一四三頁）：「個人的收入可以耗費於卽刻消費的東西，在此項耗費之內，一天的用費既不能減輕亦不能維持他人的用費，或用於可以蓄積的更耐久的東西，在此項耗費之內，一天的用費可以減輕或維持並增加次日用費的效果：……假如有兩個資產相等的人使用他們的收入，一則按照此種方法，一則按照另一種方法，那末耗費於耐久的商品的人的富裕可以繼續增加，每天的用費可以維持並增加次日的用費；反之，另一人的始終無所增加。至結局時前者比較的富足。他可以有某種財貨的蓄積，這雖然也許不抵得所耗費的，然而總有所值得的。後者的用費則無痕跡存留，十年或二十年浪費的結果將完全滅絕，好像從未存在一樣。

「對於個人的富裕，一種形式的用費既比另一種更爲有益，對於一國的富裕也是一樣。富人的房屋，用具，衣服不久對於低級與中等人民變成有用的；當他們的上層階級對於這些東西厭倦時，他們方能購買；當此種方式的費用普及於富人的時候，全體人民的通常供應始可逐漸改進」。

三　政府與國富

政府的用度與徵收國課的方法以及干涉或放縱個人的行動的政策，都可以影響到國家的財富。斯密討論商業制度與農業制度的時候，曾在第五卷內談到第一個題目，在第四卷提及第二個題目。

主要的農業制度——重農主義——經斯密研究並批評以後，得到他的無條件的贊成，即是「以完全的自由當作增進每年的再生產的惟一有效策略。」（第四卷第九章第二八二頁）在第四卷末段的前面，他表示他對於同一原理的同意並在以下的字句內概述政府的職務（第九章第二八六頁）：

「所有强制的制度可以完全廢除，任其自由，祗要不違犯法律，每人都得聽其自由各自尋求他自己的利益，並使他自己的職業及資本與任何他人或任何階級相競爭。統治者完全免了他在嘗試履行時常常陷於無數錯誤的一種責任，因爲要適當地履行這責任，人類的智慧或學識是不夠的；這責任即是指揮私人的事業並引導之使其傾向於最適宜於社會利益的使用方法。按照天賦自由的制度，統治者祗有三種責任；這三種責任誠然頗關重要，但是很明顯而且易瞭解的責任：第一，保護社會免得其他獨立社會的侵犯與侵略；第二，保護社會上每個份子免得其他份子的侵害與壓迫，或是建立司法制度；第三，創辦並維持某種公共工廠以及決不能任何個人利益或少數個人所能樹立並維持的某種公共制度，因爲利潤決不值得任何個人或少數人的用費，但是對於社會倒有利的。」

（甲）　自私與資本的用途

斯密以爲放任政策可以產生良好的結果，他相信個人的利己心可以引導他們投資於最大的生產力方面。爲證明起見，他在第四卷第二章內說明個人怎樣應用資本到最有利的企業，結論謂在所有的情形之下，利己心引導他們從事於他們爲公共利益所應做的工作。他說（第一八三頁）：「每一個人努力尋求最有利的資本使用方法。誠然，這是他自己的利益，並非社會的利益。但是考慮到他自己的利益自然地使他寧願投資於社會最爲有益的事業。」

爲證明這種理論他主張第一（第一八三頁）「每一個人應當儘力投資本國維持國內工業」；第二（第一八四頁）「使用資本以維持國內工業的人們必然地努力於引導這種工業使得生產最大的價值。」

他又說（第一八四——一八五頁）：「每一個人儘力使用資本來維持國內工業，並且使得這種工業產生最大的價值；那末每人的勞動必然地使得社會的收入增加。誠然，他通常既不想促進公共利益，也不知道他促進了多少。他所以維持本國工業祇要他自己的安穩；至於辦理工業使得產生最大的價值，也是爲了自己的利益。在這種情形之下，正如其他許多情形一樣，他不知不覺中達到了毫不爲他所注意的目的。然而這個不見得有害於社會。因爲追求他自己的利益，他所促進社會的利益較之他眞正有意去促進更爲有效。我從未聽見過爲公共福利而致力於貿易的人完成了許多的好事。誠然，這並不是商人的一種虛飾，並且用不着去阻止他們。

那一種國內工業可以投資，並且產生最大價值，明顯地每一個人較之任何政治家或立法者知道得更清楚。如果政治家想去領導私人怎樣使用他們的資本，不僅負担一種極不必要的責任，並且握了不能付託任何個人、議會或上議院的權勢，一個人臆斷本人能夠行使這種職權，妄事干涉，這是危險得很。」

（乙）　政府干涉的影響

斯密認定一切干涉利己心的行動必然地使資本由較有利的生產轉到不大有利的生產。他的論證（第四卷第二章第一八五頁）仔細地研究各種干涉的影響，首先研究輸入的限制：

「在任何特殊製造業如果准許國內製造品獨佔本國市場簡單就是引導私人怎樣使用其資本然而這個大半是無用的而且有害的。倘若本國工業的出產可以運至市場與外國工業的出產同樣的低廉，這種限制明顯地是無用的。不然，那就有害了。不要在家裏製造比購買所費更多的東西這是每個節儉的家主的格言。裁縫不想製造他自己的鞋子而購自鞋匠。鞋匠不想縫製他自己的衣服而雇用裁縫。農人既不要自製鞋子也不要自縫衣服，但是雇用不同的工匠。大家為自己的利益，按照他們的特長各專一業，以生產的一部份，或以一部份生產的價格，購買他們所需要的其他物品。

「每個私人家庭的節儉可以應用到國家，倘若外國能以一種比我們自製較為低廉的商品供給我們，那末，我們把我們特長的工業出產的一部份去購買他們的商品，較為適宜。通常一國的工業與運用工業的資本成正比例，正如上述的工匠一樣，尋求最有利益的生產。倘若外國買進的貨物比本國製造的較為低廉，那末國內的生產不見得有利益。這樣子每年出產的價值必然地減低。按照這種假定，從外國買進的貨物比本國製造的較為低廉；所以同量資本如果聽其自由投到工業，祇要國內所生產的商品的一部份，或商品一部份的價格就可換得外國商品。一國的工業便從更有利的生產向不大有利的生產，結果每年出產的交易價值，並不按照立法者的意志而增加，反而因種種干涉而減少」。

主張保護關稅的人們以為進口貨的徵稅「有時較之其他方法更易獲得一種特殊的製造品，並且經過相當的時期之後，這種製造品在本國製造正如在外國同樣低廉或較在外國更為低廉」但受斯密的批評如下（前書：

「雖然社會上的工業可以有利地向着一種特殊的路徑發展，較之其他方法更速，但是工業的總數或其收入的總數並沒有因保護關稅而有所增加。社會上的工業所增加者祇與其資本所增加者相稱，而其資本所增加者祇與逐漸從其收入上所節省者相稱。但是這種規定的直接效果減少社會上的收入。倘若使資本與工業聽其自然發展，那末資本增加必定更換了。

「雖然因為缺乏這種限制，社會不能獲得所要得的製造品，但不因此比較當時任何時期更為貧窮。整個資本與工業雖然仍然運用於不同的目標之上，然而總以當時最有益的方式去運用的。在每個時期，社會上的收入也許是資本所能供給的最大的收入，並且資本與收入也許是以最大的速度所增加的。」

關於這一點的論證他歸結於以下的字句（第四卷第二章第一八五——一八六頁）：

「一國在生產特殊的商品所享受的天然利益有時遠超別國，使得全世界公認不能與他們競爭的。利用溫床，及溫室，固然可以在蘇格蘭生產最好的葡萄，並且可用葡萄製造極好的酒，不過成本要比從外國輸入的同樣美酒多三十倍。禁止外國酒輸入而祇鼓勵在蘇格蘭製造紅葡萄酒柏甘蒂酒（Burgundy）這種法規是合理的嗎？本國工業所生產的比較外國購進的同量商品多了三十倍的成本，顯然是錯誤的，那末對於三十分之一或甚而三百分之一的任何用途，必有一種錯誤。不論一國優於他國的利益是自然的或是獲得的，在這方面是沒有關係的。既然一國有了特殊利益，而別國沒有，則購自前者而不自製，對於後者更爲有益。一個工匠所優於從事他業的鄰人的利益，祇這是一種獲得的利益；他們仍覺得彼此互相購買較之自製不屬於己業的東西，更爲有益。」

斯密對於獎金（註二）與商約（註三）等類的政府干涉，亦與以反面的論證。例如輸入的限制，比較自由貿易下的輸入，更使資本轉到生產力不大的方面。關于殖民地的限制，他的結論是同樣的。他說明英國因爲她所加於她的殖民地工商業的限制，有所損失而無所獲得。

（丙）貿易自由原則的例外

在上述的贊成工業自由與放任的論證之內，斯密心目中祇有一個目標，即以最大量的財富供給一國。可是他明白一個國家不能夠常常想達到這目標；因爲有時其他更大的利益需要經濟上的犧牲。例如，他相信一個國家應當生產戰時不可缺少的適當防護品，因此征收輸入英國的硝石的進口稅，並用航海條例保護英國的航業，雖然這種條例是有害於國家經濟利益的。他並且相信，倘若本國出產的貨物已經征稅，那末外國輸入的貨物也應當征稅，免得本國的生產者遭受損害；所以報復關稅有時也是正當的。（註四）

（註二） 第四卷第五章。

（註三） 第六章。

（註四） 第八章。

第八章　從一七七六年到一八一五年

一　經濟狀況與社會狀況

在原富出版及呂嘉圖的經濟學原理出版中間的一時代戰事常生影響至大與十八世紀前半七十餘年中之比較的安靖截然不同。一七七六年美洲殖民地叛亂隨着發生革命戰爭及一八一二——一八一四年又有與新共和國第二次的戰爭。一七八九年法國革命開始。起初英國人民對于法國革命是表示同情的但是後來爲了革命黨所作的凶暴行爲以及他們所主張的過激學說與手段這種同情心漸變成一種恐怖與敵對的心理。此後又有拿破崙戰爭英國便是這次戰爭中一個主要的角色。所謂產業革命卽進行於這同一的時期中。

經濟、社會與政治生活的重大變動便伴着這些錯綜變化而發生其中最重要者則爲製造業範圍的急速發展幷在國民經濟裏面佔更重要的地位工場的擴張與家庭工業制度的衰落工業從舊城市與鄉村區域遷往新興的省會中心地由享有資本的佃戶與受僱的勞動者爲利潤而耕種的大地產急轉直下代替了由自耕農及其家族爲着供給他們本身的粮食與衣服而耕種的小農場這些自耕農又偷着空閒並代衣服店或其代理人來紡織人口之迅速增加與重新分配以及生活方式與生活程度之重大變更；公債與賦稅負擔之重大增加以及英格蘭銀行（Bank of England）硬幣支付之停止。此時代並以價格時常發生重大的起落不定爲其特色，特別是穀物與其他糧食出產的價格，這大半是導源於戰爭引起的商務間斷以及國會與地方政府變更組織時所生的擾亂。

跟着這些變動而發生的好些問題値得注意，因爲她和那時的經濟思想是有關係的。其一卽是迅速增加的人口的糧食供給問題。當這時期中農業方法以及開墾牧塲與荒地均有很大的進步。農業生產品的高價，使農業上的投資獲利頗能促進這些變動。然而雖有這項大量投資，本國的糧食仍不能自給。穀物與其他食品的輸入愈益急切，在十八世紀結束之前，每年必須輸入的此種情形引起關於要否維持穀物條例的問題；催促取消這些條例的人民爲數日多。

自十九世紀初葉起，此項問題時常在國會中討論，至一八四六年始告決定。

另一問題爲勞動階級的困苦及顧卹窮人。工廠代替家庭工業制度，使千萬的人民從鄉村裏移至擁擠的工業中心。於是工人須在光線不充足，空氣不流通以及其他方面不合衞生的房屋之內工作，不能再在空野裏與茅屋中做工了；工廠又需要與機器聯在一起的長時間的單調的工作，而不是農夫及其家人在冬季下雨天及零星的時間內紡紗織布那種有變化的作業了；工廠大量地增加婦女與幼童的勞動；並且使不易組成新團體和新感情的人們拆散了舊團體與舊友誼。且在這種情形之下，工資往往太低不夠使人們維持素常的生活程度。

許多鄉下的人民爲了此等變動而受痛苦。因爲不能與工廠及有資本的農人競爭，自由農逐漸出賣其田產或遷往城市到工廠去找工作，或變爲農業傭工，在這兩種情形之下，他們的命運都沒有改善。

職業的改變與地方的遷移以及糧食的漲價把社會上微弱的份子推過了自給與貧困的界線之外，而使教區裏救濟貧民的負担加重。

第三個問題即是關於舊市場之擴張與新市場之開拓以適應增多的製造品數量，此時每年出品愈益超過本國的消費能力。美洲殖民地的喪失使這個問題更加嚴重並且需要策略的變更。英國依賴國外市場，不僅爲了處置她的剩餘製造品，抑且爲了供給本國不能充分生產的糧食以及她的工業所需的繼續增加的原料數量。

一七九七年英格蘭銀行硬幣的停付是由於恐怖法國侵略而生出的本國各銀行的擠兌風潮，及政府有運輸硬幣於國外以補助反抗拿破崙的同盟國的需要。此種停付辦法在價格與國外匯兌率上的影響，當時聚訟紛紜約三十年，而且硬幣支付的恢復問題，常常在國會中討論，直到一八二一年大功告成時爲止。

此等經濟問題的解決方法是不能在原富之內找得出的，雖然這本書對於前一代的商人與政治家是有幫助的。亞丹斯密的主要貢獻正合於他的書名之所暗示，是在於生產的學說與實施，照現代經濟學家給與這個名詞的界說而言。新時代的問題大部份屬於分配的範圍，這是斯密多少認作說明價格的支節問題。他對於這個論題的觀察是有趣的而且透澈的，但是此等觀察被當時經濟學家的學說所代替了。

在說明十八世紀末葉與十九世紀初葉的英國經濟思想時，必須考慮到當時法國內可怕的社會政治及經濟的變動所發生的影響，此種變動推翻了關於政府、社會與進步的傳統觀念，並給與和此等事項有關的思想以一種重大的刺激。

二 馬爾薩斯(Malthus)的人口論

此種來自法國的思想刺激在英國產生了威廉歌德溫(William Godwin)的政治的公道(*Political Justice*)一書，出版於一七九三年。此書的著者乃是近代無政府主義的先驅。他創製了著名的箴言，謂「所有的政府，縱然是最好的，也是一種罪惡」。他完全相信人類具有進步的能力。在這本書內他特別發揮改進科學的可能以及理性對於人類行為上的力量。他說：「前者可以這樣的增加人類勞動的生產力，使只要每人每日做半小時工夫，一切物質的需要都能夠滿足；後者可以阻止人口的飛快的增加。」誠然他相信理智的支配力可使人類成為不死而停止再生產。

次年一七九四年，在法國出現一部相類似的書籍，就是快要送到斷頭臺的囚犯康多塞(Condorcet)所著的。此書名為人類思想進展之圖示(*Esquisse d'un tableau historique du progres des l' Esprit Humain*)，牠對於科學和理性在人類將來事項上表示與政治公道者有同樣的信任。一七九七年歌德溫又有一種新著作，名為考究錄(*The Inquirer*)，補充他的政治的公道，他從前的許多思想在這本書內說得更新穎，發揮更透闢。

此書的出世引起但尼爾馬爾薩斯(Daniel Malthus)與他的兒子湯麥斯羅伯特(Thomas Robert)在家庭中的一番辯論，前者係一位有相當財產與獨立眼光的英國鄉村紳士，後者於一七八八年以第九名之甲等數學優材生(ninth wrangler)畢業於劍橋(Cambridge)大學，又在校內及家中繼續研究數年，當時正被推爲耶穌學院(Jesus College)的給費研究生(fellow)。老馬爾薩斯是盧騷的朋友和代他執行遺囑的人，他研究盧氏及革命時代其他法國人的著作。他表同情並擁護歌德溫的見解，而他的兒子表示反對。羅伯特一半爲着辯論的緣故，持了反對的態度，然而在此種情形之下，他竟覺得他的理由有意想不到的充分。因爲被一個能幹的敵人緊緊逼住，他當時靈機一動，應用從前未曾想過的辯論。……他在心思較爲甯靜的時候，將這些辯證推到牠的結論。他告訴我們（一七九八年「人口論」第一版序言）「此種討論提起將來社會改良的普通問題，起初著者祇想把他的思想寫在紙上，寄給朋友，可以比較在言談中所發表者更爲明白。但是這種論題擴大他的思想，于是他決定印行論文。這就是最簡單的人口論(*Essay on Population*)出版的故事!」(註一)

少馬爾薩斯在與他的父親辯論及論文中所持的態度，即是歌德溫過於重視理智對于改良社會的影響。他確信按照本能的自然運用，人口增加較速於糧食供給，其必然發生的貧困與罪惡足使歌德溫與康多塞關於人類與社會的完美性的幻想無從實現。

他對比幾何級數與數學級數的結果，以說明人口增加速於糧食供給的確定趨勢。前者說明人口增加的自然率，後者說明糧食供給的自然率。例如假定人口每二十五年要自行雙倍起來，這是事實上在美國已經實現的增加率，而

(註一) James Bonar, *Malthus and His Work* (New York: Harper & Brothers, 1885), PP. 4&5

糧食供給每二十五年祇能增加等於起初的出產總數的數量，（這對於馬爾薩斯似乎是可希望而不易實現的最大量的增加率，）則兩世紀後的結果可用以下的數字來代表：

一	二	四	八	十六	三二	六四	一二八	二五六
一	二	三	四	五	六	七	八	九

這就是說，假定起初人口與糧食供給的關係是一對一，到二百年之末則成爲二五六對九。假如一對一的關係代表充足的糧食供給，那末二五六對九的關係就代表不可能的情形，而八對四的關係——七十五年後的情形——已是代表祇及需要量半數的糧食供給了。

此種辯論的主旨，馬爾薩斯在人口論最後的版本（註二）內用以下的字句（註三）發表出來：「土地出產所按照而增加之預擬的比率是不容易決定的。但是關於這點，我們可以斷定在限定的區域內，土地出產增加的比率與人口的增加完全異其性質。每過二十五年，一千兆人民因人口增殖力而加上一倍，其易正如一千人民一樣。但是供給這更多數的人口的糧食則無法如此易於獲得。人類必受地面的限制，當一畝一畝的土地墾殖起來以至所有的沃壤皆被佔有的時候，糧食的增加必須依賴于改良人們所已享有的土地。這由改良而得的地力，照一切土壤的性質而言，是不

（註二）引自一八九〇年 Ward, Lock & Co. 出版的版本，並有 G. T. Bettany 所作的傳記與導言。

（註三）P. 4 & 5

會增加而必致逐漸減少的，但是人口假如有糧食的供給，則將繼續增加其力不少衰懈；並且一個時代所增加的人口可以供給次一時代更大增加的力量，如此遞增，永無止境。

按照這種辯論，則人口增加時常碰到一種阻礙，卽糧食供給的缺乏。此種壓迫馬爾薩斯敘述於「人口遏制」的題目之下，他從客觀方面看來，分爲積極的遏制與預防的遏制。前者包括「罪惡或貧困所引起的足以縮短人類生命的各種原因」，後者包括減低生產率的各種原因。從主觀方面看來，他在第一篇論文內分此等遏制爲「貧困」與「罪惡」，後者終以前者爲歸宿，但是罪惡的密接的效果也許是幸福，所以在牠歷史的初步階段上與貧困是有分別的。

這篇論文于一七九八年出版，卽受到普遍的討論與批評，使著者因激刺而更澈底研究。爲着進行這些研究，他在歐洲大陸各處旅行。研究的結果，卽爲關于此種論題的一本書，出版於一八〇三年，名爲人口論或人口在人類幸福上過去和現在的影響之一種觀察，幷探求我們將來解除或減少人口所發生之禍害的途徑(*An Essay on the Principle of Population, or A View of Its Past & Present Effects on Human Happiness with an Inquiry into Our Prospects Respecting the Future Removal or Mitigation of the Evils which It Occasions*)

在此書之內，他於第一篇論文中所敘述的兩種主觀的人口遏制——卽貧窮與罪惡——加上第三種他所稱爲「道德的抑制」。他說這是預防的遏制，不以貧困爲歸局，雖則牠是加於强有力的自然傾向上的一種抑制，必致產生某種程度的暫時的不愉快；但是與其他人口的遏制所產生的禍患比較起來，則顯然是輕微的了。這與其他許多爲永久的滿足而犧牲暫時的快樂簡直是同樣的性質，這是道德者所當繼續從事的任務。(註四)承認道德的抑制為遏制人口之一種法門稍微減少了第一篇論文中反對至善論者(perfectionists)的辯論的效力，但是他在第二篇論文中敘述此等遏制在各種階級各種人民野蠻的與文明的裏面過去以及現在證據確鑿，足以非難一般擁護採取利于增加人口的功令的人們。現在普通意見大半贊成抑制的辦法而前此佔優勢的觀念則以人口增加為良策，應當加以鼓勵。

第二篇論文是一種科學的論著，並不像第一篇是爭辯之文。其在當時主要的影響，對于反抗至善論者尚不及反抗為一般人所擁護的濟貧法那樣利害。

三　地租說

在一七七七年詹姆士安德生——蘇格蘭的農人——出版的小冊——名為穀物條例的研究及蘇格蘭新穀物案的觀察(*Inquiry into the Nature of the Corn Laws With a View to the New Corn Bill for Scotland*)，內有一種關于地租的說明，可以說是等差的原理(differential principle)，這就是說一塊土地面積的地租是由這塊土地出產的價值或價格與同面積的較劣的土地的價值或價格的相差去決定的，較劣的土地其出產的價值或價格僅僅足以抵過生產成本。這種論證就是說，一塊較肥沃的土地，假定是一英畝，可以比同面積而品質較劣的土地產

(註四) *Essay on Population*, P. 8

生更多的出產品，其多出之數與其土壤肥沃相稱，因此給與耕種者以同樣比例的金錢報酬；用在較優的土地上面的生產成本並不加多於用在較劣土地上面的，或許反少用些；超過較良的土地所用的生產成本的剩餘可由地主徵收爲地租，因爲此項地租的給付恰使耕種者在兩塊土地上的情形相等；並且人口所需要的糧食與其他農產品的供給迫着耕種各種肥沃程度不等的土地，從最肥的以至于出產品剛剛抵償生產成本之土地爲止，但是沒有再低的了，因爲耕種者不能夠繼續耕種虧本的土地。界限土地的出產不能超過於生產成本，因爲農業出產品的價值是以用于此種土地的生產成本來決定的。

在上述的著作以及同年出版名爲鼓勵國家工業的精神之方法研究（*Observations on the Means of Exciting A Spirit of National Industry*），一篇內安德生說明等差的原理除了屬於價值與界限土地的生產成本間的因果關係外，通暢地發揮此種論證的各方面；但是他沒有說明而且顯然不相信後來與此種論證聯合的農業上的報酬漸減律。此說于「拿破崙戰爭」時代中因國會辯論穀物條例而連帶出現。

當「拿破崙戰爭」時代，穀物的價格膨脹到從未有過的高度，並且起落非常不定。從農業上的利益看來，這些條例的作用等于一種高率的保護關稅。及亞眠（Amiens）和平會議成立，戰爭停止之後，此種人爲的保護關稅似可廢除，于是國會中農業利益的代表極力主張變更一七九一年所通過而那時尚發生效力的穀物條例。此項法律規定當英國的小麥價格每「誇特爾」（Quarter）在五十先令以下的時候，對于外國輸入的小麥征收二十四先令三便士的關稅，每「誇特爾」的價格在五十先令至五十四先令之間的時候，征收二先令六便士的關稅；當英國每「誇特爾」的價格在五十四先令以上的時候，征收六便士的關稅。他們主張修改此項法律而定最高的關稅為每「誇特爾」二十四先令三便士；當英國的價格不及五十三先令的時候。雖然遇到很大的反對，而他們的修正仍得編入于一八〇四年的穀物條例內。

嗣後英國與拿破崙的戰事又起，保護制度之人為的障礙因而恢復並延擱了再行修改穀物條例的激動，一直到一八一三年拿破崙被擒時為止。這一年中農夫們又起恐慌，請求修正一八〇四年的法令，要使最高的關稅可以征收於當英國的價格在八十先令或八十先令以下的時候。此種請求被資本階級的代表以及國會中所有與農業無直接利害關係的議員或與農業上有利害關係的人們不關痛癢的議員激烈地反對，遂開始一種爭論延長至三四十年之久。

此種爭論的初期中引起穀物關稅及地租對於穀物價格的影響的問題。贊成增加穀物關稅的一些人聲稱其最後的效果可以減低價格。他們以為所提議的關稅足以引起暫時的高價，穀物價高足以吸收資本投入農業，改良農業方法，因而增加出產，如此則賣者間的競爭可以降低價格。他們援引前年擴張耕地與改良耕種方法確實由於高價的影響來維持他們的論證。

反對此項見解者提出一種主張，謂由於擴張耕地的面積或由於更集約的耕種而大量增加的英國農產物對於消費者會生出永久的高價的結果,因爲耕種較劣的土地,或强使已經耕種的土地輸出更多的出產,必然要用較高的生產成本。此種見解,馬爾薩斯在一本小冊內發表,該冊出版於一八一四年名爲穀物條例以及穀物價格的漲落對於本國農業與普通財富的影響的觀察(*Observations on the effects of the Corn Laws and of A Rise or Fall in the Price of Corn on the Agricultural and General Wealth of the Country*),次年愛德華韋斯特(Edward West)以定律的形式在他的論應用資本於土地(*Essay on the Application of Capital to Land*)並表示大量限制穀物輸入的失計及一六八八年的獎金沒有降低穀物的價格(*With Observations Showing the Impolicy of any Great Restriction of the Importation of Corn, and That the Bounty of 1688 Did Not Lower the Price of It*)一篇內也說明這種見解,(註五)韋斯特用下面的字句闡明這定律:

「投於農業上的每一次同量的加添的工作生出一種實際上減少的報酬,當然的,假如每一次同量的加添工作獲得減少的報酬,那末在社會改善的進行程序中所投於農業的全部工作生出一種實際上正比例的減少的報酬。(註六)……投於土地的加添的工作必須用在開墾新地或更集約地耕耘已種殖的土地。無論在那一個國家內最肥

(註五) 這篇論文重印於 *A Reprint of Economic Tracts*, Jacob H. Hollander of John Hopkins University 所編輯的。所有的參考皆取材於此。

(註六) 前書 P. 12.

沃的與最磽瘠的土地之間必有無數等級的差別。最肥沃的土地，或位置在最便於獲得市場的土地，簡言之卽因其地位與品質二者合計投資其上能產生最大的報酬的土地當然最先有人耕種而當社會進展須耕殖新地的時候，則必取資於劣地，至少須耕品質上僅次於已經耕種者的土地。這是明顯的，在此種情形下所投的加添的工作定將產生比以前所投的工作較少的報酬。在社會進步的過程中新的土地必須拿來耕種的這項事實，便可證明加添的工作不能獲得像從前投於老的土地那樣大的利益。因爲一百英畝富饒的土地對於十個人的工作當然可以產出多於一百英畝劣等的土地所能產生的報酬，假如這塊同樣富饒的土地對於二十三十以至一百人的工作能夠繼續產生像從前對於十個人的工作一樣那種成正比例的報酬，那末劣等的土地將永遠不會有人耕種了。」(註七)

這麼一來報酬漸減的學說被韋斯特作成一種普通適用的定律。他指示着定律不僅可以適用於所有已經耕種的土地，就是說在某種農業技術的情形之下，加增資本於土地會產生成爲比例的減少的報酬，而且牠在歷史上亦是正確的農業上雖有種種改進而報酬漸減律 (the Law of Diminishing Returns) 仍是有效的。

馬爾薩斯與呂嘉圖應用報酬漸減的學說以說明地租。當韋斯特著上述的小冊時，馬爾薩斯也寫成其他的兩本，名爲對於限制外國穀物輸入政策的意見的論據；當作穀物條例的觀察的附錄及研究地租的性質與發展以及支配地租的原理的附錄 (*The Grounds of an Opinion on the Policy of Restricting the Importation of Foreign*

(註七) 前書 P. 14.

Corn; Intended as an Appendix to the Observations on the Corn Laws and An Inquiry into the Nature and Progress of Rent and the Principles by Which It is Regulated)。在第一本小冊內他宣稱他贊助在穀物條例爭執上保護關稅論者的一方，但是他站在此種立場上的理由是由於他的意見以為英國在糧食供給的生產上應當自立，不要依賴外國，然而他明白說出要得到此種自足必需出相當的代價，而且英國除非被逼着去耕種較劣的土地不能夠供給自己的食糧，這麼一來穀物的價格便要提高到歐洲其他國家內尋常穀價以上。他在序言內告訴我們他寫這一本論地租的性質與發展的小冊，目的在於對抗當時很盛行的意見，即高額地租是有害於國家的。馬爾薩斯所指到的那種意見，國會中的自由貿易論者常以辯論的形式發表出來，謂價格高是由於地租高。這些人以為倘若像贊成保護關稅者所說，穀物價格的降低將使繼續耕種品質最劣的土地的佃戶無利可圖，那末他們的困難可以因免出高額地租而易於解除。舉例來說，倘若用於最劣的土地的生產成本每「誇特爾」是八十先令，這種成本必定包括着地租的數量，假定是二十先令。現在，假如穀物的價格跌到七十先令，則耕種者必定不能夠付出耕種所需的費用——在這種情形之下是六十先令與二十先令的地租——但是他能夠支付六十先令的耕種費與十先令的地租。所以他們主張在此種情形之下地租應當降低。馬爾薩斯所以著這小冊，就是要駁倒那種辯論。他想說明地主所支付的地租乃是穀物價格的必然結果，並且這不能用像自由貿易論者所主張的強制的手續來降低的。換言之，他要證明地租乃是耕種肥沃程度不等的土地的必然結果。在進行這小冊時，他在種種方面闡明地租學說發揮得極透闢，並且說明

地租既然是最劣的與最良的土地間出產的差別，高額地租祇能存在具有最良與最劣的土地的國家內，因此在任何國家內有高額地租存在，這個國家顯然是富有的，其農業出產是豐富的，其土地是肥沃的；他又說低額地租必然指示相反的情形；總而言之高額地租指示國家的繁榮而低額地租指示國家的衰微。

四　資本生產說

亞丹斯密注重勞動的生產力而把使勞力活動的功用歸於資本。與這個見解相對立的另有一種學說，承認生產上有三種同等的互相合作的原動力，即自然、勞力與資本，每一種都配說是生產的。

著名的法國經濟學家賽（Jean-Baptiste Say）在他一八〇三年最初出版的經濟學（*Traité d'économie politique*）中，闡明此種學說。他說「我們知道勞力、資本以及自然力併合在生產方面各有各的部門，我們也知道這三種本源對於造成出產品是不可少的。」(註八)

他又說：(註九)「我用『勞力』這名詞指完成工業運行中的任一階段或一階段中之一部份的賡續不斷的動作，」牠「是生產的，因爲牠併合於一種出產品的製成。」

(註八) C. B. Princeps 的一八四四年出版於 Philauelphia 的第四版的譯本名爲 *A Treatise on Pol. Econ.; or the Production, Distribution, and Consumption of Wealth* by Jean- Baptiste Say P. 77.

(註九) 前書 P. 85

「人們……藉自然力，和他們自己從前勤苦得來的出產品與他們共同工作以事生產。所以，要了解『勞力』即自然界的『生產任務』(productive service of Nature) 和『勞力』即資本的『生產任務』(productive service of Capital) 等名詞，是沒有困難的。」(註十)

在此書以後幾部分裏面他用「生產的任務」名詞去描摹每種原素在生產方面的工作，並且以為牠無論應用於那一種原素都一樣的適合。

資本是生產的這個觀念又為洛德達爾爵士(Lord Lauderdale)於一八〇四年在愛丁堡出版的名為研究公共財富的性質與起源及其增加的原因(*An Inquiry into the Nature and Origin of Public Wealth and the Causes of Its Increaee*) (註十一) 一書內所擁護。他說，資本產生利潤或由于「代替一部份不用資本即須由人類用手去做的工作」或由於「從事一部分人類本身的力量所不能達於完成的工作。」(一五五頁及一五六頁)。他於是繼續指出在每種可以適用資本的方式內——并且他舉出了五種(一五三頁及一五四頁)都找得到這種替代的工作或從事於人力所不能做到的工作。在應用資本於「建造房屋獲得機器」的情形裏面他說明程序如下 (一五六頁及一五七頁):「當耕種者以一部份的資本用於獲取一柄鋤的時候，一個人在一天中用鋤去掘鬆預備播種的田地必

(註十) 前書 P. 85 and 86

(註十一) 引自第二版，出版於一八一九年。

能等於五十人不用鋤所掘鬆的地面。所以，這一部份的資本代替了四十九個人所應出的勞力。在人事的進展中，一部份的國民資本投下於製犁方面，一人用犁去鬆土下種或許可等於六人用鋤所掘鬆的土地，所以投於製犁的那一部份的資本代替了五個用鋤掘土者所應出的工作的或二百九十九個絕對缺少資本的人所要出的勞工。」

他並且說明資本應用於國內外貿易、農業以及專用於「流通」方面怎樣的節省勞力（參看一七九——一九三頁）。按照他的意見，資本大有作用，牠能產生勞力假使沒有被資本替代時也許可以產生的東西，或勞力所不能生產的東西。他把此種學說和斯密所說的資本祇「增加勞動的生產力」的學說相對照，並且指出他以為斯密因此學說所引起的一些謬誤。（參看一九四——一九七頁）

謂資本以及自然和勞力都能生產的學說為賽及洛德達爾二人所用以解釋利息。前者謂自然，勞力，與資本的生產的任務乃是地主，勞動者與資本家各人的收入的根源，因為此等任務產生有價值的商品，牠們的本身是有價值的，而且牠們在市場上的出賣使牠們的所有者得到收入。按照賽的意見，（註十二）「決定物件的價值的原因適用於一切具有價值的東西而無例外，不管這些東西是怎樣易於毀滅的，所以也適用於在生產活動的狀態下由勞力資本與土地所發生出來的生產的任務。凡是能支配此三種生產本源中任何一項的人們乃是我們這裏所指為生產力的出賣人；消費生產力的出品者便是購買者。生產要素的相對價值，猶如其他各種商品的價值一樣，按照需求的正比例和

（註十二）前書 p. 314 & 315

供給的反比例而漲落。」

依洛德達爾的意見，有資本者能夠因他的資本所完成的工作而要求工資，這與人們可以爲他們自己的勞務而要求報酬有同樣的理由。因爲有以同樣方式使用的其他資本的競爭，牠所能要求的數量也許不能等於牠代替的勞力工資，但是總不能超過這被代替的勞力的工資。他說，（註十三）「例如假定一個人用一架織機每天能夠製造三雙長襪，而在同樣的時間內須有六個織工纔能把這項同樣的工作做到一樣的精緻；那末這個織機的主人自然可索五個織工的工資以爲造成三雙長襪的代價。」

他又說，（註十四）「機器所有主通常獲得的利潤和機器所代替的勞力的工資相較起來要算很微小，這或許利潤可以引起人們懷疑這種意見的正確，但是他想用一種說明（註十五）去解除這樣的懷疑，即謂當機器普遍採用的時候，其所收取的實在的利潤，必須與地的租用，或工匠的給付或任何其他商品的價格，受同一原理所支配；這就是說要受易於獲得的機器的數量與機器的需求間的比例所支配。但這是明顯的應用於機器方面的資本的利潤乃是從原定爲支付牠所代替的勞力的工資的基金裏面支出的；因爲，假如所有把資本應用於機器的資本家聯合起來要索應

（註十三）前書 P. 158

（註十四）前書 P. 159

（註十五）前書 P. 160, 161

用機器的工資比牠所代替的勞力的工資數目還要大些，則他們將立刻被人推翻，而國民收入中這同一的數量又像機器未發明時一樣仍舊用於工資的給付了。」

五　銀行鈔票的發行與價格的漲落

英格蘭銀行硬幣支付停止而後價格和國外匯兌比率漲高起來，此等現象的互相關聯及因此而發生的禍害之如何救濟成爲國會內外所常探討的論題。結果便發生了兩種關於銀行信用與價格的關係的學說。一說謂硬幣支付的停止使英格蘭銀行的紙幣跌價，而成爲價值的附屬標準，因而提高價格和國外匯兌的比率。倡導此說者提議恢復硬幣的支付以救濟禍害，上面所說的他們聲稱這樣可以使紙幣的價值與現金同等因而除去此種困難的原因。

另一學說謂銀行紙幣祇有因其數量而影響價格，只要數量沒有過多（卽是沒有多到使流通的貨幣總數與用這貨幣來交換的商品數量間的比例增加起來的程度）牠不能引起價格的漲高。這些理論家並不相信流通的貨幣數量與用這貨幣來交換的貨物數量間的關係業已發生變動因此硬幣支付的停止已引起價格的漲高。他們說明國外匯兌的漲高由於現金的騰貴。他們堅持此等見解，不相信硬幣支付的恢復可以救濟上面所說的災難，所以他們反對兌現。

在爭論的過程中，國會委派委員會去研究愛爾蘭與英格蘭的通貨的情形。一八一〇年英格蘭「金塊委員會」(Bullion Committee) 的報告，成爲在銀行信用說的歷史上一種典型的文件。(註十六)

（註十六）關於此種爭論的詳細記載參考 Macleod's: *The Theory and Practice of Banking*, II, Ch. IX

第九章　大衛呂嘉圖及其分配論

關於穀物條例爭論所產生的著作特別是馬爾薩斯的小冊，爲呂嘉圖所研究，他是一個資產足以獨立的紳士，在所謂「金塊爭論」(bullion Controversy)時他已獲得健全的思想家與經濟學家的佳譽。這些著作鼓勵他於一八一五年準備一本小冊，名爲論穀物低價對於利潤的影響(*Essay on the Influence of a Low Price of Corn on the Profits of Stock*)。他在這冊書裏面提出財富分配的解釋，後來一再發揮成爲關於此種論題上古典學派的學說。因爲牠在經濟學發展上的重要，以及著者其他學說上的影響，這裏應當略述呂嘉圖個人的歷史和性格。

一　呂嘉圖的生平及其著作

呂嘉圖於一七七八年生於倫敦，他的父親是在英國首都經營商業的荷蘭族的猶太人，他在倫敦的學校內受了初步敎育並在荷蘭的商業學校讀過兩年書後來他得父親的信任在股票交易所內管事。嗣後他不相信猶太敎，和他的父親斷絕了商業上的關係，於是他獨自經營交易所，進行非常順利，所以他在少壯之年已有充分的財產，經濟上可以完全獨立。麥克樂(McCulloch)敘述他生平在商業上的事蹟時，從他一位兄弟所著的一八二三年的名人哀榮錄

（*Annual Obituary*）裏關於他的行述上面援引以下的一段：「致富的天才素不爲人所重視；但是呂嘉圖先生或許在商業上最能表明他的特殊的才具。他對於商務的繁複洞悉無遺；計算數目敏捷過人；他處理公務的沉靜和判斷力遠勝一般同時在股票交易所的人們，以故他自己的地位在財產上以及在品格與聲譽上，比任何人都要高出一籌，這些卓越的品性深刻地印在與他的競爭者的腦海裏，其中有幾個最有識別力的人們在他聲譽未著之前，曾於他們景仰呂氏時預言他定將佔據國內一些最高的地位」。

此種記述也許言過其實而且有所偏袒，然有助於說明他的心理的特點以及他在注意經濟學論題時所獲得的名譽。麥克樂說，（註二）呂嘉圖最初在一七九九年閱讀原富，並且指示他對於此種論題的興趣大約由於閱讀而受激動，也許最初由閱讀所喚起。不管怎樣當他在做商人的活動時期中，對于經濟事項頗加思索，而在他退出商業之後，則以大部份的時間致力研究經濟事項的科學方面。

一八〇九年他開始發表一些他思考所得的結果。當時，金塊市價的漲高與兌換的跌落引起討論，呂嘉圖研究這個問題而得到結論，他受友輩的慫恿最初以一組信扎的形式發表於晨報（*Morning Chronicle*），後來發表於一本

（註一）此處所發表的關於呂嘉圖的生平與性格的事實取材於 J. R. McCulloch,所編輯的一八八八年在倫敦出版的呂嘉圖著作內之一篇導言。

（註二）J. R. McCulloch, *The Works of David Ricardo* (London, 1888), P. 18

小冊，題名金塊的高價為銀行紙幣跌價的證據（*The High Price of Bullion a Proof of the Depreciation of Bank Notes*）。按照麥克樂的意見，（註三）「這篇短文引起了遠近著名的金塊爭論」後來國會所委派研究此種論題之金塊委員會接受呂嘉圖的理論並以「更綜合的更普及的方式」把牠提出於他們的報告內。呂嘉圖在這方面的名譽因他於一八一一年寫成一篇答覆波桑格先生（Mr. Bosanquet）出版的對於金塊委員會報告的透澈的批評而更增高，此項答覆名為答覆波桑格先生對於金塊委員會報告的實際觀察（*Reply to Mr. Bosanquet's Practical Observations on the Report of Bullion Committee*）。

他第二次的出版物是論穀物的低價對於利潤的影響。這篇文因穀物條例的爭論而引起，這在本章的開端已經提過。隨後他於一八一六年發表經濟的和穩定的通貨的計畫及對於英格蘭銀行的利潤的觀察（*Proposals for an Economical and Secure Currency, with Observations on the Profits of the Bank of England*）。一八一七年刊行經濟學與賦稅的原理（*Principles of Political Economy and Taxation*）。一八二〇年他投一篇「準備制度」（*The Funding System*）的論文於不列顛百科全書，（*Encyclopaedia Britannica*）。一八二二年著了一本小冊，叫做保護農業（*Protection to Agriculture*）被麥克樂稱為（註四）「他所有小冊中的傑作。」

（註三）前書 p. 18

（註四）前書 p. 28

他卒於一八二三年，遺下一本草稿，身後出版名爲建立國家銀行的計畫（*Plans for the Establishment of a National Bank*）並有讀馬爾薩斯的經濟學原理（*Principles of Political Economy*）的評語以答覆馬爾薩斯對於他的學說的異議。他在桑榆晚景的幾年內（據麥克樂所說大概從一八〇九年起），與馬爾薩斯及詹姆士彌爾（James Mill）結爲知交，和前者時常通訊，後來約翰哈金大學（Johns Hopkins University）的教授何倫德爾（Hollander）把這些信札編訂出來。

一八一九年，呂嘉圖充任衆議院的議員，他在國會內被認爲經濟問題的泰斗，特別是涉及財政性質的經濟問題。麥克樂說（註五）「雖然他不屬於民黨（Whig Party）他幾乎與反對黨一致地投票，並且贊成激烈派改造者所主張的制度至於熱烈贊助無記名投票的計畫，但是不擁護他們的普選的計畫。」

雖則呂嘉圖的商業與公共活動時常使他討論和決定關於具體的經濟問題，然而他的天性是傾向於抽象的推理。他的主要興趣在於發現和討論原理，而且他慣於不用歸納法而由分析與推論探到原理。因爲他是一個頭腦清晰，湛深博文的思想家，他在當代人物之中佔了高超的地位。麥克樂說：（註六）「以深刻、纖敏和廣博而言，在國會或本國內沒有超過他的人，並且很少與他相等的人。」

（註五）前書 P. 31

（註六）前書 P. 30

二　呂嘉圖對於分配問題的概念及用以解決此問題的學說

在他的經濟學與賦稅的原理的序言內，呂嘉圖說：「土地的出產——一切因勞力、機器、與資本的聯合使用而從地面上獲得的東西，勻分於社會上的三種階級即土地所有人為耕種土地所不可缺少的蓄積或資本的所有人，以及辛勤耕種土地的勞動者。」（註七）他分別這三部份稱之為地租、利潤、及工資，並宣稱裁斷定律來支配在社會進程的各階段上這三部份間分配的比例乃是「經濟學的主要問題」和他這本書的主旨。他給與馬爾薩斯和韋斯特以發表「地租的真正學說的榮譽」，但是他宣稱「雖則狄爾歌、斯圖亞特（Stuart）、斯密、賽與西斯蒙第（Sismondi）的著作使經濟學有進步，然關於地租、利潤和工資的自然程序方面尚少有令人滿意的敘述。」（註八）

在他下了這樣界說的財富的分配時，呂嘉圖承認地租的等差說，（The differential theory of rent），農業上的報酬漸減說和前章所說明的馬爾薩斯的人口說，並且加上他在第一章及第四章內所闡明的價值說，此種價值說首先需要我們的注意。

三　呂嘉圖的價值說

呂嘉圖所稱為「自然的」價值與「市場的」價值的分別，對於了解他的價值說極為重要。他以為市場的價值乃是

（註七）McCulloch 版本前書 P. 5

（註八）前書 P. 5

每天商品按照而交換的眞正價格。在另一方面他用自然的價值，來說明某一點——這是難於形容的——市場的價值約摸照着該點而起落，並有向着這點相接近的趨勢，不幸他沒有正確地和仔細地界說後半的觀念。我們不能不從上下文中去搜集和從他的關於此種論題各方面的敍述去推定。

在開始敍述自然價值時，他分別「使用價值」和「交易價值」，並說明「效用……雖爲交易價值所絕對不可少，但不是牠的測量工具」；又說「具有效用的商品從兩種本源獲得交易價值，由於稀少性及由於獲得此等商品所必需的勞力數量」。（註九）他又說明有些「商品如罕見的雕像與圖畫，稀有的書籍與錢幣，具有特殊性質的酒類」「祇能用產於特殊土壤的葡萄造成，而且其數量是很有限的」祇由於稀少而得到交易價值，他把商品分類如下，即獲得時所需的勞力數量以及稀少性成爲決定這類商品的交易價值的一種要素者。「論到商品、商品的交易價值、以及支配商品的相對的價格的定律，我們常常是祇能指因人類的勤勉而增加數量的商品，而且對於此種商品的生產競爭的活動是無限制的」。（註十）

爲了維持這個學說，即後一類的貨物按照獲得時所需要的勞力數量的比例而彼此交換，」他引用原富的第一卷第五章裏以下的數段：

（註九）前書，P. 7.

（註十）前書，P. 8.

「各種東西的眞正價格各種東西使要獲取牠的人實際上化費去的價錢，就是等於獲取該物時的辛苦和費力。各種東西對于獲得牠以後要賣去牠或用牠去交換其他東西的人實際上的價值是等於該物能爲他節省的辛苦和費力，及牠所能加於他人的辛苦和費力。」

「勞力是第一的價格——是爲獲得一切東西而支付的原始的購買貨幣（The original purchase money）」。

「在初期的粗野狀態的社會裏，即在資本的蓄積與土地的佔有以前，獲取各物所必需的勞力數量的比例似乎是給與這些物件以彼此交換規律之唯一條件，例如在打獵的民族內，假使殺一個海獺往往需要殺一隻野鹿的兩倍的勞力，那末一個海獺自然要交換或值得兩隻野鹿。兩天的或兩小時的勞力的出產自然要值得兩倍於一天的或一小時的勞力的出產」

應用到一條原理時，呂嘉圖並未忘記「把在一種職業上一小時的或一天的勞力與另一種職業上歷時相同的勞力相較量的困難。」他排除此種困難的方法是用以下的引論來說明的：（註十一）

「實際上說起來各種勞力性質的估計不久即在市場上面得着很精確的核算。……這種計算表一經造成之後不易於起變化的。假如一個珠寶工人一天勞力比一個普通工人一天的勞力更有價值，這在許久以前就已算好，而放在價值的計算表中適當的位置了。」

（註十一）前書，P. 15.

「所以在不同的時代中比較同一商品的價値，無須考慮到這種特殊商品所需用的勞力的比較熟練與强度，因爲這在兩時代內相等地運行。」

「倘若一疋絨布現在等於兩疋麻布的價値，並且倘若在十年而後一疋絨布的通常價値是等於四疋麻布，我們可以斷定，不是製造絨布需要更多的勞力就是製造麻布需要較少的勞力，或是這兩種原因都在那裏作用。」

「因爲我所希望讀者注意的是關於商品相對價値的變動影響而非關於商品絕對價値的，那末考查各種勞力的估價之比較的程度，是無關重要的。我們很可以斷定不問各種勞力間原來有甚麽不相等……一年一年過去這變動是很微小的，因此在短時期內不能影響到商品的相對價値。」

從敍述和詳明的完備與適當的觀點而言，此等引論，以及呂嘉圖對於此種論題的所有的著作，頗有遺憾，但是他的學說的主旨顯然是說，可以自由地再生產的商品按照其生產所必需的勞力數量而彼此交換，並且說在斷定那些數量上面，一天特殊的熟練勞力値得許多天不熟練的或普通的勞力，因爲一天普通的勞力的市場價値或工資是包括在這裏所討論的那種一天熟練勞力的市場價値或工資之內的。

應用此種勞力說的另一種困難在於下面這項事實，即在生產的工作方面資本是與勞力合作的，並且必須算在生產成本之內。呂嘉圖承認這一點，在以下的敍述內他指出他排除此種困難的方法：(註十二)

(註十二) McCulloch 版本前書 p. 16 and 17

「就是在亞丹斯密所論到的初期的狀態裏面，有些資本，雖則能夠由獵人自行造成和聚集起來，但對於他能殺死獵獸是必要的，沒有武器無論熊或鹿都不能殺死因此釐定此等動物的價值不僅視撲滅牠們所必需的時間與勞力而且視預備獵人的資本武器、——幫助撲滅野獸得以成功的武器，——所必需的時間與勞力。

「倘若我們假定社會的職業擴大起來，有些人供給漁業不可少的木舟與繩纜，有些人則備種子及最初用於農業上的粗製的機器，這同一的原理仍舊是正確的卽所生產的商品的交易價值是與投於生產該物的勞力成比例的；不僅用在此等商品的直接生產上面的勞力而且用在使特殊的勞力有效而應用的一切器具或機器上面的勞力。

「倘若我們觀察到已經大有進步的社會的狀態，並且在這社會內技術與商業都興盛，我們仍舊覺得商品價值的變動是與此種原理相符合的。」

然而與使用機器及他種「固定而且耐久的資本」有關的一樁事情表現出應用勞力說的障礙，這是呂嘉圖要想排除而未成功的。除了補充用於生產過程的資本而外，「在決定牠對于價值的影響方面呂嘉圖以爲此種資本等於生產所需的勞力數量」在使用資本的時候必須給付利息。此種事實不致引起困難，假如此等利息給付的數量常常與直接地和間接地消費的勞力數量成比例的，但是他發現牠們並不常常成比例的。以下引自他的論價值的一章的第四節是與這一點有關的：

「倘若人們在生產方面不用機器而祇用勞力，並且在他們將商品帶到市場之前經過同樣長久的時間，他們的商品的交易價值是正確地與所用的勞力數量成比例的。」

「倘若他們使用具有同樣價值與同樣耐久性的固定資本，那末所生產的商品的價值也是一樣的，並且牠們將因爲用於生產牠們的勞力數量的或多或少而有所變動。」

「但是，雖然在相似的情形之下所產生的商品彼此間並不由於任何原因而變遷，而祇由於產生牠們所不可少的勞力的增加或減少，然而與其他不以同樣相稱的固定資本數量所產生的商品相較量，牠們亦將由於其他的原因而變動，此種原因我已在前面說過，卽是勞力價值的漲高，雖然產生任何一種商品所用之勞力幷無增減。」

在此等情形之下，勞力的價值，所以影響到貨物互相交換的比率的原因是由于這種事實，卽按照呂嘉圖的見解，資本的利息或利潤與在生產工作上和資本相聯合的勞力的價值成反比例。（註十三）

不管直接地與間接地用於生產兩種商品的勞力數量，用於生產一種商品的資本的利息照所用的勞力總數，比在生產另一種商品更大。［這種理由也許是在前者的情形之下的資本對于勞力的比例較大于後者，或是在一種情形之下較在另一種情形之下資本的使用較爲經久。］第一種的商品與第二種的商品交易時價値較高以便保障資本家的利息的給付。（註十四）

（註十三）參閱呂嘉圖的利潤的解釋。

（註十四）參閱呂嘉圖的論資本的一章第四節及第五節的解說。

雖然呂嘉圖明顯地承認他的勞力原理的修改，但是他認爲這是不甚重要的，因爲這在商品交換的比例中引起比較上微小的變遷。他說：（註十五）「推測商品價值變遷的原因，如果不顧勞力漲落的影響，勢將完全錯誤，倘是過於重視，也是同樣錯誤；因此在本書的後部，雖然我偶然論到變遷的原因，我要觀察所有發生於商品的相對價值上的重大的變遷，探究產生此等商品所需要的或多或少的勞力數量。」

商品的市價離開「牠們的原始的與自然的價格」，呂嘉圖說是「偶然的與暫時的」。（註十六）某種商品的需求與供給可以根據勞力原理形成或高或低的價格，但在這種情形之下，用於生產商品的資本的利潤將超過或不及其他工業的平均數，這種事實在一種情形之下可以增加，而在他種情形之下則減少用於此種工業的資本數量，使得供給發生變遷，結果市場的價格與自然的價格一致。他用以下的話來結束他的討論：（註十七）「論到商品的交易價值，或任何商品所具有的購買力，我常常是指商品具有的力量，倘若沒有被任何暫時的或偶然的原因所擾亂，這是商品的自然的價格。」

四　呂嘉圖的地租說

（註十五）McCulloch 版本前書，p. 24

（註十六）前書 P. 47.

（註十七）前書 P. 47.

在解釋地租時呂嘉圖應用等差原理（differential principle）和報酬漸減律，實質上與馬爾薩斯及韋斯特相同。然而他對于此種題目的論述內有值得注意的幾個特點。

呂氏認地租是應用土壤的原始的而且不可毀滅的力量的報酬。（註十八）因此他從此種範疇內除掉爲了投入土地之內或投在土地之上的用作房屋、溝渠、圍籬、柵欄、牆垣、肥料與其他改良的資本而由地主獲得的收入，以及因搬運木材，或開發礦產的收入。那些收入應稱爲利潤。他說：「這是一個頗關重要的分別……因爲地租發展的規律與利潤發展的規律大不相同的，並且很少在同一方向運行的。」（註十九）

他認定土地的數量是有限的並且品質是不一律的，根據這個事實他來解釋狹義的地租。他說：（註二十）按照供需律，這種土地不會有地租「肥沃的土地在數量上遠在人口的需要之外」因爲使用空氣與水或任何自然物向來不要付代價。更進一步說：（註二十一）「倘若所有的土地品質相同，而數量無限，那末使用土地就不需費用。除非土地具有地位上的特殊利益。祇因爲土地的數量並非無限的，品質並非一律的，並且因爲人口增加的關係，次等品質的土地或

（註十八）前書，P. 34.

（註十九）前書，P. 35

（註二十）前書，

（註二十一）前書，pp. 35 and 36

地點較劣的土地被耕種的時候，地租才產生。在社會發展的過程中，次等肥沃的土地被耕種的時候，第一等的土地立即產生地租，那個地租的總數基於這兩種土地品質上的差別。」

按照呂嘉圖的意見，就是次等的土地未耕種之前，上等的土地也可以產生地租，除非耕種時已經達到報酬漸減之點。他說：（註二十二）「在一號、二號、三號、四號、或五號的次等的土地耕種之前，往往資本可以用於已經耕種那些土地上而有更大的生產力」。他說：「同量的資本與勞力可以在一號、二號、三號品質的土地上各別地產生一百、九十與八十「誇特爾」（Quarter）的穀物。」他又說：「用於一號土地的資本，儘管雙倍，牠的出產並不見得雙倍，不能增加一百「誇特爾」，但可以增加八十五「誇特爾」，而且這種數量超過了以同樣資本用於第三號的土地上所能獲得的數量。」

「在這種情形之下，甯可在肥沃的土地投資，因此地租便產生了；原來地租就是應用兩種同量的資本與勞力所得的出產的差別」。（註二十三）地租產生的原因，是因為增加的勞力與資本祇有投在第三號的土地或報酬漸減發現後的第一號的土地，在同一市場上為着競爭的關係，利潤的比率不會兩樣的，所以資本與勞力加於已經耕種的第一號土地的報酬，雖然漸減，也要滿足，這樣子地主能夠支配牠們現在的與過去的生產力的差別。

此種學說含有幾種主題，其一是「最後使用的資本不給付地租」，這是說地主不能從最後增加的勞力與資本的

（註二十二）McCulloch, ed., op. cit., p. 36 and 37

（註二十三）前書，

出產得到一部份換句話說最後增加的出產總數祇分配給勞動者與資本家。呂嘉圖沒有說明達到這種結論的程序但似乎有如下述在租地的條件決定之後包括應當支付的地租數量佃農能夠自由地把租借的土地用於耕種或儘他所能支配的勞力與資本去耕種任何尚未被人佔有的土地租借完成之後任何新的增加的投資的純報酬與地主無關。呂氏似乎沒有考慮到當所有的土地都被佔有並且所有的租借期限滿期而須重訂的時候所要遇到的事情。

另一種的主題是「地租並不加入價值之內」這種學說爲馬爾薩斯及穀物條例爭論中的其他的人們所注重的。呂嘉圖的見解發表在以下的段節之內：

「所有的商品，或是製造品或是鑛產，或是農產物的交易價值並不決定於最順利的生產情形，或具有生產上的特殊的便利的人們所化的較少的勞力數量，却是決定於沒有特殊便利的人必須投於生產上的較多的勞力數量，和在最不順利的情形之下繼續產生商品的人們意卽最不順利的情形之下必需的出產量使牠不能不從事生產」（註二十四）就土地的生產而言，最不順利的情形卽指最後用於品質最劣的土地或用於祇得最低的報酬而品質較良的土地上的資本與勞力，此等土地，按照方才討論過的假定是不產生地租的。

在另一段內他說：（註二十五）「原料的價值所以漲高的原因確係最後獲得的一部份所費的勞力較多，並非因爲

（註二十四）前書，P. 37 and 38

（註二十五）前書，P. 38 and 39

付了地租。穀物的價值決定於品質較劣而不能給付地租的土地所需的勞力數量。穀物並不因為給付了地租而漲價，而地租的給付却由於糧食的漲價。」

第三種的系論是說「地租的漲高常常是本國財富增加的結果並且是本國人口增加供給糧食困難的結果。這是一種表形並非財富的原因因為當地租靜止或跌落的時候財富往往增加甚速。當土地的生產力減少的時候地租的增加最快。(註二十六)他說：(註二十七)「在社會發展的過程中當第二等肥沃的土地被耕種的時候第一等品質的土地立卽發生地租而地租的數量是基於這兩部份的土地的品質上的差別。」

「當第三等品質的土地被耕種的時候第二等的土地立卽產生地租並且與從前一樣決定於生產力的差別。同時，第一等品質的土地的地租將要依照特定的資本與勞力的數量所產生的差別比第二等土地的地租為高。人口增加以後，一國品質較劣的土地為着增加糧食起見需要儘量利用，因此所有更肥沃的土地的地租都要漲高了。」

反之「從同一的原理看來如果社會上沒有必要投下同量的資本於土地而最後所投的一部份的生產力更要大些，那末地租必定降低。」(註二十八)

(註二十六) 前書，McCulloch, ed., op. cit., p. 40

(註二十七) 前書，p. 36

(註二十八) 前書 p. 41

除了資本減少與人口資養不足之外，呂嘉圖提起「農業上的改良有減少耕種較劣的土地或擴充同量的資本耕種更肥沃的土地的必要」（註二十九）結果地租跌落。他的結論是：「凡在同樣的或新的土地上繼續增加資本而生產量的差別減少，有降低地租的傾向；凡增加這種差別的任何事物必然地產生一種相反的結果，並有提高地租的傾向。」（註三十）

呂嘉圖說明地主由於原料生產上的困難從兩種方法得到利潤，以結束他的論地租的一章，此兩種方法即是獲得出產總數的較大的部份，以及價格的漲高，因而提高出產的每一個單位的購買力。以下就是他的話：（註三十一）「因為同一的原因，生產上的困難，提高了原料的交易價值，並且提高了付給地主以為地租的原料的比例，這是明顯的，地主從生產上的困難得到雙倍的利益。第一他獲得更大的部份，第二付給他的商品是具有更大的價值的。」

五　呂嘉圖的工資說

論到工資，呂嘉圖分別勞力的自然價格與市場價格，並且界說前者是「使勞動者維持生活並且存續他們的種族，既不增加亦不減少所不可少的價格，後者是實際上付給勞力的代價，決定於供給與需求。」（註三十二）勞力的市場

（註二十九）前書，

（註三十）前書，P. 11

（註三十一）前書，

價格，好像通常的商品的價格一樣，有與自然價格一致的傾向，並且為了同一的原因，卽是，當市塲價格與自然價格不相符合的時候，就發生勞力供需關係上的變動而使他們歸於一致。在這一點上，呂嘉圖說：(註三十三)

「當市場價格超過自然價格的時候，勞動者的狀況較佳而且快樂的，因此他有力量多享受些必需品與安適品，結果組織康健而且繁盛的家庭。然而，因為高額工資鼓勵人口增加勞動者的數目逐漸增加，工資又跌到自然價格，並且因為一種反應有時反降低到自然價格之下。

「當勞力的市塲價格在自然價格之下，勞動者的狀況是最困苦的了；貧窮剝奪了他們的慣常用作絕對必需品的安適品。祇有在貧窮減少了他們的數目之後，或是勞力的需要增加了之後，勞力的市場價格將漲到自然價格，勞動者就有工資的自然率所能供給的適當的安適品了。」

這是重要而應加以注意的，呂嘉圖所說的自然工資係指生活必需品與安適品而言，卽是勞動者滿足他們自己與他們的家庭的慾望所用的商品與勞務。他說：(註三十四)「勞動者供養他本身與家庭而為保持勞動者的數目所不可少的力量，並不依賴他受作工資的貨幣數量，而依賴貨幣的購買力，卽工資所能購得的必需品與便利品的數量。所

(註三十二) 前書，P. 50.

(註三十三) 前書，P. 51.

(註三十四) 前書，P. 50.

以勞力的自然價格基於維持勞動者與他的家庭所必需的糧食，必需品與便利品的價格。如果糧食與必需品的價格漲高，勞力的自然價格也漲高；如果糧食與必需品的價格降低，那末勞力的自然價格也降低了。」

呂嘉圖在這一點上的思想實質上猶如馬爾薩斯在他的人口論中的思想。他們兩人以為勞動者通常享受的必需品、安適品與奢侈品有一定量，倘若他們收到少於購買這些物品所必需的數量，他們決不會擴大家庭；倘若他們收到的多於此種數量，他們就擴大家庭以至於增加他們的人數。他們兩人相信使勞動者維持他們的數目既不增加亦不減少所不可少的必需品、安適品與奢侈品的數量並非固定的和不變的，但是時常變遷的。呂嘉圖說：(註三十五)「就是用糧食與必需品估計的勞力的自然價格也不見得絕對固定而又恆久不變的。勞力的自然價格在同一國家內是隨時變動的，並且實質上在各國是不同的。」呂嘉圖以為在他的時代，英國的勞力的自然價格高於在過去的時代。他說：(註三十六)「現在英國的茅屋內所享受的許多便利品，在我們歷史上較早的時代是當作奢侈品的。」

勞動者家庭的大小以及勞力的供給決定於勞動者的志願，即馬爾薩斯所說的預防的遏制的力量，並非運行於動物世界的其他部份的自然律，——按照這種規律，子女生到世界上來，如果飢餓或營養不足必定死亡，倘若他們的糧食是充足的，他們便發育健全，祇有當勞動階級的生活程度降到勉強維持生存的時候，這種自然律方能運用於勞

(註三十五)　前書，P. 57

(註三十六)　前書，P. 52.

力。」

按照呂嘉圖的意見，勞力的需求依其實際存在的供給量決定工資，而勞力的需求決定于資本的數量，更正確地說，與資本的數量成正比例。他說：（註三十七）「勞力需求的增加以資本的增加為比例，工人的需求以工作的多寡為比例。」在另一段內他說：（註三十八）「資本是用於生產的那一部份財富，包括勞力所必需的粮食、衣服、工具、原料等等。」有時資本的數量比勞動階級的人數增加更速，市塲工資可以超過自然工資。「雖然工資的趨勢與自然率一致；而市場率在進步的社會上在某一時期可以超過自然率；因為資本增加往往產生勞力的新的需求，倘若資本的增加是逐漸而又恆久的，那末勞力的需求可以促進人口的增加。」（註三十九）

按照呂嘉圖的意見，資本人口以及勞力的需求與供給的增加比率在「社會的各階段」是不同的，並且大部份基於「肥沃土地的豐富」。他說：（註四十）「在新的殖民地，先進國家的精美的技術與知識傳播以後，資本就有比人口增加更速的傾向；勞動者的缺乏如果沒有人口衆多的國家來補充，就要增加勞力的價格。國家人口既多，並且品質較劣

（註三十七）前書，P. 51.

（註三十八）前書。

（註三十九）前書，

（註四十）前書 P. 53.

的土地也被耕種，增加資本的傾向就減少了；(註四十一)因爲在滿足了人口的需要之後，出產的剩餘必定以生產的便利爲比例。雖然在最順利的情形之下，生產力仍舊大於人口力量，但是並不見得長久繼續的；因爲土地在數量上是有限的，在品質上是不同的，而陸續投在土地上的資本生產力逐漸減少，但是人口的力量始終一樣。」

在他對于決定市場工資與自然工資的力量的交互作用的討論中，呂嘉圖說明他的信仰，謂在社會的自然發展之中，勞動者維持生活標準將更見困難。他說(註四十二)：

「在社會的自然發展之中，從勞力的供給與需求而言，工資將有跌落的趨勢，因爲勞動者的供給繼續按照同一的速率增加，而勞動者的需求則按照較遲緩的速率增加。……我說在此等情形之下，倘若工資祇被勞動者的供給與需求所支配，工資卽將降低；但是我們不可忘記工資也是被商品的價格所支配的，因爲工資是用來購買商品的。

「人口增加，必需品將漲價，因爲產生此等必需品需要更多的勞力。倘若貨幣工資跌落，而用工資去購買的每件商品漲價，勞動者將受到雙重的影響，並且立刻剝奪了資生品。貨幣工資不特不降低而反增加；但是所增加的並不能使勞動者購買在那些商品漲價之前所能購買的那麽多的安適品與必需品。」

(註四十一)　此種敍述的理由發揮在呂嘉圖論利潤的一章內。在這裏面他說明利潤有隨同社會的自然發展而降低的趨勢，並認利潤率與資本的增加率互爲因果。

(註四十二)　前書，McCulloch, ed., op. cit., pp. 54 and 55

在以下的敍述內，他對于他的學說以數目字來說明，在這裏面他認勞動者的貨幣工資將這樣的調整使牠們能夠常常購買同量的商品。他在以下的字句內說明這同一的見解（註四十三）「穀物價昂，他所收到的穀物工資將較少，但是他的貨幣工資將增加，而他所享受的按照上述的假定的確是一樣的。但是其他商品因爲原料的關係漲價，購買時他須給付更高的代價。雖然茶、糖、肥皂、蠟燭以及房租也許並不漲價，但是他對于火腿、乾酪、牛酪、麻布、鞋子、和呢絨須出更高的代價；因此貨幣工資雖然增加，他的處境比較上是更苦的。」

以上的敍述到底暗示勞動階級的生活標準隨社會的發展而降低，或因沒有限制人口而降底，從呂嘉圖的討論看來，總是不明顯的。他所闡明的原理並沒顯示阻止勞動者維持或提高他們的生活標準，一切靠着他們的工資怎樣反應於他們的家庭的大小。

以上所引證的段落顯示呂嘉圖對于勞動階級的前途的悲觀態度，以下敍述的地主階級的前途，呂氏特地用來對照：（註四十四）

「提高地租的同一原因，卽是用同樣比例的勞力數量去產生粮食所感覺的困難，亦將提高工資，倘若貨幣有不變的價值，地租與工資二者將隨着財富與人口的發展有漲高的趨勢。

（註四十三）前書，p. 56

（註四十四）前書，p. 55

「但是地租的漲高與工資的漲高大有分別。地租的貨幣價値漲高，農產物的分配部份隨而增加，不僅地主的貨幣地租更多，抑且他的穀物地租亦然，他將有更多的穀物，並且每一定額的穀物可以交換更多的所有尙未漲價的其他貨物。勞動者的命運將更苦了；固然他將收到更多的貨幣工資，但是他的穀物工資却減少了；不特他享受較少的穀物，並且他的一般的情形都比以前壞，要想維持工資的市場率在自然率之上，當然更加困難了。當穀物的價格增加百分之十的時候，工資的增加往往少於百分之十，但是地租將更加漲高；勞動者的狀況將更苦，而地主的狀況倒改良。」

六　呂嘉圖的利潤說

旣已說明土地、勞力與資本的聯合生產中地主與勞動者各別地所獲得的部份，呂嘉圖認其餘的部份完全屬於資本家。他以爲利潤是出產總數減去地主應得的地租與勞動者應得的工資所剩餘的部份。他把這個問題簡單化，使得我們注意到沒有地租的或界限的土地以及沒有地租的投資，這樣子把地租除外計算，並且把利潤解釋作沒有地租的土地與沒有地租的資本減去勞動者的工資的產物。所以勞力所得分配的部份愈大，那末資本所得分配的部份就愈小。呂嘉圖說：（註四十五）

「我們知道穀物的價格決定於生產穀物所必需的勞力數量以及不付地租的資本。我們並且知道所有製造品的價格按照其生產所必需的勞力而漲落。耕種那支配價格的那一部份的土地的農人以及製造商品的製造業者都

（註四十五）前書，P. 60.

有爲了地租犧牲出產的任何部份。他們的商品的整個價格衹分做兩部份；一部份構成資本的利潤，另一部份構成勞力的工資。

「假定穀物與製造品常常以同一的價格出售，利潤將按照工資的降低或漲高而漲落。但是假定穀物爲了需要更多的勞力而漲價；這種原因並不提高製造品的價格因爲生產製造品並不需要更多的勞力數量。倘若工資始終一樣，那末製造家的利潤不變；但是，倘若工資隨着穀物的漲價而漲高，那末利潤必然地跌落。」

呂嘉圖以爲在同樣的情形之下，農人的利潤與製造業者的利潤跌落，雖然穀物的漲價增加他們的出產的價值。這是眞確的，因爲按照他的價值說，界限生產的每一斗(bushel)穀物的漲價與其產量有密切的關係，界限出產的貨幣價值總額是固定的，並且因爲必須把較多的數量付給勞動者，使他們享受同量的必需品，留給農人的數量必然較少了。在以下的幾段內，(註四十六)呂嘉圖用數目字來說明這種理論。

「這是已經說過的了，倘若十個人用在某種品質的土地上的勞力獲得一百八十「誇特爾」(quarter)的小麥，其價值是每「誇特爾」四鎊，或七百二十鎊；倘若加多的十個人用於同樣的或任何其他土地上的勞力祇加多了一百七十「誇特爾」，小麥將從四鎊漲到四鎊四先令八便士(180: 170:: 4£: 4£. 4s. 8d.)。換句話說，在某種情形之下產生一百七十「誇特爾」需要十個人的勞力，在另一情形之下，祇需九‧四四，其比例爲九‧四四比一〇(9. 44: 10)其

(註四十六) 前書，P. 62.

價格為四鎊四先令八便士（4£. 4s. 8d.）。同樣地，這可以說明假如加多的十個人祇產生一百六十「誇特爾，」價格將漲到四鎊十先令；假如一百五十「誇特爾，」則漲到四鎊十六先令。

「但是當一百八十「誇特爾」產生於沒有地租的土地上，每「誇特爾」的價格是四鎊，總共賣得七百二十鎊。

「當一百七十「誇特爾」產生於沒有地租的土地上，每「誇特爾」的價格漲到四鎊四先令八便士，總共賣得七百二十鎊。

「所以一百六十「誇特爾，」以四鎊十先令計算，總共七百二十鎊，一百五十「誇特爾」以四鎊十六先令計算，總數也是七百二十鎊。

「這是明顯的，倘若在這些相等的價值之下，農人必須按照每「誇特爾」小麥四鎊的價格而付工資，那末價格漲高時，他的利潤率將按照穀物的漲價而減少。」

呂嘉圖把他的原理簡括於下：（註四十七）「利潤基於工資的大小，則工資基於必需品的價格，而必需品的價格大部份基於糧食的價格，」並且結論謂「利潤有降低的趨勢，因為在社會與財富的發展過程中，糧食數量的增加須費更多的勞力。」

他又說，「這種趨勢幸為生產必需品的機器的改良以及農業科學上的發明所遏制，使得我們節省從前必需的

（註四十七）前書，P. 66.

一部份的勞力因此降低勞働者必需品的價格」然而這是應當注意的按照呂嘉圖的意見此等改良與發明僅遏制但是並不除掉利潤降低的趨勢。雖然有這些改良與發明，利潤將降低，不過不像沒有牠們時那樣的迅速罷了。

七　地主勞動者與資本家的利益衝突

按照本章以前的幾節內所槪述的理論，穀物的界限成本是財富分配上的原動力。這種成本上的變動影響到地租、工資與利潤的比例，使得地主與勞動者和資本家的利益衝突。當成本漲高的時候，地租不僅絕對地而且比例地增加，而利潤降低，當貨幣工資漲高的時候，實際工資或靜止或跌落。界限成本的跌落使地租絕對地而且相對地降低，使利潤漲高並且使貨幣工資但非實際工資降低。所以地主的利益與其他兩種階級的利益相衝突的。呂嘉圖在工資的末段的引證中曾從勞動者的立場表現此種衝突。以下的一段是站在資本家的立場：(註四十八)「農人雖然沒有把地租付給地主；然而他對於地租或農產物價格的降低，是非常關心的。原來地租決定於農產物的價格，價格最終由消費者負擔。農人既然需要原料和以原料爲主要成分的那些東西他和其他的消費者一樣盼望價格降低，尤其是穀物的價格，因爲穀物的高價影響到工資。穀物每次漲價他必須從相等而且不變的七百二十鎊內爲那些假定爲他所常常僱傭的十個人支付額外的工資。論到工資，我們已經知道牠隨着原料的漲價而漲高的。」

(註四十八)　前書，P. 63.

第十章　從一八一五年到一八四八年

一　經濟狀況

自呂嘉圖的經濟學原理出版到彌爾的經濟學原理出版的時代，從許多方面看來，乃是繼續着前一個時代的。英國在這個時代裏具有資本的耕種者與農業勞動者完全代替了自由農，工業制度擴張到能夠支配全國的工業生活。經濟上個人自由的原理在這個時代支配英國政府的政策比以前更有力，這可用治安法官估計工資的法律之廢止，東印度公司的貿易獨佔的最後朕跡之消滅，穀物條例之廢止以及航海條例的根本修正來證明的。

新經濟原動力運行的幾種結果表現得更明瞭也是這個時代的特徵，其中最重要的乃是新經濟力在勞動階級上所產生的結果。在鄉村間農業勞動者這時幾乎完全依賴他的工資爲生。他在公共地方面的權利與他的副業已經喪失了，惡劣的救貧的制度更足使他墜于貧困。在工業的區域內陋巷，不合衛生的工廠以及童工危害工人的健康、快樂與幸福。最初工廠的構造鮮有顧到那些必須在裏面工作的人們的健康與安適。有許多工廠實在是把建作別用的房屋改造過來使之勉强適合於新的用途。廠裏僱用許多兒童，工作時間長而工資低。鑛業裏面的情形還要比工廠更壞些。

新的原動力在這時期中並且顯露了商業恐慌現象的新局面與信用的運用的新形態。一八一〇年、一八二六年、一八三七年、一八三九年及一八四七年的恐慌大半是新商業與信用狀況的結果。昔日調劑生產與消費的方法已經消滅了，因爲農業與製造業差不多完全分開，資本階級與勞動階級分開，並且因爲英國必須常川地把自己的製造品的交換外國的農產物。新的方法還沒有計畫出來。自由競爭的不適宜已經證實，其結果往往發生嚴重的失調。

一種新的信用制度也演化出來了。早已開始的國家銀行業在這個時期裏發展迅速；其所賴以運行的紙幣成爲英國通貨的一種要素。紙幣爲市面所樂用，流通便利，一如現款。濫設銀行與信用過度膨脹隨而發生。當時新工業與新商業利用這個機會，其結果爲擴展信用于不應加以鼓勵的企業以及給與過多的信用於只應得一些信用的企業。其所生之結果當時以爲新奇，而在今日我們倒見慣了。貼現的銀行的開始與一八四四年銀行條例的頒佈是新現象的直接結果，但是從經濟學的立場看來，由這些新現象而起的討論與思想影響更遠而且更關重要。

運輸業如輪船火車應用蒸汽是一種最大的促進轉變的勢力。牠的主要的影響屬於後來的時代，但是有些影響在當時已經發生了。

二 改革運動

隨着此等變動迅速的經濟狀況而發生改革運動，經濟學家活躍地參與此種運動，而且受其影響。他們的領袖與主要的激動者是邊沁(Jeremy Bentham)，他的一生是始于一七四八年而終于一八三二年。他以著作家思想家與社會改革家的資格而發生影響是始於一七七六年，他出版政府的雜錄(*A Fragment on Government*)的時候，在這本書裏面他批評柏萊克斯頓(Blackstone)並發表了一些關于英國政府的新穎的而近于革命的觀念。他在早年入牛津大學，後來在林肯學院(Lincoln's Inn)研習法律；但是與他的父親的希望和目的相反，他的父親是一個富有的律師，他並不從事于他受過訓練的職業，而把他一生的精力用在研究社會哲學的基本原理與社會制度的改革。他已經出版的主要的著作是道德與立法的原理概論(*Introduction to The Principles of Morals and Legislation*)(一八七九年)，勞苦與報酬的學說(*Theory of Pains and Recompense*)(一八一一年)，立法會議的方略(*Tactics of Legislative Assemblies*)(一八一六年)，司法證據論(*Treatise on Judicial Evidence*)(一八二三年)與司法組織與纂述(*Judicial Organisation and Codification*)(一八二三年)。第一種著作受法國人狄蒙(Dumont)的推崇而風行一時，狄蒙在一八〇二年出版民刑法律概論(*Traité de législation civile et pénale*)此書贊成邊沁的學說而且撰大牠的影響。

邊沁的社會哲學的基礎觀念即是他所稱爲「效用的原理」，發表于他的道德與立法的原理概論的第一章第一段，其說如下：(註一)「自然把人類置於痛苦與快樂兩種統治力的支配之下。只有痛苦與快樂會指出我們所應當

(註一)　除了另有說明之外，所有的引證與參考皆取自 W. Pickering 的兩册的版本，一八二三年出版於倫敦。

做的以及決定我們將來要做的事件。一方面是非的標準，他方面因果的關係都緊附在牠們的權威之下。牠們在我們所做的、所說的、所想的種種事項上面控制我們；我們想去擺脫服從的各種努力不過表明與證實我們的服從而已。在理論上個人可以申言棄絕牠們的支配，但是在事實上他始終還是受着支配。『效用的原理』承認此種服從，並以爲牠是那目的在于用理智與法律去樹立幸福的制度的基礎。對于牠發生疑問的種種制度，是徒發空言而乏意義，任意幻想而缺理智，晤中摸索而欠光明的。（註二）

他要證明這種論題，就審愼地界說其中的主要詞句，分析並解釋其意義，批評他所說的「制慾」與「同情心和厭惡心」這兩種相對立的人類行爲的原理。於是他發表快樂與痛苦的詳細的分析與分類，以及測度牠們的計畫，在那裏面他認牠們的强度，耐久，確定或不確定，親近或疏遠，繁殖與純潔是應當考慮的特點。

他把效用的原理應用到社會的行爲以及個人的行爲上，並且認爲這是立法者、司法官、行政官、犯罪學家、經濟學家、社會學家以及各種政治家的唯一適當的嚮導。他說「社會是一個虛構的團體，是由組織社會的個人所構成的，」「社會的利益」是「組織社會的幾個份子的利益的總合。」（註三）按照他的見解，公共行爲之應受贊助與否，只能以從牠而產生出來的快樂或痛苦的均衡去決定，而且這個均衡一定要由於合計該公共行爲所產生于被牽連到的每

（註二）前書 I, 1 and 2

（註三）Pickering, ed., op. cit., I, 4.

個人身上的快樂與痛苦，幷比較這兩個總數的分量而發現出來的。政府的法令常帶着罪惡的選擇與比較，因爲每一條法律都是侵犯自由所以是一種罪惡。立法者的職務在于比較所提出的一種法律用以防止或除去的罪惡的分量與因此種法律的運用而產生的罪惡的分量，祇有在前者大於後者的時候才去制定這種法律。

據邊沁的意見，道德與立法有同一的目的，就是可能的最大多數的幸福。二者不過在範圍上有所區別罷了。一切公共行爲與私人行爲屬於道德的範圍。「這是一個目標能夠領導個人入于人事的繁複中及他和他人所有的關係裏面。道德規定每一個人所應做有益於社會和自己的各種事體；但是有許多對於社會有用的行爲法律不能號召，有許多有害的行爲法律不能禁止，然而道德却能做到。總之，立法與道德有同一的重心而情形則相懸殊。」（註四）

邊沁的哲學與人格使他成爲哲學的過激者(Philoscrlical Radicals)的一羣改革家的中心人物與主動者，他們在此處所討論的時代裏面是極活動而且極有力量的。這一羣中包括着詹姆士彌爾 (James Mill) 和他的兒子，約翰・斯圖亞特・彌爾，呂嘉圖，國會中的幾個議員，著名的民黨 (Whig) 詹姆士麥金拖喜爵士 (James Mackintosh)，曾任大臣 (Lord Chancellor) 的亨利柏勞廣 (Henry Brougham) 羅伯特庇爾爵士第二 (Sir Robert Peel)，著名的新聞記者，著作家以及其他有勢力的人們。

這些人相信英國政府與社會生活的澈底改革的時候已經到了。特別是他們堅持國會議席的分配與選舉議員

（註四） Raffolovich, Bentham (*Petite Bibliotheque Économique*), p. 45

的權利應當變更，使這個機關差不多可以代表全國的各區與人民的各階級；地方政府應當更獨立更民主化；刑法與法庭手續應當澈底審查，使適合于常識與正義，民衆敎育應當用公共經費去提倡；倘若是必要的話，歧視天主敎和異敎徒(Dissenters)與禁止勞動者組合的法律以及穀物條例應當廢止；卹貧法與其施行應當變更。邊沁的哲學給這些改革以一種合理的基礎。這些哲學的過激者並不加入大政黨，但是他們使用所有可利用的機關，包括出版、講壇以及特別爲這種目的而組織的團體，有時用到爲他種目的而組織的團體。他們往往與其他改革者團體聯合，但是他們對于此等改革者的許多企圖并不表示同情，特別是那些過激的勞動領袖與團體。

爲這個時代的特性之改革的立法當然不能完全歸功於這一羣的人們，但是他們發生重要與有力的影響是無疑問的。制止勞動者的組合與壓迫天主敎及異敎徒的法律已被廢止了。一八三二年通過的法令取銷了所謂「被操縱的選舉區」(pocket boroughs)，減少了好些受殊惠的城市所特准選出的國會中代議士的人數，並且將沒有出適當的代表人數的諸州中之空額議席，與自工業革命開始後勃然興起的或人口激增的完全沒有出代議士的新城市裏之定額議席重行分配。公民選舉權也擴充起來，但不及那些改革家所期望的那麼多。地方改革法令通過了，使以前幾世紀發展下來的地方政府的重大的參差歸于一致，並且賦與地方政府在管理純粹地方事務上以更大的自主權與更合於民主政治的憲法。一八三四年通過了新的卹貧法，用貧民工廠去代替津貼制度，並將管理權從敎區手裏移轉到更大的單位。當這時期中進口稅逐漸取銷或降低，一八四六年又取銷了穀物條例。一八四四年通過了所謂銀行條例使英格蘭銀行的組織與國家的信用制度因而變更。工廠立法也開始了，給與用在工廠與鑛業中的兒童以若干的保護。國會也開始更加慷慨地準備普通教育的基金並且注意公共衞生的問題。

這時代裏的事勢影響於經濟學與經濟學家方面並不像前一時代裏那麼直接和那麼容易去詳細記載。抽象的思索按照着呂嘉圖後風行一時的方法，較以前作用更大但是還有其他種種的力量在那裏進行。批評家，特別是對於呂嘉圖的若干學說的，出現了，其中有幾位——例如馬爾薩斯、理查瓊斯（Richard Jones）與那騷施尼爾（Nassau Senior）——在大多數論點上表示贊同，但對於其他諸論點不肯降心相從而且堅持要修正，然而另幾位——例如，羅伯特歐文（Robert Owen）與過激的勞動領袖——對於呂嘉圖所稱述的整個思想體系是仇視的。放任學說支配着這個時代的設施較之以前任何時代爲更有力，但牠在贊助工廠立法，工會與他種社會立法的人們裏面遇到强力的反對者。這個時代在經濟學上的影響很可以從約翰・斯圖亞特・彌爾的一生與其著作上看得出來，然而在討論這個題目之前，我們先行描寫不重要的批評家所持的異議與他們所提出的學說上的修正。

三　馬爾薩斯對于呂嘉圖的地租說的批評

雖然馬爾薩斯與呂嘉圖在說明地租的幾種主要特點上是一致的，但在其他方面他們大不相同。馬爾薩斯的不同的意見發表在他與呂嘉圖的通信和他一八二〇年出版的經濟學原理。（第二版發行於一八三六年。）他特別反對地租是獨佔的報酬的學說，與呂嘉圖對於各種改良的效果的分析。

馬爾薩斯第一項的異議係根據於下面的論旨，卽地租是土地出產品的價值與產生這出產品的成本的差別，這項成本裏面包括勞力的工資，費去的資本的補充以及在生產期間所用的資本以當時利率計算的利潤。那末甚麼東西決定這兩項總數的差別呢？他的答覆是以下三種狀況：（註五）

「第一，而且主要的是那種土壤的品質，可以使土地產生比僱傭於土地上工作的人們所必需的養生資料數量更多的生活必需品。

「第二，那種為生活必需品所特具的品質，卽當分配適當的時候，可以創造牠們自己的需要，或按照必需品的數量的比例生出許多需求者。

「第三，肥沃土地的比較的稀少性，或屬自然的或係人為的，」

他說，「第一種狀況是自然給與人類的賞賜，完全與獨佔無關，地租的數量以自然界的豐嗇為比例，而絲毫不關於人力。倘若土地的賦性是那樣的貧瘠，以致其出產祇能補償生產成本，那麼縱然私有權的狀態仍和現在一樣，也不會有地租。所以由於自然的或獲得的肥沃，而不由於土地的獨佔而產生的超過成本的剩餘，必然要算作所有地租的基礎或主要原因。」（註六）

（註五）*Political Economy* 第二版，P. 140.

（註六）前書，P. 141.

馬爾薩斯用上述的第二種狀況去說明爲甚麼這種剩餘有高貴的價值。因爲人口有按照可供消費之必需品的數量而增加的趨勢。必需品愈多人口亦愈多，並且因爲沒有這些必需品人民不能生存，所以必需品的需求是確定的。他堅稱在這一個特點上土壤的出產品粮食與他種必需的原料是與其他出產品不同的。

馬爾薩斯在說明土地出產品的價值與其生產成本的差別的時候所注意的第三種狀況，即「肥沃土地比較稀少」可以說明他所敘述的「地租必須與耕種者的利潤及勞動者的工資分開」，就是因爲有些土地比其他的土地更爲肥沃，並且因爲那些比較的肥沃的土地是比較稀少的，所以有地租付給地主，我們需要把地租從工資及利潤中分別出來。

對於這最後的一點，馬爾薩斯與呂嘉圖的意見大致相同。他們對於前面兩點重要的程度持論各不相同。把地租從工資及利潤中分開的種種狀況由呂嘉圖看來是極關重要的。他所要說明的就是這三部份在國家收益方面的比例而他所了解所說明的分配問題便爲這比例所構成。馬爾薩斯反對呂嘉圖敘述地主應得的部份中所用的「獨佔」一詞，祇攻着他的學說中的枝葉問題而不及主要之點。關於「獨佔」一詞的意義以及土地與其他獨佔的分別，他們倆也多少有所不同。

按照呂嘉圖的意見各種改良的效果在於抵制報酬漸減律的力量，其直接的效果在於減少穀物地租或貨幣地租或這兩者，其最後的效果在於防止在他種情形下易於發生的地租的飛漲。馬爾薩斯否認這種原理而持相反的論調。按照他的見解各種改良的效果在於常常增加地租。他的論證是以主題爲依據，卽謂地租是出產品的價值與其生產成本的差別，并謂各種改良假如名稱其實的話減少生產成本。他承認直接的效果可以提高利潤而不提高地租，但是他以爲由於利潤增加而引起的資本家的競爭定將迅速地使利潤降到從前的水平線上並使地主能夠收取改良的利益。

馬爾薩斯也不贊成呂嘉圖所說的地主的利益是與社會上其他份子的利益相衝突的結論，而確切說明前者與後者是非常調和的，至於維持此種說法他大半依賴已經述過的論證，特別是那些他用來說明各種改良的效果在於增加地租的論證。他以爲在我們所熟知的諸國內農業上的改良直到今日已經，而且將來也可以期望，是地租增加的主要來源。」（註七）他并謂呂嘉圖的錯誤［按照他對於此事的見解］是由於他不能認識這種事實，以及由於他的注意力集中於粮食與其他原料生產之漸感困難對於地租的影響方面。（註八）按照馬爾薩斯的意見耕種方法的改良是有益於社會的，因爲人口因之增加而各階級的幸福提高亦成爲可能。反之，凡是使地租跌落的各種狀況對於社會上其他各份子均屬有害，因爲這個不免牽連到農業上的衰微，粮食與原料分量的減少，以及因此而起的幸福的普通水平線的降低。

（註七）前書，p. 196.

（註八）前書，Ch. III, sec. VIII

四　理查瓊斯

另一個批評呂嘉圖的地租學說的人是理查瓊斯(Richard Jones)，他是赫理柏利學院(Haileybury College)內馬爾薩斯的繼承者在一八三一年出版了一本地租論這是他計劃中沒有安成的分配問題的論著之第一部份。(註九)

第一，他批評呂嘉圖的地租起源的學說，卽最好的土地最先被人耕種，當必需耕種肥沃程度較低的土地或應用加多的資本在報酬漸減的情形之下去耕種最好的土地的時候才有地租。瓊斯以歷史上所表現的事實與他著作時全世界上地主與佃農的關係來試驗這種學說，他得到的結果敘在以下一段內：「在人類社會實際進展之中，地租通常起源於土地的佔有，係在人羣必須照他們所能得到的條件而耕種土地，否則不免於飢餓的時候；以及當他們的微薄的資本如器具、種子、等等除農業外絕對不足在其他職業中維持他們的生存，而必要與他們自身一同連繫於土地上面的時候。那末這種迫着他們去支付地租的必要不用說與他們所佔住的土地的品質上任何差別是完全沒有關係的，而且縱使所有的土地都相等，這種必要也不會除去的。」(註十)

(註九) 瓊斯死後，胡韋爾(William Whewell)編輯現存的稿件，於一八五九年出版於倫敦，名爲瓊斯先生關于政治經濟的論文和講演的遺篇(*Literary Remains Consisting of Lectures and Tracts on Political Economy of Late Rev. Richard Jones*) 這些作品包括着一部份分配論的範圍。

他的研究使他達到這種結論，卽謂地租不能用任何單一的原理去解釋；反之，種種不同的原理是在不同的時代與不同的狀況之下運行的。當耕種土地者是那些用他們自己的手與微薄的資本去工作的農民，並且直把地租付給土地所有者——一個君主或是一個大地主——的時候，地租是由慣例或農人們所能夠與地主們締結的那種契約所決定的。這種地租的類別爲「農民地租」(Peasant Rents)。在另一方面，當具有大資本的農人從地主租用土地，又在競爭的情形之下僱傭勞動者，並且經營農業以獲取他們使用資本的利潤，正如其他資本家經營製造業與商業一樣的時候，地租就被極不相同的原理所決定。他類別這種地租爲「農人地租」(Farmers Rents)。「農民地租」他再分爲「勞力或農奴地租」(Labor or Serf Rents)，「分益農的地租」(Metayes Rents)，「農夫地租」(Ryot Rents)，與「佃夫地租」(Cottier Rents)。這些「農民地租」在過去和現在是最普通的。「農夫地租」是例外的，大半在于英國，荷蘭也有一些，美國幾部份地方也有。

「農人地租」佔優勢力的地方，具有資本的農人隨時可以把他們的資本從農業移到其他實業，倘若可得較高的利潤，他們是要這樣做的，所以在農業上他們能夠而且要博得在他處通常可以取到的利潤率。在這些情形之下，瓊斯說：(註十一)「地租必然地祇包括『剩餘的利潤』，這就是能夠從使用某數量的資本與勞力於土地所能獲得的較之

(註十) Rev. Richard Jones, *An Essay on the Distribution of Wealth and on the Sources of Taxation* (London, 1831) P. 11

用於其他任何事業所能獲得的更多。」

在一塊特殊地點上剩餘的利潤的增加，瓊斯用以下的狀況來解釋（註十二）「第一，由於累積更大的資本數量於耕種方面而得的出產品的增加；第二，更有效地應用已投下的資本；第三，「資本和出產仍是一樣的」生產階級在那項出產上攤得的部份之減少與地主攤得的部份之相當的增加。在於資本家所耕種的那一國的地租的增加方面，這些原因的聯合其成分儘可不同，但當每種原因的明顯的力量與運用的方法一經了解之後，其聯合作用是易於計算的。」

他在下文中（註十三）說明第一種原因運用的方式：

「假定甲代表一種土地，祇產生百分之十的資本的普通利潤而不支付地租。乙、丙、丁代表其他較好的土地，也是用一百鎊的資本去耕種，並且假定牠們的出產如下：

甲	乙	丙	丁
一一〇鎊	一一五鎊	一二〇鎊	一三〇鎊

（註十一）前書，P. 188

（註十二）前書，p. 189 and 191

（註十三）前書，p. 204

每種土地的出產超過一一〇鎊之外者卽是「剩餘的利潤」或地租，乙地付租五鎊，丙地十鎊，丁地二十鎊。再得用於每種土地上的資本雙倍起來，既未發生漸減的報酬，又沒有攪亂每種土地的出產的比例或變動牠們的相對的肥沃，那末牠們的出產將如下述：

甲	乙	丙	丁
二二〇鎊	二三〇鎊	二四〇鎊	二六〇鎊

每種土地的出產超過二二〇鎊之外者卽是「剩餘的利潤」，或地租，乙地付租十鎊；丙地二十鎊；丁地四十鎊。這就是說，每種土地的地租也雙倍起來了」。

他以爲出產按照所用的資本數量而增加，報酬漸減律不足爲慮。他辯護這個假定，其理由在於這種學說爲事實與理智所否認的。他承認有一界限勉强經營農業的生產，「超出這界限之外必定要受損失」，但是他否認這種承認能夠證明下面的結論爲不誤，「卽人類有了漸增的智識與工具，而當他們從最幼稚的試耕前進到無窮的限界時，其中每一階段都要承受生產力的損失」（註十四）。反之他堅持着，在達到這種界限之前，更集約耕種（intensive cultivaton）的報酬可以與所用的勞力和資本的數量爲比例，甚至超過了此種比例（註十五）。

（註十四）前書，p. 202

（註十五）前書，p. 199 and 200

這也是應當注意的，在上述的說明之內，他以爲土地生產物的需求是與供給並進的，這個假定他認爲與呂嘉圖的假定一樣合理，呂氏謂需求是靜止的，而且堅持在這種情形之下，出產的增加可使最劣的土地無人耕種，且使地租減少。

在這番討論之中，瓊斯的爭辯卽在說呂嘉圖誤將漸增的地租專與農業上的漸減的報酬相提並論，反之，增加勞力與資本并增進每個單位的效率，某一部份的土地結果可獲得增多的生產使得地租增加。

這用不着去詳述瓊斯解釋資本的漸增的效率，或呂嘉圖所說的改良使地租增加的方式。他說，由於減少生產成本，此等改良照例地擴大出產總數與成本的界限，因而增加了搆成地租的剩餘利潤。不論漸增的效率是表現於用同樣資本而得的更多的出產，或表現於用較少的資本而得的同樣的出產，他以爲「地租定將漲高，除非改良的進展速於人口的增加，及出產的加增超過了需求的加增，這種由於投下的資本的增加的效率而發生的地租漲高將成爲永久的。」（註十六）

瓊斯所承認的增加地租的第三種原因，卽是「生產階級所得的部份的減少」發生於原料生產品的相對價値的漲高，這種漲價——出產的總數仍是一樣——將增加其全部價値，因而提高投於農業的資本的利潤使在用於其他實業的資本的利潤之上。當重訂租借契約時，這些剩餘利潤將以增加的地租的形式歸於地主。因爲反對呂嘉圖，他力

（註十六）前書 p. 237

辯原料品價值的增加發生於需求的增加而沒有相當的供給的增加，」（註十七）且謂耕種更劣等的土地倘若發生的時候，是在原料品價值增加之後而不在其前，所以是牠的結果而不是牠的原因。

不像瓊斯所承認的增加地租的其他兩種原因，這種增加並不伴着出產的增加，所以不是國家「富源的增加。」這祗是「把一部份已經存在着的財富從生產階級轉到地主」而已。然而他堅持這並不一定跟着「通常資本與勞力的報酬的跌落，」他要說明他們由於收到較少的所得的原料品而受的損失「可以從製造業的勞力的效率增加而得相當的補償。」

瓊斯對於地主階級的利益與社會上其他份子的利益相反的學說加以攻擊，以作結論。他承認他們偶然可以因其他階級的損失而獲得利益，但堅持着對於勞動者與資本家也可以同樣的說。他說，「事實上每一階級因其他階級的貧乏而把握住的繁榮，依自然法則而言是有限制而且不穩固的。每一階級從增殖的財富的淵源而獲取的利益，為各階級所同有或至少無損於任何階級者，纔算是安全的，並且可以推到一種限度超出於我們的經驗以外。在這一方面地主的社會的地位與其他組織國家的階級的社會地位是沒有分別的。」（註十九）

（註十七）前書，p. 245 and 246

（註十八）前書，p. 248 and 255

（註十九）前書，p. 288

五　施尼爾的節約說

這個時代最精明的英國的思想家中的一位是施尼爾（William Nassau Senio），他在一八一七——一八三一年及一八四七——一八六四年任牛津大學的經濟學教授，死於一八六四年。他曾任倫敦大學評議會的會員和政治學考試委員會的會員，郵貧法修改委員會的會員以及高等法院的長官。他本來研究法律，一八一七年他廁身於法律界。他的腦筋長於分析，他應用這種能力將當時的經濟思潮加以批評的分析。他在牛津大學的經濟學的講演印成書籍，又於一八三五年在百科全書（*Encyclopaedia Metropolitan*）中刊登一篇經濟學論文。（註二十）

在百科全書的那篇論文中關於他所說的「生產工具」的分析，施尼爾類別勞力與自然的動力為「原始的」工具。而視節約為「補助的」工具。這種區分的理由似乎祇因為勞力與自然的動力可以獨自工作，無須借助于節約，「但是」他說（註二十一）「雖則人的勞力與自然力獨立於人為之外，係原始的生產力，然而牠們需要第三種生產要素的合助以給與牠們完滿的效率。住在最肥沃的區域的最勤勉的人口，倘若他們把所有的勞力用於有直接結果的生產，並且隨着生產而旋卽消費，不久便將發現他們極大的努力尚不足以產出祇求生存的必需品。」

這第三種的要素卽是節約，他說「這種行為是一個人制止將他所能支配的東西作為不生產的使用，或是寧可

（註二十）　關于他的著作的表參閱 *Handworterbuch der Staatswissenchaften*, Vol. V.

（註二十一）*Political Economy*（從 *Encyclopaedia Metropolitan* 的修正第二版重印下來的）P. 58.

從事於期在久遠的而非直接的結果的生產。」(註二十二) 他說：「勞力是為生產的目的而自願用出的體力或腦力。(註二十三)自然力是不由人的動作而得到力量的各種生產力。」(註二十四)所以勞力與節約是以人類的或人所供給的生產工具為特性的是「人們自願的行為」一方面「在於使用他們所能支配的財富」他方面「在於使用他們的體力或腦力」

他把這種生產工具的見解和當時流行的將生產工具認為勞力、土地與資本一種見解對比，並且辯護用「自然力」這個名詞以代「土地，」可以免除用一小類的名稱來指整個的種屬。(註二十五)他並申辯以節約代資本為第三種要素為有理因為資本並非簡單的生產工具；大半是三種生產工具合併的結果。必定有自然力來供給原料，通常必定要延擱享樂方能保留資本，使不至于供給不生產的使用通常必定用勞力來準備和保持資本。他說，「論到節約這個名詞，我們希望用來表示和勞力與自然力有區別的動力，牠的合助對於資本的存在是不可少的，牠對於利潤的關係和勞力對於工資的關係是一樣的。」(註二十六)

(註二十二) *Political Economy.*

(註二十三) 前書，P. 57

(註二十四) 前書，P. 58.

(註二十五) 前書 P. 59.

這些勞力與節約以及二者對於生產的關係的概念已開後來修正當時的價值、利息、與資本的學說之先路。

在他解釋自然價值時，呂嘉圖承認須顧到用於生產方面的資本必要支付利息的事實，他以爲資本自身的實質卽是蓄積起來的或過去的勞力，這項勞力加上立刻或當時所用的勞力便構成整個的勞力成本。通常支付在這項資本上面的利息的數量不必或從不，與這些成本正確地相稱，這個事實使他不能不承認貨物幷不正確地按照牠們的勞力成本而彼此自然地互相交換，但是他以爲這個稍爲離開勞力成本原理是無關輕重的，因此他在討論那些以價值爲中心的論題中並沒有顧到這一點。

亞丹斯密把利潤包括在不可少的生產成本之中，馬爾薩斯也是這樣，但是羅伯特拖倫斯（Robeat Torrens）堅認利潤是超過生產成本的剩餘，事實上是生產的全部價值與其成本的等差。詹姆士彌爾把利潤包括在生產成本之內，但是說明利潤是一種勞力的結果，這勞力加上立刻使用的勞力和資本所代表的勞力構成成本或商品的自然價值。(註二十七)

施尼爾以爲這些紛歧的和衝突的見解是由於這班著作家沒有認識節約在生產上所佔的地位。他們都承認這

(註二十六) 前書。

(註二十七) 參閱 James Mill's *Elements of Political Economy*, 第三版, P. 103-104. 及 Torrens's *An Essay on the Production of Wealth* P. 54.

勤力的存在，但是都祇想到牠與資本的起源的關係。他說：(註二十八)「因爲缺少節約這個術語，或其牠相等的名詞，使馬爾薩斯先生陷於言語不正確的毛病。他似乎覺得勞力之外還有些東西對於生產是極關重要的。他覺得單靠着勤力不能使一塊童裸的荒地成爲有價值的樹林，種植者於栽插和保護嫩樹的勞力之外還要有附加的犧牲，將他的勞力用在有遠大結果的生產；而且繼起的地主爲了使嫩小的植物長成起見，要犧牲了他們自己的利益讓給他們的繼承者去享受。他似乎覺得這些犧牲是產生樹林的成本的一部份，並且因爲沒有適當的術語去表示他就用他們的報酬的名稱來指這些犧牲。他稱利潤是生產成本的一部份；然而由我們看來，他所說的不是利潤，而是受利潤所報酬的那種行爲：這種錯誤實在和那些把工資當作生產成本的一部份的人們所陷的錯誤相似；所說的不是工資，這是一種結果，而是用工資做報酬的勞力。

「拖倫斯的錯誤乃是省略的錯誤，他不肯把利潤看做生產成本的一部份，但是他沒有用節約或任何相等的名稱去代替利潤。雖然他承認使用相等的資本，其出產品的價值可有差別，倘若一種出產品運到市場較速於他種，但是他沒有說明這種差別所根據的原理。」

所以，按照施尼爾的見解，構成自然價值的生產成本是爲「生產所不可少的勞力與節約的總合」，(註二十九)勞力

(註二十八) 前書，P. 100.

(註二十九) 前書，P. 101.

與節約都被認爲人們爲了要獲得滿足慾望的財貨的犧牲。這種成本的概念代替呂嘉圖的成本概念，對於範值或自然的價值被生產成本所決定的原理就免了做出許多例外，並且顯示馬爾薩斯拖倫斯和其他感到不易解釋利潤對於價值的關係的人們的公同的立塲。

這種成本學說的一個系說卽謂利息是給與資本家的報酬使他們忍受節約的犧牲，爲增進宜於生產的勞力與自然力的效率所不可少的，正如工資是給與勞動者的報酬，使他們在生產時間忍受種種的犧牲。施尼爾把這種學說放在前面引證的一段裏面〔第二六頁〕卽節約「對於利潤的關係和勞力對於工資的關係一樣」。在另一處〔第四三頁〕他說到工資與利潤必須給付使生產者繼續努力。又在另一處〔第五六頁及第五七頁〕總括前面一種討論的幾部份，他說道：「我們說明勞力不能成爲有效率的，除非由於資本——節約的結果——的帮助；節約本身也不會有效率的，除非由於勞力的幫助；節約或勞力都是令人不快的，所以必須以特殊報酬的希望去引起努力；節約是由於利潤的希望，勞力是由於工資的希望。」

不幸施尼爾沒有更進一步發揮這幾段內所暗示的思想的脈絡。當他論到分配問題的時候，他把他的論述限於解釋「地租、利潤與工資的相對的比例，」發揮一種工資基金的原理，並使工資與利潤互相依賴。在這個關鍵上沒有應用到資本家或勞動者所忍受各種犧牲。

六　施尼爾的獨佔說

在應用他的成本的概念來說明價值時，施尼爾把經濟財貨分爲兩類：一類是「在均等競爭的情形之下」產生的，或者換句話說是在所有的人們都能夠成爲生產者而且享有均等利益的情形之下產生的，一類是在「獨佔的情形」之下產生的。他更進一步敘述「均等競爭的情形」爲「沒有被佔有的自然力在那裏協助」的情形，并認獨佔的情形爲生產已經「由土壤或地位的特殊利益，或由迥出尋常的體力或腦力或由吾人通常所未知的種種作用來相助，或由禁止仿傚的法律來保護的情形。」(註三十)

他再把獨佔分爲四類，即是(甲)「獨佔者沒有專有的生產權，但有獨具的便宜來充當生產者，這些便宜可以無限地應用而其利常存或且有增。」(乙)「獨佔者是唯一的生產者而且不能增加他的出產的數量；」(丙)「獨佔者是唯一的生產者而且能夠以相等的或漸增的利益無限地去增加他的生產的數量」(丁)獨佔者不是唯一的生產者，但是他有特殊的便宜，這種便宜當他增加他的生產的數量時而減少且馴至於消滅。」(註三十一)對於第一類他舉出阿克萊特爵士(Sir R. Arkwright)的「專賣機器」所產生的紗線作例證；對於第二類他舉出康士坦狄亞的酒（Constantia wine)；這酒祇能在幾英畝的土地上產生的；對於第三類他舉出司各特的威弗利小說集(*Scott's Waverley*)；對於第四類他舉出「土地的大量獨佔」。

(註三十)前書，P. 102-103.

(註三十一)前書，P. 111.

依施尼爾的意見，祇有在均等的競爭之下產生的財貨按照生產成本出賣；「或者，換句話說，按照等於生產所需的勞力與節約的總數的價格或者按照等於爲了要使生產者繼續努力而必須給付的工資與利潤的數量的價格出賣。」（註三十二）他說，前三類的獨佔貨物的價格「不受任何規則的控制。」第一類的貨物的價格「沒有獨佔力的幫助就不能漲到高於生產成本，但是有達到獨佔者的生產成本的趨勢；」第二類和第三類貨物的價格「沒有必然的界限，但在獨佔者能夠增加他的出產之第三類中較之在自然嚴格地限制着可以產生的數量之第二類中更加達到幾乎與生產成本相等；」第四類貨物的價格往往有與以最大的費用去繼續產生的一部分之生產成本相符的趨向。」（註三十三）

關於這幾類的貨物的相對的數量和重要，以及關於生產成本原理適用的範圍，他與呂嘉圖不同。呂嘉圖以爲大半的財貨是在「無限制的競爭」的情形之下產生的，所以生產成本的原理也在這種情形之下運用着，然而施尼爾以爲在均等競爭的情形之下產生的貨物爲數比較微少。（註三十四）誠然，他所說的第四類，卽是屬於「土地的大量獨佔」的貨物乃是呂嘉圖所最注意的，施尼爾也承認在這一類裏可以適用成本說，但是對於其他幾種成本原理所不

（註三十二）前書，P. 102.

（註三十三）前書，P. 114-115.

（註三十四）前書，P. 103.

能適用的獨佔的貨物，他也許比呂嘉圖認為更重要些。

七　工資基金說

在第七章和第九章內已經說過關於工資的解釋，亞丹斯密和呂嘉圖都應用需求與供給說，這說以為前者係決定於預付或擴充雇用勞力的一種基金；後者係決定於尋求職業的勞動者的數目。依斯密的見解，這種基金係他所說的「收入」之一部份和他所說的「資本」之一部分，牠隨着國民財富的增減而增減。據呂嘉圖的見解，這種基金係由資本而成，且隨之而漲落。

據斯密的見解，勞力的供給有與需求並進的趨勢，在進步的國家內供給略在需求之後，而在落伍的國家內供給有時超越需求之前；然而呂嘉圖按照馬爾薩斯的人口原理，以為供給是被勞動階級的生活標準所支配的，這標準又為習慣與風俗所決定的。他依馬爾薩斯的意見，以為倘若預付與勞力的基金與尋求職業的勞動者的人數間的關係是這樣，使所得的工資足供勞動者消費超過他們尋常所享受的數量，那末人口的增加率必達到某點會使工資降到尋常的水平線上；而在相反的情形之下，倘若需求與供給把工資降到這樣低，使勞動者不能夠消費尋常所消費的數量，那末人口的低減率會達到某點使工資回到那種水平線上。呂嘉圖承認在新的國家和例外的情形之下，工資基金在一長久時期內可以比勞動者的人數增加更速，但是在像英國那樣舊的國家的通常情形之下，他相信市場的工資會趨到與勞動者的生活標準相一致，當然有時比標準漲高些，有時落低些。

按照這種見解勞動者的生活標準，或呂嘉圖所說的「自然的工資，」在討論關於勞力那部分的分配問題的時候，是一件值得考慮的重要的東西，需求與供給說或工資基金說却在其次，因爲牠的用處祇在說明自然的水平線上下的漲落。在這種情形之下我們滿望呂嘉圖要分析或討論到影響和決定勞動階級的生活標準的情形，特別考慮市場的工資對於勞動者的生活標準的關係，但是除却標準爲習慣和風俗所定而外，他說得很少。關於工資基金是否一時規定於和預先決定於與勞動階級的狀況或行動毫不相關的勢力一個問題，他並沒注意。在這個論題上面亞丹斯密也只說到勞力的普通工資是被勞動者與雇主間的契約所決定的，以及每一方面想用團結的力量去影響這種契約，雇主往往是更有手腕的定約者，而且因爲他們的人數較少，團結更易而且更有效力。

在他出版於現在所討論的這個時期中的經濟學版本裏面，馬爾薩斯特別注意到工資學說中被人忽視的這幾點，而所得的結果頗奇，就是他把需求與供給的原理和工資基金說在工資的說明方面提高到首要的地位。我說這種結果頗奇因爲就是馬爾薩斯自己在他的人口論中立下了生活標準說的基礎，現在他在解釋工資方面給於這個學說以次要功用——所謂次要者意卽他認定勞動階級的生活程度縱使不是大部份爲他們的工資所決定，也是深受他的影響的，而他們的工資反不受生活程度所決定。

像呂嘉圖一樣，馬爾薩斯區別「勞力的自然價格」與「勞力的市塲價格，」但是他對於前者的主義是與呂嘉圖不同的。論到呂嘉圖的主義卽「那種使勞動者能夠維持生活，存續種族，而無增無減，」所必不可少的價格。他說(註三十五)

「這種價格我實在有意稱爲最不自然的價格因爲在事物的自然狀態之下，對於蓄積的過程沒有不自然的阻礙，這種價格在土地的耕種或農產的輸入被儘量推動之前，不能永久發生於任何國家之內。」他提出下述的定義來代替：

「在任何國家內勞力的自然或必然價格應當界說做在社會的實際狀況之下，對於招致勞動者的平均供給足以適應有效的需求所不可少的價格。市場價格應當界說做市場上的實際價格，這種價格由於暫時的原因，有時高於有時低於供給這種需求所必需的勞力。」

在他更進一步的論述中，他沒有顯然指出甚麼時候他是在論到自然價格，甚麼時候他是在論到市場價格，但是他似乎是指前者，當他說：(註三十六)

「社會上勞動階級的狀況必定一部份基於作爲維持勞力和需求勞力用的基金的增加率；一部份基於人民在糧食，衣服與居住方面的習慣。

「倘若人民的習慣不變，早婚與供給大家庭的能力要靠着維持勞力和需求勞力的基金的增加率。倘若這種基金不變，社會上低等階級的安適要看他們的習慣或必需品和便利品的數量，沒有這些東西，他們就不願增加他們的人數以達於必需點。

(註三十五) 前書，P. 223-224.

(註三十六) 前書，P. 224-225.

「然而人民的習慣，或基金的增加率歷久不變是少有的。我們很知道，維持勞力的基金的增加率在變遷的情形之下是易於發生重大的變遷的；人民的習慣雖然不易變遷或必然地具有變動的性質，可是很難認爲固定的。『牠們的趨向通常是一起變動的。當維持勞力的基金迅速增加，而且勞動者操有大部份的必需品的時候，這可料想得到，倘若他有把他的過多的粮食去交換便利品與安適品的機會，他定將獲得這些便利品的嗜好，他的習慣也按照情形而養成了。在另一方面，這是通常遇見的，當維持勞力的基金幾乎變爲固定的時候，這種習慣，倘若已經存在，必致放棄；並且在人口停止增加之前，安適的標準在實質上是降低了。』」

上面這一段明白指出按照馬爾薩斯的意見，由於勞力的需求與供給的作用而受到的工資乃是決定勞動者的生活標準的要素。下面的一段表明他以爲其他的要素也加入的：(註三十七)

「由於高度的實際工資或操有大部份的生活必需品的力量，可以產生兩種很不相同的結果；一種是人口的迅速增加，在這種情形之下高度工資大半用於維持大的家庭；另一種是養生方式的顯然的改進，以及所享受的便利品與安適品的增多，而在人口增加率上沒有相稱的加速。

「觀察這些不同的結果，其原因顯然在於各時代各國人民的各種不同的習慣。研究這些不同的習慣的原因，我們通常能夠追溯古舊國家內產生第一種結果的那些原因，而歸到於所有的情形，這種情形幫助着壓制低等的人民，

(註三十七) 前書，P. 226.

使他們不能或不願從過去思索到將來，而為了目前的滿足情願承受很低的安適程度和身分；產生第二種結果的原因可以歸到所有要提高社會上低等階級的品格的情形，此等情形使他們關前顧後，因此不能忍受使他們和他們的孩子們剝奪了身分道德和快樂的思想。

「在造成第一種性質的條件內最有效力的是專制政治、壓迫、和愚昧；在造成第二種性質的條件內最有效力的是平民自由、政治自由和教育。」

關於工資基金的影響與構造，馬爾薩斯有以下的敘述：（註三十八）「為人口的迅速增加所決不可少的就是勞力的大量的繼續的需求；這種需求是與那些基金的數量和價值的增加率相稱的，不管那些基金是從實際上應用於維持勞力的資本或收入而產生出來的。

「通常以為對於勞力的需求是與一國的流通資本（非固定資本）相稱的。但是實際上對於勞力的需求並不與任何形式的資本的增加相稱；也不像我從前所想的，與每年全部出產額的交易價值的增加相稱。按照上述，牠祇與在實際上用以維持勞力的那些基金的數量與價值的增加率相稱。」

在這些基金的「數量與價值」的基本的決定的原因上面，馬爾薩斯沒有什麼透闢的闡發；而且除却暗示工資基金預先決定的限度，而為勞動階級本身的力量與控制所不能及的之外，他幷沒有說明甚麼。

（註三十八）前書，P. 234.

在他的初次出版於一八二一年的經濟學概論（*Elements of Political Economy*）中，詹姆士彌爾完全依賴工資基金的原理去解釋工資。他說：（註三十九）「那末我們可以普遍地斷言其他情形不變，倘若資本與人口彼此的比例不變，工資亦將不變；倘若資本對於人口的比率加增，工資將漲高；倘若人口對於資本的比率增加，工資將跌落。」在他的更進一步的討論中，他斷定人口有比資本增加更速的自然趨勢，用强制的方法來使資本比牠的自然趨勢增加得更快不能產生滿意的效果，所以羣衆的唯一希望在於他們的人類的限制；他提示「立法的進步，人民教育的改進，與迷信的破除來達到這種目的。」（註四十）

也許最嚴格的和不受限制的關於工資基金原理的敘述，要算是麥克樂（J. R. McCulloch），在他出版多次的經濟學原理（*Principles of Political Economy*）中所說的了。（註四十一）他敘述這種原理的要點說明在以下的引論中：（註四十二）

（註三十九） 前書，P. 44.

（註四十） 前書 P. 59.

（註四十一） 第一版是投於 *Encyclopaedia Britannica* 的補編的一篇論文的重印本，出版於一八二五年第五版卽是我們所引證的，出版於一八六四年。

（註四十二） 前書，P. 316, 318, 319, 320, 326.

「一國維持和僱用勞動者的能力不是以地位的利便，土壤的肥沃，或區域的廣闊去測量的。這些東西當然是極關重要的條件，而且對於人民的進步和文明的速率大有影響。但是一國在任何時期中維持勞動人民的能力和他們的工資的數量並不靠着這些條件而完全基於用來僱傭勞力的資本的數量，和資本的所有者使用資本的傾向。肥沃的土壤可以用來迅速地增加養生之資；但祇是如此而已。在土地被耕種之前，必須準備資本來給養僱用在土地上的勞動者，正如必須準備資本來給養從事於製造或其他部門的實業的勞動者一樣。」

「這是更明顯的，分配於每個勞動者的出產數量，或用商品估計的工資，是爲一國的資本對於本國的勞動的比率所決定的。在一方面，當資本增加而沒有相等的人口增加的時候，工資必然地增加；在他方面，當人口的增加速於資本的增加時，資本要分配給更多數的人們，那末他們的工資就比例地減少了。」

「資本家不能增加他自己的資本，除非同時增加勞動階級的財富或養生之資。」

「所有的資本必然經過市塲的講價而均勻地分配於所有的勞動者；當前者與後者相較而每次增加時，工資必定漲高。」

「勞動的價格基於尋求職業的勞動者的人數，與用來支付他們的工資的資本或基金相比較。牠是獨立於賣者與買者的計畫與組織之外的。」

「在任何特定的時間內，工資率爲資本與人口的比例所決定，沒有其他的論斷能比這個更確定的了。」

麥克樂認爲勞動階級的生活標準定下一種界限，在這種界限之下工資不能永久跌落，不會隨時漲落，他說：（註四十三）「勞動者的種族勢將滅絕，倘若他們沒有得到至少足以維持他們和他們的家庭的食物和其他用品。這是工資率可以永久減少的最低限度了；因此這就稱牠爲『工資的自然率或必然律』。工資的市場率或實際率可以降到這種自然率的水平線上；但牠不能在低於此率之下永久繼續着。後來他在上述的一段內除去了「工資的自然率或必然率是養生的最小限度」的含義，而說牠是「粮食與其他用品的供給使一國的普通勞動者得到適當的給養。」（註四十四）然而他並不因此修正生活標準決定工資的綱領。

施尼爾關於這種論題的討論與他表現在其他題目的論述中具有同一的分析的巧妙與透闢。他堅持着工資基金說，但是以這種方式去說明牠較之尋常的敘述更可使牠少受批評。第一，稱工資基金說是「決定工資率的近因」，他以爲這與決定工資基金的數量與性質及決定勞動者人數的更重大的力量有分別。他又揭示與工資基金說相矛盾的七種意見的謬論，其中有「工資率祇基於一國勞動者的人數對於資本數量的比例的學說」，及「工資基於勞動者人數對於社會的整個收入的比例的學說」。對於第一種學說，他說：「他知道『資本』這個名詞的定義沒有不包括勞動階級所不用的許多東西在內的；倘若我們的立論是正確的，這些東西的增加或減少不能直接影響工資」；

（註四十三）前書，P. 324.

（註四十四）前書，P. 330.

對於第二種學說，他說：「誠然，我們能夠，說出社會上大部份收入可以增加，而勞動者的工資可以跌落而不致增加他們的人數的情形。」（註四十五）

這是很不幸的，在他敘述工資基金的正確的構成與決定工資基金的力量中，施尼爾除了意緒自明的立論外，沒有說到什麼；這種立論是「工資基金基於直接地或間接地每年歸於勞動者使用的商品的量與質」及這種「量與質」則又「第一，基於勞動者所使用的商品的直接或間接生產方面的勞動生產力，第二，基於和勞動者的家庭的全體人數比較而說的直接或間接僱傭於供給勞動者使用的東西的生產方面的人數。」（註四十六）他沒有擴大他的解釋以說明決定每種商品或種種不同的商品之量與質的基本力量，以及決定和從事於供給資本家，地主，與其他階級的商品的生產的勞動者相比較而說的從事於供給勞動者使用的商品的生產的勞動者人數的基本力量。

八　利息的使用說

利息的生產力說的變形和支流，即是使用說（The use theory）（註四十七）此說的解釋者分別資本的「使用」

（註四十五）*Political Economy*, P. 153-154.

（註四十六）前書，P. 174.

（註四十七）參閱 Eugene V. Böhm-Bäwerk, *Capital and Interest*, Translated With Preface and Analysis by William Smart (London, Macmillam and Co. Ltd., 1890),Bk III.

的出售與資本的「實質」的出售，而把前者的價值等於利息。賽對於資本的「生產功能」的概念應用得這麼寬泛，使我們難於決定他是否要區別資本的「生產的功能」和資本本身實質的消費，所以賁巴衛（Böhm Bawerk）把他列入使用說者及生產力說者之內。然而此說的主要解釋者是德國人，（註四十八）他們區別資本的使用與實質。關於耐久的財貨，這種區別是一件簡易的事。例如，一匹馬可以完全出賣或祇出賣牠的功能，如貸馬者就祇出賣馬的功能。我們每天對於多數耐久的財貨都用到這同樣的區別。然而遇着易毀滅的財貨或祇能有一種用途的財貨，這種區別就不這麼容易了。例如用來製造鋼鐵的生鐵的用途和生鐵本身的消費有什麼分別呢？赫爾曼（Hermann）想以下述的方式去指出這種區別：（註四十九）

「在財貨的用途上所有的變動與混合技術，能夠保持財貨的交易價值的總數而不至減少，所以那種商品雖然後來改為新的形式，而其價值仍繼續不變。鐵砂、煤、勞力在生鐵的形式上，獲得一種混合的功用，對於這種功用，這三者都貢獻了化學的和機械的要素。那末倘若生鐵具有所使用的這三種交易財貨的交易價值，這早已存在的財貨的總數堅持不改，在本質上固結於新的功用中，在數量上相加於交易價值中。

「由於形式的改變，技術會使貨物變成耐久的技術上形式的變動所給與不耐久的財貨之功用與交易價值的

（註四十八）　Nebanius, Carl Marlo, Hermann.

（註四十九）　Böhm-Bawerk 所引證的前書 P.195.

持久性在經濟上是極關重要的。這麽一來耐久而有用的財貨的數量就更多了。就是以易毀的原料製成的貨物，和祗有暫時的用途的財貨因爲常常變更其形式而保持其交易價値也經過改造，而其用途成爲經久的了。所以在耐久的財貨方面既是這樣在實質上變更其形式而不變動其交易價値的財貨方面也是如此；這種用途在牠的自身上可以當作一種財貨，當作一種牠本身上可以獲得交易價値的用途。」

既爲經濟財貨資本的這些用途具有交易的價値，在市場中實際上可以買賣的這種收益攜成歸於資本所有者的收入或利息；這是赫爾曼的論證的大體。

第十一章　約翰斯圖亞特彌爾

約翰・斯圖亞特・彌爾(John Stuart Mill)在英國古典學派經濟學的發展中佔住了卓越的地位。他的著作顯示一個時代的結果與另一時代的開始，他熟悉政治學、歷史與哲學，見解高明，對於學說與實施關係看得很透徹，除了亞丹斯密之外，這個學派中沒有其他的人比得上他。他在下面一段的文字內敘述他寫經濟學的論文時自己所懸的目標：

「由目前的作者看來，一種著作在目的和普通概念上與亞丹斯密的著作相似，但是適合於現代更普遍的知識和更進步的觀念，可算是現代經濟學所需要的一種貢獻。原富一書在許多方面是陳舊的，即以全部而言，亦不完備的。名稱其實的經濟學從亞丹斯密時代以來幾乎從幼稚而漸長成了；社會哲學雖則仍是在牠發展中的最初的階級上面，事實上那位著名的思想家從來沒有把他的更特殊的論題從社會哲學中分開，但是已經又進許多步而超過於他那時所達到之點了。然而，還沒有人作一種嘗試，去把他研究論題的實用方法與自有這種學說以來所獲得的增廣的知識合併起來，或者去表示社會上的經濟現象，和現代最好的社會觀念所發生的關係，照他那樣表示社會上的經濟現象和他那世紀的哲學相參照而得到令人驚羡的成績。

「這就是現在這本書的著者所懸爲目標的一種觀念。」

前面一段說話於一八四八年印在他的經濟學原理及其對於社會哲學的適用（*Principles of Political Economy With Some of Their Application to Social Philosophy*）第一版的序言內。他做這種工作所得的成功的程度將漸次表現在本章之內這裏只要說他的著作劃分經濟學發展中的一個時代的結束與另一時代的開始。他的經濟學原理顯然是一種過渡的著作，總結和闡明了前此所已完成的學問並且開將來新發展的路徑。我們先敘述彌爾的準備和他擔任這種工作的資格。

一 彌爾的準備和他對於這種工作的合格

約翰·斯圖亞特·彌爾是詹姆士彌爾的兒子，他的大半生涯是做一個東印度公司所器重和信賴的忠僕及歷史家，也是一個有聲譽的經濟學家。在他一生最初的十七年中（一八〇六——一八二三）約翰斯圖亞特是一個夙具慧根的青年而且得天獨厚，具有智慧的能力和適於發展卓絕的才器及堅強的性格之品質。他的父親使他受過相當的研究與訓練，於是他成爲一個精敏幹練的思想家，熟知當時所有的學問上最重要的部門和當時的政治運動與社會運動，並且他具有慾望和決心要把他的一生貢獻於促進學問和改良社會狀況。

一八二三年他入東印度公司當一個低級的事務員，他繼續服務於東印度公司直到一八五七年該公司解散時為止。他從這個職業維持他的生活代公司服務，甚有幹才，所以最後仍受公司的重託，同時他繼續研究學術，努力著作，並化費大部份的時間與精力來辦公共事務。誠然他關心最切者在於搜求材料，著作和他的公共工作，而不在於他所藉以維持生計的職業。

彌爾和當時最著名的英國人與許多聞名的外國人交遊，遂能補充改正及增廣了從博覽羣書而得的知識。這種交遊始於童年，那時他父親的屋裏常有從事公務和研究科學的人們來往，後來他的一生中結客的習慣始終不斷。他和功利主義的哲學家詹爾密邊沁 (Jereny Bentham) 交誼特深，邊氏常在其家，他又很認識呂嘉圖，常在他父親的屋內遇見他，他和摩里士 (Fredrick Maurice) 約翰斯特林 (John Sterling)、喀萊爾 (Carlyle) 及著名的法理哲學作家奧斯丁 (Austin) 交情都很密。他在青年時代，是許多辯論會和其他團體中的一員，這些團體常有名人來往，其中有國會議員和公務人員，他們在政治上社會上和科學上種種事件的見解與他自己的意見很不相同。他一生裏有好幾個時期中久在法國旅遊，他對於法國的文學、政治、和社會具有精密而善於鑒別的研究。

他努力於科學和文學的結果表顯在哲學、政治學和經濟學的範圍內，這些著作大半發表於書籍和雜誌的論文上面。他曾在短時期內做過國會議員，有時也作公開演講，他主要的著述印成書籍，其目如下：

一八三一年，關於經濟學未決定的問題的論文 (*Essays on Unsettled Questions in Political Economy*，至一八四四年始出版)；一八四三年，論理學體系 (*System of Logic*)；一八四八年，經濟學原理及對於社會哲學的實用(*Principles of Political Economy With Some of Their Applications to Social Philosophy*)；一八五九年，關於自由與國會改革的思想（*Liberty and Thoughts on Parliamentary Reform*）；一八六一年，代議政體(*Representative Government*)；一八六三年，功利主義(*Utilitarianism*)；一八六四年，孔德與實證哲學(*Comte and Positivism*)；一八六五年，威廉哈密爾頓爵士的哲學的研究（*Examination of Sir Wm. Hamilton's Philosophy*)；一八六九年，婦女的服從（*Subjection of Women*）。一八七三年他死後從他的遺稿中出版了三種著作：一八七三年出版自傳（*The Autobiography*)；一八七四年出版關於宗教的三篇論文(*Three Essays on Religion*)；一八七九年出版社會主義論（*Chapters on Socialism*)。

他的最重要的雜誌論文的選集以論文與討論（*Dissertations and Discussions*）的名稱出版，共有五大本。其他尚埋藏在韋斯特敏斯特評論（*The Westminster Review*）、倫敦與韋斯特敏斯特（*The London and Westminster*)、愛丁堡（*The Edinburgh*）季刊（*The Quaterly*）、每月文庫（*The Monthly Repository*）、特氏雜誌(*Tait's Magazine*)、旅行雜誌（*The Traveller*）、歷史雜誌（*The Chronicle*）、研究雜誌（*The Examiner*）和其他日報與雜誌中的論文合編起來的冊數更多。

經濟學的作家對於思想上有密切關係的部門很少具這麼廣博的知識，或者與當時政治、社會、經濟的生活有更密切的接觸，並且沒有人比他更聰明，更客觀的研究這個論題，或更熱切的尋求眞理。

約翰・斯圖亞特・彌爾的經濟學知識啓發於幼年，常在家庭中傾聽父親與呂嘉圖及他人的討論；當他同父親每天散步的時候，那些討論和亞丹斯密，呂嘉圖與其他經濟學家的著作常提出溫習，這個童子必須答覆關於經濟上深刻的問題。詹姆士彌爾的經濟學就在他們父子倆的討論中間作成，這次著作和出版的大部分工作是這位童子所做的。約翰・斯圖亞特年幼的時候無形中已經吸收了呂嘉圖的學說和亞丹斯密，馬爾薩斯，與其他學者的觀念而成爲他在一生事業發軔時所有關於政治、社會與經濟事件的思想的基礎。後來他從許多方面得到新見識，有的由他自己的研究和敏捷的思想並且修正了不少他早年的見解。關於經濟學上已成熟的思想在他的書中發表出來，幾乎已成完璧，後來的出版物除了一種例外，不過表示一些不關重要的修正而已。

二 彌爾的經濟學原理的題旨的組織

從亞丹斯密到彌爾一時期中經濟學上的變遷可於他們兩人的論著中將主要的細目一加比較便稍露端倪。他倆的著作中都有五個細目，原富的細目是：（一）「論勞動的生產力改進的原因和勞力的出產物自然分配於人民各階級所遵守的秩序」（二）「論資本的性質、蓄積與使用」（三）「論各國財富的不同的發展」（四）「論經濟學的體系」（五）「論君主或國民的收入。」彌爾的經濟學原理的細目是：（一）「生產」（二）「分配」（三）「交易」（四）「社會發展對於生產和消費的影響」（五）「論政府的影響。」彌爾的論著中的分配問題的特別注重和生產與交易的出現，以及社會發展對於生產和分配的影響顯然是主要的細目。把每個細目之下所討論的題目拿來比較可以更明顯地指出新穎有味的題目的出現以及着重點和觀察點的變動。

彌爾本身不甚負這些變動的責任。生產、分配、交易和消費是他父親著書時所應用的細目，這本書的產生，約翰斯圖亞特也有助力。賽分他的論文（*Traité*）爲三卷，名爲「論財富的生產」，「論財富的分配」和「論財富的消費」。狄爾歌把他的著作名爲財富的形成與分配（*Reflexions sur la Formation et la Distribution des Richesses*）。除了把進步影響於財富的生產和分配的題目推到主要細目的地位而外，彌爾不過續用已成爲傳統式的排列題旨的方法，但是這個例外是有特殊性的，牠表示他側重於這論題的動的方面以及注意於應用其原理於他所說的社會哲學上面。

他的著作中五大細目之下所包括的題目的範圍，較之以前任何作家都要廣闊些，而且包括論題的各方面更見完備。他精通這門學問，對於牠的分析是合於論理而又完備的。他尋出幷補充了許多缺點，爲前此學者的鬆懈和錯誤的分析所未能發現的，即或發現而忽略不顧的。以廣博、完備、和內容編製的卓妙而言，彌爾的著作遠超過了從亞丹斯密以來這門科學的其他學者的著作。他的體制足以包括前人所完成的一切的學問和他準備着去增加的部分。

三　生產

在這個總目之下，彌爾討論三個主要的論題：「生產的要素」——自然力，勞力與資本；「生產要素的生產力的程度」；和勞力資本與「土地的生產」的增加的「定律」。

當敘述自然力和勞力在生產上的任務時，他說：(註一)前者供給「力」及「原料，」而力與原料「或換言之，物質的特性……做了一切的工作，祇要把事物放在適當的地位。這種把事物安置於適當的地位，聽牠們自己內部的力量和藏在其他自然物裏面的力量來發生作用的一項工作，就是人對於物質所做或所能做的事。他祇把一件東西移到另一件東西上面或從另一件東西裏面移來。」關於「自然是否在一種實業或他種實業上給與勞力以更多的幫助」的問題，——這個問題在重農學派的理論中佔住重要的地位而在亞丹斯密的理論中勢力也不少，——他說：(註二)「要斷定自然在任何事物上給與的幫助多於在另一事物上，這是不可能的。我們不可以說勞力所做的較少。我們或可需要較少的勞力；但是倘若所需要的勞力是絕對不可少的，結果勞力的出產正如自然的出產同樣的多。當兩種要件對於產生效果有同等的必需的時候，那就不能說這一種要件產生了多少，那一種產生了多少的。」在另一段落內(註三)他跟着賽說明勞力的功能在於創造「效用，」他分效用為三類，即「固定和包藏於外物裏面的，」「固定和包藏於人類裏面的」；或「並不固定或包藏於任何事物裏面但是祇在於所做的一種勞務上面；如在或較長或

(註一) 彌爾的經濟學原理有許多版本和重印，所以我們最好不要指出參考某頁，而指所參考的某卷某章和章的分段。參閱第一卷第一章第一節和第二節。

(註二) 第一卷第一章第三節。

(註三) 第一卷第三章第一節和第二節。

較短的時間內產生一種愉快，避免一種不便或痛苦但在人或物的改進的品質上幷沒有留下永久的獲得。

他特寫一章去敘述勞力在生產上運用的各種方法，把牠分成幾類：「直接用在所產生的東西上的或用在準備生產此種東西的動作上的勞力」；「用在生產養生之資的勞力」；「用在產生原料和工具的勞力」；「用在保護勞力的勞力」；「用於轉運和分配出產的勞力」；「與人類有關的勞力」；「發明的勞力」。傳統的和普通的分類把生產動作分爲農業的，製造業的與商業的，他以爲是不合科學，而且在經濟的分析上是無用的。他說，「這不能達到分類的目的，一半因爲生產的實業的許多重要支派在這裏面找不着地位或不免於牽强，一半因爲農業與製造業的界限不能準確地劃分。」

他保留了生產的勞力與不生產的勞力的傳統的區別，但是使前者比亞丹斯密所說的包括更廣因爲在生產的勞力之下他不僅把「產生包藏於物質的東西裏面的效用，——這是勞力的「直接結果」——的努力」劃分在內，抑且包括了「增加物質出產的努力，」——這是勞力的「最後的結果」。他說不生產的勞力是「最終不能創造物質財富的勞力，這種勞力不論怎樣大量地或有效地使用，並不使社會和國家的物質出產更加豐富，反而因爲當這樣僱用勞動者時所消費的一切東西而更貧乏」。(註四)

他並且把生產和不生產的區別列入消費的範圍內，他說唯有生產的勞動者——其中包括「指導的勞力……

(註四) 前章第三節及第四節。

和執行的勞力」——是生產的消費者，又說，「甚而生產的勞動者的消費也不完全是生產的消費」，唯有爲「保持和改進他們的健康、體力和工作能力，或養育繼承他們的其他生產的勞動者」而消費的那一部份是生產的消費。（註五）

他以爲把自然力劃爲實際上無限制的和數量上有限制的分類，是極關重要的。

彌爾跟着前人的意見解釋資本爲用於生產上的那一部份的財富或一國的蓄積。因爲同樣的東西可以作生產的或不生產的消費，他說：「資本與非資本的區別並不在於商品的種類，而在於資本家的心理——在於他爲了一種目的而不爲另一種目的去使用財貨的意志。」（註六）

按照彌爾的見解，一國專用於生產上的一切財富算是資本，反過來說，一國所有的資本專用於生產方面是要限制和解釋的，因爲用於生產上的積蓄的財富可以暫時沒有使用或用於一種生產的企業上的財貨，其數量較決不可少的要更多些；例如農人在獲得任何報酬之前爲兩三「誇特爾」而支付地租或付給勞動者的比「生產上所決不可少的」更多些。

像亞丹斯密一樣，他也以爲從國家的觀點看來，個人可以從裏面取得收入的所有的財富並不都是資本。他說，（註七）「在個人方面實際上是資本的東西，於國家方面是否資本，要看假定他沒有耗費了的基金已否被他人耗費

（註五）前章。

（註六）第一卷第四章第一節。

了而定。」

關於資本在生產上的功用，他用以下的話來說明：（註八）「資本對於生產的貢獻在於供給工作所需要的保障，工具和原料，及當工作進行時給養和維持勞動者。」彌爾這種說法和亞丹斯密用「使勞力從事工作」的成語，其命意幾乎是一樣的；這並不是說資本具有勞力和自然力所具有的那種「生產力」，彌爾說，（註九）「唯一的生產力是勞力和自然力的生產力，倘若引伸說來，任何部份的資本具有牠本身的生產力，這祇是工具和機器，牠們與風或水一樣，可以說是與勞力合作的。」

關於資本他有四種基本的立論，即，「實業是被資本限制的，」「資本是儲蓄的結果；」「資本仍舊是要消費的，」和「需求商品並非需求勞力。」關於解釋的方法，第一個論題是用其他形式說明的，例如，「工業的分量祇以供給用來製造的原料和食物為限，」「在已經產生的東西裏面祇有一部份分配於供給生產的勞力，除了如此分配的那一部「這是一國的資本」所能夠給養和供給原料與生產工具之外，沒有更多的勞力了。」

在討究這個論題時，彌爾不僅特別注重資本數量在生產企業上的限制，抑且相信實際上實業可以無限制地增

（註七）前章第三節。

（註八）前章第一節。

（註九）第一卷第五章第一節。

加，祇要資本繼續着增加他說：(註十)「每次資本的增加給與或能夠給與實業以加多的用途；而且這種增加沒有可以指定的限度。」他用這種立論去反對通常以爲富人的不生產的費用對於防止失業是不可少的，並且對於勞動階級是有益的意見。他的論證是倘若把這種用費在不生產方面僱傭的勞動者，僱傭到生產方面那末他們所產生的財貨可以增加一國的工資基金並且最終可以供給由於工資增加而加多的人口，或提高勞動階級的生活標準。(註十一)

在第二和第三的論題之內，——這兩個論題驟然看來似乎是互相衝突的——彌爾一方面要着重資本係「個人揮霍」的費用比較個人所產生的或從他人方面得到的收入更少的結果，他方面着重這種儲金祇有用於或消費於其他財貨的生產上才能構成資本。照他的用法，儲蓄這個名詞並不一定包含剝奪的意義。牠甚至於和充足的漸增的消費也不相矛盾的。牠實在包含節約的意義，意即節制即時的揮霍而由自己或他人把收入用於生產方面。

彌爾的第四個立論的要義是和第一個相同的。這不過是另外一種方式用來加重他在資本對於工資和整個生產量的關係上的概念。他說：(註十二)「供給和使用生產的勞力者是用來使這種勞力從事工作的資本，並不是當工作完成時購買者對於勞力的出產品的需求。商品的需求並不是勞力的需求。商品的需求決定勞力和資本應當用於

(註十) 前章第三節。

(註十一) 前章。

(註十二) 前章第九節。

那一種生產的特殊部門牠決定勞力的動向但不決定勞力本身的多少或勞力的維持或報酬。」在他討論的過程中，他暗示着一種商品的需求可以大到足以使本來用在不生產上面的財富應用於生產方面但是他所要辯說的是祇有這樣產生的新資本纔能夠使增加的勞力數量從事工作。

彌爾分析影響生產要素的生產力的勢力比前此的學者更爲完備他討論這些勢力也較爲廣博。他把牠們分爲「自然界的優勢」；「勞動者的精力技巧和知識」；「知慧和誠實」的程度與「通常社會上的安定的程度」；「勞動者的合作或團結」及進行生產的或大或小的規模。

在「勞動者的合作或團結」的標題下，他把分工包括了做一個小題目。論述這個問題的其他方面時他引證了許多愛德華吉威克斐(Edward G. Wakefield)在他所刊行的原富版本中對於亞丹斯密的討論的註解。威克斐分合作爲「簡單的」和「複雜的」，前者例如兩個或兩個以上的人在同一的工作上彼此互助，後者例如職業的分開和剩餘的交換。這些合作的形式特別是後者照時代的次序而言先於「把每種工業程序細分爲無數的部份，使每個勞動者限定他自己於更少數的簡單工作上面。」這是通常所稱爲分工，牠對於文明的進展是很關重要的。當說明合作的利益時彌爾指出城市和鄉村的互相依賴以及市鎭和市鎭職業在一國的農業發展上與鄉村人口的繁榮和幸福的發展上的重要。

在他的「論大規模生產和小規模生產」的一章內，彌爾指出製造業方面大規模生產的經濟，廣引巴柏吉的機器與製造業的經濟(Babbage's *Economy of Machinery and Manufactures*)——當時這個問題的標準著作；他討論「合股原理」(Joint-stock Principle)的優點和缺點；並且寫了幾頁專從生產的觀點去討論農業上的小規模工作勝過了大規模的工作。在這最後的題目上，他評述贊成與反對的辯證，而結論則謂多數的意見很贊成小農場，由土地所有者和他的家庭去耕種。

彌爾在「生產」的標題下所討論的最後的小題目是生產增加律(The law of the increase of Production)；係從牠的倚賴於勞力、資本和土地的方面去觀察的；或是像他在另一地方所述的，生產增加律及其應備的條件；增加生產在事實上有沒有限制，這些限制是什麼。」

論到勞力，他承認馬爾薩斯的學說是勞力增加律的正確的說明，他把他的論這個題目的一章大部份用來討論馬爾薩斯所說的各時代，特別是當時歐洲的預防的遏制的力量。他的結論因此是：(註十三)「在勞力方面對於生產的增加是沒有障礙的。人口按照幾何率增加。倘若生產的唯一重要條件是勞力，生產可以而且自然要以同樣的率增加；在人類的數目達到空間缺乏之前，是沒有限制的。」

他說：(註十四)「資本的增加必基於兩件東西——可以從裏面取得儲金的基金數量和促起儲蓄的意向的力量。

(註十三) 第一卷第十一章第一節。

(註十四) 同上。

「可以從裏面取得儲金的基金是除却供給了所有與生產有關的人們「包括僱傭於補充原料及修補固定資本的人們」的生活必需品而外的勞力的出產的剩餘。」他說「這是一國的眞正純生產，……這種基金供給與生產者的必需品有分別的享樂品，……維持所有不從事生產的人們的生活及構成資本上一切的增加。」

按照彌爾的見解，這種純生產的數量，立下可以儲蓄的數量的限度，同時牠也是決定「儲蓄多少」的一種要素，因爲從資本的使用所能產生的利潤數量對於儲蓄資本有相當的比例，雖然不是均一的比例，而且「資本能產生的利潤愈大積蓄利潤的動機亦愈强。」（註十五）

然而彌爾以「同樣的金錢上的動機，」表明儲金的數量基於他所說的「有效的蓄積慾望」（The effective desire of accumulation），這種慾望大半要靠着「爲將來的幸福」而作目前的犧牲的志願和手段。在這些事項的決定含有許多要素，知識的、道德的、和社會的。彌爾約略指出幾種要素，至於更完備的討論他介紹萊的經濟學新原理（Rae's *New Principles of Political Economy*）。（註十六）

彌爾深知在不同的個人和不同的社會裏面這「有效的蓄積慾望」有種種不同的程度而又感覺到這慾望在決定「普通文明狀況」上的重要。他以爲這種慾望在原始民族中如北美洲的印第安人中通常是微弱的，但是有隨

（註十五）同上。

（註十六）前章第二節。

着文明的前進而增强的趨勢。他以爲這種慾望的力量在中國已經達到中等的程度，在歐洲最繁榮的國家則已達到最高的程度了。

在下面的敘述中，他發表關於報酬率，有效的蓄積慾望，和資本的增加間的關係的結論：「當一個國家照現存的知識狀況所能做到的程度而進行生產，所得的報酬數量和該國的有效的蓄積慾望的平均强度相適合的時候，這一國已經達到所謂靜止的狀況了；在這種狀況之下，對於資本已不能再有增加，除非發生了生產技術的改進或蓄積的慾望的加强。」（註十七）

對於生產增加的另一阻力，依彌爾的見解，這是最重要的一種，即是農業上的報酬漸減律。他宣稱這是「經濟學中的最重要的論題。」他說（註十八）「倘若這種定律變異了，差不多財富的生產和分配所有的現象都不是牠們的本來面目了。」然而他斷言「文化進步」對於這種定律「照例是相反的。」他這句話的用意是說「農業知識、技術和發明的進步，」「製造的進步，」「敎育上的進步，」以及「政府方面的改進以及幾乎每種道德的與社會的進步」有時可以停止這種定律的作用，或者因爲在其他方面增加勞動的生產力，比這定律所減少的一樣多或更多些，而遂抵制了牠的效力。

（註十七）第一卷第十一章第三節。
（註十八）第一卷第十二章第二節。

從他所闡明的生產增加律裏面他引出一種結論謂在最進步的國家內對於人口的增加的節制是絕不可少的。「在蓄積的原理薄弱無力的國家內，如在亞洲的許多國家內」所需要者「爲勤勉和有效的蓄積慾望的增加」；但是在其他國家內，「尤其是英國勤勉的精神和有效的蓄積慾望都不需要任何鼓勵……在這些國家內決不會發生資本的不足，倘若牠的增加不被報酬的減少過甚所阻遏或停頓」這種報酬的減少過甚是由於農業上的報酬漸減，而農業上的報酬漸減又係跟着人口過速的增加而來的。雖則文明上改良的能力「在某一時期中跟得上或至於超過了人口的實際的增加，然這決不能達到人口的可能的增加率；倘若人口在事實上沒有限制，那是沒有方法能夠防止人種狀況的一般的退步」（註十九）

在像英國的國家的歷史上，他以爲人數的增加有時超過改良的進步而有時改良的進步也超過了人數的增加，當前者的情形發生時，唯一的便利方法是從外國輸入糧食和移民，但是，如果要防止一般的退步，人口終須限在改良的進步所能供養的範圍內。

四 分配

彌爾開始討論分配問題，卽區別生產律和分配律，這種區別他認爲是非常重要的。他說（註二十）「前者帶有物質

（註十九） 第一卷第十三章第二節。

（註二十） 第二卷第一章第一節。

上的眞理的特性，……其中沒有任意的或武斷的東西。人類所生產的東西，必定按照被外部的事物的組織，和他們自己身體和心理的構造上固有的性質所限制的方式和情形之下而產生的。在另一方面分配「完全是人類制度的事項。」牠是根據於社會上的法律和習慣的。決定分配的種種規則是社會上統治階級的意見和感情所造成的，在各時代各國家內是不相同的；而且隨人類的決擇，不同的程度還可以加多。

彌爾這句話，並不說財富的分配是武斷的和不受規律的約束的，他不過是說這種規律可由人類的行爲而變更。財富分配的規則和條例一經制定，其結果「並無武斷性，而且和生產律一樣具有物質上的定律的特性。人類能夠控制他們自己的行動，但是不能控制他們的行動對於本身或對於他人的結果。社會能夠把財富的分配受制於牠所認爲最好的規則；但是從這些規則的運用而產生的實際上的結果，和任何物質上的或心理上的眞理一樣，必須用觀察和推理方能發現」（註二十一）

在社會所設立的規則和條例中，其最足影響於財富的分配者，首推私產制度。關於澈底改革現代分配方法的許多計畫，都以批評私產制度爲根據，而涉及牠的廢除或澈底改革。因此彌爾劃出兩章專討論這個問題和共產主義與社會主義的計畫。

他說：「限定牠的要素而言，私產制度就在於承認各人對於他或她以自己的努力所產生的東西，或不用强力或

（註二十一）　同上。

斯詐而從產生這些東西的人們由於贈品或公正的同意所得的東西有一種絕對的支配權。」這包含有「死後的遺產或遺贈的權利，」但不包括「繼承的權利，」因為這種制度事實上存在着而且在過去也存在着牠包含着或附帶着許多不關重要的成分然而這些成分使牠在財富分配的效果上大異於必然的或合意的效果。(註二十二)

在把私有財產制度和「公有制度與集合組織……當作社會哲學上的問題」來比較的時候，彌爾以為我們應當「從其最優點」去考察各種制度而不應當把理想的共產計畫和現有的個人財產制度相較量。在這種基礎上，他說他自己不能得到最後的決定。他說：(註二十三)「我們識見太淺，不知道個人組織的最良方式或社會主義的最良方式究竟可以有什麼成功所以我們不配決定那一種是人類社會的最後的形式。倘若貿然下一個推測，這種決定大半要靠着一種考慮卽究竟那一種制度是與最大多數的人類的自由和自然發展是一致的。生計確定之後人類的個人需要上次有力的卽是自由，「這和物質上的需要不同，物質的需要隨着文明進步而更和緩，幷且更易於控制」牠的强度有增無減當知慧和道德的能力愈形發展的時候。」

他說不論「人類社會的最後形式」是什麼，然而(註二十四)「經濟學家在未來頗長久的期間中大半祇關心於

(註二十二) 第二卷第二章第一節及第三節。

(註二十三) 第二卷第一章第三節。

(註二十四) 前章第四節。

以私有財產和個人競爭爲基礎的社會裏面之生存和進步的狀況而且，……在人類進步上現在的階段內，人們所注重的目標，並不在於破壞個人財產制度，而在於改良牠和使社會上的各份子儘量分受牠的利益。」

爲了達到這個目的——現在私有財產制度的改良——彌爾研究通常與牠相聯合的遺贈與繼承的權利以及地產。他贊成限制繼承家產於直接的後嗣及准許他們繼承的數量，並且他雖然主張遺產權是私有財產權的一個主要特點，他相信這樣限制和規定牠的行使可以防止牠「和人類永久利益的衝突」，例如，牠的應用於長子繼承法，或規定永久留作公用的財產的細則中。

他主張地產權所根據的基礎大異於其他私有財產的基礎，因爲「土地出產的原料」並非勞力所生產，亦非節約所蓄積。牠根據於這種事實，即「土地雖則不是勤力的產物，然而土地的大部份有價值的品質却由勤力而來的。不僅使用器械必需勞力，即製造器械也一樣的要用勞力。」（註二十五）然而，他相信英國的地產「遠不能完全滿足使地產的存在合於經濟原則的條件」，在愛爾蘭這些條件「完全沒有履行」；通常「地主對於土地的權利完全受國家一般政策所支配」，「財產的原理」並「沒有給他們對於土地的權利，祇給他們土地上的任何部份的利益的補償權，倘若適合國家的政策去剝奪他們這一部份的土地。」對於這一點，他們的權利是難以取消的。地主和任何財產的所有者，既經國家承認，就應該收到金錢上的價值或等於他們從土地上所得的每年的收入，假使國家剝奪他們的財產。」（註

（註二十五）第二卷第二章第五節。

二十六)

在私有財產制度之下，分配是由生產要素的所有權所決定的。所有的生產要素可以爲一團體或一階級所有，或其中二者可爲一階級所有，或每一要素單獨歸於牠的所有者。在一切情形之下，除了第一種以外，聯合出產的分開是必要的，分開的規則要看競爭或習慣所運用的範圍爲定。彌爾以爲直到近代爲止，習慣爲分配中的決定要素，而在現代，競爭大受習慣的限制。他說(註二十七)「通常經濟學家，尤其是英國的經濟學家，慣於特別注重這些動力的第一種；〔競爭〕誇張競爭的效果而不研究其他與競爭相衝突的原則。他們往往發表意見，似乎他們以爲在一切的情形之下，凡是能夠指示出來爲競爭所可以做到的事項，實際上競爭都做到了。這種意見一部分是平常明瞭的，假使我們想到了祇有由於競爭的原理，經濟學才配說是有科學的性質。照地租、利潤、工資、價格爲競爭所決定的程度，牠們就可以有了定律。假定競爭是牠們唯一的調節者，那末普偏的和科學的原則就可以成立了。經濟學家把這樁事當作他應做的任務，而且當作一種抽象的或假定的科學，經濟學祇能做到這一步，此外眞不能更有所作爲了。但是假定競爭在事實上行使這樣無限的威權，乃是對於人類事務的實在過程上一種重大的錯誤觀念。」在社會經濟的形式中所有的生產要素皆爲一個階級所有，而生產品沒有分開者，有奴隸制度，或農人所有權的狀況之下的土地耕種可作代表。彌

(註二十六)　前章第六節。

(註二十七)　第二卷第四章第一節。

爾討論這兩種的社會狀況，對於後者討論更詳盡而且表示贊成。他於是討論土地租賃的種種形式，這種租賃制分出產爲兩部份勞動者收到一份，地主一份。在各種生產要件爲一個不同的階級所有的情形之下，出產分成三份，歸於勞動者、資本家、和地主之間。彌爾把第二卷的其餘幾章專用來討論這種社會狀況。

在討論工資時他闡明和辯護所謂工資基金說(Wage-fund doctrine)即工資一大半基於勞力的需求和供給；或……基於人口和資本的比例。」把「人口」這個名詞「限於勞動階級的人數，或那些爲僱傭而工作的人數，」又把資本「限於活動資本而且不是全部的活動資本，祇指用來直接購買勞力的那一部份，」此外再加上了，「幷沒有構成資本的一部份而祇爲了交換勞力而支付的所有的基金。」他說(註二十八)「工資不僅靠着資本和人口的相對的數量而且在自由競爭下不受任何其他事物的影響。」

他解釋這種學說，幷把「貿易發達時工資高」及「高價格造成高工資」的普通見解和牠調融起來，並且接受呂嘉圖的「工資[當然指貨幣工資]隨着糧食的價格變動」的學說而加以重大的修正。他承認糧食價格的變動可以照呂嘉圖所說的方式影響於勞力的供給。他說(註二十九)「這種斷定包含充分的眞理使其適合於抽象科學的目的；呂嘉圖從這裏引出的結論，卽工資終必隨着糧食的永久漲價而漲落，這差不多和他所有的結論一樣，實在是假

(註二十八)　第二卷第十一章第一節

(註二十九)　前章第二節。

設的，就是說，要承認他立論時所下的種種假定。但是要應用到實際上必須考慮他所說的最小限度，本身是易於變動的，尤其不指物理的最小限度，而指道德的最小限度的時候。」他用道德的最小限度意謂糧食漲價可以降低勞動者的生活標準，並不減低家庭的生產率，反之糧食低價可以提高勞動者的生活標準，並不增高家庭的生產率。以下即是他的關於這點的敘述：（註三十）

「倘若以前工資很高，可以降低，而阻礙降低者，即為勞動者已習於安適的生活，那末糧食漲價，或他們的環境中有何其他不利變動，可以在兩方面發生作用；可以由於工資漲高而自行改正，這係審慎的人口遏制逐漸收到的效果；或者可以永久降低勞動階級的生活標準，倘若他們在人口方面先前的習慣比他們在安適方面先前的習慣還要更強些。在這種情形之下，對於他們的損害是永久的，他們的退步的狀況將成為一種新的最小限度，會永久存續下去，像從前更充足的最小限度一樣。這個原因可以運行於這兩種方式內，大約後者是最屢見的，或者屢見的程度已足使所有的立論要把自救的性質加於勞動階級所受的災禍上，實際上成為無效。」

遇到糧食跌價或其他可以增加勞動階級每人的消費的事件時，彌爾相信結果會使他們的生活標準提高，而不使他們人數的增多者，祇有在「勞動階級的兒童受一種有效的國家教育」及「像法國革命所做的一樣」厲行一種法制可以在整整的一時代間消滅極端的貧窮的時候。」

（註三十）同上。

在解釋「不同的職業中工資的差別」的一章內，彌爾合併亞丹斯密對於這個問題的論述並且大加補充。在第二卷中彌爾討論利潤，其最著的特點即是他分析總利潤及解釋在不同的工業和不同的地方裏面利潤率的差別。在總利潤方面他發現三種要素「節約的報酬冒險的賠償和指揮事務所需的勞力和技巧的酬勞。」他說：「可以永久存在的最低的利潤率即是僅足供給」這些目的的「利潤率。」在節約的報酬方面按照他的分析，「這個最低限度靠着在特定社會中供與現在和將來的比較的價值；」「用以前所用的話來說」靠着有效的蓄積慾望的强度。」他沒有指明相似的標準以決定其他兩種要素所需的最低限度，但顯然暗示着這種限度是存在的。（註三十一）

冒險性質的不同，指揮事務的酬勞的不同，工作性質的合意與否及獨佔，按照他的分析，說明了在不同的工業和不同的地方裏面利潤率的差別。關於指揮事務的報酬或企業家的工資，他說：「雖則……以職業來相比牠的差異狠少，然而以個人來相比牠的差異頗大並且很少在兩種情形中是一樣的。牠靠着資本家本身或他所僱傭的人們的知識、才幹、經濟和精力；靠着個人偶遇的關係；甚至於靠着機緣。」他說：「除了各種不相等的原因以外，利潤率有相等的趨勢。」（註三十二）

（註三十一）第二卷第十五章第一節。

（註三十二）前章第四節。

他立下一個命題當作解釋這種普通率的基礎，卽「利潤的原因是勞力能產生多於維持勞力所必需的東西」；或者像他在另一處所說，「資本產生利潤的原因是因爲粮食、衣服、原料和工具的耐用長久於產生牠們所必需的時間所以倘若一個資本家供給這些東西於一羣的勞動者，以接受他們所生產的一切爲條件，那末他們除了再生產他們自己的必需品和器械之外，還餘下一部分的時間爲資本家工作。」（註三十三）

既然斷言「利潤生於……勞力的生產力」，又在最後的分析中，「把地租擯出這個問題之外」，認定資本家一切的墊款「在於勞力的工資」，彌爾達到了呂嘉圖的結論，卽利潤率基於工資；工資降低則利潤漲高，工資漲高則利潤降低，然而所謂勞力的工資卽指「勞力成本」，資本家的成本並非「勞力帶給勞動者的東西」。

在論地租的一章內，他明顯地闡明幷辯護他的前輩安德生，章斯特，馬爾薩斯和呂嘉圖的等差說（The Differential Theory）特別注意到證實沒有地租的土地的存在，及亨利卡萊（Henry C. Carey）的攻擊。像呂嘉圖一樣，他把地租當作「獨佔的結果」並區別「土地本身的固有力量的報酬」和「用於土地上的資本的報酬」，然而他以爲「實際上投在改良上面並不要按期從新投資，但祇要一次費用可使土地的生產力永久增加，……的資本的報酬完全失了利潤的性質，而爲地租的原則所控制。」（註三十四）

（註三十三）前章第五節。

（註三十四）第二卷第十六章第五節。

五　交易

在這一卷內，彌爾討論價值，貨幣與信用，國際貿易和利息率等題目。他大半闡明前人，特別是呂嘉圖對於這些問題的見解，然而他也有點自己的貢獻。

爲了說明財貨的價值，他將牠們分爲三類，按照着牠們的供給「在數量上是絕對有限的」，「可以無限地倍增而不致增加成本的」或「可以無限地倍增但是不能不增加成本的」。他說第一類財貨的價值祇被需求和供給所決定；第二類財貨的價值被需求與供給和生產成本所決定，後者決定其範値，（normal value）而前者則決定其市值，（market value）第三類的價值被需求與供給和「在最不順利的現存狀況之下的生產成本所決定」。

關於生產成本的解釋，除了一點之外，他完全跟從呂嘉圖的見解，即從企業家的觀點特別注重費用，就是工資加上利潤，租稅等等。然而，他以爲勞力數量在決定商品互相交換的比例上是一個重要的原素，但是把他對於這條原則的例外和說明這條原則的本身考慮一下，就可以看出他實在以爲這些比率是被企業家在生產上所必需的費用所定的。

在討論到需求與供給的學說時，他注意到所謂出賣的商品數量，即供給的普通定義，和「有效的需求」即通常解釋爲以購買力爲後盾的對於貨物的慾望，兩者間的比率常不確當。爲了補救這種困難，他解釋需求爲購買者所要得的貨物數量，並表明這種數量和出賣品的數量隨着價值而變動，這兩種數量由於競爭而適相等——倘若需求超過供給，競爭發生於購買者之間；倘若供給超過需求，競爭發生在出賣者之間。所以在需求的數量和供給的數量達到相等之前價值漲落不定。他說（註三十五）「一件商品所能帶到任何市場上的價值不過是在那個市場裏面使需求適足以得到現存的或所希望的供給的價值而已。」

在論貨幣和信用的幾章，他闡明當時關於這些題目的最好的思想，對於這個問題的學說他沒有加上甚麼，但把牠解釋得更透澈，更完備些。在這些題目之後，他討論生產過剩，國際貿易，以及交易對於分配的影響，在這一點上他自己的貢獻較大。

在名爲「論過度供給」的一章內，他反對馬爾薩斯，查麥斯博士（Dr. Chalmers）和西斯蒙第（Sismondi）所擁護的一種學說，他以爲普通的生產過剩和商品的供給過多是可能的而且是常見的事體。他雖然承認一兩種商品的生產過剩是可能的，普通的，但是否認一切商品的生產過剩的可能，因爲第一，人民對於物質的需要或慾望從來沒有而且不易於短時間內可以完全滿足的，第二，購買力決不會缺少，因爲分析到最後，購買力是由商品本身供給的，貨物是用來交換和供給互相購買的工具的。

關於國際貿易和國際價值的論述，他立論於亞丹斯密和呂嘉圖所樹的基礎上；他以呂嘉圖的命題開始，「卽決定國際間的交易者不是『絕對』生產成本的差別，而是『比較』成本的差別，」他對於這個原理的證明如下（註三十六）

（註三十五）第三卷第二章第四節。

「雖則英國的礦產和製造業比瑞典的生產力更大，而用棉花和瑞典交換鐵仍舊是有利於我們的；因爲倘若我們在棉花方面有一半的利益，而在鐵的方面祇有四分一的利益，並且能夠以瑞典人必須給付的價格，（假如瑞典本國產生棉花）把我們的棉花賣給瑞典人，那末我們必可以一半的利益得到鐵和棉花。由於和外國人交易，我們可以時常用少於外國人自己所費的勞力和資本獲得他們的商品。這種交易對於外國人仍舊是有利的，因爲他從交換得來的商品，雖然在我們方面所費較少，而在他們方面所費較多。」

按照這條原理，一國產生的貨物並不以牠們的生產成本的比率與生產在另一國家的貨物交換。那末，甚麼東西決定這些貨物的交換比率呢？彌爾的答覆是，「一國的出產以使其全部輸出正可給付全部輸入所必需的價値與他國的出產交換。」（註三十七）這不過把需求與供給說應用到國際貿易而已。生產成本說不能應用於這種情形內，因爲資本和勞力在國際界線上移動，並不像在同一國家的各地方內那樣容易，而需求和供給則無論國內國外實際上以同一的方式運行。一國的貨物用來交換他國的貨物，因爲這種貿易對於雙方皆有利益，所供給的數量搆成幷測定輸入貨物的國家的需求。這些數量照交易比率的變動而變動，並且，倘若在某種比率上數量失却準確的均衡，競爭會將比率變動直到牠們均衡爲止。

（註三十六）第三卷第十七章，第二節。

（註三十七）第三卷第十八章，第四節。

彌爾以英國寬幅絨布交換德國麻布的假定情形來說明他的原理，這種交易對於兩國都是有利的，因爲「十碼絨布在英國的成本等於十五碼麻布而在德國則等於二十碼麻布。在這種情形之下，當每一國家自行產生這兩種商品時，十碼絨布在英國可換十五碼麻布、在德國可換二十碼。兩國間用十碼絨布來交換在十五碼和二十碼間的數目的麻布對於兩國是有益的。例如，倘若十碼絨布交換十八碼麻布，英國就可以在每十五碼上得到三碼的利益，而德國每二十碼要多得兩碼。」在其他的比例如十碼交換十七碼或十碼交換十九碼，兩國都可以得到利益，但是利益的分配略有不同。我們假定在十比十七的比率上英國人祇想購買十七碼麻布的八百倍，而德國人在這種價格上則願意購買十碼絨布的一千倍。如果以十七碼麻布的八百倍相交換不能獲得那種數量，則德國人將把多於十七碼的麻布去交換十碼的絨布而使價格提高。這種市場的爭價將繼續下去一直到了建立一種比率，使英國人所要購買的麻布數量和德國所要購買的絨布數量可以互相供給，不多也不少。（註三十八）

在後面幾章討論貨幣、信用、銀行與貨幣在國際貿易上的用途等問題的各方面時，彌爾儘力說明金錢和信用參與國際貿易並不變動或限制他所說的「國際需求的平衡」原理的運用。

在「論貨幣爲一種入口貨」，「論國外匯兌」，「論商場中金銀的分配」，「通貨對於匯兌和國外貿易的影響」，與「論兌換紙幣的整理」等數章內，他詳爲討論前輩和時人對於這些問題的見解，在許多要點上有所修正和補充、

（註三十八） 第三卷第十八章，第二節。

其所論述比以前任何著作要更明晰更廣博些。

他增加了數章論「利息率」「同一市場中各國的競爭」和「交易對於分配的影響」在第一個標題內，他論述借款的利息率但是和他在前卷論利潤率時所說的不大相關。

在第二個標題內，他討論國際間商業競爭或外國市場中的賤售。他把所牽涉到的原理說明如下：（註三十九）「國家也像個別的商人一樣在某種商品的市場上，成爲競爭者彼此利益互相對立而在其他的市場上關係較佳，成爲互惠的主顧。前此以爲商業的利益在於售出的商品其實不然；但是因爲售出的商品是獲得購買品的工具倘若一國不能使其他國家購買本國的商品以爲交換，她就得不到商業的眞正利益卽輸入品並且按照着其他國家的競爭迫其廉價出售商品，不廉價則完全不能售出，牠從國外貿易而得的進口貨要以更大的價值得來的。」

他以爲在兩個條件下，「一個國家能夠於某一市場中用賤賣的手段排斥另一國家至於完全把牠驅出該市場之外。（註四十）第一，這個國家在生產兩國共有的輸出品方面，一定要比另一國家有更大的利益；但所謂更大的利益［已經充分說明］並非絕對的，不過是與其他商品相比較而言；第二，她和購買國，關於彼此的出產品的需求的關係，以及後來國際間的價值狀況必要達到於能給與購買國以比競爭國所有的整個利益爲更多；否則競爭國仍舊能夠保

（註三十九）第三卷第十九章第一節。

（註四十）同上。

持牠在市場中的地位。」

他以爲低廉的工資能成爲與競爭國傾銷的一種原因，只有在工業的某幾個部門的特殊情形而非在一般情形之下。倘若低廉的工資是普遍的，就不能影響到爲國際貿易的利益所依據的相對的生產成本。（註四十二）

在論交易對於分配的影響的一章內，他以爲交易與貨幣在工資律、地租律、和利潤律中並無分別。牠們構成此等定律藉以運用的工具，但是並不變動或限制定律的本身。

六　社會進步對於生產和分配的影響

這一卷內論到經濟學的動態方面，以示有別於靜態方面；所謂動態就是通常伴着文化進步的那些變動的性質和結果。在這些變動中，彌爾指出「人類征服自然的力量的發展，」這是由於「吾人對於物質的屬性和定律有深造的知識，」及「以極精細的手續來應用科學的技巧」；由於「生命與財產的安全的繼續增加」；和「一般民衆的事業能力的改進」，特別是「合作能力」的漸進。彌爾以爲這種能力是「文明人的……特性，」並且舉出股份公司及生產與收買方面之工作者的團體的構成，以爲人類合作能力實施的例證。

在世界上所有的主要的國家裏面，這些變動已經使得人口和財富繼續增加，製造業的生產成本減輕，而農業則有兩種對立勢力，一方面要降低成本，另一方面要擴充到更低的耕種界限，這些對於價值和價格都有影響。彌爾把這

（註四十二）前章第三節。

些影響概述如下：(註四十二)「那末這種趨勢是要永久增加製造業方面的勞動的生產力，但是在農業和礦業方面，就有兩種趨勢的衝突，一方面傾向於生產力的增加，他方面傾向於生產力的減少，生產成本因爲方法上的每項改良而減輕，並且因爲人口的每次增多而加重；於是製造品的交易價値和農產物礦產物比較起來，因爲人口的增加與工業的進步，就有跌落的一定趨勢。貨幣是礦業的產物，當社會進步時，製造品在貨幣價格上有跌落的趨勢，這也可以當作一條定律。」

他說：「到底農產物會不會絕對的及比較的增加生產成本，要靠着這兩種相對立的動力——人口的增加和農業技術的改進——的衝突。在有些，也許在多數的社會情形中，「從全世界上觀察」農業的技術和人口不是固定的，就是增加得很慢，因此，糧食的生產成本差不多是固定的。在財富漸增的社會上，人口通常比於農業技術增加得更快，因此糧食日趨昂貴，但是有時一種强烈的衝動加入促着農業的改進」例如，「在二十五年或二十年前的英國，」而以在法國爲更甚。(註四十三)

彌爾以爲此等變動由於因運輸的便利，而市塲擴充並互相連結，及產生一般投機商人之故，已將價格的漲落大爲減少，因爲投機商人的工作傾向於「平衡價格，或至少調節價格的不平衡。物件的價格既不一時十分跌落，亦不一

(註四十二) 第四卷第二章，第二節。

(註四十三) 前章，第三節。

時十分漲高，但是如果沒有投機的商人，價格就會起落無定了。」（註四十四）

在推論「工業的進步和人口的增加對於地租、利潤和工資的影響」時，彌爾很接近呂嘉圖的見解，然而他的論述更為詳盡，並在某幾點上與呂嘉圖的見解稍有差別。他說：「普通所謂工業進步的特點，大約歸納於三項內——資本的增加，人口的增加和生產的改進，」他第一以為這三項中的每一次的影響獨自發生，其他二項則假設為固定的；第二，前二項的影響同時發生；第三，三項的影響同時發生。

他以為如資本的總數和改進的狀況沒有變動，則人口的增加，將產生以下的結果：因為勞力供給量的增加，而需求仍和從前一樣，就發生工資的跌落；由於糧食需求量的增加，而生耕種界限的降低和農產物價格的漲高，「假定勞動階級的生活標準包括更多的必需品，並且假定他們的減少的工資在每人方面並不減少糧食的數量，而是減少從前所消費的其他物品的數量」；由於耕種界限的降低和農產物價格的漲高，而地租漲高，利潤不變或者稍為漲高。彌爾對於末一問題的理論，概括在下面的一段：（註四十五）

「人口的增加，將使勞力的報酬減少，倘若勞力的成本與勞力的實際的報酬同樣地大為減少，則利潤將增加。然而倘若人口增加時，糧食生產的增加，須增加生產成本，則勞力成本將不致和勞力的實際報酬一樣地減少，那麼多，因

（註四十四）前章第五節。

（註四十五）第四卷第三章第一節。

此，利潤也不會漲得那麼高。也許利潤完全不會漲高。勞動者或許以前準備下充分的必需品，所以他們現在所損失的全部也許可從撙節其他浪費來相抵補，而不致必需減少他們的糧食的量和質。為了增加的人口而生產糧食，或許要增加很多的費用，所以工資在數量上雖然減少，也許還是代表和從前一樣大的成本，還是和從前一樣多的勞力的產物，而資本家一點也得不到利益。根據這種假定，勞動者的損失一部分吸收在為生產最後一次的農產物所必需增加的勞力裏面，其餘的部分為地主所得，他是常由於人口增加而獲利益的唯一的享受者。」

假定資本的數量增加，人口和技術的改進不變，按照彌爾的見解會發生如下的結果：工資的漲高，因為勞力的需求增加而勞力的供給不變；利潤的降低，因為生產成本的增加；地租不變或漲高，按照着勞動者把他們加多的工資只用來擴充他們非糧食的物品的消費，或者把一部分用來增加他們的糧食的消費。

假定人口和資本增加，技術的改進不變，則按照着一種的增加比另一種更快，或二者增加的速度相等，而其結果不同。據前者的假定，「其情形與上述相似」；但是依彌爾的理論根據後者的假定，則其結果將為耕種界限的降低，農產物價格的漲高，地租的漲高，和利潤的降低。實際工資仍舊不變，因為勞力的需求和供給以同樣的比例增加。

技術的改進其結果為彌爾所考慮者為「勞動階級通常所消費的商品」和「富人所消費的奢侈品」上的技術改進。（註四十六）

（註四十六）前章，第四節。

技術的改進有兩類：「有些只在於節省勞力和能以較低的成本生產一定數量的糧食所用的土地面積并沒有比以前小。有些使一定限度的土地不僅能以較少的勞力產生同量的出產品，抑且可得更多的出產品所以倘若不需要更多的出產品則一部分已經耕種的土地就可以不用了。」(註四十七)

假定技術的改進忽然發生(其結果可以看得明白因為沒有人口和資本同時增加的複雜，按照彌爾的見解其結果有如下述：第一，生產的成本較小和糧食價格的降低。倘若技術的改進是屬於第一類，生產的數量上和已經耕種的土地面積都無變動，則以出產數量來計算的地租沒有變動，但是貨幣地租要降低，這是由於出產品的每個單位的價格已經降低的原故。倘若技術的改進屬於第二類，耕種的面積勢將減少，最劣的土地將不再加耕種，因為並不需要比從前更多的糧食產物和貨幣地租都要降低，後者比在第一類的情形之下還要降低些。第二，彌爾說(註四十八)「起初貨幣工資也許仍舊和從前一樣，勞動者因為貨物低廉而大佔便宜……至於利潤則不受影響」。因為價格低廉，能用同量的貨幣工資購買更多的物品，勞動者可以增加他們的消費和提高他們的生活標準，或者增加他們家庭的人口而不降低他們的生活標準。在第一種情形之下，他們將因這種變動而永久獲益；在第二種的情形之下，一代之後人口的增加將降低他們的貨幣工資而回到舊有的數目，生產成本將因此減少，利潤將因此增加。

(註四十七) 同上。
(註四十八) 同上。

假定這三種變動同時發生，彌爾說明其結果如下（註四十九）「勞動階級的習慣和必需品視為固定的，「此二者決定他們的實際工資」則地租，利潤和貨幣工資在任何時期都是這些互競的勢力相組合的結果。倘若在任何時期內農業上的改良比人口的增加更快，那末當時的地租與貨幣工資就有降低的趨勢，而利潤趨於漲高，倘若人口的增加比農業上的改良更快，勞動者就不得不減少他們的糧食的量和質，不然則地租與貨幣工資將繼續漲高而利潤降低。」

彌爾以為以人口和資本的增加來代表的動力的力量自然地比技術改進所代表的力量更大，因此上述結果中的第二項是通常的和自然的，而第一項則忽有忽無不過偶然地出現。

他最後概括他的結論如下：（註五十）「地主、資本家和勞動者所搆成的社會上的經濟進步，有繼續使地主階級致富的趨勢；同時勞動者的養生品的成本就全體言之趨於增高，而利潤則降低。農業上的改良對於後二種的結果有相抵抗的力量，但是第一種的結果雖然有暫時被遏制的情形可以想像得到，可是終因此等改良而大為促進人口增加的趨勢使從農業上的改良而得來的全部利益只轉移到地主的身上。」

彌爾確信在文化進步的國家內，特別是以財富增加和工商業繼續進步所代表的那一方面的文化，利潤有降低

（註四十九）前章第五節。

（註五十）同上。

的趨勢這種見地使他反覆思維這個趨勢的結果。

他所注意的第一種結果敘述在下面的一段內（註五十一）「當一個國家久已佔有大量的生產和大宗的純收入可以從中剩下儲蓄，因此每年使資本大量增加的工具久已存在；「不像美國這國家沒有尚未使用的廣大的沃土，」這一種國家的一個特點即為利潤率好像總是離去最低限度不遠，因此這國家是瀕於固定的狀態。」所謂最低的利潤他以為是「某種特殊的利潤率，就是能使該國那時的人民去蓄積存款，並且那些存款用在生產上的最低利潤率，」所謂固定的狀態，就是在這一國的情形之下最低限度已經達到，因此在這一國內「資本暫時不會更有增加。」（註五十二）

他深信這種最低限度的利潤是一種事實。他以為倘若沒有利潤，有些資本也會蓄積起來，但是他相信在此種情形之下，儲款將留作未雨綢繆之用及作「疾病和衰弱的準備金」或「衰老時享暇逸和獨立的工具，或作子女費用的，」「沒有增加永久存在資本數量的趨勢。」（註五十三）能使人蓄積到足以增加現存的資本總數之最低利潤率，依照他的見解，要靠着有效的蓄積慾望的強度及使用

（註五十一） 第四卷第四章第四節。

（註五十二） 前章第三節及第四節。

（註五十三） 同上。

資本於生產上所包含之危險的程度照他在前面一節內所表示的而言，這慾望和危險因時間空間的不同而差異，而當文化進步時前者有增加的傾向而後者有減少的趨勢。

依彌爾的見解有四種力量使「利潤率離去最低限度不遠」的國家〔例如英國〕不至於實際上達到這限度。這些力量爲「逾本貿易和輕率投機」及常跟着此二者之後而發生的「商業激變」(The Commercial revulsions)；「生產上的改進」「可從外國取得低廉商品的任何新力量的獲得」；「資本的永遠流溢於殖民地或外國以求獲取比國內更高的利潤」。

「商業激變」的結果爲資本的毀滅和浪費及暫時減少資本的數量，和提高利潤率。此等激變按期發生，其基礎植於人類天性之一種特點上，彌爾在下面一段文字內暗示這個特點：(註五十四)「當數年內並未發生危機時，增加的資本已經蓄積得這麽多，以致不能再以常有的利潤去投資；所有的公債票漲到高價格，最好的商業擔保品的利息率跌落得很低，一般商人都爲了不能賺錢而叫苦連天。……但是一切安全的贏利的降低使人們注意到雖含着損失的危險而可望有較高的利潤率之任何計畫；於是投機隨之而起，由投機而發生後來的激變，毀滅大量的資本或把牠移轉到外人的手裏，利息和利潤暫時提高，使新的蓄積有產生的餘地，於是同樣的循環又復開始。」

前節中說過，「生產上的改進」擴充投資的範圍而不致引起利潤率的降低；糧食的輸入延緩耕種界限的降低，

(註五十四) 前章第五節。

因而阻止勞力成本的增加與利潤率的降低，並且資本流往外國也可以減少投於本國的資本數量。

因爲利潤有達於最低限度的趨勢，並且經濟恐慌和其他原因暫時減少資本數量，並不消滅有效的蓄積慾望，生產上的投資的危險可以減少。彌爾並不像他的幾個先驅者和同時人物那樣地注意到政府的費用，移民，和足以暫時侵掠本國資本的其他現象。因爲同一的理由，他並且以爲大量流動資本轉爲機器形式的固定資本對於勞動階級的影響已被誤解。他以爲由於這種原因而發生的工資基金數量上的任何暫時減少大抵可以由於新的蓄積立刻抵償，而機器所增加的勞動生產力可以擴充基金蓄積下來終究可以擴充用來維持勞力的基金。

彌爾相信「固定的狀態」會從在現存秩序之下的經濟進步而來，他以爲也許這比目前的狀態較爲滿意。他說：（註五十五）「我承認我並不喜歡那些把生存競爭認爲人類常態的人們所主張的人生理想，他們以爲構成社會生活的現存方式的踐踏榨取、排擠、是人類最合意的命運，而非工業進步裏面的一種可厭的病徵。……人類天性的最良的狀態，乃是沒有窮人，沒有人希望更富，也不必恐懼因他人的努力前進而被推擁。

他以爲在文明的國家內，例如英國，所最需要的東西爲較良的財富分配而非更大的財富生產。要達到這個目的，他以爲必要有「一種良心上的或審愼的人口限制」「以防止人口的增加超過資本的增加，幷使社會上的下層階級的境遇不至日趨惡劣。」他並且主張「有利於財富均等的立法制度，只要與個人對於他自己努力的或大或小的結

（註五十五）第四卷第六章第二節。

果的正當權利能彀一致。

他說（註五十六）「在這個雙重影響之下，社會將表現這些主要的特點；一般報酬厚而富裕的勞動者；除了一生中所獲得所蓄積之外沒有巨大的財富，但有比現在更多的人，不僅避免了更粗劣的苦工，而且避免了機械的工作，能得到充分的閒暇，以培養優美的生活，且可做那些環境較劣不利於修養身心的階級的榜樣。這種社會狀況，比現在的要好得多，不僅完全和固定的狀態相適宜，而且和牠的結合比之任何其他狀態都要更自然些」。

七　政府的影響

彌爾論述這個題目的特點就是劃分和討論政府的功能及對於放任原則的例外。

他分別政府的功能為必需的和隨意的，他以為「前者是不能和政府的概念分離的，或者是在習慣上為一切政府所行使而無異議的」；後者「指政府應否行使已成為問題的那些功能」。在「必需的功能」之下，他特別指出對於武力與欺詐的防衛，通過規定財產權和遺產管理的法律，施行契約，解決糾紛，和照料依賴者。他考慮到行使必需的功能怎樣影響於經濟事務，對於租稅，公債，生命和財產不安全的結果，法律與執行司法的不完備的制度，股份公司，和破產諸方面作有組織的，淵博的討論。

他在「以錯誤學說為依據的政府干涉」的一章內，論到政府的隨意功能。這裏他分析並說出他反對保護主義，

（註五十六）同上。

高利法價格管理獨佔，禁止勞動者組合的法律，及輿論和出版的限制。再下一章係論「放任政策的理由和限度或非干涉原則」

在這一章內他分別「權威的」和「非權威的」干涉。權威的干涉以禁止個人「作某某事項或沒有得到認可就不准作某某事項」，或規定「某某事項要他們去做或以一定的工作方式使他們任意去做或不做」，來控制「個人的自由行動」非權威的干涉只限於「勸告和公布消息或者在聽任個人自由進行關於普通利益的事項時，政府並不干涉他們，但不完全信賴他們而自己設立一種類似的機關與他們的組織相幷立」。(註五十七)

按照彌爾的意見，權威的干涉比於非權威的干涉其範圍更有限制，在合法地使用權威的干涉之前必須有充足的理由。他提出下面的規律以為指導的原則(註五十八)：

「關於社會聯合的基礎無論我們採取任何學說及無論我們生存於任何政治制度之下，每一個人都有一種範圍，不管一人的，幾人的或多人的政府皆不應加以侵犯；每個達到成年的人在一部分的生活內他的個性應當自由不受任何其他個人或公共集團的控制。」

「我覺得這是「個人的神聖的範圍」，應當包括只關於這個人的外部或內部生活的全部分，而不影響到他人

(註五十七) 第五卷第十一章，第一節。

(註五十八) 前章第二節。

的利益，或者只由於道德的規範來影響他們。」

「甚而在實能影響他人利益的那些行爲之內，主張法律禁止者應負列出條目的責任。」

「任何程度的效用，沒有到絕對的需要，不能證明一種禁令爲合理，除非牠能適合於大衆的良心；除非普通懷善意的人們相信或能使之相信被禁的事項是他們不應想做的。」

以這些原則爲根據，彌爾在下列的情形中贊成政府可以干涉：

(一)教育　在這個情形裏，認消費者爲商品的適當的裁判者的普通原則未必都能適用。他缺乏教育的一事也許使他彀不上資格去判斷商品對於他的價值。彌爾說：「所以教育在原則上是可以允許政府代人民準備的事項之一。這是不干涉原則的理由不必或不要用到的一種情形。」(註五十九)

(二)行使權力於他人的人們　政府應當爲了保護兒童和其他少年人以及低等動物而干涉。

(三)永久的契約　「聽任契約自由的實際格言，遇到永久的締約的情形時，沒有重大的限制不能應用。」(註六十)

(四)委託的管理　在這個標題下，彌爾把政府管理企業和股份公司管理企業拿來比較，他的結論是這兩者都

(註五十九)　前章，第八節。

(註六十)　前章第十節。

屬可行前者特別是在獨佔的情形之下，後者——即政府的控制下——在其他許多情形之下。

(五)使有利害關係的人們達到願望，例如勞動時間的規定和殖民地的處置。

(六)救濟貧窮。

(七)拓殖，「包括着影響於民族或後代的利益」，「這種利益只有社會以集合體的資格能夠和應當去準備」(註六十一)

(八)私人機關的弛解　在原則上私人機關應當注意而且是爲了他們的利益去注意的有關公共利益的事項，應由政府擔任，倘若私人機關弛懈不爲。

(註六十一)　前章，第十四節。

第三編

古典學派經濟學的早期批評家

第十二章　國家主義派

一　小引

古典派經濟學的發展史中無期不受抨擊，反對者提出的異議，有的涉及要點而頗正確，有的無關宏旨而又謬誤，在扼要及性質上都各相懸殊，在下面各章中我們祇敍述有修正及推翻古典派的傾向的攻擊，而舉出各派經濟學家以代表這些批評。這些經濟學家中有的關於題外的各點所見各殊，有的則有許多地方贊同古典學派，實則在廣義的分派之下應將他們列入古典學派。這些批評家可分爲國家主義派，舊歷史學派，樂觀派以及社會主義派。

這些批評家次第散見於古典學派發展的整個時期中，所以該派尚未完全成熟時已有人出來攻擊了。因此他們之中有的祇以亞丹斯密代表古典學派，有的以斯密，呂嘉圖及其信徒爲代表，而有的包括約翰·斯圖亞特·彌爾在內。

在國家主義派之下，我們選出四人。這四人都以爲古典派經濟學家忽視經濟生活中國家原素的重要。他們主張國家的幸福應爲經濟科學的着眼點，而這是常與個人及各階級衝突的；他們認經濟現象的恰當說明應從國家的立場去攷量，並且他們以爲這種攷察的結果與古典派經濟學家所得到的大不相同，因爲後者是站在個人主義及世界主義的立場。他們之中最早的是勞德岱(Lord Lauderdale)，他也是其中最緩和的。因爲他的著作在呂嘉圖及彌爾之前，所以他的批評專對亞丹斯密以及他的前輩與同時各經濟學家。

二　勞德岱(Lord Lauderdale)

勞德岱出自蘇格蘭的家庭，生於一七五九年，死於一八三九年。他在格蘭斯哥(Glasgow)及伊定盤(Edinburgh)攻讀法學，後來加入蘇格蘭律師界爲辯護士，自一七八一年至一七八八年他任下議院的議員。在一七八九年他的父親逝世後，他終身繼承上議院議員之職，他時受英政府的聘任，最重大的是在法國大革命期中受命到法國訂立條約。他的著作大半是關於實際問題，而且是論文式。

他最得意的著作是關於公財富的性質及來源之研究，發表於一八〇四年。

(甲)　公私財富的區別

在此書中他指摘亞丹斯密等對於公私財富混爲一談，並說這大謬誤引起不少虛僞的理論。

他指出這兩大財富的根本區別(註一)將公財富解作「人類所認爲對他有用而有趣的一切東西的總數，」而以私財富爲「人所認爲對他有用而有趣，但是比較稀少的一切東西的總數。」稀少是私財富的根本要素，因爲牠對於測量私財富的價值是萬不可缺的。因此要增加公財富，祇要增大對於人有用而有趣的物品的總數，而增加私財富，

(註一)　見關於公財富的性質及來源之研究第二版(一八一九)第五七至五八頁。

則必須增加這些物品的價值。按勞德岱的意見，價值是取決於需求及供給之間的關係，需求增而供給減則價值高，反之則價值低。所以供需的關係一變，私財富的數量必隨之而改，可是公財富的數量却祇與供給成比例。因此可見這兩個總數不必同時增減，反之，一個增加，則其他一個常減少。勞德岱曾說道：「個人的財富若因物品的價值漲大而增加，則社會的財富常照其量而減少；而個人的財富若因物品的價值降低而減少，社會的財富常照其量而增加。」（註二）

他為證明在政治經濟中對於這兩大總數的區別之重要，發問道：「若有一人提議減少水的供給以增加一國的財富，可是水的充足極有益於社會的，那末他的含意究竟何在呢？我們當然知道這提議人能用這方法增加個人的財富。」（註三）他又說道：「假定任何種的食物的產量可以像水那麼充足，若在最缺乏食物的時候，有人起來勸戒不要多生產食物，因為這雖能救目前之急，但必減少社會財富的，那末大家以為他的話怎樣呢？」（註四）他又說及國家證券及土地的價值之變動，對於公私財富的影響，以證明他的觀點。

勞德岱也注意到這事實，就是一個或一種物品的價值，因為供給減少或需求增加而提高的，必由牠所交換的其他物品的價值之減低而抵消。但是他以為這抵消是不正確的。他深信這抵消是或多或少的，所以價值的總數是變動

（註二）見前書第四九頁。

（註三）見前書第四一及四二頁。

（註四）見前書第四三頁。

不定的。他為證明這一點，取例於金葛高里（Gregory King）研究「供需關係的變動對於價值的影響」的結果，而他自己也詳細分析這題目（註五）。他最後結論是：「祇有在一個而且是未必有的情形之下（就是任何物品的數量和需求均等的增加而同時資金也增加以取得這增加的數量以及滿足這增加的需求），個人財富的總數之增加，使社會的財富也同時增加。」（註六）

（乙）對於斯密的節約說的批評

按勞德俗的意見，亞丹斯密等不區別公私財富的缺點，又引起第二個錯誤，就是認節約為增加公財富的最要手段之學說。

斯密對於這題目的理論是：「勞力是個活動的生產因子，資本使勞力動作，而資本是節約的結果。因此，愈節省資本愈多，資本愈多動作的勞力愈多，動作的勞力愈多則財富愈多。」

勞德俗指出這理論的各點都是錯誤的。第一他主張資本及勞力二者都是活動的生產要素，事實上資本的動作與勞力的動作並無差別。資本的眞職分不要使勞力動作，但是「替代應由人手所担任的一部分勞力」，或是「執行人力所不能完成的一部分勞力。」（註七）

（註五）　見前書第六〇至一〇七頁。

（註六）　見本書第一〇二及一〇三頁。

根據這個觀點，他主張「人類的財富之能增加祇有」：

（1）由於用以增加及改良他所渴望的物品之數量及品質的勞力，不論這勞力是人身的或資本的

（2）由於用以形成及適應物品以供消費的勞力，不論這勞力是人身的或資本的。（註八）

人身及資本各能用多少力，是取決於一國中人民對於人力所不能而資本所能行的工作的知識。按勞德岱的意見，這知識並不關於節約的分量，完全是取決於其他的狀況。

一個國家所需的資本額，完全由這知識所決定，因此在任何時資本的數量是受限制的。資本額非太多即太少，可是太多或太少都有害於國家。太多有害因爲資本生產過多，就是浪費勞力及自然資源，否則這勞力及自然資源可用以增加消費的財富，太少有害因爲國家失去了祇有資本所能執行的特殊勞力的利益。

（丙）調劑資本的數量以適合國家的需要

勞德岱以爲調劑資本的數量以合國家的需要，並不藉節約之力。他以爲像亞丹斯密那麼注重節約，結果必釀成資本的過剩。

他認爲以節約爲資本的唯一或主要的來源，是又一大錯誤。他說增加資本的最重要的原因，是發現勞力可由資

（註七）見前書第一五五頁。

（註八）見前書第二七三頁。

本替代的方法，或是人力所不能及的勞力可由資本去執行以及創造另外的實業用以產生這有新用途的資本因此轉移生產消費貨物的勞力亦即所謂的節約方法，祇是貯蓄資本的來源之一而已。這是一個危險的來源，因爲這是不勞力的人所行的方法也就是不會發明資本替代人力的人所行的方法，並且極易釀成過剩之患。他根據這同一的理由，攻擊藉政府之力的強迫節省，如公債的過速償還等便是。

三　亞當亨里米勒（Adam Heinrich Müller）

米勒也是代表國家主義的觀點。他出自普魯士的貴族之家，生於一七七九年，死於一八二九年。他在哥丁鎮(Gotingen）研究基督教神學，但是在一八〇五年皈依天主教而任職於奧國政府。一八〇六——〇九年他在德萊斯登督教薩斯魏瑪的伯納太子（Saxon Prince of Saxe-Weimar）後又回奧政府供職，中間做過來比錫（Leipzig）的總領事。

他在德萊斯登(Dresden）時發表的各演講集成一冊，題名德國科學文學講述(*Vorlesungen über die deutsche wissenschaft und Literatur*），後又繼續發表各書，茲摘錄於下：

（1）國家理想論 *Von der Idee des Staats*（Dresden 1809）

（2）政治的原素 *Die Elemente der Staatskunst*（Berlin 1809）

（3）國家收支原理 *Die Theorie der Staatshaushaltung*（Vienna 1812）

(4)新貨幣學原理 *Versuch einer Neuen Theorie des Geldes* (Leipzig 1816)

(5)全部政治科學神學基礎之必要性論 *Von der Notwendigkeit einer Theologischen Grundlage der gesammte Staatswissenschaften* (Leipzig 1819)

米勒對於經濟論題的觀念富有色彩，並且大半是由他依附和同情於舊制度以及憎惡拿破崙制度下的新觀念與改革而來的，他是道地的奧國派反動者，輔助及擁護梅脫涅(Metternich)與其同黨，幷竭力幫着他們想把歐洲恢復到法國大革命前的狀況。他深信舊制度以及舊社會階級與關係，其中包括天主教會，是最完善的組織；並且認當時的改革運動勢必推翻國家繁盛及幸福的基礎。他對這反動運動的最大貢獻，就在於反抗亞丹斯密。他一方面作詳盡的批評，一方面發揚相反的學說及觀點，藍博(Rambaud)在他的經濟學史一書中概述米勒的評論於下：「斯密及近代經濟學的學說，祇是個人財產及私利益的理論而已。這學說並不說明全國人民的團結生活以及其延續的歷史，也不提及爲將來的人們維持一種集合的生產，或想到精神上的力量，職業及享用。在歐洲的大陸上，需要一個完全不同的制度，這種制度最注重國家的眞財富及國力的產生而不計及個人私財富的總數。這個研究的對象包括精神、道德以及物質的資本。」(註九)

由此可見這兩人的立場完全相反。斯密主個人，而米勒則以國家爲主。斯密先從個人出發而後推及國家，他深信

(註九) 見藍博著經濟學史(一八九九年出版)第二四四及二四五頁。

從經濟觀點而言國家祇是無數個人的集合體而已。米勒從國家出發，並以爲構成國家的個人除了看做全體的部分之外，卽使從他們的經濟關係及利益去觀察也不能了解他說道：「人不能立在國家的範圍之外，」他解釋國家爲「人類活動的總和，是他們結合起來的更大的全體。」他說全體人民的意志，不能與總意志區別，而全體的利益也與總利益無別。個人的財富若與他們從國家所得的保障分離，就等於零。」（註十）

米勒對於國家的延續及國民經濟的注重，使兩人的相異觀點更爲顯著。此二者他認爲一切政治問題的最重大者。按他的意見國家及民族包括過去、將來及現在，而他承認三時代之間有勞力的分工，其重要正與斯密說明的同時代間的分工不相上下。現在是過去的繼承者，而再傳授於將來。

米勒以爲這時間上的連結，有極大的經濟意義。不承認這一點就不能了解國家的信用，私財產的繼承，大小產業相對價值的恰當估價，以及貴族對於國民經濟的意義；而他認貴族是連絡現在及過去的主要手段。（註十一）

米勒又痛斥亞丹斯密的專注於物質的享樂而不及其他的享樂，尤其是關於道德及精神方面，以及專注於自利心而不及其他的動機。他說過：「斯密說明倘若每個人專爲己爲利而行動時的情形，以及人類除了物質享樂之外，沒有其他更高慾望時的情形。」他說若以此爲人類的標準，則極可悲。農人的耕種，第一應爲上帝及爲愛好工作而工作，

（註十）羅希爾著 *Geschichte der National-Ökonomik in Deutschland* 第七六五頁。

（註十一）見前書第七六六頁。

第二爲總生產，而最後才想到淨生產。他認管理地產爲一種任務，一樁公共委托的事務，他深痛完全合理的農業經濟從勞工中祇見勞力，從土地中祇見土壤，而忽視了一切關於本身的性格。

他說資本的觀念不應祇限於物質的或有形的東西。世上有所謂精神資本者，其中的要素包含商業經驗、軍隊、公民、法律及宗教。他以爲租稅不應認爲一種保險費，而應認爲寄存於國家裏面雖無形而根本必要的精神資本的利息。（註十二）米勒指斯密的過重物質，其謬誤實無異於重商主義者的過重貴金屬。（註十三）

米勒以爲個人主義的觀點，使亞丹斯密又產生不少其他的錯誤，其中最明顯的是自由貿易的鼓吹。他說斯密假定一個世界的市場，其中各國商人組成一種另自存立的共和國，而在這市場上分工原則的運用推及國際方面。他說這種理想與世界帝國的觀念一樣空幻，實際的情形與此觀念恰恰相反，各國應視如大規模的個人，形體不同，思想與感覺不同，活動與生活亦不同。在這種狀況之下，我們不能相信每個國家祇應生產其所最合適的物品，而其餘的全藉國外貿易。民族的特點也見於經濟活動之中，他以爲這些特點的維持及發展常需要收征進出口的賦稅，以及維持及發展陳舊而似乎不完善的制度。

他對於放任主義也極反對。他以爲國家專權比較牠還好些。

（註十二）見羅希爾著經濟學史第七六八頁。

（註十三）見前書第七六九頁。

米勒的意見以爲紙幣促進國家的發展，勝過金屬貨幣。後者猶如萬國方言，牠的影響是普遍的；前者使人民與國家相連不分，因爲牠阻止國際貿易，正如本國方言阻礙國外貿易。依了這個見解，他勸阻奧國恢復硬幣本位，並且在一八二〇年他反對借款以收回奧國的紙幣。（註十四）

四　雷夢（Daniel Raymond）

國家主義的第三個代表，融合了上述兩人的特點。他是個美國人，於一七八六年誕生於康納梯刻(Connecticut)州，名爲但尼雷夢。他死於一八四九年，一生中大半的時期是在巴爾梯摩（Baltimore）執行律師之業。在他早年努力以爭律師的地位時，並且也爲了換換「枯燥法律書籍」的滋味，解解閒散的苦悶，他攻研關於經濟的問題。在一八二〇年他將所得的結果，發表一書題名關於經濟學的思想（*Thoughts on Political Economy*）。該書在一八二五，一八三六及一八四〇年再版三次，每次都加以修改及補充。（註十五）

雷夢熟讀亞丹斯密、馬爾薩斯、呂嘉圖、勞德岱、甘尼及賽等的著作，而他最贊同勞德岱的觀點。他也批評斯密。他有的結論與米勒的相似，但他對於米勒的著作却不熟稔。他不提及馬爾薩斯及呂嘉圖，這當然是因爲他認分配的題目

（註十四）　見前書第七六九及七七〇頁。

（註十五）　尼耳（Neil）在他的但尼雷夢一文中述及三次再版的不同點。該文見約翰霍金大學研究，第十五卷第六期第二章。

比較不重要，並且是不屬於政治經濟之內。（註十六）

雷夢批評亞丹斯密不曾說明國家財富的眞性質。他以為斯密的最大謬誤，在於混國家及個人財富為一，並深信增進後者的最優方法就是增進前者的最優方法。雷夢則不以為然，他主張這二者應加區別，並以為增進國家的最良方法不能從研究增進個人財富的最良方法而得。所以國富應分開研究，而政治經濟學家也必須特加注意。

他的批評雖與勞德岱的相彷彿，但他對於國富及個人財富的區別，實質上與勞德岱的不同。勞德岱用物品並且是同類的物品來說明公私財富，而用稀少的品質來區別二者。他認構成國富的是有用而為人類慾望中的貨物，而這同一的貨物在稀少時就構成個人財富，以稀少的程度來測量這種財富。雷夢用貨物及生產貨物的能力之差異，來區別二者。按他的觀點，私財富包括個人能用以取得生活所需的必需品及安適品的財產，而他心目中所指的這財產的用處就是交換。他的私財富的觀念，似乎是從普通的財主觀念而來的，換言之，就是一個人占有較多的財產，而這財產所包括的物品大半能在市場上交換生活所需的必需品、安適品及奢侈品。

但是他以為這種財富的觀念不能適用於一個國家。他說道：「一個人富有，是因為他能出租他的土地或貸款，以換得足夠維持他生活的必需品及安適品。除非他能如此，就不得稱為富有。一個國家不能出租土地，也不能貸款以取得足夠維持牠的千分之一的生活所需的必需品及安適品。因此，一個國家的富有不能與個人的富有作同解。」（註十

（註十六） 見前齊第三十頁。

七）

於是他解釋國富是「取得生活的必需品及安適品的能力」而又說道：「以勞力取得維持牠一切公民的必需品及安適品的能力，是任何國家的最高國富或任何國家所能得的國富；而各國的比較財富就以這能力的大小為準則。」他說勞力之外，這能力又取決於「政府的性質，」「一國的氣候及土壤，」「領土廣狹與居民人數的比例，」「人口的稠密，」「財產分配的平均或不平均，」「耕種及改良的情況，」「藝術及科學的程度，」「利於商業的特殊情形，」以及「人民的勤勞習慣。」（註十八）

他闡明這定義時，述及國家財產及國富的區別。前面已說明，一國的財富不是用牠的財產來測量，因為這財產不足以供給生活的必需品及安適品。一個占有大財富的國家，也許生產財富的能力卻極小，所以眞財富（如雷夢所定的意義）自然也很小。

這個區別使他反對以積蓄或節省為增加國富的手段。他說道：『這個「超過消費的剩餘生產的累積」或「超過費用的收入」的理論——無論是由於節儉或其他方法，用以說明國富是十分不確的。』他說自然的二大定律使這理論荒謬可笑，一是生活的必需品的易滅性，一是人口律——就是人類的增加與食物的增加成正比例。他又主張國

（註十七）見雷夢著關於經濟學的思想第一版第三十三頁。

（註十八）見前書第三十七頁。

家的政策不應以積蓄爲主應促進「每年對於一切生產力的結果的消費。」(註十九)

雷夢又批評亞丹斯密不能了解國家的眞觀念。他說斯密誤將國家的利益及各人各階級的利益合而爲一。可是前者常與後者衝突，爲證明這衝突，他提出漏稅販奴業以及現在與將來時代之利益的衝突。他說道：「一個國家是個統一體，而有統一的一切性質。牠有統一的權利，統一的利益及統一的財產，凡自認是討論這統一體的利益的人，但他又離開這些利益而去討論其中一部分的利益，所得的結論當然是錯誤的，正如一個算術家在計算代數方程式時，漏去其中一項而使結果謬誤。」(註二十)

雷夢不但注重國家及各人各階級間之利益的衝突，並且也注意各國間之利益的差異。他說道：「每個國家都是完全攷慮本身的利益，而不顧及其他國家的利益。」(註廿一)

他從這幾個根本的評論而推及其他，茲將其最重要的各點述之於下：

(一)亞丹斯密及其他學者所討論的不是政治經濟，而是私人經濟。他說道：「政治經濟是指導公財富或國富的性質的科學……牠授人以增進國家財富及快樂的最有效的方法，並且包含凡能增進此二者的題目。」

(註十九) 見前書第五十一及五十三頁。

(註二十) 見尼耳著但尼雷夢第五十二頁。

(註廿一) 見前書第五十二頁。

「政治經濟的直接目的，應爲指導政府如何制定法律，而非訓迪個人如何致富。」（註廿二）

（二）勞力（他贊同亞丹斯密的意見也認牠爲財富的唯一原因）不應分爲生產的及不生產的，但應分之爲生產的及永久的。生產的勞力的目標是生產直接消費的物品，而永久的勞力的目標則爲「擴充智識的境界增大取得生活的必需品及安適品的能力。」（註廿三）

（三）關於農工商在國富上的影響，他的觀點與斯密不同。他說道：「這三大部勞力中各有其擁護者，各以爲自己的一部較其他二者優異，而對於國富貢獻最大。但是從國家的立足點看起來，三者都不過是構成一個大組織的部分，彼此關係甚切各不可少……三者之間的比例是取決於各種狀況，而且各國互異。最聰明的立法者必按其本國的狀況或予以鼓勵，或加以約束，使各能盡力增進國富及繁榮。」（註廿四）

（四）他抨擊斯密的自由貿易說，取其中的理論逐一加以駁斥。他否認個人在尋求本身的利益時，會將他的資本用於最有利於國家之途。他一方面承認照通例而言一國應輸入在國外生產較廉的物品，一方面又以爲這通例是有許多例外。關於這一點所應計及的生產成本，他主張以各年間的平均數，而不以第一年的數目爲準。他深信保護政策

（註廿二）見尼耳著但尼雷夢第五十四頁。

（註廿三）見前書第三十頁。

（註廿四）見前書第三十一頁。

在許多情形下能減少這些成本，

欲使全體的勞力隊伍不斷的受僱他主張保護政策，茲將他提出的積極理由述之於下：造成國內市場的獨占，以促進需要的確實及穩定；增加一國的藝術及科學的技藝，而由此增進取得生活必需品及安適品的能力；阻止所有外國低價勞力的競爭以提高生活標準；阻止英國及其他各國的過剩出產在本國市場上的傾銷，而因此防止所有的貶低及本國市場及製造品的破毀。

他主張關稅應時時修改，並且稅率常趨於增高的水平線，他又以為應以最低的關稅率，加於在本國所不生產或不能生產的物品；而以最高的關稅率，加於本國生產最多的物品。

關於何人償付這關稅的問題，他的理論使他斷定生產者及消費者分担這關稅。（註廿五）

五　李斯脫（Frederick List）

國家主義派中最著名而最有勢力的就是李斯脫。他誕生於德國的符登堡，時在一七八九年。他十七歲時任政府中某機關的錄事，後來升任地方政務總長的祕書。在一八一六年他又升任會計的總檢查及審計院的職員。次年（一八一七年）他被任為杜賓勤大學（Tübingen）新設的行政及政治學的教授，但是反動內閣繼自由內閣而成立時（即委任他的內閣），他為了改革的主張及活動而免職。這就是他與政府衝突的開端，結果他被監禁，後又亡命於美國。

（註廿五）見前書第三十六至三十八頁。

李斯脫在一八二五年六月抵紐約，不久隨伴辣斐德將軍（Lafayette）遊歷全國，他與辣斐德是在他逃避法國時在巴黎擹見的。這次旅行使他與美國的大人物接近，並且使他對於美國生活有良好的印象。這時美國的最大政治問題是保護主義，而李斯脫熱烈的擁護北方的高關稅政策。他加入卡里（M. Carcy），英其少（J. Ingersoll）及其他潘雪尼州的領袖的宣傳運動。關於這事，他發表了寫給英其少的信，後來又重印成小冊子，題名政治經濟的新制度的大綱。這書使他與保護主義的第一流作家齊名，並博得不少的讚譽。一八三〇年傑克遜總統任他為漢堡（Hamburg）的領事，但是未經上議院的批准，後來他被任為美國駐萊比錫的領事。他在美國時經營煤礦，頗有積蓄，但後來這營業失敗了。

他的晚年是消磨在德國，中間曾往英法作短期的旅行，但大半的時間是致力於鉄路的建設，以及鼓吹德國的關稅同盟（Zollverein）。他為這兩件事寫了不少著作，遊行了不少的地方。有一時他主編關稅同盟報（*Zollverciusblatt*）。除了這些著作之外，他遊歷巴黎時投一篇論文於法國研究院，以爭求獎金。當時懸獎的論文題目是：『國家擬施行自由貿易或修改關稅之立法時，應注意何事方為調和生產者及消費者之利益之最良方法。』結果他雖未得獎，但受評判者的讚揚，稱他的論文為「極佳之作品」。此後他又發表一本書，題名政治經濟的國家制度（*Das Nationale System der Politischen Oekonomie*），此書為經濟學者所傳誦。他對於政治經濟的觀點在此書中發揮得最完善最盡致。較之早期著述，尤其是在一八三七年出版的美國政治經濟大綱（*Outlines of Amcritan Political Economy*），以及一八三七年投稿法國研究院的論文，則此書可證明他的觀點，漸漸受他在德美的觀察及研究的影響而進展，尤以他的美國朋友卡雷及雷夢關於政治經濟的著作為甚。李斯脫與雷夢的觀點之相似，過於接近顯著，以致論者竟指他抄襲。但是李斯脫極力加以否認。

國家制度一書包括序言、緒論以及「歷史」、「理論」、「派別」、「國家政策」等四編。尚有兩編擬述及「將來的政治」及「政治制度對於國富與國力之影響」，但是我們祇能從他投於德國通報（*Allgemeine Zeitung*）以及最後四年中投於關稅同盟報的各論文中而推定這二書的要旨。（註廿六）

他在序言中說明他的見解進展的歷史，以及他本人與其他經濟學家的相當關係。在緒論中他陳述他對於古典派經濟學的態度，以及他的學說的概要。第一編「歷史」是根據投於法國研究院的那篇論文，幷論及意大利、漢沙諸城（Hansa）、荷蘭、英國、西班牙、葡萄牙、法國、德國及北美等處的經濟發展。結論說道：

「歷史使我們知道各國藉自然賦與的資源，即用以取得最高的財富及能力的手段；可根據牠們本身的進步程度，以修改其制度，同時又不必放棄牠們的目標。進行的程序分在第一階段中與較進步的國家採用自由貿易，以脫離野蠻的狀況，並改進農業。在第二階段中，採用商業的限制，以促進製造品、漁業、船業及國外貿易。在最後的階段中，當已達到財富及能力的最高水平綫時，漸漸復歸到自由貿易的原則，而在國內外的市場中施行無限制的競爭，使農業、製

（註廿六）見漢斯脫（M. E. Hirst）著李斯脫之生平及其著作（一九〇九年出版於倫敦）第一二三頁。

造業及商人不至怠惰，以保持所已得的優勝。第一階段可證之於西班牙、葡萄牙及拿波里等國；第二階段可證之於德國及美國。法國似乎頗接近第三階段，但是祇有英國一個國家實際上已達到這第三階段。」（註廿七）

在第二編「理論」中，他闡揚世界及國家經濟間的區別，以及他對於生產力的學說。在「派別」的一編中，他批評其他各系統的思想，其中包括意大利的經濟學家邁其維里（Macchiavelli）、薩拉（Serra）及培卡利（Beccaria）、重農學派、亞丹斯密及賽等人。在最後一編中，他討論英國的島國優越地位對於歐洲大陸及北美的製造業之影響，以及關稅同盟的將來商業政策。（註廿八）

李斯脫對於當日古典派經濟學的批評散見全書中，他以大同小異的辭句屢次表示不滿。茲將其概要摘錄於下：

「古典派的思想系統已於前幾章中述及，該派有三大缺點；第一是空幻的世界主義，不理解國家或民族為何物，不顧及國家的利益。第二是死的唯物主義，祇顧到物品的交換價值，毫不計及道德，或現在及將來的政治利益或國家的生產力。第三是分離主義，亦即無組織的個人主義，不顧及社會勞力的性質與衆力連合以求最大結果的工作，而祇陳述個別的實業在社會中（也就是在全人類中若不分成民族國家）若不受拘束，則必自行發展不已。」（註廿九）

（註廿七） 見國家制度（一八三六年出版於費拉德費州）第一八七及一八八頁。

（註廿八） 見漢斯脫著李斯脫之生平及著作第一二七頁。

（註廿九） 見國家制度第二六二頁。

他用世界主義一辭來指與國家經濟相反的世界經濟，他評述亞丹斯密說道：「他的著作的題名是國家財富的原因及性質，就是指世界一切的國家。他有一部分專述政治經濟的各派別，但他祇想指出這些派別是無關緊要的，並證明政治或國家經濟應隸屬於世界經濟。」（註三十）

他反對這觀念而說道：

「但是在個人及全人類之間有國家的組織，各有特殊的方言及文學，有其本源及歷史、風俗習慣、法律及制度；有其生存、獨立進步及延續之權，有其領土及會社；而這會社不但完全分立，並且有其特殊的智力及利益。國家係一個統一體，爲自己而存在，祇承認自己的法律權，而不受其他相同會社的支配，所以立在實際的世界中，能藉其本身的力量及資源以維持其獨立的生存。個人既然藉國家的扶助，並在國家的撫育之中得到智力上的培養、生產力、安全及幸福；那末人類文化祇有從各民族的文化及發展中才能表現出來。」

「再進一層，各國之間有極大的差別。其中有的强大，有的弱小；有的組織完善，有的殘缺不全；有的是開化的，有半開化的，有未開化的。但是這些國家以及個人都有自然所賦與的一種保持生存的本能，及進步的慾望。政治制度的使命，是去開導野蠻的民族，扶助及擴充弱小的民族，而使牠們能自生存及延續。政治經濟的使命是供給國家以經濟的訓導，且使牠準備在將來的世界集團中，取得相當的地位。」（註三十一）

（註三十）見前書第一九一頁。

他評定古典派經濟學家的唯物主義於下：

「亞丹斯密對於普通的能力之性質極不領悟，所以他認一般所用的智力爲不生產的，如法律之管轄、維持治安、敎學、提倡宗敎或科學及藝術之培養等。他的研究祇限於生產有形價值的人類活動。他承認這種活動的生產力全藉其所用的技藝及智力，但是他攷察這技藝及智力的原因卻不能超出分工範圍之外；而他祇用交換有形資本的增加，以及市場的擴充來說明分工，於是他的學說愈趨向唯物主義，愈爲特殊，而愈傾於個人的。他探求生產力的觀念時若不被價值卽交換價值的觀念所限制，那他必了解價值理論之外，應有一個獨立的生產力理論來說明經濟現象。可惜他想入非非竟完全用物質的狀況來說明精神的能力，而由這個謬誤引起的一切妄誕之論，一切的矛盾，使他這一派的學說至今猶迷而未悟，並且這也是政治經濟的敎旨不受最超卓的思想家所擁護的最大理由。」（註三十二）

在另一段中李斯脫有下列的評語：

「財富祇能由心力、體力或工作而取得，是無庸疑的，但是這不能就說是舉示一個推論的原因；歷史上已證明一個國家雖有勞力及儉約的公民，也可陷於貧困窮苦之境。凡僅欲從勞力是富之原因，而懶惰是貧之本源的學說（在斯密之前蘇羅門已倡此說）以探究一個國家如何從貧窮及野蠻裏而入於富盛及開化之域，或是一個國家如何從

（註三十一）　見前書第二六三頁。

（註三十二）　見前書第二一二至二一三頁。

富盛繁榮中而陷於貧窮困苦之境者，必將提出這新問題：那末什麼是勞力的原因？什麼是懶惰的原因呢？人類的頭手、足可說是財富的原因也許較爲正確；至少這種說法是較近於眞理。至此則所問的是：爲何這些頭、手、足要從事於生產的工作？爲何牠們的努力是有效果的？若非心力，什麼在那裏鼓動個人？若非社會制度，什麼使他的活動有效果，使他的自然力有用？一人愈明瞭他對於將來的責任，他的思想及感念必愈使他爲與他接近的人們取得良好的地位，並使他們快樂。他幼小時愈傾向於深慮及活動，他寬宏大量的本能必愈加培養，他的心身必愈運用。他的智力及體力愈有機會運用以改良他的命運，他在活動的範圍之內愈不受限制，則他的努力愈感快樂，而對於結果亦愈有把握。有秩序及能活動愈使他受人尊敬，則他的心目中必愈少成見、迷信、謬誤及愚昧；最後他愈將心力及體力用於生產方面，他必愈能生產，而他的勞力的報酬亦必愈有把握。關於上述各點，第一是要看這個人生長及活動的社會狀況如何。我們應知道其中科學及藝術是否興盛，制度及法律是否有助於宗教道德及智育、人及財產的安全、自由及公理。在這國家中一切物質財富、農業、製造業及商業的要素是否平均和諧的發展。國力的強盛是否足使各個人把物質及精神的進步代代遞相傳授，並且使他們不但能用本國的國力，而又能藉國外商業及殖民地以使用外國的國力。」（註三十三）

在前面一段概要中，他對於古典派經濟學家的「分離主義」及「無組織的個人主義」說明如下：

「古典派的思想系統祇攷量個人在相互的關係中享受完全的自由，個人若憑其自然的本能而行事，就可滿足，

（註三十三）見國家制度第二一一至二一二頁。

因爲這些本能總是鼓動人類去追求他們本身的利益。這顯然並非一個國家經濟的學說，但是個人經濟的思想系統；而這種經濟在不受國家的干涉及保護，沒有戰爭，沒有敵國外患時才能產生。這經濟不能說明有些國家所以達到現在的富裕强盛的方法，以及其他國家所以失去從前的繁榮及强力的原因。牠所說明的是私人產業中各自然因子如勞力及資本如何通力協作而爲市場生產許多有價値的物品，以及這些物品如何分配給人類並爲人類所消費。但是牠並不說明如何使爲全體人民所支配的自然力活動而授之以價値，也不說明如何使一個貧窮的弱國躋於富强之域。這學派之所以不研究這些事，是因爲這一派絕對排斥一切的國家干涉，不明瞭各國的特殊狀況，而祇追求全人類的繁榮。」（註三十四）

第四個批評散見於各處，就是指古典派經濟學家不能了解，所以也不能說明農工商之間的眞關係。按亞丹斯密的理論，則以爲從生產力的觀點說起來，農業列第一，工業列第二，而商業列第三。李斯脫認這分列法是不公確的，依他的意見，在經濟活動的三大分部已經和諧發展的國家裏，勞力是最能生產的因子。

「最富之國，就是生產力最大的國家，當然牠在本領土上已將各種工業發達到最高度的再生產力，牠的農業將大部分的食物及原料供給這些製造家，以滿足他們的慾望……」

「一個國家倘祇從事農業及少數較爲重要的技藝，那牠的公民就未有第一的主要的勞力分工；牠失去了牠的

（註三十四）見前書第二五三頁。

生產力中最重要的部分牠還缺少了經營農業上特殊部門所必要的那種分工。一個工業不完善的國家的生產力祇及工業組織完善的國家的半數，前者的領土雖相同或較大人口相等或較多，牠的生產力的收穫也許祇有後者的有形財富的五分之一或十分之一。所以在一個複雜的製造業中十個人所生產的比一個人所生產的不只多十倍，也許可多三十倍；正如祇有一隻臂的人的勞力不僅比有兩隻臂的人的勞力少一半，也許要少幾百倍。」（註三十五）

李斯脫在緒論中將他與古典派經濟學家的學說的相反觀點彙述於下：

(一)個人的能力結合以追求一個共同的目標，是獲得個人快樂的最有効的方法。個人離開羣衆是弱而無助的。他在社會上所連合的人數愈多，這團結體愈鞏固，則其中各個人的精神及物質上的幸福必愈大愈完滿。

(二)在現狀下個人所實現的最高團結，就是國家及民族。全人類的團結是理想中的最高團結。

「由於氣候，土壤及物品的不同所促成，所鼓勵的物品交換及由於過剩的人口資本及人才所促成的開拓事業，在這些過程中自然力不斷的運用趨向着這較大的團結，但是現在離這目標尚遠。」

「由國際貿易而形成的各國同盟還是極不完固，因爲這團結在任何時可以被摧殘，或至少爲戰爭及任何國的自私行動而減其勢力。」

(三)現在維持發展及促進民族的精神，應爲國家事業的第一目的。這並非一個錯誤的自私的目標，但是一個合

（註三十五）見國家制度第二三四頁。

理的目標，與全體人類的眞利益完全調和。這個目標勢必促成在法治下之萬國的聯盟，卽世界的大團結。每個國家的經濟之發展及完成，就是達到這目標的主要途徑。

(四)一個經濟的發展及完成，是取決於牠的生產力之發展，而後者又爲勤勉、節約、道德、各個人的智力以及自然資源或有形的資本所限制，並且也受制於社會、政治及市政的原則與制度，尤其是爲確定的生存、獨立及國力之保障。所限制。無論各個人如何勤勉節儉，肯冒險，有道德而又聰明，倘若沒有全國的分工及全國生產力的合作；這個國家決不能達到高度的富强，也決不能使牠本身永久占有智慧的、社會的及物質的福利。

(五)我們應分別國家經濟的發展過程爲：未開化的、牧畜的、農業的、農工業並重的、以及農工商業平行的五個階段。

(六)凡重視本身的獨立及永久生存的國家，必竭力前進，要從低文化的階段一躍而達於高文化階段，並且在牠的本領土之內合併其農工航商各業而平行發展。

(七)爲達到這目標，牠與其他國家的商業關係應加以操縱，使之適合牠本身所處之發展中的特殊階段。「從未開化的轉到牧畜的階段，以及從牧畜的轉到農業的階段，最有効的辦法是與已開化的國家(卽工商業並重的國家)實行自由貿易」。從農業的再進入以下的二階段，就不能採用自由貿易，因爲在任何時期中各國的經濟發展階段是參差不齊的；其中比較進步的國家以獲得「工業及貿易上的獨占」爲主，並且要設法阻止「落後的國家之進展」。

因此在這幾個階段中採用保護政策是必要而且有利的。

（八）祇有在溫帶上的國家，物質環境適宜，所以能經歷這幾個發展階段，「因爲溫和的氣候，是心力體力的自然培養所」。在熱帶上想設立一個本地的製造廠，是最有害的。他們天生不合於這種工業，所以他們若繼續着將自已的出產品交換溫帶國家的製造品，他們在國富方面必將有較大的增進。這個政策當然使熱帶的國家立於仰給他人的地位，但是這種仰給並無所損。待溫帶各國家的工業，航業及政治力漸趨平等，而其中有幾個國家因全體的利益而阻止任何國家壓迫熱帶上弱小國家時，這種仰給的情形就自行消滅了。

李斯脫的國家制度及其他著作，都缺乏科學的特性。他的風格近於報章雜誌，而又繁冗重複，充滿了不合論理錯誤矛盾以及非歷史的史料。他雖有這些缺點，但却能指出許多重要的眞理，並且對於經濟學家，官吏以及行政家等的影響也不小。他對於亞丹斯密的攻擊，受許多人的反攻，其中最著名的是聶柯遜教授（Prof. Nicholson）（見於他替勞爾德（Lloyd）寫的序言中），但是他也受著名經濟學家的讚譽，尤以同籍的經濟學家爲甚。在一九〇六年高夫史丹（Kufstein）紀念像舉行開幕禮時，伊翰伯教授（Prof. Eheberg）在頌詞中有這一段話：

「李斯脫的才識足以洞察世界的情勢。他一生注意政治及經濟的現象。凡他所受到的刺激，無不授之於他人。他結交各國的政治家、學者、商人以及製造家，所以他的學識豐富湛深而宏博。他對於日常生活之興會淋漓，使他成爲一個大經濟學家、烱眼的政治家、才氣縱橫的著作家……有一個德商協會申明不捐助這紀念像，他們以爲照本國內目前的保護主義的趨勢而言，這時不合去頌讚保護主義的擁護者。我眞不知道對於這種的不了解李斯脫，是好笑還是可嘆，在德奧兩國中有許多人將李斯脫的名字幾乎專與自由貿易或保護政策的爭鬥相連起來，這是對的，因爲李斯脫是保護主義的第一個而又最重要的擁護者。俾斯麥在他的影響之下竟在一八七九年放棄自由貿易的政策，併且他的言論在保護主義者的壁壘中至今仍爲最銳利的武器。李斯脫覺到德國要成爲一個統一的商業領域及她的國內苛重的通行稅變成境界劃一的關稅後，她才能有經濟的激動，有經濟的進展。沒有一個有意識的人能責備他熱心於促進德國新萌的工業，這時德國的工業幾被英國過剩的出產摧殘殆盡了。但是不了解李斯脫的人，就以爲他祇是一個保護主義者而已。他決不是一個立定一成不變的見解之人。他曾說道：『我若生於英國，我也必定是一個提倡自由貿易者。』他的心目中總忘不了世界的自由貿易，這是他所要努力達到的最後目標。」（註三十六）

薛謨勒在他的政治經濟與社會科學著述史（*Literaturgeschichte der Staats-und Sozialwissenschaften*）一書中，（註三十七）批評伊翰伯對於李斯脫之生產力說的評語於下：

「最重要的就是有了這個思想，整個的政治經濟科學換了一個基礎。正如伊翰伯（Eheberg）教授所說的，就是由這個步驟才能使較爲自由的方法來代經濟思想的斯密派方法，唯物主義的觀念，謂在自然的機械程序之下，估定

（註三十六）見漢斯脫著李斯脫之生平及著作第一三三頁—一三四頁。

（註三十七）見前書第一〇四頁—一〇五頁。

之價格或價值爲一切變化的唯一原因，現在爲心理的歷史的觀念所代了。我們的注意轉向於智力、道德、人的技術學識及人類社會向於代代相傳之一切經濟發展中這些最要原因的轉移，以及這些原因從個人的中心向外擴充到更大的範圍；更向於社會的社會及政治制度，而這些制度在芸芸個人之上，就是這心理能力的占有者及執行者。工業的生產力除了憑藉有形資本，工具及機器之外，還須取決於歷史的環境，習慣風俗，學識實踐，進行的方法，國家的制度，以及經濟的與政治的關係。這些都是李斯脫所謂的生產力。自李斯脫以後經濟學的一切進步，差不多完全是在於這個思想的發展，在於其心理的及社會政治的基礎。

薛謨勒又說道：「李斯脫有了天才的直覺力，才會想像到經濟生活史中的活動力不屬於個人，而屬於社會團體。他以爲促成社會團體的統一經濟生活的制度，也就是爲社會的共同利益而產生的制度，是構成每個經濟政策的核心……他提倡經濟學的社會政治觀念，與個人主義的觀念恰恰相反，後者從未知道也不了解什麼是社會團體。」

六　國家主義派的著作的意義

國家主義派的評論引起了重大的問題，其中之一是關於國家的性質及其與個人的關係。米勒所主張的國家是一個眞正整個的單位，而個人祇是其中的一部分的觀念是正確的嗎？或者國家祇是各個人用以達到目標的一個手段，祇是他們用以實現生活目標的一個工具嗎？假使後者是正確的，那末我們何以解釋階級及大多數的操縱政府的職分，將來及現在的相對利益？假使前者是正確的，那末個人之隸屬於國家有何限制？如何調劑現在及將來的利益之衝突呢?

凡主張這些矛盾的國家觀及其與個人的關係的經濟學家,對於政治經濟的性質的觀念,以及各問題的解決,自必各相懸殊。此處所指的裂痕,不但分離國家主義派及古典派,並且自此以後使政治經濟學者永遠分家。提出這相反的觀念而加以大注意,是國家主義派的貢獻之一。

第二問題是政治經濟學與解決政治家所對付的問題之間的關係。國家主義派認這種問題是政治經濟學最主要的題材,並且認經濟學祇是爲了解決這些問題而產生的古典學派並未忽視這種問題,但是不認解決這些問題爲他們的職務。他們以爲這種問題常是很複雜的,解決時不但需要政治經濟的學識,並且也要有其他社會科學的知識以及要考慮在任何科學範圍之外的常常含有地方性及暫時性的種種問題和事實。按他們的意見,政治經濟學的職務是供給普遍應用的原則,而這些原則祇能說明具體問題及世界生活的一面,並且也許連這一面都解釋得不周詳完滿。後來經濟學發展中對於討論原則及其解決問題的應用,多分列爲:「理論與實際」「政治經濟與經濟問題」「經濟學與經濟的術」「經濟原則與經濟原則之應用」等各題。在上述各題中的第二部分雖與國家主義派所研究的並不相同,但是其中包括了這研究範圍的全部分或一部分。

第三問題是關於人類的物質利益及其他的利益,他們的自利心及其他的動機是否要分別研究。國家主義派反對這種研究法,並且對於牠的結果之有無價值發生懷疑。可是古典學派採用這研究法,而加以辯護經濟學家對於這問題的討論已歷兩代之久而至今尙不能說有差强人意的相當解決。

國家主義派的評論（尤以關於斯密的爲甚）有的很膚淺而且是基於誤解。試舉一例，勞德岱及雷蔓對於個人財富與國富的區別並未發現斯密的理想中有任何根本的缺點，斯密也曾注意到雷蔓及勞德岱所謂的「國力」的發展之重要，以及這種發展與每人生產財富之間的關係，並且也不能指摘他用價值爲測量財富的標準。當然他對於供需說及其與價值的關係未曾充分闡揚，以防禦勞雷二人的攻擊；但是他對於供需說並無這個錯誤的觀念：就是主張世界總財富的總交換價值可以增減。這個謬誤的觀念在交換中總貨物的交換價值的增減，實在非斯密所揭示，而爲他的後輩（以彌爾爲最著）所發表的。當然我們沒有理由斷定斯密也犯了這個錯誤：

他們對於斯密的節約說的批評，卽認之爲積蓄的學說，也有偏頗的地方。這學說實不止如此。其最大的特點就是專用財富於促進生產，以示別於不生產的消費。這當然包括積蓄，但積蓄祇是一個特殊的目標，牠本身並非一個目標。正如彌爾後來所說明的，所節省的與未節省的，皆被消費；不過消費的人們不同，及最後的目標不同而已。

國家主義派的批評雖不公正，而有强詞奪理之嫌，可是他們指示古典學派的研究範圍之限制，而提出新的研究範圍及新的工作，卻是對於政治經濟學的眞貢獻。

第十三章　舊歷史學派

一　歷史的背景

繼國家主義派而攻擊古典派經濟學家之另一學派其力量較大，其範圍較廣其影響較深，此卽所謂「舊歷史學派。」這同一的反響雖出現於其他歐洲各國，（註一）而這一派却是德國的產物。有幾種環境促成這一學派，而其中値得注意是黑格兒哲學的興起及傳佈，德人所稱爲文化史（Kulturgeschichte）的發展，以及薩維尼（Savigny）的著作。

黑格兒（G. M. Hegel）在柏林大學敎授哲學，從一八一八年至他的死期一八三一年爲止。「他在此創設一個氣象闊大而生氣勃勃的科學派，而由他與普魯士政府的連絡得到極大的政治勢力，並且他的哲學也備受榮譽，竟被推爲國家之哲學」（註二）

（註一）參閱薛斯蒙諦（Sismondi）在法的著作，及瓊斯（Jones）在英的著述。

（註二）見薛威勒（Schwegler）著哲學史（由西里譯出）第三九八頁。

他對於國家的觀念，與十八世紀哲學家之以個人主義及自然權利的學說爲根據者大不相同。這觀念是寄存於當時的普魯士國家之內，他爲普國辯護，並懸之爲一種理想。這觀念供給一種新的背景，暗示研究社會科學的新法門，並且提供許多觀念及學說，牠的應用，使社會科學起一番澈底的修正。他的門徒在歷史、政治、法律及政治經濟學的範圍內成爲有力的革新家，而激起反對這些科學所用的舊方法及所已得的結果，並且激起努力改造這些科學的熱望。

這班德國文化歷史學家，專致力於研究及叙述以前歷史學家所忽視的人類生活的許多方面，如藝術、方言、文學、宗教、工業、商業、科學、習慣及風俗。凡關於文化的事物無不在他們的研究範圍之內，細瑣的事物，多數普通人以及少數特出人才的事務，日常以及偶然的事情，都一一收容。反之，舊歷史學家則注力於國家及元首的活動、戰爭、宮廷及國會。

這一批人活動的中心點是高丁鎮（Göttingen）大學，其中最早而最著名的是穆沙（Justus Möser），生於一七二〇年，死於一七九四年。其他有著作發表於十九世紀前半期者爲史洛哉（Schlözer），史畢勒(Spittler)，薩多里(Sartorius)，曼尼(Meiners)，希侖（Heeren），培克曼（Bekman），嚇爾蔓(Hullman)，海其維希(Hegewisch）及安頓(Anton)等人。(註三) 他們注重事物的實際方面，而造成一種傾向實體研究的環境。薛謨勒說道：「這班歷史學家永是高丁鎮及薩克遜族的榮耀，他們反抗十八世紀的維理主義，闡揚言語學、工藝學、政治學以及法學史，使成爲一部

(註三) 參閱薛謨勒著 *Zur Literaturgeschichte der Saats-und Sozialwissenschaften* （一八八八年出版於萊比錫。）

雖缺乏批評的精神而價值豐富收羅宏博的文化史……這班作家永能代表比較的歷史法以及採集世界文化史材料的創始者。尼伯（Niebuhr），包克（Böckh），勞麥（Raumer）等人受他們的影響而聚精會神於事物的實際方面。琦維納（Gervinus）對於比較歷史方法的注重，可說是與他們合作的」（註四）

關於這一點還有一個可注意的影響出自薩維尼，他自一八一〇年至一八四二年敎授羅馬法於柏林。在一八一五年他由伊康（Eichorn）及高斯眞（Goschen）二人的相助創辦了古代法學雜誌（*Zeitschrift fur geschichtliche Rechtswissenschaft*），在序言中他宣稱創立法學的歷史學派，他的中心論題是法律爲一國整個生活的天然發展，而爲國家的精華或靈魂所依而表現的方式之一。他說祇有由歷史的比較的研究，法律的眞性質才能表露出來。這雜誌就是專爲這種的研究而創辦的，其影響於法學史可稱爲開新紀元，而對於其他的各科學影響亦頗大。（註五）

二　羅希爾（Wilhelm Roscher）

羅希爾是我們現在所敘述的歷史學派的創始人，自一八三五年至一八三九年他在高丁鎭及柏林兩處讀書，在早年中他就受到上述的各種影響，這是由於他的父親（當時供職於漢納佛法院）及大學中各老師之力。他受學位後就在高丁鎭大學任歷史及政治學的講師。在一八四四年他充該校特任敎授，到一八四八年又爲常任敎授。一八四

（註四）見前書第一五二及一五四頁。

（註五）請參閱巴格夫（Palgrave）著字典中薩維尼一項。

八年中他就萊比錫大學之聘，直到他的死期一八九四年為止。

在一八四三年他發表了政治經濟學歷史的研究大綱(*Grundriss zu Vorlesungen über die Staatswirthschaft nach geschichtlichen Methode*)，他在此書中概述政治經濟的觀念，以及適合其發展的方法，與古典學派的大相徑庭。他聲明他的目標是要在經濟學中，完成如薩維尼對於法學所告成的成績，而尤致意於發現人民的經濟進展或經濟生活的定律。他用人民經濟解剖學及生理學等名詞來描寫他胸中所懷抱的思想。薛謨勒敘述他的理想時說道：「我們可以說，羅希爾所想的，或為一普通歷史原理，或為歷史上社會生活的法則。」(Man köunte fast sagen, was Roscher Vorschwebe. sei eine allgemeine Geschichtstheorie, seien Gesetze des historishen Lebens Überhaupt)(註六)

他的直接目標却不甚高，他說道：「我們的目標祇是陳述人民在經濟事項上所施行所感覺的，並敍述他們所追求的鵠的及他們所得的成績——同時述及為何他們選擇這種鵠的，為何他能有這種成績。(註七) 按羅希爾的意見，這個目標與前述的較大目標並無衝突，牠們是互為手段及目的。一個民族的生活由其歷史中表露出來，所以這非成為社會科學的題材不可。這生活的各方面如方言、宗教、藝術、科學、法律、國家及經濟可以成為許多不同的科學或研究的對象，但是實際上是一個整個的單位，凡欲了解其中的一面者必須懂得全體才行；這尤以法律國家及政治經濟為

(註六) 見前書第一五三頁。

(註七) 見季德與李斯著(Gide and Rist)經濟學史〔由史馬德及李却(Smart and Richards)譯成英文〕第三八二頁。

更確，因爲這幾門科學組成一系關係極爲密切。羅希爾說他所計劃的那些研究之成功，全藉「我們與關於國家生活的其他科學與法律及政治史以及文化史多多接觸。」（註八）

羅希爾費畢生之力以從事於他在研究工作開始時所擬定的那個計劃。他的研究範圍極廣，歷時有五十餘年之多。其中最重要的著述可分爲三部，茲述之於下。

（一）關於歷史各題目的專論其中有的集成一書而發表於一八六一年，題名從歷史立場對於國民經濟的見解 (*Ansichten der Volkswirthschaft aus dem geschichtlichen Standpunkte*)。

（二）十六七世紀英國經濟學史 (*Zur Geschichte der Englischen Volkswirthschaftslehre in 16 und 17 Jahrhundert*) 發表於一八五一年，以及德國經濟學史 (*Geschichte der National-ökonomik in Deutschland*) 發表於一八七四年。

（三）國民經濟的體系 (*System der Volkswirthschaft*) 分爲下列五編：經濟學的基礎 (*Die Grundlagen der Nationalokonomik*)（一八五四年），農業經濟學與附屬生產機關 (*Die Nationalokonomik des Ackerbaues und der verwandten Urproduktionszweige*)（一八五九年），工商業經濟學 (*Die Nationalokonomik des Handels und Gewerbefleiss*)（一八八一年），財政學的體系 (*System der Finanzwissenschaft*)（一八八六年），以及貧民救

（註八）見前書第三八二頁。

濟政策的系統(System der Armenpflege und Armenpolitik)(一八九四年)。

在歷史專論中羅希爾討論許多不相關的題目，但所論述總能表現或至少要解釋他所謂的發展的自然律。這些題目包括奢侈，最古的德國人的土地經濟，決定產業分支的地點的自然律，大城市的地理根據，機械業的經濟意義，從普通貿易政策上觀察猶太人在中世紀的地位，商業恐慌等等。

在上述及其他的專論中，他的目標是從許多國家及許多世紀中，探溯一部相關連的現象之發展，以求發現一些定律。他深信上古中古及近世各國家的發展程序，大體相同，因此他以為研究在古代業已進行完備的那些程序，必格外令人明瞭。

他的方法是先安排一個歷史的綱要，這是由廣泛的綜合而成的，然後再將具體事實的敘述加入於這個綱要中。例如他討論奢侈一節，他分為三個時代，「中古時代，文化成熟時代以及衰落時代，」然後陳述各國各時期的發展史的事實以說明這三個時代。這些事實說明他的歷史綱要，而這綱要也能說明這些事實。他用農業中的「敞地制度，」來說明歷史發展的一個程序。他又將這些制度與家庭，社會及農奴制的歷史相連。他指出這些社會制度如何互相影響，一國或一時期中農業組織如何由自然及社會狀況所決定。狀況未改，則該組織為合理；狀況變遷，則該組織受非難。「他有了一大批心理的及其他的材料，來說明古時羣聚一村的生活如何必要及有益，文化增進時，莊園制度如何有利，莊園制的捐稅及共用的草地與中古的經濟生活如何相符，以及這些制度如何限制今日的生產。」(註九)

他對於政治經濟史的著述立下一個新的標準，而在當時實屬特出。他在十六及十七世紀中英國政治經濟史的一篇中，敍述並分列爲拉里(Raleigh)培肯(Bacon)蒙恩(Mun)霍布士(Hobbes)哈里頓(Harrington)蔡爾德(Child)彼特(Petty)諾斯(North)洛克(Locke)及岱文南(Davenant)等的經濟著述，而從這些著作中他綜合重商思想及政策以替代傳統的亞丹斯密的學說。

在德國政治經濟史的一篇中，他用同一之客觀的及總括的方法來敍述一千以上的德國作家的著作，其中包括財政，政治學以及理想與實際的經濟學。他一方面又詳述各著作發表的各時期的經濟史，他將這些作家按年編列，分一六四八年以前的時期爲神學的人文主義時期，自一六四八年至一七五〇——八〇年爲財政學或官房學時期，自一七八〇年至他本人著述之日爲科學的時期。

下列薛謨勒的批論堪稱意明義深：(註十)

「羅希爾的著述確是湛深宏博之作。他準備寫這本書費了十年的工夫，以從事於廣博的攷察，闡明及撰專論。凡對於上述各作家及其著作有興趣的人，必須將這些材料同這本主要的著作並用。關於這一千以上的作家，羅希爾在這書中分述他們著述的動機，其著作的內容，他們對於較重要的經濟問題所處的地位如何。他遍讀各材料後，才下筆

(註九)　見薛謨勒著第一六七及一六八頁。

(註十)　見前書第一六〇及一六一頁。

著述，而他的主張是陳述、闡明，但非批評，他屢屢發表意見，但發表時無不經過審愼的攷慮。他極少責備他人之短，但是從他的讚辭，他的精明的解釋及評述中，可以窺見這作家對於他的印象如何。他描寫每個作家時，他心目中雖常懸一問題，卽按今日的學說之特點及性質而言，這作家處何等的地位，可是他對於各作家並無軒輊；他有統一的計劃，有一致的論法，這個方法使著者的客觀勝過主觀，並且有時不能說明主要的觀點及理想。凡認傳統的經濟學說分類及觀點爲陳腐的作家，必不如羅希爾那麽重視這些理論。對於這種人也許賴尼芝(Leibnitz)的學說是無價値的——賴尼芝的學說是以國力在於土地，物品及人，而被認爲生產三要素（自然資本及勞力）說的先聲。但是這種說明方法對於羅希爾是重要的，因爲他所述的是相傳的學說，並且他的方法是用客觀敍述事物；所以在羅希爾的立點，任何其他的討論方法都是不正確的，主觀的。

「論者也可說羅希爾的目標雖是撰述各著作及學說的歷史，但是他的工作却無異於揭示德國自十六世紀至今的經濟狀況及制度。全書中隨處可見經濟思想與政治及政治思想的關係，在大體上闡述祇及於關稅同盟的創設，而對於近年來的發展極爲簡略。羅希爾既不爲已敍述，所以在他的著作以前的社會主義以及社會政策的全部發展，祇概括了之。因此在此書中亞丹斯密的信徒及德國的門徒頗占地位，而在今日這班人就不能如此重要了。」

羅希爾的國民經濟的體系是志在修改及補充勞伍(Rau)的課本。這本書名聞全世時，羅氏事業剛開始，對之十分欽佩。他的著作在大體上根據勞伍的分編列章，而陳述他的觀點的方法也大同小異。段落精賅簡潔，而附以詳細的註解。他的目標與勞伍的相同，也是作爲行政者及立法者的指南，以及學生的課本之用。

在經濟學的基礎一書中所討論的題目，與美國的課本相彷彿，包括定義，題材的分類，經濟學的歷史，以及一般的原則，在這書中他對古典派經濟學家表示感謝及敬意，而解釋他們的理論，大部分都加以贊同。有時他修正他們的結論及原則的說明，但是常在註釋中供給許多史料來闡明這些原則。他在這一部分的著作中明白表示他的目標不是批評而是補充古典派經濟學家。可是在方法一書中補充的工作尤爲顯著，他詳述古典派所忽視的各範圍。

他的著作中最著名的是農業經濟學（*Die National-Ökonomik der Akerbaues*）及工商業經濟學（*Die National-Ökonomik des Handels und Gewerbefleisses*）。此二書的工作駕於勞伍之上，開經濟學的新紀元，并指示後輩的學者以研究的途徑。他在這些著作中追溯近世歐洲各國的工商發展史，以及原料的生產，以中世紀開端時的一般文化爲背景，與古代國家，蠻夷之族，美國，歐洲殖民地以及亞洲相比較。他詳述中古以來各時期中鄉村及城市生活的特點，包括生產及分配的方法及技術，各階級人民的狀況，當時經濟與政治，宗教及社會生活的關係。他指出每個時期如何由前一時期而發展，今日的經濟及社會問題如何與已往的相連繫。薛謨勒曾說道：「所研究的範圍是國家干涉及個人行動之相抵觸，舊習俗及法律與新意趣及企圖設立新組織之相鬥爭，在新組織上面人民的精神文化的陳績及地理的狀況影響於生產，交換及信用的普遍要素」。（註十一）

（註十一）見前書第一五八頁。

他的財政學的體系及貧民救濟政策的系統二書也是討論經濟制度的發展史，但是範圍較前述的二書稍狹，而獨出心裁的機會也較少。此二書中前者陳述在近世歐洲的發展各階段中用以獲得及使用資金以維持政府的方法，而後者陳述關於貧窮階級的政策及保護的方法，同時也探索這個發展與今日各問題的關係。

羅希爾所著的這些書籍有一部分或全部分爲後起的作家所掩蔽，他們的著作是由較爲詳細完善及正確的研究而產生的，但是這却不能抹殺羅希爾的功績，他總不失爲這一派研究的首倡者，並且成績也頗可觀。他可稱爲激動後起作家的趣味及與以研究的模範。

茲引證薛讜勒的文學史（*Literaturgeschichte*）對於羅希爾著作的評讚於下：

「羅希爾開始是個言語學家及歷史學家。他把簡單恬靜而從容中節的一生在科學的及教授的工作中專去努力一個問題，就是使政治經濟建設在歷史的基礎之上，將勞伍的官房學理想及英國派基於自然權利的學說變成了歷史的定律。

「以尼其(Nitschl)及殷納馬‧史丹耐(Inama-Sternegg)等人之成爲經濟史學家的意味而言，他就不算是一個經濟史學家，因爲他沒有以批評的精神去研究及敘述德國及其他各國的經濟史中的某時代。他不像藍克（Ranke）是一個史料來源的批評家，他也不像薩維尼意在指明人類各制度並非由合理的程序而產生，却是由時代精神不知不覺而形成的。他是高丁鎮文化的歷史學家中的一個學者，他們的首倡者是穆沙(Justus Möser)。

「關於這些事，薛賴（Scherer）常稱羅希爾的貢獻是爲德國保留高丁鎮學派文化歷史學家的遺教。他是穆沙（是政治經濟學家中博通掌故的文化歷史學家）的忠實門生。他的力量是在於非常宏博的經驗及學識，在於繁複的經濟生活的實際領悟；他的興趣寄在各民族和國家的演進所經過之歷史程序的大問題，這些問題早由亞里士多德及麥其凡尼（Macchiavelli）所提出。他想從經濟程序的發現而窮究國家生活的各問題，他探求經濟發展的自然律，古代的研究，輓近歷史著述的利用以及統計的研究予他以實驗的材料，以求得關於政治及經濟史的過程之普遍眞理，有時他令人想起孟德斯鳩（Montesguieu）及哈德（Herdor），有時想起李塔（Ritter）之欲從自然解釋歷史的過程，從目的論了解歷史的過程之企圖。他有的觀點與白克耳（Buckle）相融合，白氏畢生是致力於發現歷史的自然律。我們可以說羅希爾所懸的目標，是一種普遍的歷史論，就是超卓的歷史生活的定律。以現在而言這目標也許太高，但是偉大的理想家總不斷地奮力去追求牠，而凡精神敏銳，觀察精密，兼有普遍學識的修養者皆奮力以求之。」（註十二）

三　希德布蘭（Bruno Hildebrand）

自一八四三年羅希爾首倡經濟思想及活動的歷史學派而後，希德布蘭繼起，又有相當的貢獻。他在一八一二年誕生於腦姆堡（Naumburg）的薩耳（Saale），肄業於白斯勞（Breslau）大學，攻讀哲學及經濟，到一八三六年在該

（註十二）前書第一五〇至一五三頁。

大學任史學的特別講師。一八四一年馬堡(Marburg)大學聘任他爲政治學教授。一八四八年在德國自由政治制度運動中他是一個活動份子，代表馬堡大學出席這年在法蘭弗舉行的德國各邦代表會議，到一八四九年至一八五○年他充海輿(Hessian)國會中的代議士。

他爲了反對海輿政府違反憲法的要求，失去馬堡大學的地位(一八五○年)。於是他到瑞士，先任瑞里(Zurich)大學的教授，後又執教於百倫(Berne)大學。他在百倫大學教授之外，還在百倫創辦統計局，主持頗久。在一八六一年他受聘爲耶納(Jena)大學的政治學教授，直到一八七八年他死了爲止。在一八六三年他創辦經濟統計年鑑(*Jahrbuch für Nationalökonomie und Statistik*)由他獨力主編，到了一八七三年才有他的門生康拉(Conrad)教授襄助。他逝世後，該雜誌由康拉教授一人編輯。在一八六四年他創辦多林其(Thuringian)聯邦的統計局，他的晚年合致力於主持這機關。

希德布蘭的興趣及活動頗廣，遍及商業、社會事務、教學、科學、文學以及政治。在瑞里、百倫及耶納等處，他參與某鐵路線的組織，並援助他所居各地的友誼會社之設立。在一八四六年他到英國研究勞工狀況及製造業。(註十三)

他活動範圍的廣闊，當然使他的著述較少，但所著却已可觀。關於統計方面，他所發表的有關於Kurhessens經濟狀態的統計報告(*Statistische Mittei Lungen über die volkswirtshaftlichen Zustände Kurhessens*)(一八五

(註十三)見巴格里夫字典中希德布蘭的一條。

三年）Kantons Bern 的統計說明（*Beiträge zu Statistik des Kantons Bern*）（一八六〇年），Thuringen的統計（*Statistik Thuringens*）以及經濟統計年鑑中各論文（一八六七——一八七八年），關於古代的經濟狀況及觀念他所發表的有：*Xenophontis et Aristotelis de oeconomia Publica doctrinae illustratae*（一八四五年），*De Antiquissima agri romani distributionis fide*（一八六二年）。雜誌論文有古代土地分配問題（*Die Soziale Frage der Verteilun des Grundeigentums in Klassischen Altertum*）及古意大利人口問題的研究（*Untersuchungen uber die Berölkerung des Alten Italiens*）。關於財政方面他所發表的有：Kurhessen 的財政管理（*Die Kurhessische Finanzverwaltung*）以及經濟統計年鑑中的一篇論文十六七世紀Hessen的財產稅稅法及其由財產稅而起的地價稅（*Die Vermogenssteuer und die Steverrerfassung in Althessen während des 16. and 17. Jahrhunderts and die aus der Vermogenssteuer Hessens Herrorgegangene Grundsteuer*）。關於各民族經濟生活的發展各階段的歷史專論有：自給經濟，貨幣經濟，信用經濟，（*Natural, geld-und Kreditwerthschaft*）及貨幣經濟的發展階段（*Die Entwickelungsstufen der Geldwirtschaft*），以及德國羊毛與麻布業的歷史。

他對於古典派政治經濟的態度，以及他對於經濟學的方法的觀點，發表得最明晰的是在：經濟學的現在與將來（*Die Nationalökonomie der Gegenwart und Zukunft*）一書，於一八四八年出版，在此書出版之時，他曾計劃著作第二卷，但是始終未告成功。他在此書中評述政治經濟史，并說明他本人對於歷史方法的信仰。他概述對於古典學派

的評論如下(註十四):

「無論亞丹斯密的貢獻如何大他在歷史上的地位如何確定,他一派與前輩的重商主義者及重農主義者有一個共同點,就是他想建設一個國民經濟的理論,其中的定律行之萬世萬國而皆準。正如盧梭及康德首倡一個政治學派,以設立一個絕對的國家爲主,而不顧及人類天賦的差別也不顧及各國不同的發展步驟及狀況;亞丹斯密及他的門徒也想從各個人民的特殊事實從各國發展中某一時的事實裏面發現萬世皆確的一般原則而由此設立一種世界經濟或人類經濟。這個嘗試完全與亞丹斯密時代的唯理主義符合。他們(卽斯密及他的一派)的出發點以爲國民經濟的一切定律,因爲創立於人與貨物的關係,所以超出時間及空間的限制,而在一切變化不已的現象中仍然是正確的。因此他們忘了人類從社會動物方面看起來是文化的產兒,是歷史的產物,而他的需求、意見、對於貨物的關係,對於人的關係,決不能永遠相同。這些都是按地理及歷史而互異,不斷的變化,並且不斷的隨人類的整個文化而改進。

「因爲這個世界主義,結果斯密的教義又有一個特點,而這特點頗與當代憲政的敎旨及文學相融合。這班作家都由社會的原子論出發,而認個人爲社會的唯一目標。由政治的唯理主義說起來,國家是保障全體個人自由的合法組織。由經濟的唯理主義者說起來,經濟社會是個人經濟的組合或組織,其目的在於個人需求之容易的快樂的滿足。前者以社會是建設在法定的契約之上,後者則以社會是建設在個人間交換的契約之上,而在兩個情形中,個人的私

(註十四) 見前書第二十七頁。

利益成爲社會的原因及維繫。

「因此兩者都以爲租稅是個人償還國家服役的代價，而根據這個敎條，他們又以爲租稅的分配應按每個公民在國家保護之下所得的收入爲準。

「這樣提高個人利益使成爲經濟學的第一原則，又涉及不能將經濟與人類的道德問題相連的缺點，難怪後來人們判定亞丹斯密的一派爲唯物主義。雖然多數的斯密門徒（尤以德國人爲多）並不以物質的享樂爲人生的目標，而將他們關於政治經濟及保護私財富的敎義，與較高的道德及國家的福利相連，又認經濟生活爲訓養個人完善道德的手段；可是他們以爲倫理的觀念絲毫沒有影響於政治經濟學，却和亞當斯密一樣把經濟學植基於全能的個人自利主義的假定，斯密派的英德兩系之間的區別，在於前者的出發點是個人自利主義永必促進一般利益的根本原則，而後者則否認這是普遍的原則，所以他們想從確認有賴國家之力來衞護社會公衆利益的必要以完成基於自利主義之政治經濟。可是從斯密派的全體看起來，經濟學可算是商業的自然科學，而其中的個人是被認爲一種純粹的自私力正像各種的自然力永在同一方向活動，並且在同一的環境之下，行動總是一致的。因此在德國及英國的人民，稱他們的定律及規則爲自然的經濟律或經濟生活的自然律而與其他自然律一視同仁也賦與永久的繼續性。」

他也批評蒲魯東（Proudhon），並懷疑羅希爾對於古典學派的態度是否正確。他自己對於這學派下根本的抨擊絲毫不留餘地。「他以爲歷史不但完成及予經濟學以生氣，並能使之完全改造。」（註十五）

對於羅希爾認發展的自然律應爲將來經濟學的題材，他也不十分贊同，在經濟統計年鑑第一卷中，他發表他的意見道：「經濟學不必從複雜的經濟現象中，探求不變的相同的定律。牠的責任是說明人類在一切經濟生活的變化中怎樣進展，及這經濟生活怎樣輔助人類達於至善。牠的任務是追溯各國及全體人類的經濟演化，以及發現今日的經濟文化及正待解決的各問題的基礎。」（註十六）

四　克尼思（Karl Knies）

組織舊歷史學派的德國三學者中的第三人，就是克尼思，他於一八二一年。生於馬堡，在一八四六年他任馬堡大學歷史及政治學的特別講師，而在一八四九年執教鞭於卡沙(Kassel)的工藝學校。一八五二年他爲瑞士的史霍遜學校（Schaffhaussen）的教員，一八三五年任費里堡大學（Freiburg）的財政學教授。自一八六二年至一八六五年他爲巴登(Baden)中小學行政委員會的委員長。自一八六一年起他曾任巴登國會的下議院議員多年，而其中有一時任職於內政部。在一八六五年他受聘爲海德伯大學政治學教授，直到他死時爲止。

他的著述包括政治及經濟的各種題目。關於經濟的主要著作是：統計學爲獨立科學（*Die Statistik als selb-*

（註十五）見基德及李斯著經濟學史第三八三頁。

（註十六）參閱經濟統計年鑑第一卷中希爾布蘭的這篇論文 *Die Gegenwartige Aufgabe der Wissenschaft der Nationalökonomie* 第一四五頁。

ständige Wissenschaft 一八五〇年），經濟學歷史方法的研究（*Die Politischen Oekonomie Vom Standpunkte der geschichtlichen Methode* 一八五三年第一版一八八三年第二版），鐵路及其作用（*Die Eisenbahnen und ihre Virkungen* 一八五三年），作交通工具的電報機（*Die Telegraph als Verkehrsmittel* 一八五七年），財政政治問題討論（*Finanzpolitische Erörterungen* 一八七一年），貨幣與信用（*Geld und Kredit* 共二冊一八七三——一八七九年），以及Karl Freidrichs von Baden與Mirabeau, Du Pont書函集（*Karl Friedrchs von Baden brieflicher Verkehr mit Mirabeau und du Pont* 一八九二年）。他不時有文章在百科全書及雜誌中發表。

他與舊歷史學派的關係，及其對該派的發展的貢獻，就在於他從歷史方法的主點而著述的一本政治經濟學。他在第二版中自稱「從歷史的主點」此書是說明歷史方法並討論其中的理想問題。他在緒論中說明他主見中的政治經濟在政治及社會各科學中所處的地位，以及後者在一般科學中所處的地位；他又批定政治經濟史上已有的成績，並且比較歷史的及其他的各方法。

在第二編［中卽經濟（*Volkwirthschaft*）一篇］，他陳述國民的經濟，對於牠所佔居的領土，對於牠的種族及其他物質與精神方面的特性、資本的數量、土壤的消耗程度、國家、宗教及教會，以及牠的顯著的觀念及感情等等的關係，他在末章中指出國民經濟在全體生活上的地位，側重於說明國民經濟祇是一個較大單位的一部分。

在他稱爲經濟學（*Volkswirthschaftlehre*）的第三編中他先規定政治經濟的範圍，並用以下的定義「古代民族經濟實際狀況及其歷史的演進」(Das Wirtschaftsleben der geschichtlichen Volker in seiner thatsachlichen Erscheinungen und in seiner durch zeiten und Generationen andauerenden Entwicklung)在第一章中他討論根本的事項如分工生產的活動生產與消費的關係，勞力及其對於個人與國家經濟的關係，個人經濟相互的及其對於全體國家經濟的關係。在以下各章中他討論他所稱的古典派的絕對假定，例如私財產及利己心經濟理論及觀念與牠們所產生之時期及創造牠們之各人民的特性間之關係，個人與國家及各階級的利益之衝突，自然律及社會律，相對論的原則，以及研究的方法（其中包括各種不同現象的因果關係，統計實驗的性質及限制等等）。

他將相對說與古典派經濟學家的絕對主義對比，而用以下的理論證明相對說卽私財產，利己心及生產力等名辭的概念隨變化的狀況而變更，因此牠們與其使用的時間及地點有關，並且與採用牠們的人民之性質有關。他又說明用以發現眞理的方法隨這科學發展中不同的階段而變更，並且在任何時不同的科學因其性質之不同而其方法亦不同。

爲了證明這學說的另一面，他比較各國在同一發展階段上的種種制度。克尼思說這些制度在性質上是相似的，但非同一的，而各國的發展中之各階段，也是類似的，但非同一的。

他對於這相對說的完善及其普遍應用性的確信，使他懷疑羅希爾的「發展律」的觀念，及歷史方法這一名辭的用法。既然綜合（卽羅希爾所謂的定律）所根據的各種比較，祇發現相似性而非同一性，那這些比較並不構成科學定律的核心之因果關係，所以羅希爾所發現的是「類似」律不是「因果」律。

他說方法二字在科學的規律中應指到在變化的現象之間設立了因果關係的方法，可是羅希爾却用以表示一個觀點。因此克尼思欲稱羅希爾所倡導的革新爲「從歷史的觀點去研究政治經濟學」，而他的著作在第二版時就據此而更正題名。

關於這一點他又審愼區別政治經濟及經濟史前者應盡量利用歷史並可說應根據於歷史，可是牠有一不同的目標，所以不能祇憑藉歷史的攷察一項。

在下列一段中薛謨勒敘述克尼思在舊歷史學派的發展中的地位以與羅希爾的地位相較：（註十七）

「與羅希爾比較起來克尼思是一個沉重誠摯邃於鑽研而拙於雄辯的理想家，他不斷地研求各問題的理論上的新觀念。歷史並非他最感興趣的題目，祇是用以擴充經濟學而已。實則他不是一個史料的搜集者。他覺得不易描寫各時期或在發展史中的特殊經濟制度，他的從歷史方法或他所稱的從歷史觀點而研究的經濟學，是集合關於根本理想問題的各專論而成的，這些問題是一八五〇至六〇年的初期的爭論題目，爲大家所注意，並與當時的各重要問題有密切的關係。他不但注重於政治經濟與歷史的關連，並且以爲政治經濟應與地理哲學及法學相連。他在哲學及

（註十七）見前書第二〇六及二〇七頁。

法學上的修養，決定了他著作的特質這種修養在一方面使他成立獨斷的公式及觀念，就是後來他關於貨幣及信用的著述中所發表者在另一方面使他下這個結論：政治經濟是立於並且應立於歷史的基礎之上。

「他的觀點以爲主要的工作，是攻擊抽象攻擊過早及錯誤的綜合，這是古典派經濟學家中常見的情形，而對於輓代的作家，克尼思也下過這樣的抨擊。他主張實際的具體觀念。他深感到連結各種現象的心理力量。他對於決定各國的整個歷史的精神有深刻的觀察。他是薩維尼及尼伯的忠實門徒。他本身不是個歷史學家，但却是歷史的心理的，近代的德國政治經濟的理論上的首倡者。據我看起來，他對於這新興的經濟學與亞丹斯密及呂嘉圖的政治經濟間的不同較之羅希爾及希德布蘭有更深的了解。他在理論上的貢獻，正如李斯脫在實際上所得的成績。在他的心目中，主要的事項是國家經濟與國家生活的其他部分的連絡，經濟制度之依賴於其所產生的各時期中的智力及物質的要素，以及一切社會現象的集合性質的重要。關於這點，他有超卓的遠見，沉靜、愼重。他不如希德布蘭的聰明，也不如羅希爾的學識淵博，著述豐富而生動。他的風格近於偏頗扳拙。他決不能受人歡迎，也許因爲這原故，他益努力深求，直到他發現新的根本觀念爲止。

「他的最大魄力在於他達到非常廣博的科學原則，這一方面是由於他對於實際的直覺，以及他審愼的攷察；另一方面是由於他對於複雜現象之間的關係有抽象及精深的思慮，在他後來的著作中這特點較之從歷史觀點而研究的政治經濟史尤爲顯著。這後一著作是他早年的成績，並且是由關於這題目的全範圍的材料裏結搆而成，故占了經濟學的中心地位；而前者是全範圍中各部分的特殊攷察，以代表更深的研究工作。」

五　歷史學派的特徵

羅希爾，希德布蘭及克尼思的著作，各有其特性，所以很難評定他們全體對於經濟學史的貢獻如何。薛謨勒的評語是：「我們可以說羅希爾的大綱（*Grundisse*），其他重要的專論，以及他的教科書（*Lehrbuch* 一八四三——一八五四）第一卷；希德布蘭的現在（*Nationalökonomio der Gegenwart*）及將來（*Zukunfy* 一八四八年）；和克尼思的經濟學之史的研究 *Politischen Ökonomie Von Hislorischen Standpunkt*（一八五三年），明白表示繼續李斯脫所首倡的，但在理論方面尚未成功的運動……這運動係脫離抽象，個人主義，唯物主義以及古典派經濟學家的狹窄範圍，而去研究在具體的有機體的社會觀念裏面之經濟生活，去認識社會生活各方面相互的關係（尤注意於物質，道德及精神方面），以及去包括經濟生活的一切事實於經濟學範圍之內。（註十八）

這班作家對於政治經濟的觀念，確異於古典學派所持的見解。他們的觀點以為經濟學應包括人類經濟生活的一切現象，而古典學派則主張經濟學祇包括某種的經濟現象，就是表現一般定律的運行的各現象，例如價格的變動、利率、工資、租金以及在自由競爭狀況下生產及消費的調劑等人。

按古典學派的觀念，「最重要而最有興趣的整個的經濟現象，完全略而不顧。在事實上，經濟界的現象是極變化

（註十八）　見前書第二〇五頁。

莫測。其中有無數的制度及組織，銀行及交易所，工頭的聯合及工人的組合，商業聯盟以及合作社。小商人及大製造家間的永遠競爭，商人及聯盟之爭，階級及個人之爭，公私利益之衝突，城鄉之爭等，是個普遍的現象。一國鼎盛之後又復淪於衰亡。競爭有時使之優勝，有時却使之失勢。一國在此時期中改變商業政策，而在另一時期中復採用舊制度。經濟生活藉「隨變化的狀況而不斷地改正的各種機關」以達到牠的目標。這些機關也隨着科學的進步，方法及信仰的革新而漸次改變。」

關於這些事，「古典派的機械觀念一無所知。牠不說明使國家離立使時代劃分之種種經濟上的差異。牠的工資說沒有說到各階級的工人，或各時期中他們的福利，或決定這福利的法律及政治的狀況。牠的利息說沒有說到各時期中利息的不同方式，或貨幣的演化，不論是金屬的或紙類的。牠的利潤說不顧及產業所經歷的變化，產業的集中及擴充，產業此時的個人主義色彩及彼時的集權傾向。對於產業或商業的利潤與農業的利潤，並不加以區別。古典派經濟學家祇尋求普遍的永久的現象，即經濟人最易於其中表露他的性格的那些現象。

「假使我們欲敘述在各方面活動中的具體經濟生活，這個機械觀念自不足以盡之。牠祇給我們以一般的結果，這並沒有指示途徑怎樣去探求經濟現象的具體及特殊的性質。」（註十九）

歷史及古典學派在經濟現象的研究中，所尋覓的不是同一之物，所追求的不是同一的目標。眞的，羅希爾，希德布

（註十九）見英格蘭特及李斯著經濟學史第三九九頁。

蘭及克尼思三人，敘述他們的目標也不一致。他們之中沒有一個能將目標陳述得又確切又明晰；也許他們之中各有他最後的目標。羅希爾及希德布蘭二人似乎口頭上都述及發展律，而意中所指並非同物。克尼思對於這種定律的存在，或用以敘述這定律的適宜名辭發生懷疑，可是他們三人都不探求古典學派所立下的定律，羅希爾似乎並不懷疑這種定律的存在及價值，而把牠們列入他的基礎(*Grundlegung*)一書中，但是在他自己的特殊著述中，他所探求的是與這定律不同，及用以補充牠們的東西。希德布蘭及克尼思二人所研求的又異於羅希爾，並且對於古典學派的抽象觀念之價值及正確，也不如羅希爾那麼信任。

舊歷史學派確認各社會科學之間的關係及互相倚賴，這一點不爲古典學派所重視，而在牠的研究方法中也沒有地位。按前一派的觀點，每個社會科學以不同的眼光來觀察社會，但是牠所直接觀察的一方面生出一種關於全體的特殊見解，而非僅及一部分的見解。假使我們說每個社會科學討論某某社會活動，那末歷史派經濟學家必說這討論的社會活動爲其他一切活動所影響，而一部分且爲其所決定。於是研究一種必研究一切的活動，而每個社會科學必利用其他一切社會科學的結果，然後再將其所得的結果貢獻於其他的一切社會科學。

假使我們承認古典學派的研究的効力及價值，那歷史學派的功績可稱爲擴充經濟學的範圍。他們最有價值的工作，是在古典學派所未曾涉及的範圍內，而其重要自無可否認。他們對於古典學派的評論有的頗爲正確，但其中大半由於誤解該派的目標及輕視純粹理論之故，這純理論是根據於某種經濟現象的分析及推論。古典學派或其中的門徒對於將理論解決複雜的社會及經濟問題的適用法，頗遭歷史學派的抨擊，而在十九世紀第二期中這種問題的愈形重要及複雜，引起了一個反動。這個反動使經濟學擴充了範圍，改良了方法。

純粹的理論及根據歷史研究的綜合，在經濟學中各有相當的地位，而我們能鑒識後者的眞價，則應歸功於國家主義派及歷史學派了。

第十四章　樂觀派

一　小引

又有一派抨擊古典學派的學說（尤以呂嘉圖及馬爾薩斯兩人的學說爲甚），是以卡里及巴師夏（C. F. Bastiat）二人爲領袖。他們與國家主義派及舊歷史學派不同，並不反對古典派經濟學家的方法或其所研究的範圍，但是反對呂嘉圖的分配說，由此而推論的進步說，以及馬爾薩斯的人口說。

他們所提出以替代呂嘉圖及馬爾薩斯的學說者，在實質上是相同的。卡里的學說先發表，有人指摘巴師夏以抄襲之罪，但是沒有充分的根據。我們最好認他們各自倡言立說，但是說也有趣，爲何這種反動同時發生於美國及法國；其一是個傲慢武斷而又深信保護主義的學者所發表，又一個却是個謙虛如農民而膺服自由貿易的學者所倡導。

他們兩人在本國所見的狀況，可資說明。這些狀況大不相同，但是在美在法對於呂嘉圖主義及馬爾薩斯主義發生相同的反動。美國是個新興國家，地大物博，而富藏未闢，人口較少，但增殖極速。一般的幸福標準較富，並且人人有謀利營業的機會。在美國資本及人口的增加之結果，常增進各階級的繁榮，而按卡里的綜合，則以爲將來亦必有這結果。

這些情形不會而且也不至產生呂嘉圖及馬爾薩斯所預測的結果。美國的這些事實，似可證明呂馬等是謬誤的。

在另一方面法國並沒有廣大而未開墾的自然資源人口及資本較多，並且與這些資源完全成比例；一般的幸福標準不高也沒有過去的繁盛記錄及將來的希望。這些狀況眞可證實呂嘉圖及馬爾薩斯的學說。可是此外還有一個要素，社會主義的煽動非常猖獗。這班宣傳者深服呂嘉圖的理論，而主張澈底改變現行社會制度的各基本組織是唯一的救濟。至於像巴師夏這樣的人，他是深信現行社會制度在根本上爲最優良的，並且他又認社會主義爲危物，所以當時的問題是使大衆確信現行制度的利益。他在想完成這結果的嘗試中，對於呂嘉圖及馬爾薩斯的學說也如卡里的加以抨擊，並且也代以同樣的學說。

二　卡里

卡里在一七九三年誕生於費拉德斐州（他是麥修卡里(Mathew Carey)之子。麥修是個出版家，書商及熱心的保護主義者，在敍述雷夢（Daniel Raymond）及李斯脫時已提及之。他的教育多半從他父親的職業實地得到，他因爲担任校閱樣稿之職，所以得到分析及批評別人的觀念的學問。在一八二一年他經理他父親的書業，直到一八三五年爲止。此後他退休家園努力於著述及公務。他在一八二五年，一八五七年及一八五九年遊歷歐洲，遇見彌爾(John Stuart Mill)，卡佛（Cavour），翰包（Humboldt），李宓(Liebig)，夏弗里（Chevalier），費拉拉（Ferrara）及伯福(Bergfall)等人。其中有幾人在他回國後，仍以書信來往。

卡里的體格魁梧，性格剛强，天資高，家產富，善於交際，又喜聞同人之讚譽。在十九世紀中葉他成爲本城本州的主要人物。他對於一切的公益事宜無不熱心，而藉了他如簧之舌及一支生花之筆，與當時的輿論及經濟學家以不少的影響。(註一)

他的著作極爲豐富，茲舉其最重要的各書於下：工資定率論(*Essay on the Rate of Wages* 一八三五年)，政治經濟原理(*The Principles of Political Economy* 一八三七—一八四〇年)，過去現在及將來(*The Past, the Present and the Future* 一八四八年)，利益之和諧(*Harmony of Interest* 一八五二年)，社會科學原理(*The Principles of Social Science* 一八五八—一八五九年)，從自然、社會、心理及道德之關係中表現之定律統一性(*The Unity of Law as Exhibited in the Relation of Physical, Social, Mental and Moral Science* 一八七二年)。

他對於經濟主題的觀點，尤以對於古典派學說的態度，在他早年的著述中及在十九世紀中葉前後大相徑庭。在上述前二書中，他對於這些學說的異議並不激烈，但是自過去現在及將來一書以後，他的論調與古典學派大異其趣，而對於呂嘉圖及馬爾薩斯的批評尤爲猛烈。

他的主要觀念說得頗爲詳盡，並且在後來各著作中反覆陳述，這些觀念可分列爲價值、分配、生活的定律，以及自

(註一) 關於他的性格及研究方法，參閱金克(Jenk)著卡里的國民經濟學第二三至二五頁。

然與保護主義的調和。

他將價值的觀念與取得滿足慾望的手段時所克服的抵抗意識相連。他說道：「人類心目中對於價值觀念的存在的原因，……這是我們對於未占有物品前所應克服的抵抗力的估計。」因此價值隨這種抵抗力的大小而增減。（註二）根據這原則他斷定在進步的社會中物品的價值漸漸跌落因爲進步的就是人力愈勝自然而取得滿足慾望的手段時自然抵抗力之減少。

他用交換勞役原則來說明交換率。他設想漂泊的魯賓孫在島上遊行而發現了另一人，與他所處的地位相同，這個人有較優的箭但是沒有船。卡里說道「這是交換制度未設立之前的狀況。第一人用捕魚的間接程序以與他的鄰居交換在一日中可得較多的肉食品他若以不敷應用的弓箭去覓食在一星期中還不能得這麼多。第二人用一日所獵得的鳥以換取魚，必較多於他一月中無鈎餌釣絲之助而以空手捕捉之數由於這個交換程序，兩人的勞力生產較多。可是每人都以一日的勞力交換一日的勞力，不肯讓對方多得一點……所以交換的價值，是取決於支配這兩造各自工作時的定則。」（註三）

卡里又從這些原則，闡揚物品按其再生產成本而交換的定律，既然物品的價值因人力的制勝自然而漸趨低落，

（註二）　見社會科學原理（第一版一八八八年）第一四八頁。

（註三）　見前書第一五九頁。

則各時期中的生產成本必較前一時期的來得少，因為無人對於從前生產的物品的出價，肯超過現在此物再生產的成本。

以均等相互勞役為根據的交換原則，也能與這定律融合，因為交換物品的再生產成本，正是每個交換者對於對方所効勞的標準。

卡里知道這定律指交換者的生產力是相等的。他說道：「若要使勞力的數量成為價值的標準，則非有平等的支配自然之力不可。在紐約或費州中二個木匠的出產品，可以交換二個石匠的出產而二個鞋匠的出產，在價值上較之兩個衣匠所生產的並不相差多少。在波斯頓的一個勞工的時間，在價值上與畢茲堡，辛辛納梯或聖魯意中另一勞工的時間差不多相等；但是較之巴黎或哈弗的勞工則不然，因為後者沒有如此完善的機器使用，而多半藉於腕力之故。在法國的各部中，勞力價值較之必需品的價值相差根小，在英國及印度的各部中也是如此。在巴黎及色當或李爾等處的勞工間的差異，較之法國任何勞工與美國勞工間的差別，自是至小極微。影響於巴黎及李爾的人力制勝自然的狀況，是法國全體人民所共受的，正如費州的勞工所受的影響，是全美國的人民所受的影響。這裏我們發見同時但不同地所發生之同一的結果，而前此以為此等結果係發生於同地而不同時。美國殖民的改良機器已增進了他們的生產力，他們第三年的成績遠勝於前二年。因此美國的一年勞力的價值，較大於法國的二年勞力。勞力價值的增加，是直接比率於心力之替代體力，人類異於動物的特質以替代與動物共有的性質；並且一切物品的價值是按這比率而漸

次低落。」(註四)

卡里將這價值說應用於土地製造品以及原料。他說道：(註五)「土地的價值是勞力改良土地的結果。」這些改良的生產成本在進步的社會中既然漸趨低落，則土地決不能按其改良的實在成本而出售。他爲了證明這結論說出下列一段話。(註六)

「十二年以前，不列顛的土地及礦地（包括教會的產業）的每年價值，按畢爾（Sir R. Peel）的估計是四七、八〇〇、〇〇〇鎊，而按二十五年的收入可有十二萬萬鎊。試計算工人礦工機械以及其他勞力的工資，每年各有五十鎊，那末土地可代表二千四百萬人的一年勞力，或是一百萬人的二十四年勞力。

「我們假定這島國的土地變成該撒發見時的情形，遍地森林（其中木料因太多故無價值），池沼，荒地；然後再估計將這土地變成現狀所需的勞力數量；就是開林通溝平地劃界建築道路鐵路、教堂學校大學、法院市場、開墾礦地、以及其他用以造成能收獲租金的無數改良；那末即使有近代的一切機器設備，有最優的斧頭鏟子、蒸汽機、鐵路及火車等等，也必經過幾世紀的億萬人力才能成功。」

(註四)見前書第一五五頁。

(註五)見前書第一七五頁。

(註六)見前書第一六四至一六六頁。

卡里雖常用「勞力的價值」一語，但是他並不將再生產成本的原則直接適用於勞力。他認勞工是應享有所生產的財產者之一人，另一個是資本家（包括地主）。按他的意見，土地的價值與其他物品之價值係決定于同一的原則，所以當說明地主在財富分配中所應得之數時，不宜將他們另歸一個階級。

由這個假定出發，即社會的全體出產量是分配於勞工及資本家，卡里創立了下列的分配說：

「一隻石斧所助成之工作雖無幾，但對於斧主的貢獻卻極大。因此斧主知道借用這斧頭的人必以高價償還他。並且借者也頗有利。他取石斧砍木在一日中所得的，較大於他空手砍木在一月中所得之數。假使他能得他勞力出產的十分之一，借用石斧於他就有利。他若得四分之一，他的工資就大增加，雖然他鄰居的資本家所得的利潤占了其中的大部分。

「假使第二次所得的是用處較大的銅斧，而斧主既許人借用牠，現在必想到此後不但勞力的生產力大增，並且每畝的生產所需的勞力必大減，於是資本力隨勞力再生產資本的力量之增加而漸減。因此他要求分得這更有力之工具的價格的三分之二，而對採木者說道：你用這斧頭後比用石斧時的工作要增加一倍；假使我讓你分得所採木料的三分之一，你的工資也已比前加倍了。他們就此商定，而前後兩次的分配可分述於下：

	總出產量	勞力所得	資本家所得
第一次	4	1	3

第二次	8	2.66	5.33

「這增加量中勞力所得的增加比例。不止加倍他的報酬。在另一方面資本家所得的並沒有加倍，因爲他從這增加量中所得的是減少比例。第一次勞工的地位是一比三；而現在是一比二，他有了這增加的積蓄力，就可自成爲一個資本家。心力替代了體力，平等的趨勢逐日益增進。」(註七)

他用同一的方法說明採用鐵斧及鋼斧後的結果，他的結論述之於下：

	總出產量	勞工所得	資本家所得
第一次	4	1	3
第二次	8	2.66	5.33
第三次	16	8	8
第四次	32	19.20	12.80

他接下去又說明投於斧頭中的資本是這樣的情形，投於其他形式中的資本也是這樣。他先用房屋的築建爲例：第一所房屋需要較大的勞力，但是技術的改良不斷的減低後造各屋的成本。因此房屋的價值漸漸低落，而屋主所索取的租金也隨之而減少。他也提及利率的漸次低落，以證明他所擁護的定理是正確的。

(註七) 見前書第三卷第一一一及一一二頁。

他將下段的話收束這部分的說明：

「這就是支配勞力出產的分配的定律也許在一切的科學著作之中，這是最完善的定律因爲有了牠人類各階級中的眞利益才有完善的和諧。加之無論少數有力者如何壓迫多數的弱者，由使用私撥款項之力而得的積蓄如何大，階級的劃分如何顯明；要在法律前設立完全的平等促進一般社會狀況的平等，一切都由于進行一種組織趨于建立最高的聯合力及個性發展，而這組織是由絕對尊重別人的權利維持和平及促進國內外的財富及人口而成立的。人類操縱自然的力量增加得愈快，則促成支配人類本身之力的趨勢，必愈增大」(註八)財富與能力是要並駕齊驅的。

按卡里的意見，製造品的生產成本的不斷改良，使原料及完成物品的價格愈形相近，因此「勞力出產品在利潤，利息，運費或租金的形式中所可得的比例，不斷的減小」。

這理論的程序使他下了這個總結論：社會中一切階級及各部分的利益，是完全和諧的，茲引述於下(註九)「在上述的程序中我們指出社會中各部分的利益是完全和諧的，勞工爲接近船主而得利，而船主則由接近能用這船的人而得利。各人得較多的物品，但並非由於損人而利已，兩人都能用較多的時間及心力以改良助他支配使用自然力

(註八)　見前書第一一三及一一四頁。

(註九)　見前書第一二〇頁。

的機器，而借此增進財富。兩人都極關心於維持和平的一舉一動，並留意到採用一種政策能獲得勞役及出產品的最迅速流通，最經濟的勞力最高的聯合力，最完善的個性發展，以及最大最自由的商業。」

卡里不信上述的人類狀況的逐漸改良及利益之和諧，會被人口過速的增加所破壞。他否認馬爾薩斯所發見的人口增加超過食物供給的趨勢，他却以爲這種情形爲自然律所制止。他將這些自然律概述於下：（註十）

「在一切的階級制度，屬種及個人中的一般生活律可作如是解，

「神經系與維持生命的力量成正例：

「生殖力與神經系的發展成反比例——腦子較大的動物，生產力總量最小，而頭腦較小的生殖力却最大：

「維持生命之力與生育之力，兩不相容——這相反的力永遠趨向均衡點」。

下列一段是陳述他對於這「一般的生活律」運行後可有的結果的觀念：（註十一）

「現在試察文化的不斷進展以及最後的成熟，我們從我們所探求的這自相調劑的定律的運行，有何所得？過去的事實證明純粹的體力，盲目的勞役，附以一般的安全心，而沒有跟着激刺野蠻人的神經系的那些顧慮，是有利于高度的生殖力，或可使牠發展到有經驗以來的最高度，——這生殖力繼以重大的死亡率。可是文化趨於自然力替代人

（註十）　見前書第三〇二頁。

（註十一）　見前書第三〇四及三〇五頁。

力之境，將來芸芸衆生的生命必不受最低勞役之苦——結果體力衰弱而減低生殖力，或精力從身體移注於神精系，而減低了生育的比率。無論狀況趨那方向變化這個結果終不能免。可是我們所趨向的變化是屬于後者，我們的社會狀況的改良係起因於擴充智力活動及激刺神精系的改進。社會愈趨向自然的形式，心力與體力在生產維持生命的物品之中愈相調合——這一切的調合在恰好的比例上使生殖力低減而使維持人生之力增加。情形既是這樣，我們現在有一個自動的定律在說明過去的事實時，預示將來的情形而使我們能夠先見節節前進，以達到最後的目標。這些目標的利益與我們對於創造這些定律的至靈至正至善的上帝的觀念完全和諧。」

卡里以爲在經濟界所見到的這和諧律，祇是一個自然律的表現方式之一而已。他將這自然律的運行解釋於下列的公式：

	吸收：	生產：
植物	燐酸石炭從土壤中發出的鹽	純粹的植物的物質
動物	1. 植物的各部分 2. 骨頭及細胞組織從肺部吸入的氧	完全的骨血及細胞組織 分泌物中的燐酸及其他的鹽質
土壤	動物死動物及植物的分泌物	燐酸石炭等

植物，動物及土壤如此動作而又如此互相影響，產生了一個完全和諧的動作循環。人類祇是這些動作中動物方

（註十二）見前書第八二頁。

面的一部分因此他就是完成這和諧動作的機械的一部分人類異於其他動物的就是他有支配植物其他動物以動物質中的自然力的能力在未開化的狀況下他的這種能力僅僅稍勝於其他動物但是他有天賦的特殊才能使他這能力漸漸滋長而文化也隨之而發展。

按卡里的意見人類天賦的特殊才能就是社會本能、個性責任心以及進步的能力。社會的本能使他與同伴連絡。個性使每個人各有其特性而因此能互相扶助。有了助人之力責任心使他去用這能力而進步的能力使他渴望改良他本人的狀況這些品質的合併使人類間的聯合或合作在可能的狀況下皆告成功。按卡里的見解聯合是人類獲得制勝自然之力的手段。

所以卡里認造成適宜人類聯合的狀況是進步的要件他主張保護政策是達到這目標的手段他將這政策與聯台相連所持的理論是「人與人若要聯合必先互相接近。連合生產者及消費者與各需對方的出產品的不同生產者，能促進接近保護政策由設立國內的市塲以促成這結果而且由此增進工廠的設立並使之設于附近他們所需用之原料出產的來源地點附近消費他們出產品的人民。

卡里又用其他的理由其中之一是保護政策減少運輸的成本並且縮小交換的組織。關於這點他對於貿易及商業加以區別而又詳細說明他所謂的「貿易」的不利。下列就是他的理論方法：（註十三）

（註十三）見前書第一卷第二一〇及二一一頁。

「我們通常認『商業』及『貿易』二辭爲同義之語，可是二者所表示的觀念大相徑庭，所以有明白了解其區別的必要。一切的人互相連絡，互易觀念及勞役，以便維持商業。有一部分的人，爲了他人而執行交換，如此便促成了貿易。

「商業是處處渴望處處追求的對象。交通是商業藉以成功的工具，而這工具的需要愈大，則要求使用這工具的人勢力就愈小。消費者與生產者愈接近，聯合力愈完善，則貿易者的服務就愈不重要，而生產者、消費者與要維持商業者的勢力却愈大。生產者與消費者相距愈遠，則貿易者的服務就愈重要，而他的勢力就愈大；但是生產者與消費者却愈形貧弱，商業的勢力愈小。

「一切物品的價值既是測量妨礙取得這些物品的阻力的標準，則前者必隨後者的增加而增加，並且每次增加必使人的價值低落。貿易者服務的需要阻礙了商業，並且提高物品的價值，而貶低人的價值；無論能減少多少，必按這範圍而減少第一的價值，而增加最後的價值。這減少的情形，是由於財富及人口的滋長，個性的發展，以及聯合力的增加；商業的發展總是直接按其支配貿易的力量之增加爲準，恰如我們從牠支配道路、貨車、船及其他工具中所見到的情形。那班買賣及運輸者渴望妨碍聯合的組織，使商業無維持的餘地。他們的目標愈告成功，則他們手中留存的物品必愈多，而分配於生產者與消費者的部分必愈小。」

三　巴師夏

巴師夏（註十四）是法國貝耶納（Bagonne）地方商人之子，誕生於一八〇一年，死於一八五〇年。他九歲時父親逝世，而由他的姨母撫育他，教育他。他畢業後就加入他姨丈的行業。在一八二五年他從祖父手中承繼一塊地產，因而渡過多年的恬靜生活，直到一八四四年爲止。

在這幾年中，他頗注意於智力的培養及農業。他與友人柯道勞（Coudroy），共同研究及討論哲學、歷史以及政治經濟。他不時寫關于地方問題的小冊子，其中有：國庫與葡萄（*Le Fisc et La vigne* 一八四一年），葡萄農產問題（*Memoire Sur La question vinicole* 一八四三年），蘭得省邊境關稅的分配報告（*Memoire Sur La repartition de L'impot foncier dans Le departement des Lande*）等。他通曉英意及西班牙等文，所以對於其他歐洲國家（尤以英國爲甚）生活方面有興趣的事件，他常從原文而覘其詳。

他披覽古典派經濟學家的著述及與友人討論，使他深信個人主義，而認之爲社會及經濟事務的主要原則。他主張政府應極强固以保護社會，但是政府應使用個人在可能的範圍中有充分活動及企圖上進。他起初也曾將個人主義的原則適用於國際貿易，在一八二九年他起草一篇文限制制度（*Sur le régime restrictive*）但因第二年的大革命而中止發表。在一八三四年他發表了巴都、哈弗及里昂各城關於關稅請求的感想（*Reflexions sur les pétitions de Bordeaux, Le Havre et Lyon Concernant les douanes*）。

他早期著作中所提出的類似烏托邦的自由貿易，他確信至少在一個國家不久可以實現，這定論是由於他觀察

（註十四） 關於巴師夏的生活是取材於方頓納（R. De Fontenag）著巴師夏之生平及其著作。

英國當時廢止穀物條例運動的進展而來的。他常以定閱倫敦 *Globe and Traveller* 雜誌而從其所論述中探究這運動的經過，他是一個小俱樂部的會員，其中所討論的使他知道法國十分不了解英國的這個運動，並且報章所載的多不符事實。於是他決定要改正當時一般的謬見。爲了這目的，他投稿於經濟雜誌，題名英法稅則對其人民前途的影響。(*De l'influence de tarifs Francais et Anglais sur l'avenis des deux peuples*) 該文發表一八四四年十月間大受讚譽，所以該雜誌的主筆勸他多寫些關於這題目的文章。

巴師夏受了鼓勵，就聚精會神從事於這新工作。他的辯證强而有力，並且他以爲這問題是值得如此努力的。他的方法是指出保護主義者的理論之謬誤，而用根本原則以測驗之。他爲達到這目標，寫了不少文章，大半先發表於經濟雜誌。他又寫英國柯布登（Cobden）所組織的自由貿易聯盟的歷史，而題該文爲柯布登與同盟或英國自由貿易運動。(*Cobden et la ligue ou l'agitation anglaise pour la liberty la des echanges*) 他準備寫這篇文時，曾與柯布登互通書信，結果兩人成爲至交，互相工作。該書使他榮任法國研究院的通信員，並博得佳譽。他爲欲督視該書的出版，而到巴黎去，都城裏各經濟學家都竭誠款待他。不久他又遊歷英國，遇見柯布登以及自由貿易聯盟的其他會員。

在一八四六年他的生活遭一大變。前此他多靜居於墨格郞（Mugron），有時出外遊覽，而在前二年中最多。他現在成爲活動的宣傳家，總機關駐在巴黎。這大變的開始是在一八四六年二月間，那時他組織自由貿易聯合會於堡都。他又到巴黎進行同一的組織。在首都裏他與新聞學家及政府官吏商議，與商家集會講演，又時時發表文章。結果他組成了一個中央委員會以傳佈自由貿易運動於法國各部。他担任該會的祕書，並創辦週刊，作爲該會的宣傳雜誌。他任職後到各主要城市去演講，在巴黎的公共大廳舉行常期演講，並寫作不少文章及書信。他的著作頗有妙采，他的演講也極動聽，但是他的宣傳運動進行遲滯。在法國民衆尚未信仰自由貿易之時，一八四八年的二月革命爆發，使他的活動變更了方向。

這次革命是社會的，也是政治的，使法國的社會渲染了激烈的色彩。新政府盡量採用社會主義的實驗，而社會主義的學說宣傳甚力，成績頗著。巴師夏反對這些新的幻想，他布露社會主義的謬誤，其熱烈犀利正不減於當日攻擊保護主義的氣概。他被選爲國民會議及立法會議的代表後，還新活動的範圍更爲擴大。他在兩大會議中頗受人尊敬，並且力疾宣傳，影響甚大，但他的病體日益衰弱，終至中年逝世。他病時演講頗感困難，僅能偶一爲之，可是他有生花之筆可以替代他的喉舌。他寫了許多小冊子關於當時運動的各方面，尤其是關於社會主義領袖的學說的答辯。他著財產與法律（*Propriété et loi*），攻擊布朗克（L. Blanc），著財產與剝削（*Propriété et spoliation*）以抨擊康雪德蘭（Considerant），著公義與博愛（*Justice et Fraternité*）反對萊勞（Leroux），著資本與地租（*Capital et rente*）以抗議蒲魯東。他寫了保護主義與共產主義（*Protectionism et communism*）以答覆所謂的（Comite Mimerel）；非銀論（*Maudit argent*）以攻擊紙幣的擁護者，以及國家（*l'Etat*）以答辯天主教的宣言。

他在這些的辯駁中態度極爲鎮靜尊嚴，他的詞鋒雖銳利迫人，但他頗表示尊重對方的動機。他深讚他們想促進社會幸福的熱忱，不過他想指示他們是在謬誤的途徑中，並欲加以領導使入于正軌。

在這多年的辯論中，他認爲有明白立定和說明一般原則的必要。他常用這種原則以攻擊謬誤之說，並以爲不能了解牠們才產生社會及經濟的僞說。他或許也覺得有說明他本人的思想之必要，並且他分明不滿意于以前的說明。他開始這新工作時正值他的病勢日形沈重，竟不能完成此志。但是他自始就有好成績所得的結果刊爲一卷題名經濟的和諧（*Harmonies economiques*），他所計劃的第二卷是社會的和諧（*Harmonies sociales*）。他在第一卷所發表的觀念多已於各小册子中先見端倪，但未曾充分發揚。這些觀念大約是在他寫作時從他的心思裏啓發出來的。此書未發表之前他的朋友及合作者多未十分了解及賞識這些觀念，更不用說他的反對者了。

巴師夏的經濟及社會哲學的根本原則是：假使個人自由讓其自行發展不受拘束，則必予人類以最大的經濟及社會的幸福。這個學說與亞丹斯密相同，而他在經濟的和諧中的目的，就是詳述這原則如何運行於分配及生產範圍中的經濟組織各部。他又爲此而指出馬爾薩斯及呂嘉圖的定律之不確「這些定律說明生產者及消費者間以及各階級生產者間的利益之衝突」而指示實際的定律是什麼。

他開首討論價值，他認價值的要素在于人民在交換中互易的勞役。他說道：（註十五）「價值觀念的發生，是起因於一人詰問他的兄弟：你爲我幹這事，而我爲你幹那事。他們兩人大家同意，于是我們才能說這互易的勞役是相等的，

（註十五）見巴師夏著政治經濟的和諧由傑姆斯史德秋(P. James Stirling)譯出，一八六〇年出版於倫敦。

價值是相同的。」他又和卡里一樣，將「用力」與這觀念相連，但却是因爲這是勞役的根據。他以爲因爲用力是生產、種物品或施行一樁動作的要件，所以我們才能從交換而爲人勞役，這勞役就是節省所用之力。

巴師夏的「服勞役由于節省用力」的觀念與呂嘉圖學說不同，而與卡里的相符，實則是相同的。他主張決定交換價值的不是用以生產物品的實在勞力，如呂嘉圖所倡之說，但他以爲是物品取得者所節省的勞力，這人加價值於這物品，因爲這物品使他節省了生產該物的勞力。他說道：（註十六）「我想說明與其說價值根據於生產物品所用的勞力，不如說根據於取得此物者所節省的勞力。所以我用『勞役』二字，因其能代表二個觀念。」巴師夏深信這價值觀念包括一切的眞理要素，而擯除其他觀念的一切謬誤之點。「經濟學家所闡明的各種解答，如効用、稀少、取得的困難、生產成本及勞力等，無不包含於這勞役的觀念，而意見各殊的經濟學家對此應覺滿意了。」「我的結論是適合于個個經濟學家，因爲他們都見到眞理的一面，而謬誤是在其他的一面。」（註十七）

與價值觀念相連而爲巴師夏重要理論的，是財產觀念。他解釋之於下：「財產是使用一人自己勞力的權利，或除換得相等的勞力之外，不把這勞力讓給他人……因此財產祇隨人力而產生，而非附屬於自然的服役，因後者是自由取得之物。」（註十八）

（註十六） 見季德及李斯著經濟學史譯本第三三二頁註解。

（註十七） 見前書第三三三頁。

他說道：（註十九）「每人欲無報酬的享受自然所供給的有用之物，須費收集這種物品的勞力或對取得這種物品的人報以相等的勞役。這是兩個事實結合而成牠們的本質雖不相同。宇宙間有無數的自然的賜物，不費而得的原料及自然力，這是構成公有財產的範圍。這些原料須用人力收集，這些自然力須用人力駕御，人力可相交換，有價值，彼此相補償，這是財產的範圍，換言之，以彼此的關係而論，我們各人並非物品的效用的所有主，但是牠們的價值的所有者，而價值祇是對於互易的勞役之估量而已。財產與公有財產是兩個觀念與費力煩重及不勞而獲的觀念相連。自由取得的是公有的財產，因爲每人能享用之，並且沒有條件的。由煩重的勞役而得的是私有財產，因爲所受的痛苦是滿足的條件，而滿足就是受苦的主因。其中的交換是由於估價兩個痛苦或兩個勞役而成的，效用是永不變動的。」

他在另一段中又說道：（註二十）「上帝賜物質及力以供人類使用。欲佔有這些物與力，非受困難及痛苦不可，假使不必受痛苦，則無人肯將用勞力所得之物購買別人不用勞力自由取得之物，在這情形之下，沒有勞役，沒有交換，沒有價值，也沒有財產這東西。假使受痛苦，則應歸于有權利去享滿足的人，所以這滿足應屬於受痛苦的人，財產原則卽根據於此。」

（註十八）見政治經濟的和諧第二〇七頁。

（註十九）見前書第一九四頁。

（註二十）見前書第一九七頁。

巴師夏從這些學說推定和諧的定律，他以為這是經濟界普遍運行的定律。他的理論在實質上與卡里的相同。生產的改良方式的進步，如優良的工具、機器、勞力的合作及調劑、科學及產業的進步等，減少將天賜之物以滿足欲望所需的人力，因此不斷地減少或縮少財產的範圍。巴師夏說道：(註廿一)「進步使自由取得的物品及勞役時絕對或相對的增加，使有財產權的及有報酬的物品及勞役相對的減少。」

巴師夏根據這理論而攻擊呂嘉圖的分配說。他否認地租是償還土壤的原來而不滅之力的代價。反之，他主張地租是償還進行農業中的人工的部分而非自然的部分。他說呂嘉圖的地主及各階級的利益之衝突說，也不符事實。他以為地主、資本家及勞工間的利害是相同的，他們都受進步的利益，但不是大家相等。勞工所得的部分最大。

他用一張數字表來說明這結果，正如卡里的方法一樣。[參閱本書第二三七頁] 他比較現在與原始勞工一日勞力所得的滿足，而結論他說在食物一項，現在的生產力比原始多四十倍，至於其他物品的比率非與此相等，即較大。這樣說來，私有財產漸趨于減少，而公有財產漸增。然巴師夏以為前者決不至如蒲魯東所主張會消滅淨盡。因為每個人的勞力所得漸次增加，所以他的勞力不至於終止。

這些和諧的定律的運行，有兩個阻礙，(註廿二) 為巴師夏所未能排除者，就是土地供給的限制及人口過剩。他勉

(註廿一) 見前書第一九七頁。

(註廿二) 見前書第二十卷第十六章。

强承認二者有發生困難的可能，但是他深信地產廣大的分布，必能使人口的限度恰當。他以為人口超過適當的限度為期尚遠，而政治經濟學不必鰓鰓過慮，正如物理學不必過慮各流域或有一日填塞起來，而各河口與其水源同在一地平線上。

第十五章　社會主義者

一　近世社會主義運動

近世社會主義運動繼十八世紀末葉的法國革命及產業革命而起，至少也可說有一部分是二者激成的結果。關於社會事件的激烈理論，似乎是政治及社會騷動後的自然產物，此二者間連結甚密的理由是十分明顯的。一七八九年的法國革命破壞了舊制度的各種特殊組織，而在數方面指示法國人民以新的途徑。牠允許他們享較大的經濟繁盛及政治力，並敎導他們社會制度是時起變化而受民衆的創制力及行動的支配。舊制度的黑暗及衰落，現在代以光明繁榮的希望。名大望重的作家傳佈鼓吹新的信仰，謂社會罪惡或弊病是不良政府的產物，可以加以剷除，並且謂社會關係能達於至善之境。

產業革命大大增加生產力，英法二國尤甚。牠開闢經濟繁榮的光明前途，但是不幸當時的狀況使大衆不能稱心如意照所預期的分享這激增的財富。其中主要的狀況是專靠工資以維持生計的階級之興起，他們在這新舊經濟的過渡時期中備嘗痛苦：工資太低，工作時間太長，工作場及住所又不合衞生，以及婦女兒童的過度勞作。

亞丹斯密的原富中闡明個人及社會的利益大半是和諧的，並謂這些利益由政府的放任政策及自利心的運用，而日益增進：呂嘉圖及馬爾薩斯對於這哲理並未加以重要的修正。但是前者指出地主與其他階級間的利益衝突，而後者說明勞工階級的狀況全藉勞工能控制他們的人數：以當時的人口趨勢及地租的激增而言，氣象確是暗淡，而曾受法國革命的樂觀主義所鼓動的人民，對之更為神沮意喪了。

受革命時期中的樂觀哲學影響最深的法國，勢必設法調和個人自由及經濟福利，其中的趨勢有二，一是以巴師夏為代表的保守派，他創立學說于亞丹斯密及其他經濟學家所遺留的基礎上而想肅清馬爾薩斯及呂嘉圖所激起的新經濟學的悲觀趨勢。一是以社會主義者為代表的激烈派，他們以為祇有根本改革經濟及社會制度，前途才有希望。

二　薛斯夢迪（Sismondi）

法國的社會主義運動有幾方面，其中之一是以薛斯夢迪為代表，他生於一七七三年，死於一八四二年。他是一五二四年從比沙（Pisa）逐出而避難於法國的一個意大利族的後裔。自南梯斯勅令（Edict of Nantes）廢止後，這一家又移居日內瓦，而薛斯夢迪卽於一七七三年五月九日生於此地。他肄業于日內瓦大學，在里昂行商，又在意大利居住幾年後，就開始學者及作家的生活，一直到逝世之日。他成為有名的學者。他在中年後結識法國最著名的人物，其中有史達夫人（Madame de Stäel），納克（Necker），康斯丹（B Constant）克維（Cuvier）及拿破崙等。在一八〇四年及一八〇八年他隨史達夫人遊歷意大利及德國，而在一八一五年拿破崙從阿爾巴（Elba）回國時，他深信拿翁的誠摯磊落擁護他的黨與。

他的著述極多其中多關於歷史的作品。在一八〇七年及一八一七年之間，他發表意大利共和史（*Histoire des republiques italiennes*）共計十六卷。在一八一一年他將在日內瓦演講的關於中歐文學的稿子，集成四卷，他自一八一五年直至死時爲止繼續發行二十九卷的法國民族史，他逝世後由他的朋友將他未完成的稿子又編成二冊。他關於經濟題目的文章是始於一八〇一年，當時他發表述太斯干（Toscane）的農業狀況。（*Tableau de l'agriculture en Toscane*）在一八〇三年他又出版關於商法的經濟原則（*Principes d'économie Politique appliqués à la legislation du Commere*），共有二卷。在一八一九年又有兩卷關於政治經濟或財富與人口關係的新原理。（*Nouveaux principes d'économie politique ou de la richesse dans ses rapports avec la population*）在一八三七及一八三八年中又有政治經濟研究（*Etudes sur l'économie politique*）一書出版，該書是集以前投於百科全書雜誌（*Revue encyclopédique*）及政治經濟月刊（*Revue Mensuelle d'économie politique*）的各論文而成。他的政治觀念見於自由民族憲法之研究（*Etuds sur la constitution des peuples libres*），書出版於一八三六年。

在他的商業財富（*De la richesse commerciale*）及新原理出版之間，他對於經濟問題的觀點大爲變遷，這大半是爲了他研究歷史的結果。在前書中他的見解與原富（亞丹斯密著），所闡明的學說頗爲相符，但是在後者中他持激烈的異議。他在後一書的序言中說道：「自我著作商業財富後的十五年中，我沒有閱讀什麼政治經濟的書籍，但是我不斷的攷察事實。有些事實與我所採生的原理恰恰相反。」（註一）

他所不能與亞丹斯密學說相調和的事實，是關於近世歐洲的經濟史，而以他當代的情形最為顯著，例如工廠制度的發展及其產生的結果，尤以勞工階級的狀況及經濟恐慌為甚。這些事實據他看起來，明明是指示機器及工廠制度採用後所增加的生產財富與社會幸福之間頗欠和諧。因此他懷疑個人與社會利益間的切實調和，這是原富的根本學說之一。于是他遂探求能合於他所發見的事實的原則。他研究的結果都發表於新原理中，茲將其主要觀念列之於下：（1）政治經濟的目標及方法（2）自由及競爭的影響（3）國家與產業的關係。

亞丹斯密與他的信徒認財產是政治經濟的題材。他們說明財富怎樣生產、交換、消費及分配。他們很明白這些程序對於人類的物質及精神的影響甚深。他們對於這些影響幷非漠不關心，但是他們以為因眞理及發現根本定律之故，財富現象應加以單獨的客觀的研究。按他們的意見，純粹的政治經濟學不涉及公理或善惡的問題。這些事項是屬於政治經濟的技術，其中所涉及的不但為是什麼，而且為應當是什麼的各問題。在技術上道德的及政治的考慮才有地位。至於純粹的經濟學則祇求照事實的眞相加以說明而已，正如物理學及數學一樣與道德是無關的。

他引述施尼爾及賽二人，以證實古典派經濟學家對於經濟學觀念的解釋：施尼爾曾說道：「立法的主題不在財

（註一）見薛斯蒙迪著政治經濟之新原理第一卷第三頁（一八一九年出版於巴黎）。

富，而在幸福：政治經濟的主題是在財富而非幸福。經濟學家所得的結論，無論如何正確及普遍，他却不能對於實際情形發表意見。這是政治家及研究立法的作家的責任。」（註二）賽在政治經濟講義（*Cours d'économie politique*）一書中說道：（註三）「假使政治經濟以治國自任，可引起在位者的仇恨，但是這危險可不必顧慮，因為政治經濟祗說明社會的實際情形而已。」

薛斯蒙迪反對這些論題。他的意見以人類幸福應為政治經濟學的題材及目標，並且認將財富與人類幸福有關的社會現象分離結果是錯誤的，而對於幸福本身有不良的影響。他也不信分離經濟學及其技術是可能的，或合於實際的。為了證明他的論點，他引述古典派經濟學家之不能免于把政治及道德問題的討論與原則的理論混在一起。他說道：「他們得到一個結論以後，從未有不立即把牠拿來應用者。他們從沒有相信自己定下的增加財富的途徑，而不加以錯誤的理論家，反動者以及袒護偏見者之名。」（註四）

在將討論財富現象與討論人類幸福分離後的不良結果裏面，他提及過分重視財富的增加而貶低其分配的重要，尤以認工資不過是生產成本，如原料及機器的價格一般為更甚。按薛斯蒙迪的意見，祗有討論財富與人類的關係，

（註二）見薛斯蒙迪著政治經濟研究第三卷第二及第三章（一八三七年出版於卜魯塞）。

（註三）見賽著實際政治經濟之研究第一章第五六頁。

（註四）見薛斯蒙迪著政治經濟研究第二卷第三章。

才能得到財富的明晰觀念。他說古典派經濟學家混亂了手段與目標。他要將人類幸福的研究以代財富之研究。他引述呂嘉圖以為資本家對於資本能雇用一百或一千工人，是漠不關心的，衹要所得的利潤不減。他對此大聲疾呼道：「難道財富是萬能的，而人是一錢不值嗎？如果眞如此，則讓英王一人獨居於他的島國中，而讓他撥撥機紐，就會自動的完成全英國的工作！」（註五）

薛斯夢迪對於方法論，沒有系統的敍述，但是他對於這問題的觀念已明白表示於各書中。他的觀念與舊歷史學派後來所傳佈的完全一致。他與古典學派的相異點見於他指摘該派的空幻及抽象的評論中。他說道：「經濟學在他們的手中變成了空論，而無一與實際相合。（註六）他又說道：「新的英國經濟學家十分難了解，我們非聚精會神就不能懂得他們，因為我們的心中不肯接受他們的抽象之論。」他指摘呂嘉圖，賽及麥克樂（McCulloch）等人，以為他們的學說根據於「淺近的推理及與社會狀況分離的簡單事實，而將一切說明這些事實的情形都擯除不論。他們未見到事物的複雜狀況，他們捨詳而取簡。他們欲簡明而反成淆亂，只使我們不能見到助我們區別眞僞的事物。他們假定一個完全與實際不同的假想世界。」

反之，他主張「我們應懷疑絕對的定理，一切近似于抽象的東西。政治經濟並非計算學。牠若以數字為準則，就陷

（註五）　見亞大林（A. Aftalion）著薛斯夢迪之經濟學說第四八頁（一八九九年出版於巴黎）。

（註六）　見前書第五六七及八頁。

於岐途沒有其他科學的理論更易使人迷誤，因爲沒有科學要說明一切狀況有這樣的困難，這些狀況表面上是各自分立而實則是互相影響的。經濟學家不能祇從生產、消費、流動及分配的程序而攷察財富的流通，但應研究誰是消費者及生產者，應區別各社會階級及各種職業。他們不能祇討論工資及利潤，農業及產業，他們也應該提及富翁及窮人，資本家及勞工，農夫及產業。他們的心目中應刻刻不忘人類。」

根據古典派經濟學的敎義，自由及競爭是增進社會幸福的有益勢力。經濟弊端大半是由於妨碍這些勢力的運行的阻力，而其救濟之道就是消除這些阻力。薛斯蒙迪對於這一點加以駁論，他說在歷史，觀察及經驗所表示的，人類之中〔非古典學派所想像的那一種人類〕這些勢力實際上不斷的使勞工階級退化，產生各種弊端，與古典派假定這些勢力所能增進的幸福大相矛盾，並且加以破壞。

他比較當時及前時期的勞工狀況，以證明這種退化仍在進行不止。他比較時指出下列各點爲新制度的特徵：勞工的互相競爭；勞力與資本之分離；工資與利潤之分離及前者之被認爲生產成本；婦女兒童的勞作；勞力被機器所褫奪；以及二階級社會之產生，其中包括有產者及無產者。

按薛斯蒙迪的意見，勞力與財產的分離使勞工愈趨貧困，因其使勞工失去他們人數過度增加的唯一有効的限制。勞工有了財產，就可按他的收入而控制他的家庭人數。沒有了財產，他的收入就完全由資本家對於他勞役的需要所決定，而他對於這需要不能確知，而又無力控制之。在這些狀況之下，對於人口沒有有効的限制，因此人口激增而釀成了勞工間的爭求受雇強使婦女兒童加入勞力階級，減低了工資以及產生了貧困。

關於這點他又利用關於總收入及淨收入的理論。他說財富分配極廣時，生產的目標是最大的總收入。但是財富集中於幾個人手裏而二階級制度出現時，那末淨收入就是生產的目標，換言之就是總生產量與生產成本之間的最大邊際。

他由幾方面說明追求這兩個目標產生不同的結果。他說道：（註七）「譬如你有土地，若加以良好的培植，則農夫可得值一千先令的總生產，而地主可得一百先令的地租。但是地主以為若任此地停耕或作為牧場之用，他可得一百十先令。他必辭退他的園丁，他多得了十先令的利益，可是國家却損失了八百九十先令。不久用以生產這豐富的供給的資本就不再用而無利可得了。生產這些出產品的勞力也就不受雇而無工資的償付了。」

他舉許多類此的例子，其中之一是蘇格蘭的地主用公開牧場制度替代古時的耕種制度，他們將佃戶驅至城鎮之中，或將他們擠在船上而送至美國。又一例子是意大利的佃地（Mercanti de Tenute）投機家，阻礙羅馬平原（Roman Campagna）的重興及耕種。「這塊平原從前極為肥沃，五畝之地就足以維持一家的生計，及送食品於軍隊。今日其中散佈的家宅、村落、全體人口、以及耕地、葡萄園、橄欖園等「這些出產品均藉人類不斷的愛護而滋長」一概都不見了，祇有幾個可憐的牧羊者在其中看護幾隊的羊。」（註八）

（註七）見薛斯夢迪著新原理第一卷第一五四頁。

他說在近世的社會中，追求淨生產的目標成爲普遍的現象了，而其結果當然是有害於勞工階級，將社會的總生產縮小，激起勞工的劇烈競爭，低工資以及婦女兒童的勞作。

按薛斯夢迪的意見，這自由及競爭制度的又一結果，是商業恐慌。他提出恐慌的三大原因。其一是因爲生產者與消費者的隔膜，對於商品的市場不能得到正確的消息。他說在近代的制度之下，祇能不確的估計及猜想可得善價之貨物的數量。既然這些估計常是錯誤的，生產與消費的失調就釀成了商業的恐慌。

第二原因是近代的生產者以資本的數目爲決定他們生產量的準則，而不以貨物的需要的標準。這是財富不平均的分配的結果，而這不均分配是起因於財產集中於幾個人的手中。這種情形使幾個人的收入龐大而不能用完，所以非積蓄及用作資本不可。於是貨物的數量不按需要的多寡而儘量增加，終至釀成生產過剩及恐慌。

第三原因與第二原因緊緊相連，也是關於財產集中於少數人的手中。按這觀點，祇有有產階級的收入增加，因此較爲優良物品的需要替代普通生活物品的需要；忽視了根本產業，而生產奢侈品。薛斯夢迪說結果被忽視的舊產業不得不辭退他們的勞工，而新產業常慢慢地發展。「在這新舊交替之間，被辭退的勞工不得不減少他們普通物品的消費，於是永久的過低消費與恐慌立刻繼之而起。」（註九）

（註八）見前書第一卷第二三二及二三三頁。

（註九）見季德與李斯著經濟學史第一九一頁。

薛斯夢迪並不否認窮困及恐慌的惡果是自能矯正的。換言之，窮困及其附屬物如營養不足，疾病及死亡；及時減少而最後掃除過剩的人口；恐慌的結果是毀壞貨物損失資本而最後消除過多的貨物，於是暫時糾正了過剩的生產。可是這些事實在他的心目中並未證明近代制度之不誤或證實人類幸福在長期中是由此增進的，他以爲這些調劑程序所引起的痛苦及災難超過其所得的利益。

薛斯夢迪對於國家與產業的關係的見解是由他對於政治經濟之性質及自由與競爭之影響的觀點而來的，古典派經濟學家的觀點，卽在長期中個人與社會的利益是調和的，是由於他們認政治經濟學的目標，祇在說明如何能用最小的勞力以生產最大的財富。他們的競爭與放任的學說，也同出一源。他們有了這觀點，自容易說「爲一己工作，卽爲全體而工作。每件新的物品因其加入全體的國富中，所以也使生產者富足，也使國家富足。因此我們應請國家約束自己的行動，不要阻止競爭。每人爲欲勝過他的競爭者，勢必減少生產費用而以最低價格出售，凡能用同數的資本得到最多的貨物，同時發現增加生產力的最良方法的人，勝利就屬於他。在普遍的競爭中的最強者，就是最有益於社會的人。」（註十）

假使我們以爲政治經濟的目標不在于生產最大的財富而在于人類的幸福，「薛斯夢迪想來說明，」結果會生出大異于古典派經濟學家所主張之國家職權及個人與社會的利益關係的觀點。他所說明的例如生產最大財富不是

（註十）亞大林著薛斯夢迪之經濟學說第七六頁。

與社會最良利益相符合，個人間的利益常相衝突，尤以各製造家，製造家與勞工，有產階級與無產階級爲甚；以及個人的利益常與全體社會相衝突。他從這些事實而斷定國家應加干涉以改正競爭，「保護貧者以抗富者，保護勞工以抗雇主，而保護農人以抗大耕地的擴充」（註十一）

薛斯夢迪也主張國家應減縮生產，而「延遲增多過速的新發明，」他夢想「一段一段完成的進步，不損害任何人，不限制收入也不減低利率」（註十二）。

關於達到這些目標的手段，薛斯夢迪並不十分明瞭。他有時竟然對於這工作很失望。他說道：（註十三）「我姑認我已說明了我意中所認爲這事項方面的公理原則，至於如何實現這原則，我覺得沒有把握。現在分配產業結果於各生產份子的方法，我認爲十分奇特。但是創造一個與現狀完全不同的社會，似乎非人智所能及。」

前段所述的絕端觀點，不能代表他平日的態度。（註十四）他以爲倡議改革及制定與執行達到改革目的所必要的法律之責，是屬於立法者，而不屬于經濟學家。

（註十一） 見前書第七七及七八頁。

（註十二） 見季德與李斯著經濟學史第一九二頁。

（註十三） 見前書第一九五頁。

（註十四） 見亞大林著薛斯夢迪之經濟學說第七九頁。

他自己所提出的改革中有准許勞工組合限制童工廢止星期工作減短工作時間以及他所稱的「職業保障」，即凡勞工在疾病休業或衰老期中雇主〔不論是農業家或資本家〕應維持他的生活。」（註十五）

（註十五）見季德與李斯著經濟學史第一九四及一九五頁。

第十六章　集產主義與組合主義

一　聖西蒙（Saint Simon）與集產主義

我們常將薛斯蒙迪列入社會主義派，實則他是屬於古典派經濟學家與社會主義派之間的過渡派。聖西蒙也是如此，不過他比薛斯蒙迪較爲接近社會主義派。他在一七六〇年誕生於巴黎的貴族之家，係查理曼大帝（Charlemagne）一脈相傳的支派。聖西蒙青年時就加入法國軍隊，而隨軍赴美助殖民地爭求獨立的戰役。他在回國的途中被英人所虜，監禁於耶美加（Jamaica）後又遊歷墨西哥，他向總督提出連絡大西洋及太平洋的運河計劃。後來實施這計劃的是他的崇拜者及門生賴沙（De Lesseps）。法國大革命爆發時他放棄他的爵號，而加入革命軍，但是他仍被激烈派所猜疑而禁錮於獄中。他說在囹圄中他夢見祖宗查理曼，對他說道：「自有世界以來沒有一族曾享受過第一流的英雄及哲學家的榮譽。這榮譽爲我族而保留，我的兒你之成爲一個哲學家可與我之爲戰士及政治家有同樣的令名。」（註一）

（註一）見伊利（R. T. Ely）著近代德法的社會主義（一八八三年哈卜公司出版）第五六頁。

他心中有了這偉大的使命，而自己又深信有實現這使命的才能，所以太革命完結之後，他竭精殫思研究哲學及科學。

在這一次的事業開端時，他有創設一個科學的科學的計劃，以綜合一切的學識；但是不久他完全注意於社會問題。他與許多門生共同研究而成功下列的各著作：

(一)人類科學的研究（*Sur La Science de L'homme*）未發表。

(二)萬有引力的研究（*Sur La gravitation universelle*）未發表。

(三)產業論（*L'Industrie* 一八一七—一八一八年）。

(四)產業制度（*De Systéme industriel* 一八二一—一八二二年）。

(五)產業問答（*Catéchisme des industriels* 一八二三—一八二四年）。

(六)新基督教（*Nouveaux Christianisme* 一八二五年）。

他在各書中所注重的主要觀念，列之於下：

(1)人類的精神生活及外表行為需要有力的指導。在改革時期中，歐洲的天主教會滿足這個需要，但是自此牠的勢力大衰，不能結合各國而為人類生活的典型了。繼之而起的是嚴重而破壞的時期，其中人類的舊指導者及統治者全被摧殘，而沒有新的替代。世界在等候這些新指導的來臨。（註二）

（2）全體的繁榮及幸福是取決於經濟與職業階級他說道：「我們試假定法國忽然失去五十個第一流的醫生，五十個第一流的化學家五十個第一流的生理學家五十個第一流的銀行家二百個最優的商家六百個最著名的農業家，五百個才能最好的鉄商等等［枚舉主要的產業］這班人既是最重要的生產者，最重要的物品的製造者，那末國家一失去他們就變成無靈魂的軀殼而為敵國所鄙視。這些損失或空額一日不補充，則其地位就一日不能提高。現在試再設一假定假定法國保全了所有的天才，不論是藝術的、科學的、或是工藝的及產業的、但是不幸在一日間失去了法王的兄弟安哥里姆爵（Duke of Angoulême）皇族中的一切人國王的官員全體的大臣全體的樞密院顧問；全體的主教長、元帥、大主教主教及牧師；全體的縣長及副縣長全體的政府雇員，全體的法官以及十萬個地主法國貴族中的精華。這個大慘變當然使法國人民無限的悲哀因為他們是天性慈愛的民族但是這十三萬個最有名的人物的損失，祇激起全國的悲傷情感而已社會並未受絲毫的不便」（註三）

（3）社會應加改組而由經濟及職業階級去管理。既是惟有這些階級是必需的重要的，一切的人應加入他們的團體內，而農業、產業、商業以及政府的執行機關應歸於他們的手中。聖西崇以為國家的職權應與今日的大不相同。他說道：「所需要的是組織勢力而非支配人類，政治不必完全取消，但應變成生產組織的積極科學。在舊制度之下的趨

（註二）見前書第六二頁。

（註三）見季得與李斯著經濟學史第二〇四頁。

勢，是造成高階級支配低階級的優越地位，以增加政府的權力。在新制度之下的目標，是連合社會中的一切勢力，以完成促進其中各份子的道德及物質生活的工作」（註四）

聖西蒙以為他所渴望的改組社會中，一切的人應有工作的保障，並且應按每人的勞役而予以報酬。在新社會中決不容遊惰者，或如今日社會上的階級，其中不需要什麼貴族中等階級或僧侶之輩。新社會祗包括「手工藝者、農人、工匠、製造家、銀行家、學者及藝術家。在他們之間除了才能的差異，或聖西蒙所謂的他們對於國家利益的不同關係之外，沒有高低之別。」（註五）

聖西蒙說道：「產業的平等，就是每人從社會得到的利益，恰恰等於他對國家所担負的責任——就是按他的能力及他所有工具的用法〔當然包括他的資本〕」（註六）

聖西蒙並未詳述他理想中的政府形式。他概括說道：「將行政權歸於下議院，其中的代表都選自商工農及製造各業。他們的職責是接受或拒絕其他兩院呈送的立法議案。這兩院是專由學者，藝術家及工程師所組織。一切立法的唯一關鍵當然是發展國家的有形財富。」

（註四）見前書第二〇八頁。
（註五）見前書第二〇六頁。
（註六）見前書第二〇八及二〇九頁。

他對於這新社會的觀念是一個大工廠，其目標是「用和平的產業手段，以增加積極的効用。」（註七）這工廠的經營及管理是政府的唯一業務。按他的意見，其他的管理或强制的形式皆非所必需。

二 聖西蒙之徒

聖西蒙結合一批弟子，他們崇服他的理論，欽佩他的熱忱。他逝世後，這班弟子自成一學派，以傳佈他的觀念。他們為了這個目的，組織一個聖徒大學（Sacred college of Apostles），（註八）總機關駐在巴黎，又設分校於托勞斯（Toulouse），蒙比里爾（Montpellier），沙里（Sorèze），里昂以及法國其他各部。他們的生活模仿僧侶，而以聖西蒙主義作他們的宗教。

他們發揚師說，而創立國家社會主義派，即法國人民所謂的「集產主義。」他們徹底抨擊私產制度，而認之為不公平，不經濟。不公平因為私產是由搾取而來。不經濟因為私產常把經濟事務的管理放在不能勝任者的手裏。搾取是私產制度的要素，因其予人以不工作而得財富的機會，而財富是由他人所生產的。這制度下既有繼承權，所以生產及分配的各因子多由不相宜的人去管理——這班人幷無才具，不過偶生於富有之家而已。在這些狀況之下，有効率的經營是偶然的事，而無効率却是常態了。

（註七）見季德與李斯著經濟學史。

（註八）關於這組織中主要份子的姓名及其詳情，參閱前書第二一一頁及伊利著近代德法的社會主義第七四頁。

他們又藉歷史來證實這些論點。他們指出私產制度的來源極遠，而且經過許多次的修正。按他們的意見，這制度應歸消滅因其範圍隨時間的進展而漸次縮小。起初這制度足以包括人與物。繼則主人駕御奴隸的權力漸漸改變而終至廢除，私產制既祇適用於事物的所有權，其初私產的讓與尙全憑所有者的意志。後則立法者制定法則干涉限定其繼承權。初則祇有長子繼承，而法國革命後則實施諸子平分的規定。完成消滅私產制度的最後步驟，就是使國家成爲唯一的繼承者。

聖西蒙派主張採用這最後的步驟，而使國家完全佔有一切的生產因子。這工作完成之後，經濟事務的管理就可由最能勝任的人們去處理，而所生產的財富應按貢獻的大小而分配於全體的勞工，他們的格言是「各盡所能，各取其所貢獻之數。」

至於完成這改革的詳細辦法，聖西蒙之徒多守緘默，所以使許多難題懸而未決。但是他們以爲一旦人民了解這主義，必受感動，並且他們深信自有能力使人民領悟他們的主義。

三　組合主義派

與聖西蒙主義同時興起的，又有一派的作家及思想家，他們主張社會改革的正確手段，是自動的組合，不是由上制下的集合行爲，他們以爲個人自由與經濟利益是一樣的可貴，而取得及保持二者應爲改革家的目標。他們以爲在現制度之下，個人自由已被競爭推毁殆盡，而在國家社會主義的强制之下，也是一樣的危險。他們所見到的問題是：消除釀成獨佔與失去個人自由的競爭〔卽雇主間的謀利競爭及勞工間的工資競爭〕而代之以自動的合作，讓個人自由追求自己的慾望，幷避免集產主義者計劃中的强迫性質。他們深信這種組合在生產及分配的範圍之內所完成的結果必較勝於現制度。

他們提出各種不同的計劃，以解決這問題。其中有的虛幻荒誕，有的頗合實際而值得一試。茲引述奧文，傅立葉，白朗克及蒲魯東等人於下。他們的計劃在當時影響很大。

（甲）奧文（Robert Owen）

奧文在一七七一年六月十四日生於北威爾斯的牛頓，他幼年在林肯郡的史丹弗的某商店當徒弟，後又任倫敦某商店的書記。他十八歲時移居孟却斯脫，在該處研究棉業，成爲專家。他二十餘歲時購買蘇格蘭的紐拉納克（New Lanark）的一個紗廠。該廠的社會及經濟的實驗使他聞名全球。

第一項實驗的目標是改良紐拉納克工廠的勞工狀況。他接辦此廠時，發見勞工的住屋不良，工資不足，工作時間過長，並且他們多酗酒及嗜好其他不良的習慣。婦女及兒童也同處於這些狀況之下。他設法救濟之中受到不少的阻礙，如蘇屬及英屬的勞工的紛爭，股東們的反對。可是他終於勝利了。他完全改革了工廠及社會的狀況。他廢止童工；縮短工作時間，尤其是婦女的；提高工資；改良衞生狀況；普及教育；以及提倡娛樂與社交。他又完全改變他的勞工所處的環境，而大大增進他們的快樂及幸福。按他的觀點，這班勞工成爲有新觀念新理想的新男女了，對於大家，雇主及人生都有了新的態度。

從利潤方面說起來，他的工作也是成功的。但是他堅持股息率不得超過五厘，而將其盈餘分配於工人。

奧文在紐拉納克的試驗及經驗，在他的思想中種下了確切的見地，成爲社會哲學的基礎。他後來加以擴充發表在不少的著作裏面。這些見地，例如勞工的生產力大半取決於雇主加於勞工的待遇；勞工的性質及理想可由改良他們的環境而改變的。他對於這些原則的闡揚和辯護，可見於一八一二年及一八一三年所發表的各論文，如社會的新觀點(*A New View of Society*)，人性構成之原理與其應用論(*Essays on the Principle of the Formation of the Human Character and the Application of the Principle to Practice*)。

一八一五年的商業恐慌，激起奧文的其他理論。隨這恐慌而來的，無非是工廠的關閉、失業、貧窮的增加，及財政上的損失。奧文說明這些現象道：「產業革命促成的產業技術的改良，再加上政府對於軍需的徵求，使拿破崙戰爭期中的貨物供給大爲增加。戰爭一結束，政府的需要減少，而他方面的需要又不增加，於是留下過剩的生產，以促成空前的恐慌。」

他說大衆的需要所以不能增加以抵補政府減少的需要，是由於在前期中機器替代人力，使工資降低，而減少了勞工的購買力。

他以後又創立一個較爲普遍的恐慌論，而其主因是利潤的競爭。他從這競爭中見到生產過剩的原因，而這原因不斷的運行卽不遇戰爭亦會按期釀成恐慌之患，他認利潤是近代社會的最大惡果之一。他說道：「利潤是貨物價格超過生產成本之數，然而貨物應按其生產成本而出售，」所以利潤促成不平的現象，是個永久的危物，消除利潤應爲社會改革的目標之一。

一八一五年恐慌之後，他以勞工團的形式做過多次的實驗，而在一八三〇——一八三二年設立勞工交易所於倫敦。這些團體是美國、墨西哥及英國各地的含有共產色彩的自動組合。勞工交易所是合作推銷的一種實驗，其中沒有利潤，而貨物的交換是以勞力的生產成本爲依據。交易所接收貨物後，或歸入生產者的賬上，或按其生產時間所需的勞動量而付以勞力券。這些貨物的出售也是如此，購買者或賒賬或付出勞力券。

這一切的實驗爲時都很短，總算是失敗，因爲不能成爲永久的組織，或證實消除利潤的可能，或證明生產者的自動組合可阻止失業之慮。但是這些失敗並不使奧文放棄他的理想。他仍深信環境是造成性格的主力，並堅持爲永久的廣大的社會改革計，利潤必加消除。他以爲貨物若能根據其勞力的生產成本而交換，則每個生產品的總價值必歸於勞工，於是勞工能購買一切出售的物品，而阻止了生產過剩，恐慌及失業。他所認爲禍根的貨幣也必消除，而由勞力券替代之。

奧文的晚年全努力於宣傳及發展他的理論，他發表了許多文章，見於經濟學家(*The Economist*)，奧比斯頓雜誌(*Orbiston Register*)，合作雜誌以及合作者等雜誌中。又有幾篇專論，如一八三四年的新道德世界，何謂社會主義?(一八四一年)，無懲戒而受治之人類(*The Human Race Governed Without Pvnishment* 一八五八年)。

(乙) 傅立葉(Charles Fourier)

傅立葉在一七七二年生於法國的培遜桑(Besançon)。他的父親是個殷富的咖啡商，在傅立葉幼年時病故，遺下一百萬佛郎的家產，他把這項款全數投資於里昂的國外貿易。一七九三年的恐怖時期中，里昂城被圍，傅立葉的商業失敗，而他自己被禁於獄中。後來他加入軍隊，但是他的病體使他不得不再經營商業。

他的興趣與心思並不全注於商業。他的天資聰穎，而又愛好理論，所以他多努力於思想及著作。他所發表的書籍及社會改革的計劃，使他成名。

他對於社會問題的思想，據說是由他早年身歷的兩個事故所激成的。一是他爲說出店中欺詐顧客的眞情而受店主的責備，一是有人請他幫助傾倒大批的米糧於馬賽的港口中，而這些米是因投機而屯積過久，以致腐壞。他從這二次經驗而斷定「强使幼童說謊，及成人蹧蹋餓民所需要的食糧」之社會制度必有極大的弊端。

他對於社會問題的思想大半包含於下列三部著作：四個運動之理論(*la Théorie des quatre mouvements* 一八〇八年)家庭農業組合或產業集團概論(*Traité de l'association domestique agricole ou attraction industrielle*)此書後又改稱爲團結論(*la Théorie de l'unité universelle* 一八二二年)及新產業世界(*Nouveau monde industriel* 一八二九年)。

他的社會哲學的基本原則是他所謂的吸引律（Law of Attraction），他以爲這定律運用於全世界。在社會中，其必然的結果是組合，而現在這組合被人爲的阻礙所妨止，這些阻礙一消除就可促成社會的和諧增進財富的生產及人類的快樂與幸福。

他以爲人類所必需的是盡量發揮他們的十二主要情感，他分爲視慾、聽慾、嗅慾、感慾、味慾、友誼、愛情、血族之情、企圖心、奸詐慾、喜新厭舊心以及聯結心。（註九）他說這些情感發揮的結果，必是團結（Unitéisme）。他用數學的方法而核算在人羣中這十二情感有八百二十個不同的結合方法，一個理想的社會應有這一切的結合，因此也必有恰好足以促成這結果的人類。他計算這人數應在一千五百人以上，或不及二千人，大約是四百戶之多。所以他倡議人民應自動的聯成約及四百戶的組合。

每個這樣的團體他稱爲「合居」Phalanstére。關於每團體的住宅問題他倡議建築一個宏大的房屋，包括各種各式的住屋以適合各種人的好尚。其中有公用的食堂、戲院、音樂室、圖書館以及一切促進快樂安適的生活的設備。每個自治團體有一片土地，足以生產所必需的食物及大部分的原料，而每個團體中的份子也製造他們所需的安適品，據他的計算，這安適品的數目比較現在的生活標準要小得多。他以爲每個自治團體在經濟上應自立，而與其他團體所交換的祇是生產原料不足或完全缺乏的幾種物品。

（註九）見伊利著近代法德的社會主義第九二頁。

每個團體中的人須按其職業興趣而工作。傅立葉深信勞力本來是有興趣而可悅的，假使人人對於生活的必需品及安適品有了把握，那末他們必想工作而愛好工作如小孩愛遊戲一般。他以爲在這制度下要把各種必要的工作做好沒有什麼困難，因爲每個團體代表各種主要情感的結果，各種的嗜好，而各種的勞力也必有人自由選擇。他們的主要情感中之喜新厭舊心可由各人隨意改換其工作，而得滿足。

傅立葉主張這些自治團體的財政，應基於合股原則，每人可任意占有多少股份，而連合的出產量應根據下列的原則而分配於各份子：勞力得十二分之五；資本「卽股東」得十二分之四；技能「他所謂技能卽分司指揮管理的各種職務」得十二分之三。

這些團體是根據純粹的民主原則而組織的，其中一切的職員及董事都是由各份子自由投票而當選。他深信在這制度之下，最優秀的人民必當選而得相當的位置，因爲每人皆希望工作能到最良的結果。每個「合居」Phalanstére 由一長官主持，稱爲 Unarch。三四 Phalanstères 合有一個長官主持，稱爲 Duarch。這些再可聯合起來，而由各長官如 Triarchs，tetrarchs，Pentriarchs 等治理。全世界聯合時，則有最高的統治者 Omniarch 總攬大權，而駐節於君士坦丁堡，卽奠之爲世界的首都。

傅立葉深信這改革必大增勞工的生產力，每人在十年中的生產「如自十八歲至廿八歲之間」，足供他優遊閒豫享用一世。他說在這種的組織之下，英國「能用六個月的鷄蛋出產，以償淸她的國債」。（註十）

他說這生產力的龐大增加，是由於力量聯合的經濟及勞力效率的增加而促成的。關於前者，他計及住屋成本的減少，「合居」Phanlanstéres 的建築所需的總成本，較之今日的住屋成本，眞是微乎其小並且食物的供給及準備也較爲經濟。他說道：（註十一）「燒四百餐飯的爐火的成本不見得就比燒兩餐飯的成本大十倍，並且燒一塊大燔肉並不比燒小塊的費力。」動物性所工具及器用若也如此集合，結果也是一樣的經濟，而多數共同工作必使勞力的結合及分工的效果大消滅無用的階級，也可得到撙節的利益。「在新社會中沒有兵士，沒有警察，沒有罪犯與律師，沒有玄學家及經濟學家。」（註十二）

傅立葉以爲這改革又有一個極大的利益，就是人與人間沒有仇恨敵對之心。人們有了組合的關係，必互相了解，而消釋他們的成見敵愾及仇恨。因爲勞力成爲可愛的，而人人都工作，所以體力增進，生命延長，快樂的總量也無限的增加。

傅立葉逝世時年六十五歲，他沒有見到他所努力的社會改革有何重大的成績，他祇感化了幾個人，並且他的「小共同家屋制」也很少有人去試驗，可是他死後却有不少的信徒出來實驗他的計劃。拿伊斯（J. H. Noyes）在他

（註十）見前書第九五頁。

（註十一）見前書第九八頁。

（註十二）見前書仝頁。

的美國社會主義史一書述及美國共有三十四次，法英二國也有幾次試驗，其中最著名的是在艾斯（Guise）的社會，由法國的殷富製造家高丁（J. Godin）所創立，這社會興盛了許多年。季德在他的經濟學史中又提及其他的試驗，其中最有成績的組織有二，一在日光港（Port Sunlight）的波茵維爾（Bournville），一在荷蘭的亞納達花園（Agneta park）。著名的布魯克鄉（Brook Farm），即白利斯本（A. Brisbane），格里里（H. Greeley），丹那（C. A. Dana），里卜利（G. Ripley），傅賴（M. Fuller），寇梯斯（G. W. Curtis），霍桑（N. Hawthorne），及夏寧（W. H. Channings）等人所創辦的，也是這些實驗之一。

（丙）白朗克（Louis Blanc）

白朗克的意見與上述的組合主義者逈殊，他不信各個人有能力自行完成社會改革。他以為國家應加以扶助，為這改革運動一開其端。

他在一八一三年十月廿八日生於曼德里（Madrid），當時他的父親是邦拿波（Joseph Bonaparte）治下的財政檢查官。他很小時全家遷至柯雪加（Corsica），該地是他母親的本鄉。在一八三〇年又遷居巴黎，而大革命的結果使他父親在財政上遭一大刼。他於是須自謀生計，遂於一八三四年任職於常識 *Le Bon Sens* 報館，又在一八三九年創辦進步雜誌（*Revue du Progrès*），使他聞名於經濟學家及社會主義家之中，者是他第一次發表於該雜誌的勞工組織（*Organisation du Travail*）一文。後他又發表十年史（*Histoire de dixans*）敘述一八三〇年的革命，法國革命史(*Histoire de La révolution française*)敍述法國一七八九年的革命一八四八年革命史(*Histoire de la révolution de 1848*)，以及英國文學(*Lettres sur Angleterre*)。

他因有參加革命活動的嫌疑在一八四八年被迫離法。他先遁往比利時，後至英國，他卜居該處直到一八七〇年拿破崙第三退位時。在這時期中他以著述爲生並任時報(*Le Temps*)的駐英記者。他在一八七〇年遄返巴黎後被選爲國民會議的議員。他死於一八八二年十二月。

他青年時對於社會問題就有激烈思想的傾向，他在勞工組織一文中說明他的觀念，並提出社會改革的計劃。一八四八年革命予他以實施他的理想的機會。他是二月臨時政府中的一員，他當時主張勞力權，其中涉及政府有保障每人有工作的責任。他因此要求組織勞工部，但是祇能成立一個調查委員會；他任委員長。此外又組織了一個國家工場(Ateliers Nationaux)，以收容當時的失業勞工。這些組織的管理是付託於一個不同情白朗克理想的人，因此全告失敗。這些組織與白朗克的書中所述的完全不同。一八四八年五月十五日的勞工暴動發生後，白朗克被認爲與謀者而逐出法國，他實施他的理想的機會於是告終。

他再回法國後，反對革命活動，並以政府人員的資格壓迫自治團體，

他的社會哲學根據于確信人人都有享受快樂及發展他的能力的權利，凡不能使人民完全享受這權利的社會組織，是不可容的。他說道：「在進步論中實不能承認人類永是可怕的骨肉交戰的犧牲者。」(註十三) 他以爲在現社

會組織之下，競爭與放任主義妨碍這權利的享受。競爭的要素是大家互相敵對，牠激起貧困、道德的頹敗、罪惡、賣淫、商業恐慌以及國際糾紛。因此競爭應加根本剷滅，而與牠對立的組合應成爲新社會制度的基礎。」（註十四）

白朗克提出社會工作場的組織，以達到這目標。這組織是生產者自動的組織，暫時由政府供給資本以執行他們的事業，而其出產則分爲三部分，一是勞工的工資，二是償還政府借款的基金及供給將來事業的資本基金，三是分給勞工的利潤以補充他們的工資。工作，工資及利潤的分配是根據這個原則：各盡所能，各取所需。

他深信這些工作場的利益及經濟，必使生產者自行組織許多工作場，而使資本家終至不得不加入他們，因爲資本家不能爭勝無利資本的利益及組合力的撙節。

他又提議這些工作場的管理者，第一年由政府委派，以後由勞工自由選任。他又說在開首時大家應確認互助的原則，他希望由這手段使政府免去供給資本之責，並且實現自動組合原則的普遍勢力。

（丁）蒲魯東（Proudhon）

蒲魯東的性質及觀點與前述三人多有相異之點，但他還是要列入組合主義的一派。

他在一八〇九年七月十五日生於培遜桑的貧人之家。他在本鄉受過幾年的教育，就學習印刷業。他任某出版公

（註十三） 見伊利著近代法德的社會主義第一一七頁。

（註十四） 見季德與李斯著經濟學史第二五六至二五七頁。

司的讀稿樣者，該處多刊行神學書籍，因此他對於這門學問頗有所得後在天主教百科全書（*Encyclopedie catholique*）中發表不少文章。他又研究比較言語學，在這方面也發表了幾篇論文。在一八三九年培遜桑學院懸獎徵求星期日的効用的論文他也加入比賽。他結果雖未得獎，但他所表露的才力深深感動了給獎委員會，是以該會給他相當的獎學金，使他能專心於著述及研究的工作。他決定開始調查貧困的原因及改良貧窮狀況的方法。他的活動包括參加政治及社會運動，以及社會改革的嘗試。

他的最重要著作是：何爲財產？（*Qu'est-ce que La propriété* 一八四〇年），經濟矛盾之體系（*Système des contadiction economiques* 一八四六年）信用及其流通之組織及社會問題之解決（*Organisation du crédit et de La Circulation et Solution du Problème Social* 一八四九年），交易銀行社會問題之概要（*Résumé de la question Sociale, banque D'échange* 一八四八年）一個革命者的自白（*Les Confessions d'un revolutionnaire* 一八四九年），利息與本金（*Intérêt et Principal* 一八五〇年），在革命與教會上之公義論（*De La justice dans la revolution et dans L'église* 一八五八年），戰爭與和平（*La Guerre et la paix* 一八六一年），以及勞工階級的政治能力（*De la Capacite politique des classes ouvrieres* 一八六五年）。（註十五）

他自一八四八年開始煽動的工作。他並未參加當年二月的革命，但是到了四月他任人民代表（*Representant*

（註十五）見季德與李斯著經濟學史第二九一及二九二頁的註解。

du peuple）報的主筆，而又被選為國民會議中西恩（Seine）區的代表。他雖眼見提出的幾個社會改革計劃都未批准，但仍提出他的交易銀行計劃，結果遭六九一票對二票的慘敗。可是他用文章和講演繼續奮鬥。他常用激烈的辭句抨擊其他的煽動者，以及現制度的擁護者。

他的這些方法不久觸犯了政府，結果他的報紙被封，而他自己被監禁三年。他在獄中著作一本書，題名一八五一年十二月二日大政變所表現的革命（*La Révolution Sociale demontrée Par le coup d'état du 2 December, 1851*）。他出獄後多從事著述，各書上已述及。其中在革命與教會上之公義論一書，使他在一八五八年又與政府發生齟齬。他逃至比利時，直到一八六〇年遇到大赦，才回巴黎。他在一八六五年逝世。

他的著作充滿矛盾之點，頗難正確說明他的觀念。他第一本著作何為財產，痛擊私產制度，他斥之為合法的刼掠，因其使一些人藉他人的勞力而生存。他以為凡用以擁護這制度的理由，皆足以非難之。試舉一例，他指摘以先占為土地所有權之說。他主張在原始時土地既不屬於任何個人，則非為一切人類所共有，即為上帝的財產。假使屬於前者，則人民的共有權尚在，而不能為占有所取消；假使屬於上帝，則他的所有權仍在，因他從未放棄之。

他又批評以財產為勞力與土地結合的結果說。他以為此說祇能證實占有權，但非財產權。前者是指一人的勞力利用生產的自然要素，並非指將這生產要素借與他人使用而得到收入。

蒲魯東的著作中有不少的地方是澈底非難私有財產，而實則他似乎祇攻擊地租、利息及利潤。他承認收入的私有財產，以及個人之盡量享受其所生產的或所得的財產。他痛斥當時各家所倡的共產主義及社會主義。

他的財產說實際上就是占有說，他以爲每人應自由得到利用他的勞力的手段。生產的工具，無論是自然的或人爲的，一經如此使用，他對於這工具的所有權就不成問題了。但是他不得將這種的工具租給他人，或由他人使用之而自己得到收入。

關於政府，蒲魯東自認是一個無政府主義者，而述其解釋於下：「我們要有什麼政府？我最年靑的讀者答道──你怎能問我？你是個共和主義者嗎？是的──但是這句話沒有說明什麼。共衆物（Res Publica）就是指共有之物，在任何政府之下，凡渴望共有物的人可稱爲一個共和主義者。國王也是共和主義者。那末，你是個民主主義者嗎？不是的！──什麼你是個君主主義者嗎？不是的──那你是個立憲主義者嗎？是上天所不許──那你是貴族主義了？也不是的──你願有一個混合的政府嗎？更不是的──那你是什麼呢？我是個無政府主義者……無政府主義就是無君無主──我們日日接近這種的政府，我們受人指揮及尊他的意志爲法律的頑固習慣，使我們認政府爲紛擾凌亂的表現……無人爲王……一切國際政治問題應根據統計部的材料而解決，因爲一切國際政治問題是國際統計的問題，政府學是屬於科學院的一部分，其中的永久秘書當成爲第一大臣。每個公民都可投報告於科學院，所以每個公民都是一個立法者，但是每人的意見要經證明是眞實的，才被承認，所以無人能將他的意志以代理智……無人爲王……公理與合法二者獨立于我們的同意之外，正如數學的眞理一樣……因爲眞理應成爲法律，故必加以承認。却說承

認法律是什麽意義呢？這是證實一個數理上的或玄學上的作用。這是重覆一個經驗，觀察一個現象，證明一個事實。」（註十六）

他深信假使每個人自由使用生產工具的權利有保障而使之實現，則普通所謂的政府必歸消滅，而代以自行結合的生產及分配的組織，以促進全體的相互利益。

他在國民會議中提出而沒有實行的交易銀行，就是要保障每個人對於生產工具的自由使用，而使政府成爲不需之物。在實質上，這是一個不必以硬幣收回紙幣的發行銀行，但是要將紙幣交換需要資本的人民的期票，而不取費。這些期票在生產事業完成後才償還，使銀行收回發行的鈔票，或取消或再發行。

蒲魯東以爲這不取費而貼現的特殊利益，使每人能滿足他對於資本的需要，同時使他能自由運用他的精力，於是解決了個人自由生產以及分配的各問題。

他是像古典派經濟學家的一個道地個人主義者，他對於一切共產主義及社會主義的形式，也同他們一樣加以反對，但是他不承認現經濟制度以及古典派思想所根據的私有財產與競爭的根本原則。

（註十六）見季德與李斯著經濟學史第一三四及一三五頁。

第十七章　科學的社會主義

法國一八四八年革命開社會主義史的新紀元，前章所述的烏托邦社會主義（Utopian Socialism）至此聲勢大衰，而由羅培圖斯（Rodbertus）及馬克思（Karl Marx）所代表的新派繼之興起。這次革命予空想計劃以實施的機會以及其實驗的失敗至少是這變動的一部分的原因。「工作權，」「勞工組織，」及「自動組合」的原則以各種的形式見諸實行。我們却不能否認這些實驗並未得到最有力的贊助並且常由對這些計劃不表同情的人去辦理，然而這實驗的失敗使人民大起反感，并使社會主義運動在法國一時頗失信用。（註一）

在德國的情形就不同。當時專制政體仍占優勢，憲法運動雖減殺牠的勢力，但並未有民主政府代之而起。如法國盛行的那種社會實驗在德國是不可能的。可是改革的需要極大，到處都表示改革的渴望。盈千累萬的熱烈的德國改革家因不容於本國政府而謫居異鄉，其中有不少人或目覩或親身參加法國的大革命。在歐洲各城中有這種德人的殖民地，尤以巴黎倫敦及卜魯塞爲最多。因此德國已準備接受改革的理想，在政治及經濟界內大有社會改革的餘地，

（註一）　參閱季德與李斯著經濟學史第三〇〇頁至三〇六頁，關於這實驗及其失敗敘述詳盡。

並且當時的政制頗可利用其他各國的理想及實驗的結果。

德國的新社會主義派的興起多半應歸功於兩個人的天才，雖然當時的狀況造成兩人所生長的環境而決定了他們理想的傾向。這兩人就是羅培圖斯及馬克思，他們的個人性質，家族及環境種族及職業都大相懸殊，並且兩人各自研究，但是兩人同出一途而得到相似的結論。

一　羅培圖斯

羅培圖斯的一生大半是做 Jagetzua 地產的主人，附近波曼蘭尼(Pomerania)的耶門(Jarmen)地方。他的父親是格里斯威(Greifswald)大學的羅馬法教授，他在麥蘭堡弗萊蘭(Mecklenburg Friedland)及高丁鎮(Göttingen)與柏林等大學攻讀法律。他在一八二六年畢業後就執行律師之職，繼又遊歷歐洲各地，而在一八三四年購買地產，居于其中以終餘年。

他好幾次榮任政治要職，在一八四七年被選為臨時會議及普魯士第二國會的議員，後又任 Kultus 大臣之職。在一八四八年革命時聚集於弗蘭福的國會裏，他也被選為議員之一。

但是他的主要興趣及事業是思想及著述社會問題，他所得的結論使他成為專制政府之敵，成為一個社會主義者。他也信仰國家的統一說。茲將他主要的著作列之於下.

(一)勞働階級的要求(*Die Forderungen der Arbeitenden Klassen* 一八三七年)

(二)國家經濟現狀的認識(*Zur Erkenntnisse unserer Staatswirthsehaftlichen Zustande* 一八四二年)

(三)給 Von Kirchmann 的社會問題書件(*Sociale Briefe An Von Kirchman* 一八五〇——一八五一年)其中分為國家經濟之社會意義，Kirchmann 與余之社會論(*Die Sociale Bedeutung der staatswirthschaft, Kirchmanns Soziale Theorie und die Meinige*)及呂嘉圖地租論的批駁與新地租論(*Widerlegung der Riearaoschen lehre von der Grundrente und Begründung einer neven Rentetheorie.*)

(四)標準勞動日(*Der Normal Arbeitstag*)

(五)給德國勞工聯合會委員的公開書函(*Offener Brief an das comite des deutschen Arbeiter-vereins* 一八六三年)

(六)對於今日地主資金恐慌的解剖及救濟(*Zur Erklarung und Abhulfe der heutigen Creditnoth des Grundbesitzes* 一八六八——一八六九年)。

他的思想系統可概述於下：社會是分工所造成的一個有機體，其中每人是從事于生產交換及分配的機器的一輪，而這機體不久以全世界為範圍，每人對全體合作的工作貢獻一部分，因此每人的幸福是取決於他人以及他本身與自然的合作。

在這社會中要執行三個主要的職務，就是適應生產以供需要使生產量合於現有資源所定的標準，以及將共同的出產公平分配於生產者。現在這三職務無一是執行恰當的。生產並不適應需要，但跟着以收入爲準則之市面需求走，這與實際的需要大不符合。生產也不根據於現有資源的標準，而由以獲得最大利潤爲主的資本家去處理。承襲占重要的地位，常將經濟勢力的支配權落在最不能勝任者的手中。財富的分配極爲不公，大衆常爲少數所掠奪。

他首倡一切經濟財貨是勞力的出產說，以證明上述的各定理。他並非指勞力創造貨物，祇是說明自然物品與勢力祇有由勞力與之結合，才能成爲經濟財貨——就是人類節約而來的物體。羅培圖斯說道：（註二）

「第一這指明祇有這些財貨，是屬於有勞力成本而其生產必需人力的經濟財貨。其他任何重要或有用的貨物，是與經濟無關的自然貨物，經濟的產生却因滿足人類需要的東西，無論在地點上或在品質上從未有由自然界中取得便可使他們利用這些東西以滿足他們的需要；人的工作是使這些東西與他們的需要發生關係的唯一方法，而這受時間及力量限制的工作，總是減少人的自由的。

「第二這指明一切的經濟財貨祇是勞力的產物。從經濟方面說起來，經濟財貨不能認爲自然界或其他任何力量的產物。自然界對於經濟財貨的貢獻，人類可表感謝之意，因爲自然界使他們節省不少的勞力，但是經濟祇承認勞

（註二）羅培圖斯著 *Zur Beleuchtung der Socialcn Frage herausgegebeu von Movitz Wirth, Zweite* **Auflage**第一卷第一〇四至第一一〇頁（一八九九年出版於柏林）。

力完成了自然的工作。貨物因為這原因而成為經濟財貨，也惟有為了這原因牠們才成為經濟財貨。

「第三這指明貨物在經濟上看來是變化物質而為其產生所必需的勞力的產物。這不僅包括立刻造成貨物的勞力，並且也包括生產用以製造這些貨物的工具的勞力。例如麥不但是使用耜子者的出產，也是製造耜子者的出產。所以貨物能用數學來證明是這兩類勞力的出產。

「惟有這兩類的勞力才能產生經濟財貨。例如法官保障勞工的權利，間接的提高經濟財貨的生產，所以他的服務應受相當的報酬；但是他除了執行公理之外，並未生產經濟財貨。我們不能因為他得到經濟財貨的報酬，而說他產生經濟財貨，正如我們不能因為勞工以經濟財貨償還法官的服務，而說勞工能維持公理。總而言之，構成社會所包括的大而普遍的服務是個較大的觀念，而分工的觀念祗涉及經濟財貨的生產而已。」

羅培圖斯並未混亂唯有勞力生產貨物與勞力是價值唯一的來源的定理。他並未說貨物在實際上是按其勞力數量而交換的，但是主張應該如此交換。

他以為貨物不根據這原則而交換，是為着今日社會中資本家及地主所占的地位。這二階級承襲一個使他們坐享收入的地位，換言之，就是榨取他人之勞力。

羅培圖斯區別分配中的兩個階段：一是從事於生產財富的人們與地主及資本家之間的階段；一是上面這些人與社會中其他份子之間的階段，即他所稱的「次要的分配」。關於後者他說道：」(註三)「維持公理的法官，醫治病人的醫生指導靑年的敎員等得到收入而于生產方面一無貢獻，這些收入當然是他人的勞力的產物。但是這些人的收入是來自經濟學家所謂次要的分配，來自參與原始分配的其他諸人的收入裏面——或由這些人處直接得來或由國家判定爲他們對社會服務的相當報酬。但是社會中還有一班人分得一些原始的物品分配，而自己並未參加生產，對於社會及社會收入的生產者也沒有任何的貢獻。」

他說明這情形於下：（註四）

「只要分工存在，必有人實際上耕種及生產屬於他人的土地及資本占有土地及資本的人，自己從未耕種或生產。試回顧古代的國家，我們所見的是什麼？我們祇見褫奪的狀況，妻子小孩及奴隸之被褫奪，家族之被家主所褫奪。前者服從後者統治而享用前者工作，而後者占有最初耕地及勞力的出產。家主對于家族的褫奪與分工，與法律同時並起，祇有在分工之前才沒有發生這種狀況。」

「試看游獵民族，這是分工以前的社會團體。其中沒有分工，沒有褫奪的事。全體都是自由的。各人得其所獵之物，並且占其用以打獵的工具。土地也是屬於大家的，全族共有共用之。其中更沒有奴隸，而被征服的敵人立即處死。」

「我們一切不幸的法律上與社會上的狀況，是經濟必要的產物。假使每人所得之物僅僅足以維持他本人，他的

（註三）見前書第一卷第一一四頁。

（註四）見前書第一卷第一二〇——一二六頁。

妻子及他的兒童則無人能損他人而過活。在這種情形之下，沒有尊上隸屬之別。被征服者必遭殺戮。到了分工開始，及生產較多的農業興起而使人能藉他人的出產而生存時，奴隸就隨之而產生。與第一次經濟進步及與奴隸相連的就是公理第一度的進步因這時停止殺戮被征服者了。於是就有人被他人褫奪的狀況。歷史中的例子無一非說明分工與農業的開端，是與經濟的褫奪並立不分的，而一階級負勞工的重担，另一階級坐享他人的結果。換言之，分工的形式總是一階級之服從另一階級。」

因此按羅培圖斯的觀點，地租利息及利潤是褫奪的收入而牠們作為社會出產的成分，就是我們所達到的社會進展階段的特徵；這階段比以前的較為接近公理，並且較能實現人權，但未達于完善。這階級勢必為另一階級所代，比較更近正義的理想，並且予人類以較高的幸福標準。

這階級正在我們的目前，羅培圖斯以為將由勞工階級發展之。在他的勞働階級的要求(*Forderungen der Arbeitenden Klassen*)（註五）中，這觀念發揮得又眞切又明確。他詰問勞工階級所渴望的是什麽，而答為政治力——但是牠本身非最終的目標，而為達到目標的手段。他們的目標是增加收入提高地位而使他們能享受文化進步的利益。他說道：「近代的文化是基於教育，使個人服從一個觀念或理想，但非隸屬某團體的人。這觀念或理想的實現，是個人活動的目標，而由科學藝術組合及國家實現之。舊文化制度實際上已成過去，所殘餘的無幾。新制度雖未實現，但在進

（註五） 見該書第二卷第一九五頁。

行中。這是將來的制度。其中決沒有復古的情形，最後的成功是不可免的。

他又問民衆的渴望能否爲他人所阻止，他的答覆是沒有這可能性。勞工階級占人類的大多數。他們既已實現他們的權利及權力時？他們的渴望終必成功，而不能加以阻止。

第三他又問勞工慾望的實現是否近代文化的墓地。他說勞工慾望的滿足不但非近代文化的墓地，反而是促進文化的方法，因爲現在有產者壓迫勞工階級，奪去他們增加社會生產力的機會，而使一切階級進展的可能性大爲減少。」

按羅培圖斯的意見，貧困與商業恐慌是褫奪勞工階級的最顯著的結果，而爲近代經濟社會的最大罪惡。他所指的貧困並非絕對的缺乏，而爲不夠滿足社會所造成的需要之收入。按他的觀點「一人的貧困並非取決於他絕對所有的，但是取決於他所有的與他人所有的相對關係，以及他對於時代的進步所能享受的多寡。在珊威却島(*Sandwich Island*)中的一個生番並不因爲沒有衣服而成爲窮人，可是一個英國人就成爲窮人了。當大衆都不會念書，一個人不能買書，不能認爲貧乏或被經濟壓迫，可是在今日的德國人若無力買書，他就是貧者及被壓迫者」(註六)這相對慾望的情形的造成是在現在的勞工狀況之下，他們的工資僅僅足以維持他們的生活程度，這生活程度雖漸提高，却不能與勞力的生產力的增加並行，所以勞工階級相對的不斷落後。

(註六)見伊利著近代法德的社會主義第一六四頁(一八八三年出版)。

他以爲這同一狀況，也可說明商業恐慌。試假定一個均衡的狀況，勞工及其他階級所生產的貨物，恰如他們所能購買之類，繼則勞力生產力的增加，地主及資本家的節省與生產事業的投資，造成使勞工無力購買爲他們所生產的貨物的狀況，於是市場上就發生貨物過剩，價格跌落，生產有失無利，工廠閉關，失業以及其他的恐慌現象。這狀況的發生，是因爲地主及資本家階級不能而且不去消費他們的收入，而將大部分的收入投於生產事業。生產力的增加，祇能促成較多的貨物，以供勞工之用，但是勞工的收入並未按正比例而增加，所以無力購買這些貨物。

對於這些弊端的救濟，羅培圖斯並不想藉力於自然律的運行，或放任制度，如古典派經濟學家所主張的。他以爲國家的干涉是必需的，而尤以分配爲甚。他在標準勞働日（*Der Normal-Arbeit*）的專論中，提出一個計劃的大綱，以爲國家應循此行事。他提議在每個產業中應確定一個平均日的工作，並收集每種物品的生產所需的這平均日數的統計，各物應根據這些數字所指示的比率而交換。關於物品的分配，他主張國家應得維持其行政所需要的一部分，地主及資本家應得他們因改革而受損失的相當補償，其餘的應按每人的平均工作日數或每日所工作的部分而分配於勞工。一個勞工在十小時中的工作，也許生產好幾倍之多，而另一個也許祇生產一部分。他主張每次勞力生產力有變更時，工資應隨之而調劑。這麼一來，每次生產增加時，勞工必可得到按比例而應得的部分。

按羅培圖斯的意見，這改革必可救濟貧困及商業恐慌的惡果。使勞工按比例分沾勞力生產力的增加數，以救濟前者；將收入分配恰當，而使一般人能購買爲他們而生產的社會總出產量，以救濟後一弊端。

二　馬克思

馬克思在一八一八年誕生於德國脫里埃（Trier）的猶太族。他的父親在脫里埃執行律師之職，他予馬克思以最良的教育機會。馬克思在中學時就逞露其特出的才力，成績極優，但在波恩及柏林時他的心情紊亂不安，又沈醉於戀愛，所以沒有成績可言。在這時期中他的精神及智慧方面經過重大的變化，于是捨棄法律而終身研究哲學及經濟，並以指導無產階級及煽動改革爲一生的事業。他的戀愛結果使他在早年中與威斯弗蘭（Jenni von Westphalen）小姐結婚，威小姐是高貴家庭的女兒，後來成爲他忠誠的妻子。

馬克思在大學時的嗜好及志趣，使他傾向於教授生涯，但是因爲他的激烈思想使他不能得到大學的地位。當時普政府正反對自由的運動，他迫於維持結婚後的生計，在一八四二年十月受任 *Rheinische Zeitung* 的主筆，他立刻痛斥普政府關于壓迫言論及組合自由的政策，結果他的報紙被封。

這是他一生中顚沛流離的時期的開始，他先在巴黎居留，被路易腓力卜（*Louis Phillippe*）的大臣幾沙（Guizot）所驅逐，於是他再折回德國，主編 *Neuerheinische Zeitung*，又被政府封閉。他重到巴黎住了很短的時間又被警署下令逐出。最後他卜居於倫敦，了其一生。他在一八八三年三月十四日逝世。

他第一次逗遛巴黎（一八四三年三月至一八四五正月）時，結識法國及各國的社會主義者，他們也是暫時避居法京，而在該處研究社會主義的文獻。他自己的思想及在柏林時與靑年黑格兒派的結交使他於政治及哲學方面成爲一個極端的自由主義者。他現在成爲一個社會主義者，這當然是大受聖西蒙的歷史哲學，以及法國當時正在醞釀一八四八年革命的狀況的影響。他加入在該地團結的激烈的亡命者，與他們共同設計如何指導及組織全世界的無產階級，以準備他所信爲快要實現的社會革命。

這個大計劃的歷史中有一是想摶合散居於巴黎、卜普塞、倫敦及其他城市的激烈的亡命者搆成一個偉大的國際組織。這個理想在馬克思第一次到巴黎時曾與他們討論，他於一八四五年正月間到卜魯塞時即以實現計劃爲他的主要目標之一。他在這時與恩格斯（Frederich Engels）成爲至交，恩格斯是德國巴門（Barmen）的製造家之子，及英國孟却斯脫的棉廠的股東之一。他們兩人在一八四五年夏間遊歷倫敦，就在這時與共產勞動敎育聯合會 Communistische Arbeiter Bilfungsverein 討論所計劃的國際組織，該會自任這計劃的先鋒，幷請馬克思籌劃一個進行的辦法及一個說明原理的宣言。結果就是著名的共產黨宣言，在這篇宣言裏馬克思請求全世界的無產階級組織起來，以推翻資本主義制度，並泐定指導他們的各原則。共產黨聯盟的組織就繼之而起，以傳佈宣言中所陳述的各學說。

跟着一八四八年法國革命及其影響於全歐洲的短時期而起的是不利於共產黨宣言及共產黨聯盟的反動。所以馬克思在倫敦的前幾年中多致力於研究及著述。在一八五九年他發表政治經濟批判（*Zur Kritik der politischen Oekonomie*）一書，在一八六七年又發表資本論（*Dlas Kapital*）的第一卷。

在一八六四年他又重振無產階級的國際組織的計劃，此次成立的是國際勞工黨，他是該黨的執行委員長及主要的領導，但結果因為內部的紛爭而解散。馬克思有超衆的熱誠及才力，可是不能與同黨的激烈份子協心合作。他與蒲魯東及巴枯寧發生齟齬，該黨竟至四分五裂。他們紛爭的主點是用暴動或用演進的手段以達到社會主義者所趨向的最終目標。馬克思堅持後者，他深信世界是漸漸前進，終必並且迅速的趨向社會主義。他以為暴動的方法不但不能促進，甚至延遲社會主義的運動。

他在一八八三年逝世後，遺下未完的稿件由他終身的摯友及合作者恩格斯編輯完成，在一八八五年及一八九三年相繼發表為資本論的第二及第三兩卷。

以經濟學家論之，馬克思是以他的價值，剩餘價值及歷史的演進各學說聞名於世。他想在資本論中提出政治經濟學的整個系統，除了因著述未竟而留些不完備的遺憾外，這目的已達到了。

他的價值說是基於斯密及呂嘉圖所闡明的勞力論，但是他加以修正而以社會必需的勞力量替代實際費去的勞力量作為交換率的準則。他所謂的社會必需的勞力，是指當時一切生產狀況下所用的勞力，其中包括技巧組織及技術等等。

他對於這定理的證明，十分抽象而又偏於否定性。他說貨物的交換含着有些東西為牠們所共有的意味，他又探求這共同的要素到底是什麼。他指出這要素不能為有形之物而斷定牠為勞力物品的交換既非取決於實際所用的勞力，他斷定貨物應按其生產時的社會必需的勞力而交換。

根據馬克思的意見，「剩餘價値」是起于交換的演進中的某點上。物物交換後就有貨幣的交換，其公式爲 C-M-C，就是指物品交換貨幣後貨幣又交換物品，其目的是令使用價値較爲適合交換者的需要。時間的演進中又生出一個目的不同的交換形式。這交換的公式是 M-C-M，就是指貨幣交換物品後物品再交換貨幣。這交換的目的不能說是令使用價値較宜於滿足慾望，因爲這程序自始至終是同一的物品，貨幣。因此其唯一的目標是獲得較多的貨幣。這情形的可能，祇有在第二M較大於第一M時，這兩個M之間的差額，馬克思稱之爲剩餘價値。

在經濟演進中這交換方法占優勢的階段，馬克思稱爲資本主義階段。用貨幣交換物品，爲了要再用物品得到更多的貨幣。按馬克思的定義，這貨幣是優越的資本（Capital par excellence）。

在這交換程序中能生產剩餘價値的唯一物品是勞力，因爲勞力是生產價値的實質。勞力在市場上買賣時，如其他商品一樣，牠的交換價値也是取決於其生產時所用的社會必需之勞力，就是生產用以維持及再生產勞工的衣食住與其他物品所必需的勞力。這數量較少於被購買的勞力數量時（通常是如此的），就產生剩餘價値，因爲勞力所生產的貨物的價値，較大於付出作爲工資的貨物的價値，而交換公式中的第一M比第二M就較小了。

按馬克思的觀點，剩餘價値的生產成爲經濟社會的主要職務的狀況，是歷史上無產階級的演化所造成的。勞力處於奴隸地位之時，或勞力占有及使用其生產工具之時，必無極大的資本之積蓄，眞正的無產者沒有出現，也不能出現。祇有在勞力是自由之時，勞力完全與生產工具分離，而不得不作爲商品出售於市場之時，以及資本累積到有購買勞力的手段及動機之時，無產階級才能出現。馬克思以爲上述的諸狀況最初發現於十七世紀中葉，這時代是他所謂的製造業時期的開端，直到一七七〇年爲止。這時期的特徵是分工以及簡單產業中勞力的合作。當時大量的資本累積於商業階級的手中，他們大半由於國外貿易而致富。勞力的分工及合作大大增加生產力，舊式的手工藝者不能抵抗這新資本主義的設施，逐漸歸於淘汰之列。

繼這階段而起的是機器及工廠時期，一直延長到今日。這階段的特色爲新式的機器以及新工廠的興起，新的分工法，對於自然力的新奇利用，勞力生產力的驚人的增加。假使獨立的勞工用他自己的資本及土地在製造業時期中不能與資本主義的生產相競爭，那他在近代更爭不過資本家了。因此機器時代使無產階級普遍及完成演化的程序，而經濟界由此分成有產階級及無產階級，或如馬克思所稱的資本家階級及無產階級。

馬克思以爲這演化的程序使剩餘價值成爲近世社會的主要經濟勢力。本來資本是由節省而累積，但是資本完全由剩餘價值而累積已經有許多時代了。馬克思指出資本不斷的累積是不可免的，而與其相伴而來的狀況——無希望的無產階級，也是不可免的。

剩餘價值就是指褫奪勞工階級，而由地租、利息及利潤各方式所表現的資本收入，是這褫奪的結果。

按馬克思的意見，經濟社會演進的又一階段將爲資本家階級的被褫奪，以及產業的社會組織的興起，而在這組織中剩餘價值將歸消滅，勞力的總生產將均分於勞工階級。

第四編

經濟學的改造

第十八章　經濟學在十九世紀後期初葉的狀況

彌爾的經濟學原理在十九世紀後半前廿年中，排斥其他一切著述而爲祖述古典學派原理的正宗，但持異議者頗多，卽在英國亦所不免，而且他們的人數與年俱增。以賴斯里（Cliffe Leslie）爲代表的歷史學派，信徒日衆，社會主義者也是如此。常居敵對地位的勞働階級聲勢也逐漸增大，關於經濟學根本原理的紛爭，從未稍息。一八五七年開恩斯（J. E. Cairnes）說道：「一切關於經濟學原理的問題如人口律、地租律、國外貿易律、各種費用在分配上的影響，以及價格理論等等至今仍未解決。這些問題應視爲『懷疑的問題』，假使這懷疑一詞可以應用於一般好辯之末學膚受者，以及湛深淵博的經濟學專家所力爭未息的理論」。（註一）

一　開恩斯

開恩斯自一八五六——五九年任杜柏林（Dublin）的經濟學教授，後又在加爾威（Galway）的皇后大學（Gueen's College）講學。自一八六六年至他的死期一八七五年執教鞭於倫敦大學。他欲糾正當時紛亂的狀況，就以

（註一）　J. E, Cairnes, *The Character and Logical Method of Pol.Econ.* 第廿二頁。

古典學派的辯護人自任，這可見於一八七五年他在杜柏林所發表的演講中，後又集成一本書題名經濟學的性質與合理的方法（*The Character and Logical Method of Political Economy*）。

開恩斯深信這紛辯爭論大半因為大家對於經濟學的主旨及性質有了錯誤的觀念，他說有的經濟學家（註二）將前者伸出「財富現象」的範圍以外，而包括了「人類的倫理性及社會性所表現的事實」於是將眞的科學變成僞學了。他堅持經濟學的主旨惟有財富而已，並認經濟學之成為一種科學，猶之物理，化學及生物學之所以為科學，他說：「經濟學之於財富的現象，正如天文學之於天體的現象，動學之於動力的現象，化學之於有機體的功能的現象。經濟學解釋財富現象的共存及相續的法則，換言之就是說明財富的現象的法則」（註三）根據這觀點，倫理及社會問題的解決，是不干經濟學的事。經濟學的目的非實際的，但是科學的。實際的問題總是很複雜的，經濟學雖加以說明，但其解決尚須其他科學之助，關於這一點他說道：「無論什麼計劃，如消除貧困案，農佃改革，合作實業的擴張，通貨的管理，或是以宗教及政治勢力改造社會的更高計劃，由一個神父及三個銀行家執行等等；假使其中有了確定的實際目標，我就說這計劃已沒有科學的特性，不配稱為科學」。（註四）他說因為一般淺學者認實際目標的成功是經濟學的責任，

（註二）J. B, Say 及 Auguste Comte

（註三）*Logical Method* 第三十五頁

（註四）見前書第三十四頁

所以不能達到這目標或是他們反對這目標的時候，他們就歸罪於經濟學。

他又主張經濟學是一種「假定」的科學，因爲其中的理論「雖然是根據人性及外界的確鑿事實，但並非必要代表而且極少代表目前發生的事情，正如自然科學的理論經濟學理非斷定什麼事項必會發生，但是什麼事項將要或有發生的趨勢。祇有在這意義下經濟學理是正確的。」（註五）演繹這些學理的前提是從「物界及心界」所抽出的根本事實而得來的，例如「一般對於物質享樂的渴望而以財富爲得此幸福的手段；判決何者是達到目標的有効手段的智力，以及由最易最速的手段以達到目標的傾向——用最小犧牲以取得財富的欲望是導源於心理上的事實；」「這些傾向和人體的生理狀況合起來決定人口律，」以及「土壤的性質及體力和心力所企圖利用的其他自然要素。」「一切影響財富現象的勢力，並不全包含於這些根本事實之中，開恩斯將其餘的稱爲「次要的勢力，而這些勢力「擾亂並且有時反逆勢力較大的各原則的行動，因此改正了各勢力所合成的現象。」（註六）

他在一八七四年出版的經濟學主要原則之新解（*Some Leading Principles of Political Economy Newly Expounded*）一書中，（註七）糾正和改善古典學派的幾種原則的說明，以鞏固該派的勢力，所討論的題目是價值勞

（註五）見前書第六十八頁及六十九頁

（註六）見前書第五十六頁及五十七頁

（註七）一八七四年出版於紐約 Harper & Brothers 書局

力，資本及國際貿易。在價値論中他指摘各經濟學家對於需要供給及生產成本各原理的態度。關於需要與供給，他說這兩個名辭用以指物物交易制度下的總數，及用以指貨幣制度下的各特殊商品，應有區別。在前者的情形下，二者不是「分立的現象」，而是「緊連互倚」的。其中有一增減，另一個也必隨之而增減。這是由於以物易物，所以每個商品對於求之者就是供給，而對於用作換取其他貨物的手段者就是需求。因此全體人民對於貨物的總需求與貨物的總供給是相同的了。但是他以爲在貨幣制度下應用於特殊商品上面，則需求及供給是有區別的。「需求是對於商品或勞務的慾望，用一般的購買力以求其目的。供給是對於一般購買力的慾望，而用特殊的商品或勞務以求其目的。」（註八）他又指出在這情形之下，需供二者隨價格而變化，並且說由比較而能夠指出二者中那個較大或較少的，總必有「假定的價格」以資參攷。

他對於生產成本決定自然或經常價値的原理，仔細分析。結果限制其所應用的範圍比較呂嘉圖及彌爾的狹得多，並且不用生產費用的總數，而用生產犧牲的總數來測量。這些結論所根據的基本前提，就是生產成本祇能在競爭完全進行的情形下，決定經常的價値，換言之，就是在資本及勞力能夠自由的從較低的移到較高的報酬點時。這種移動一有阻礙，上述的原理非完全不確，卽祇有一部分是適用的。

彌爾及其他各家主張惟有國際貿易中有這種阻礙，但是開恩斯却以爲國內貿易中在他所謂「無競爭的團體」

（註八）見前書第二十五頁

間也有這種阻力，這些團體是由各級的勞工所組成，而他們完全互相隔離，以便作有效的競爭。他將各團體分列如下「第一，在最低一級是未熟練的勞工所組成的各大團體，包括農工，在城市中從事各種零星職業的勞工，或是爲熟練勞工服役的勞工。第二是工匠的團體，包括次要的熟練勞工，如木匠、細木匠、鐵匠、石匠、鞋匠、帽匠等等，其中還可以包括一大批的小零售商，他們的資產及地位使他們和工匠同列一級。第三層包括較高一級的生產者及商人，他們的工作必需相當的資格，只有家資富饒及有良好教育機會的人能取得這種資格，例如土木及機械工程師、化學家、光學家、製錶家以及其他在同一工業階級者，並且其中還可以包括高一等的零售商。第四級的人環境更好，他們豐富的資產使他們選擇的範圍更大。這最後團體包括一般專門家、科學家、藝術家以及從事於高等商業的人。」(註九)按開恩斯的意見，每個團體的勞力都是移動無阻，可以適用成本律。但是在各團體之間，却沒有移動的自由，於是決定經常交易率的不是生產成本而是「相互的需要」。這是指每個團體對於其他團體的生產品的需要，由此可使每個團體的生產品償付所欲交換的其他團體的生產品。

彌爾和施尼爾所主張的生產成本的兩個概念是(一)生產中的犧牲，就是勞力的犧牲加上節制，再加上冒險。(二)生產的費用，就是工資加上原料的成本加上固定資本的折舊，再加上租稅等等。開恩斯選定了第一個觀念，他所根據的理由顯然是「成本是指犧牲不是報酬。」著者說「顯然」二字是因爲她並沒有充分批評或分析生產費用

(註九) 參閱經濟學主要原則之新解第六十六頁及六十七頁

的觀念，而且也沒有把牠和第一個觀念相比較。他對犧牲的觀念詳加分析，歸結說道：「所應計算的犧牲，卽支配交換價值的犧牲，不是甲乙丙等所受的犧牲，而是這商品的生產者卽勞工階級及資本家所受的平均犧牲。」（註十）他又說道：「競爭所造成的成本及價值間的關係，並非某某商品的價值及產生每種商品的某某人所受的犧牲間的關係，而是各種商品及牠們的生產成本間的關係。例如我們不能按製鞋匠及裁縫實際所受的犧牲的比率，而說某雙鞋能換取某件衣服。但是我們可以說在某一競爭的範圍之內，按這個比率，這種商品——鞋可以交換另一種商品——衣服。」（註十一）

他在此書的第二編「勞力與資本」中，盡力擁護工資基金原理，這原理已受各方嚴厲的抨擊，並且彌爾已棄之不用了。第三編國際貿易陳述國際貿易的狀況及國際價值的理論，關於前者取呂嘉圖，關於後者取彌爾的學說而加以訂正。在第二編中他發表勞働組合對於工資的効力的意見，而在第三編中批評擁護保護主義者的理由。

關於職工組合對於工資的影響，他深信在狹小範圍之內及某種狀況之下，這組織是可以增加勞工的收入，但是在大體上，他的結論是「職工組合對於工資的勢力，在他們强使投資積極增加以達到他們的目標時，至多我祇認爲加速已在上升的工資之增高，這不用他們的干涉，最後也會實現的。」（註十二）根據開恩斯的理論，勞工改良他們的

（註十）見前書第八十五頁

（註十一）見前書第八十六頁及八十七頁

狀況的第一希望是減少人類，同時自己一方面也成爲資本家以增加他們的收入，因爲由此他們多了一個收入的來源。他反對保護主義的辯論，大半是針對美國的保護政策而言，而對於主張保護以制勝由高工資而發生之高生產成本的阻礙者，攻擊尤烈。他深信保護政策有減少國際貿易的趨勢，並稱施行至極端竟可消滅之。因此爭論的焦點是在經濟關鎖政策及國際通商政策的取捨了。

二　工資基金說的爭辯

前節曾提及開恩斯在他的經濟學主要原則之新解第二編中反駁各家對於工資基金學說的抨擊。其中主要的批評家是郎琦(F. D. Longe)，他是倫敦的律師，在一八六六年出版一本小冊子，題名駁彌爾及佛茜脫(Faucett)的工資基金說。(註十三)此外尚有桑敦(W. T. Thornton)，他在一八六九年發表一書，題名論勞働及其過份的要求，合理的應得，眞實的現在及可能的將來，(註十四)彌爾在一八六九年五月出版的二週評論中介紹桑敦的新著作，並承認桑氏對他的批評是合理的，於是他擯棄了他在經濟學原理中所闡明的市場工資學說。

職工組合的活動是這爭辯的主因，大家對於牠們用罷工及其他强迫手段以增高工資的能力發生疑問。按當時

(註十二)　見前書第二三二頁

(註十三)　一八六六年出版於倫敦 Lougmans, Greens & Co.

(註十四)　一八六九年出版於倫敦 Macmillan & Co

的學說，工資的水平線是取決於用勞工人數相除的一筆預定資金，因此職工組合或其他相同的策略不能加以更改。他們又說某某團體的勞工的工資可以由職工組合的壓迫而提高，但是必使其他團體受損失。在這種情形之下，職工組合的實力祇是將某團體一部分的工資基金移給其他團體，而不能提高一般的工資水平線。

擁護這學說的理論，最受抨擊的是：有預定不變的基金以供支付工資之用，而勞工階級以及其他組織不能用壓力來增加這基金。反對此說的否認個別的資本家占有這種基金，當然全體資本家階級也沒有這種基金了。他們以為支付工資的來源並非預先儲積的資金，但是勞工生產品銷售後的收入。這些收入中提供工資的一部分不是預定的，是受各種狀況（如勞工的議價能力，以及企業家將資金從生產移於非生產之用的能力）的影響而決定。

主張工資基金學說者藉供需原理以自護的一點，也受他們的攻擊。桑敦費了整章的篇幅來批評他，指出當時對於供需定義的謬誤，並說道：「供需的定義沒有一個可與牠們能夠決定價格的意義相合，」所以也不能決定工資。他又說：「決定勞力的價格或工資率的眞原因與決定一般價格的方法是不同的。」（註十五）

桑敦攻擊這供需原理時，先舉例子以證明供需關係的變更並不使價格發生變化，而價格改變也不更改供需的關係。他又說這些例子比較供需律來得近於實際狀況。至於貨物，他以為並不如供需原理所說的通常並非毫無限制的傾入市場中，却是在長時期中出售，價格各時不同，直到供給銷完為止——除非正在銷售程序完畢的時候，供需與

（註十五）見前書第四十三頁

價格的互相關聯，正如供需原理所指他說的將來的供需（不能正確的核算）及競爭的顧慮，對於價格的決定頗爲重要，並且這些勢力不能歸納於供需方式之中。

關於決定一般物品的價格與決定勞力的價格的不同，桑敦指出勞工的幾個特點。他說：「勞力差不多祇求出售而不顧到價格，」至於「其他商品則從不如此，即有也不多見，」勞力「不能貯存起來，」並且勞力在議價時占不利的地位。

三　古典學派的主要學說的弱點

開恩斯及其他經濟學家雖竭盡心力來修正古典學派的學說，但仍有不少弱點及懷疑的問題，惹起後來經濟學家的攻擊，並使他們致力於經濟學的改造。其中第一點是關於價值的問題。

（甲）價值學說

古典學派的修正者，對於價值的理論是建設在他們的先進所立的基礎之上。有的理論他們盡力發揮，而有的則略而不述。他們遵守亞丹斯密的遺敎，差不多完全注力於交換價值的問題。亞丹斯密承認有所謂的使用價值，但一方面又不充分討論牠，因爲他不能見到牠與交換價值的關係。他舉例水是效用最大的東西，但毫無價值；同時金鋼鑽的效用很小，而價值卻極高。這事實使他深信價值不能用效用來解釋。該派各家都深服此說，而在解釋價值時至多祇認效用是一切有價值的貨物所應有的品質之一。再則是需要的數量受限制時，才發生使用價值。

這班古典學派的經濟學家正如他們的先進，注意交換價值比率的變動，而對於某一時期的情形反不措意。至於這些變動，他們又分爲暫時的及長期的，稱前者爲市場價格，而後者爲自然或經常價格。各家對於這兩種變動的輕重，各執一見，但是大半是集中興趣與思想於自然或經常的價值。他們用發揮這價值的理論，作爲他們的思想系統中其他根本理論的基礎。

這事實可見於他們的定理：在自然或經常價值點上，一切造成價值的勢力是均衡的；市場價格在某一時期中，不論是較高或較低於這一點，終必趨向經常的價值。因此經常價值吸引市場價值向着牠本身，並且反映根本及永久的，而非偶然及暫時的勢力的運行。

他們贊成用生產成本說明經常價值的主張，但對於生產成本的內容又莫衷一是。在古典學派的時期中，關於這題目的觀念的進展，極饒興趣。亞丹斯密、呂嘉圖以及早期的經濟學家，以爲直接或間接費去的計日勞力就是生產成本，但他們又認利潤也應包括在內，亞丹斯密還包括地租一項。自呂嘉圖之後，地租才删去，呂氏主張無租的邊際土地的生產成本決定自然價值。呂嘉圖承認利潤與所費的勞力數量不見得相等。按他的觀點，假定一堆的資本貨物由一千日的勞力所生產，用於第一種商品可以歷時一個月，而用於第二種商品則經兩個月之久，所以後者的生產成本中應包括兩個月的利息，而前者祇有一個月的利息，這兩種商品的交換比率及兩者所費的勞力比率，必稍有不同。由這原因所發生之勞力成本原則上的不同，呂嘉圖認爲微不足道。他又從這勞力成本原則上除去一切不能自由再生產的貨物，如名畫家的遺作稀罕的錢幣等等。但是他以為這個例外，不足阻止他應用勞力成本原則來討論分配及其他題目。

討論利潤對於價值的關係，呂嘉圖的方法不完善。他祇認有這問題，而並不想加以解決。其他經濟學家雖孜孜研究，但結果也祇稍勝一籌。有一個想解決這問題的用企業家的經費或所化的錢來解釋成本。呂嘉圖曾用計日或計時的普通勞力數量以代表成本，並主張各產業中的成本互有大小，工資的變動才能影響交換比率。按此時所討論的理論，決定自然價值的成本包括企業家付給勞力的工資，加上其他一切必需的經費，如原料機器及房屋的拆舊，租稅及所借資本的利息等項付出的金錢。

這理論有兩個明顯的難點。一是用其他貨物及勞力的價值，來解釋一個貨物的成本，因此不能解決這問題。現在這問題成為解釋工資各種成本貨物的價值以及利息，儼然又生一個價值問題了。二是因將企業家自己的利潤包括在他的經費中而引起的困難。托侖斯（Torrens）曾注意這一點，並堅持利潤不能作為生產成本，應認為成本以上的盈餘，但經常價值中非包括這盈餘不可。他主張這盈餘是企業家所生產，而一方面又不說明這盈餘如何成為價值的要素。

又有一班想解決這問題的是施尼爾等，他們用犧牲來解釋成本，主張生產中勞工所受的犧牲，節制的犧牲，冒險的犧牲以及其他決定自然價值使成本的要素歸於一致，而且達於終極，是這說明的優點。生產所受的犧牲是一個事實，並不需最後的說明來佐證。但是商品在長時期中，是否按他們生產時所受的犧牲，而互相交換嗎？這些事實確能證實這個說明嗎？

這些事實似可證實企業家的成本論，倘使追究這問題的根源，則結果必很完滿。但是實際上並不如此，這理論祇用其他貨物的價值來解釋一個貨物的價值。犧牲論能得這問題的根源，所以起而代之，但生產的犧牲與企業家的金錢成本並不一致。工資與勞力的犧牲不是相等，並且不是按犧牲的大小而增減，成本中的利潤及節制的犧牲也是不相符合的。

古典派的經濟學家認市場價值是高於或低於自然價值的變動，並承襲前輩的供需方式來說明。其中有的用這方式比較正確，但是沒有一個人對於供需各勢力的分析法能發現根本的原因。他們在自然價值中追求這些勢力，可見他們並未覺到市場價值一項，除了對於價值標準（自然價值）的變動之外，還有應加說明之點。

通常供給及需求的定義，是一件貨物在市場上買賣的數量。假使這些數量不相符，交換比率就發生變動，買者超過賣者則高，反之則低。買賣爭價的結果，終必促成一個價格。這價格一有變動，買賣的數量必隨之而改變。價格跌則買者增而賣者減，價格漲則買者減而賣者增。這就是供給需求及市場價值的相互關係，但其中各項並不加以任何實際的說明。他們承認供需的均衡可以成立在自然價格的上下各點上，但是古典派經濟學家中沒有人說明決定這均衡所依以成立之價格的是什麼。解釋最切近的是馬爾薩斯等，他們以為這是由於強度的需求，而何以及如何決定價格：

却又未說明。

古典學派經濟學家對於供需的解釋如此不詳而又藉之以說明一切不能自由再生產的貨物的價值，其中包括一些獨占的貨物，而施尼爾則以爲大多數的貨物是屬於這一類。在古典學派時期的後葉中，供需學說對於價值較爲重要，但在其他的理論中——尤其是分配論——並不十分注意之。

(乙) 分配論

呂嘉圖說明財富分配的學說，在古典派經濟學家中無人與之並駕齊驅。有的對他的理論稍加補充或修改，但其中主要各點仍然成立，眞可稱爲古典學派中超卓的學說。

前幾章中曾提及各家對於這學說的批評，現在還有幾個性質不同的缺點應加討論，因爲這幾點對於後來的發展頗有影響。

這學說的缺點之一是不能見到企業家是分配中的一個獨立份子，並且是與勞工、資本家及地主處於同等的地位。利潤在呂嘉圖學說中明明白白是一個複體，其中各要素應分別加以說明。彌爾曾理出一個頭緒，但是必得好好發揮，才能有完滿的說明。

古典學派經濟學家對於呂嘉圖的「無租土地說」，沒有立下穩固的基礎。假設在立可取得自由土地的狀況之下，這學理很可自圓其說；但在各國史的早期中才能有這個假定。一切的土地勢必歸爲私有，到這時期仍有無租的土地嗎？古典學派經濟學家說有的土地出租時，佃戶將出資本及勞力以耕種，而最後一次所出的數量祇能恰恰償付工資及利息。但是租地滿期時怎樣呢？什麼能阻止地主提高地租呢？資本家及勞工又不能取耕公地以防止地主的增租。他們非用地主的土地不可，這使地主之間沒有競爭而競爭是適用無租說的要件。於是無租說推翻了，使呂嘉圖的分配論成爲衆矢之的。

呂嘉圖的分配論中又一要點是工資生活標準說，但對於決定生活標準的主因，却沒有充分的說明。假定生活標準就是勞工常用的需要品安適品及奢侈品的數量，這些東西一有變動，就影響他的「人的生活常態」；那末可以說他在長時期中的工資決定這個數量，而這時期中的工資一有變動他的生活標準必隨之而改變。因此應加說明的是決定生活標準的工資了。

工資基金說遭各方批評的情形，前已述及。彌爾放棄不用後並未代以其他學說，而市場及自然工資二者都這樣懸而不決，沒有一個完善的說明。

英國及其他各國經濟學家對於呂嘉圖的分配論加以補充，其中最重要的是關於利息的說明。呂嘉圖將利息列於利潤之下，而稱之爲減去地租及工資後的剩餘所得，但又不再加說明。其他各經濟學家對於這一點的說明，曾由貢巴衞 (Böhm·Bawerk) 分爲生產力、使用、節制、褫奪及勞力各學說。

根據生產力說，利息是資本生產力的結果，而資本是生產中的一個要素，與自然及勞力列於同等。換言之，利息是資本的工資而由資本自身所生產的財富償付的。亞丹斯密及呂嘉圖等以爲資本家所得的，是勞力及自然界的產物在社會實行分工之後減去原始社會中勞力所得的出產之餘數。由此可見資本與勞力及自然界相同，也能生產財富，這觀念是對斯密呂嘉圖學說的一個明白的補充。

主張生產力說的人不能見到利息是剩餘價值的問題，是該說的缺點。說明這學說的時候，一定要說資本所出產的價值比較資本本身來得高而利息就是二者的差額。祇說明資本是生產的，不能認爲滿足。我們要問的是爲何資本的出產，其價值總比資本貨物來得高？古典學派中沒有人答覆這個問題。

按使用說，利息是使用資本後的償價。在此說中使用被認爲評價的目的物，並且是附加於資本貨物中而又與之迥然分立此說的缺點是不能說明這些獨立的使用，何由存在。事實上資本的使用僅僅是資本本身物質的消耗，而這些使用的評價僅僅是資本本身的評價而已。至於構成利息的剩餘價值仍未予以說明。

節制說是價值的犧牲說的支派，以勞力的犧牲爲資本實質的價值，而以節制的犧牲爲利息。此說較前二者爲優，是在於有充實的說明，而不至在分析理論本身時卽成空言。世上有節制這東西，但與勞力的犧牲却不相同。這究竟能說明利息嗎？

此說唯一的辯護是價值的犧牲說，而我們早已看出這學說在古典派經濟學家所說明的方式下，是跟事實不符的，在後幾章中將陳述修正後的犧牲說之復興，而利息的節制說自必也隨之而起。但是古典派的利息說及牠所根據的價值論，同歸於盡。

利息褫奪說是社會主義者所倡導的，他們認勞力是生產價值的唯一勢力，而資本家不但是不生產者，並且他的收入是用强力從勞力褫奪來的，在道德或經濟上都沒有理由可據。此說當然受一般反社會主義者的排斥，並且在社會主義的範圍之外，決無立足的餘地。此說除了勞力說，沒有其他理論的根據，而我們已知道勞力說是價值論中第一應加擯棄的學說。

古典學派的時期中，曾有人說明利息是資本家所用的特殊勞力的工資。古典學派討論價值時，差不多大家都提及生產資本貨物所包括的間接勞力，但是祇有少數在說明利息時提及之。彌爾却是個例外，他似乎認利息可視為這間接勞力的一種工資，但是一方面又完全不能說出這勞力何以會增加資本本身的價值——就是構成利息的剩餘價值。

顧塞辛紐(Courcelle-Seneuil)及其他法國學者，認儲積及保存資本所包括的智力及意志為資本家所用的特殊勞力，而這勞力的報酬即為利息。可是這勞力祇是節制的另一名稱，而這說明祇是節制說之一罷了。此後德國對於此說又有新的說法，但這是古典學派之後的發展，所以在此不必討論了。

（丙）資本論

古典學派經濟學家，對於資本的闡明也極混亂，他們承襲重農學派的觀念，而重農學派是修正更早的資本說而來的。原來資本二字是指所借的錢，而用以區別所付的利息。到中古及近古時期各家討論借錢付息是否合法時，資本才用以指借錢所買的貨物，同時也指錢的本身。當時他們以爲利息之所以成立，是由於這些貨物的生產力或其他有利的用途。狄爾歌（Turgot）更將這觀念擴大，而用以指全體儲存或累積的貨物。

亞丹斯密認狄爾歌的觀念過廣，因爲牠包括了只用作立即消費的貨物，以及用以生產收入或利息的貨物。於是斯密就將資本二字專指後一類的貨物，而在這一類中又分爲範圍更狹的一類：就是國家用以取得其他貨物的貨物。這一類完全包括用於生產的貨物，因爲國家除了生產貨物之外，不能得到任何收入。個人當然能夠從消費者貨物得到收入，例如房屋、演劇衣服、傢具等的出租。因此斯密從資本中刪去凡個人不由租借程序以取得收入所用的消費者貨物，但是包括由這種程序而使用的消費者貨物，以及一切的生產者貨物。他認後者（生產者貨物）爲分立的一小類，因爲這些貨物是生產的手段，一方面又是國家收入的來源。

由上所述，可見亞丹斯密是將二類性質極不相同的貨物合併於資本二字之下，他因爲借用的消費者貨物及生產者貨物，二者偶然都是取得收入的手段，而將他們連合起來，但不顧事實上二者達到這結果的程序是大相徑庭的。一是出借的，而一是生產的。

在古典學派的時期中，資本二字都是沿用亞丹斯密的兩個意義。在分配論中資本是指利息的根據，或利息所由出之物，在生產論中資本指用以生產其他貨物的貨物，或與自然及勞力相等的生產要素。這兩種用法常常不自覺的相混，而使結論紊亂。這情形在指出資本的生產力是利息的原因時，尤爲顯著。事實上利息是償付不生產的一類資本，並且也償付他們所忽視的生產資本。

古典學派經濟學家對於資本（被視爲生產要素或收入的來源）各問題的解決工作，祇是一個開端而已。他們都主張資本是由儲蓄而來的，這學說始終沒有經過重要的修正。但是關於資本的生產狀態他們又不完全一致。亞丹斯密的資本生產係「使勞力動作」的觀念爲大家所承認，而彌爾的各定理如產業受制於資本商品的需要並非勞力的需要及工資基金說等，卽食其果。可是斯密的觀念爲勞德岱（Lauderdale）及托侖斯（Torrene）等所補充，後者以爲資本旣輔助勞力而又行勞力所不能做的事。換言之，資本是個獨立的生產要素，跟勞力並行工作，但非藉勞力而工作，至於這些觀念中沒有一個可以應用到一切的資本貨物，而每個又都指性質不同的貨物，並且用之以說明資本是生產要素的不妥等等事實，他們未曾完全明白。

關於資本觀念的各種幼稚的不完全的學說，可見於彌爾的四個定理中。在某種意義下，產業受制於資本的理論當然是正確的，但是這與產業受制於勞力及自然資源的學說不相上下。這個定理沒有人能用作理論中的根本前提，而不發生破綻的。至於商品的需要並非勞力的需要說，也是如此。四個定理中祇有「資本是儲畜的結果」具有根本的眞理。資本雖由儲蓄而終必消耗的定理，是一個簡單事實的僻論。這事實是資本貨物是其他資本貨物或最後消費貨物的要素，但是此說沒有什麼重要。

(丁) 進步論

從古典學派分配論裏所得到的最重要的推論大約是在一個進步的社會中，人口跟資本不斷的增加；農工商的技術及方法不斷的改良；地租不斷的提高；利潤不斷的跌落；而工資則固定不變。彌爾的推論更指出這種進步，最後必趨緩而達於零點，因爲利潤最後必減至最低限度，使資本與人口除了因技術及方法的改良，資本及勞力的移入外國，以及恐慌時稍稍增多之外，不能再行增加。他想消除這結論的悲觀色彩，所以主張這種情形是應爲大家所渴望的，只要在未達到這情形之前，一般人民的生活標準應加提高，使他們能享受需要品以及一些安適品及奢侈品。

這些重要結論都是從呂嘉圖簡單的分配論演繹出來的，而在古典學派時期中分配論的修改及補充（前幾頁中已述及之）對於這些結論狠有疑慮。假使資本家不認爲是分配中的剩餘份子；假使利息是按生產力使用或節制說而解釋；假使邊際土地有租金；假使價值不根據古典學派經濟家所用的生產成本來說明；假使生產標準是工資的結果而非其原因，那末古典學派進步論所根據的理由是不能成立的，並且進步對於分配的影響的整個問題，必重行攷慮一下。總之，非將古典派的分配論一筆勾消，即應建立新的理論基礎。

四　方法的爭論

國家主義者及舊歷史學派提出了社會科學可適用的方法問題，而尤關心於政治經濟學。他們斥古典派經濟學家完全採用演繹法的不當，對於呂嘉圖及其後起者攻擊尤甚。他們提出相反的歸納方法，綜合一般經驗的事實而求得結論。關於方法的爭論，是此章討論的十八世紀後半前期中的特點。

貨幣，信用及價格的現象在古典派經濟學家的哲理中占次要的地位。這是由於他們的根本理論有時完全不提及這些現象有時提及了，也不過認之為改正的勢力而已。（註十六）

五　貨幣，信用及價格

彌爾對於此三者的態度，可見於他所著的貨幣一章茲述之於下：（一）貨幣的採用，「對於交易的主要性質毫無影響。」（二）「總之在社會的經濟中，貨幣是最不重要的東西，貨幣的功用祇是節省時間及勞力而已。」（三）貨幣的採用並不阻礙任何價值法則的運行。亞丹斯密認貨幣的現象及銀行業為分工論的副題，也是社會總淨收入的關係論的附目。呂嘉圖討論財富分配律時，先删去貨幣的現象，然後認之為改正的勢力。

古典派經濟學家討論這些題目的特點，可概述於下列各標題：貨幣的職務，及價值，信用及銀行，對於貨幣及價格的關係。

（甲）貨幣的功用

他們認「交易的媒介」是貨幣的基本功用，而以「價值的權度」為次要的功用。前者的用處是以解除物物交易的困難，而後者的使用則由於人類多以他的商品或勞役來交換貨幣。關於價值的權度的供獻，彌爾指出由此而得

（註十六）參閱彌爾經濟學原理第三卷第七章第三節

的價值的普遍用語，分級安排價值以及綜合價值的方法。(註十七)

亞丹斯密與彌爾二人都注意人類史中各時代各民族用作交易媒介的各種商品，並說明貴金屬的採用。斯密認貴金屬的使用是由於牠們的耐久性及可分性。彌爾以為二者之外也由於「簡陋社會中個人裝飾以及因這種裝飾的稀罕或貴重而得的光榮的渴望」。他又說在社會進展的後階段中，對於貴金屬價值固定的認識，也是被採用的原因之一。(註十八)斯密則以為在短時期中貴金屬的價值，較其他商品來得穩定，但是在長時期中穀價較為穩定。(註十九)

(八) 貨幣的價值

古典學派經濟學家用解釋其他商品價值的方法，來說明貨幣的價值。呂嘉圖及彌爾區別貨幣的暫時價值及長期價值（或稱為永久平均或自然價值）。他們用供給及需求說明前者，用生產成本解釋後者。他們應用供給及需求二辭於貨幣時，加以特殊的說明，即今日所常稱的數量說。

呂嘉圖的著述中都含有這個理論。他在通貨及銀行（*Oncurrency and Banks*）(註二十)一章中說道：「貨幣的

(註十七) 見前書第三卷第七章第一節

(註十八) 參閱 *Wealth of Nations* 第一卷第四章

(註十九) 見前書第一卷第四章

流行額決不至過多，因爲幣價一減，數量必相等的增加；而幣價一增，則數量必減少。這句話認數量是價值的機能，但是呂嘉圖後來又修改這偶然的關係。試舉例爲證，他討論鑄幣稅時曾說道：「國家單獨鑄幣時，鑄幣的抽稅決無限制，因爲限制貨幣的數量，則其價值可以隨意提高。」（註二十一）關於紙幣的價值，他說道：「對於紙幣的課稅可視爲鑄幣稅。紙幣本身雖無價值，但是數量一加限定，其交換價值與單位相同的硬幣或硬幣所包含的金銀是相等的。按同一的原則，一種貶價的硬幣假使合於法定的重量或成分，那末數量加以限定後，仍可按其應有的價值而通行，而非根據其實際所包含的金屬的價值。」（註二十二）他又在發行鈔票的一節中說道：（註二十三）「發行紙幣最應記着的要點，就是數量的限制原則所引起的影響……紙幣不一定要兌現，而所必需的却是按本位金屬的價值而限定其數量。」

呂嘉圖在他的經濟的及穩定的通貨芻議（*Proposals for Economical and Sound Currency*）一文中，提及他所稱爲「貨幣的用途」（註二十四）的影響，他說道：「因此貨幣的價值並不完全取決於牠的絕對數量，但是受制於

（註二十）參閱 *Works* 第二十七章第二一三頁

（註二十一）參閱 *Works*

（註二十二）見前書第二一三頁及二一四頁

（註二十三）見前書

（註二十四）見前書第三九八頁

用牠作爲支付的相對數量。以下兩個情形也可發生相同的結果——即增加貨幣的用途，或減少貨幣的數量因爲二者都可提高牠的價值。」

彌爾對於這理論的闡明(註二十五)可概述於下：

(甲)貨幣的價值亦即牠的購買力，「是跟一般的價格相反的後者跌則前者漲而後者漲則前者跌。」因此說明貨幣的價值要「涉及影響一切貨物的原因」，而對於其他商品價值的解釋，則「涉及影響某一部分商品的原因。」

(乙)彌爾說如上所述的貨幣價值是取決於需求及供給供給指「人民欲用的數量就是他們除了儲蓄或存款以供將來急需之外所有的一切貨幣。簡言之就是當時貨幣的流通額」需求包括「一切欲出售的貨物。」彌爾又說「貨幣的需求和其他貨物的需求之不同，是在前者祇受購買者的限制。對於其他貨物的需求是多少就是這麽多；但是貨幣能有多少需求就是多少，由於這個不同點，貨幣的價值按正比例隨其數量的變更而增減。至於其他商品則因慾望的强弱，人民出價的多寡而且數量限定取得的難易也可使之大不相等。」彌爾用這句話總括他的理論：「市場上的全體貨物構成貨幣的需求而全體的貨幣也構成貨物的需求……牠們是互爲供給及需求。」

(丙)貨幣的供給及需求二者都受「流通的速率」的影響。「每個鎊及元應按其傳遞以交換出賣的貨物的次數而計算多少，」而「大部分的貨物也必定不只計算一次。」「彌爾以爲貨幣流動的速率並非某時期中貨幣傳遞的

(註二十五)參閱彌爾經濟學原理第三卷第八章

次數，但是貨幣爲了執行「某定量的交易」而傳遞的次數。他說道：「我們應用某時期中所出售的貨物，不應用時間本身來比較這時期中貨幣所購買的次數。」

彌爾對於數量定律的最後說明是：「貨物及交易的數目相同時貨幣的價值跟牠因流動速率而增加的數量成爲反比例。」

（丁）他注意這定律的下列各限制：

第一，祇有在金銀幣是唯一的交換工具眞正的互相傳遞以供每次購買之用，而沒有信用這東西的狀況下，才能適用這個定律。「信用成爲購買的手段後價格與通貨的數目間的關係不如前此之直接而密切，……這種關係現在已不能再用這樣單簡的說法。」

第二，祇有用以交換商品的貨幣數量才能影響價格。比如用以購買證劵或作投機事業等就不能影響銷售商品的市場。因季節的需求而暫時增加通貨的供給，也沒有甚麼影響。

正如其他商品古典派經濟學家以爲貨幣價值的最後支配者是貴金屬的生產成本。此處根據的理由與其他商品所適用的生產成本說大體上是相同的，卽在長時期中生產成本支配供給。（註二十六）關於這一點，彌爾提出貨幣及其他商品的不同有二：（一）因爲貴金屬的大數量及耐久性，所以調劑貨幣的價值以合於生產成本的程序比較其他

（註二十六）參閱 *Ricardo's Works*

商品來得慢。(二)在貨幣中並不顧慮到「可得」的供給（Potential supply）。他說：「價格提高了四分之一，同時必增加四分之一的貨幣以維持向來的購買數假使不能這樣有的商品必得不到買主，而價格必不能保持原狀了。」

（丙）信用

古典學派經濟學家常將信用跟紙幣及銀行各題同時討論。亞丹斯密注意節省費用以維持社會資本基金，這由于以鈔票匯票及蘇格蘭銀行的現金賬替代硬幣而告成功，但是他除了暗示之外，並不注意信用及價格的關係。前幾節中已說過呂嘉圖以為不但信用工具特別是鈔票可以替代流動的硬幣，並且牠們的價值是取決於流通的數量，到了不能兌現時，與金屬本位的價值無關。因此他以為這些紙幣本身可成為價值的本位以及決定價格的要素。

關於這一點及在其他的學說上面，彌爾的理論比較廣博，並且有的地方他的見解不同。可是在不兌換紙幣的價值這個題目上，他承襲呂嘉圖的學說，而未加入主要的修改。他說道：(註二十七)「我們已見到即在金屬通貨中，決定價值的直接因子是數量。假使數量不取決於普通商業的得失動機，而由權力制定，那末價值是取決於權力而非生產成本了。不能隨意兌現的紙幣的數量，可以強加限定，發行者若為一國的統治者，則更為容易。因此這種通貨的價值，完全是強制的了。」

追溯採用其他信用工具作為交易媒介後，對於價格的影響，彌爾所根據的理由不同，而且有點矛盾。他說道：(註二

(註二十七) 見前書第三卷第八章

十八)「我知道鈔票匯票或支票等等並不影響價格。眞正影響價格的是信用,無論牠是什麼形式,無論牠能否產生可以流通的交易工具」。他又說明信用之所以影響價格,是由於「能使人出價超過他的所有的數目」。(註二十九)他說道:「貨幣之能影響價格只在於用以交換商品而已。支配商品價格的需要,包括在對這些貨物所出的貨幣。但是所出的貨幣跟所有的貨幣不是相同的。

「一個人能夠使用的購買力包括他所有的一切貨幣以及他一切的信用。祇有在特殊的狀況之下,他才能找到使用這整個購買力的動機。但是他無時不占有這購買力,而他在任何時所使用的一部分,就是他對於價格的影響的準則」。(註三十)

彌爾又說有的信用方式「對於價格的影響較其他爲大」,因爲牠們「對於一般的信用交易的增加予以較大的便利或鼓勵」。他比較鈔票及滙票匯票及信用簿,以證明此說。

(丁)缺點

古典學派經濟學家關於這部分的理論,也是多未成熟或完善。下列是應加補充或修改的各點:

(註二十八)　見前書第三卷第十二章第一節

(註二十九)　見前書第三卷第十二章第二節

(註三十)　見前書第三卷第十二章第四節

（甲）他們沒有充分的理由或歷史的根據，竟假定貨幣的價值標準功用，是從交易媒介功用得來的。並且說價值標準祇有在影響流通媒介的數量時才能支配價格。這兒問題來了，為何價值標準不能與交易媒介分立，而變為社會購買以供消費及其他用途，不作為交易媒介之用，而成為價值的權度呢？歷史中豈非有許多例子證明獨立的價值標準及權度嗎？荷馬(Homer)敘述的古希臘人用牛表示價值的習慣，就是明證。在這種情形下，價格的決定是由於直接比較用作消費及其他非貨幣用途的本位物品的物價，及其他用途相同的物品的價值，並沒有交易的媒介這東西。假使這是原始社會及未有交易媒介時的情形，那末交易媒介產生後也能如此嗎？假使不能，其原因何在？古典派經濟學家的定理所根據的假定，決非自明的公理，而應有充分的理由及事實來證實，否則就應加以擯棄。

（乙）他們用需求供給說來說明貨幣價值的嘗試，並未成功。彌爾對於這學說有正確的說明，他指出供需祇有一個時候能夠以數量比較，就是供需代表某定價上將購買及售出的某種商品的數目，而且這些數目是這定價的機能隨這價格的高下而變動。他適用此說於貨幣時，將需求方面的一切市場上的一切商品，以及供給方面的一切市場上流通的一切硬幣鈔票等等，來替代某種的商品。換言之，適用法恰恰跟他的學說相反。他討論貨幣時，不用同一的物品來表示供需的數量。他用的是不同的物品，而完全忽略了某定價上所買賣的數目，以及有效的競爭所必需的要件（即買者及賣者互相爭價，以獲得他們對於某種商品所需要的數量，或是他們對於同一商品所欲出脫的數量）。一國中一切市場上各商品的買者及貨幣的占有者，真像供需說所根據的競爭二字，而互相競爭嗎？他們認為是如此競爭的定理，當然不是自明的公理，但應加以充分的理由或事實。這一點古典派經濟學家沒有做到。

彌爾區別貨幣及其他貨物的需求，而根據前者祇受一人的總「財產」的限制，而後者受制於某種商品的慾望的理由也可非難的，因爲他顯然是混亂了貨幣及購買力。人民眞需求超過他們時常購買所必需的硬幣鈔票等等嗎？除了偶爾幾次之外，他們眞願將一切的財產變成這些貨幣嗎？

(丙)古典學派經濟學家對於「流通速率」的影響的說明，也有不少缺點。貨幣的流動速率及貨物的流動速率，是否分立的現象？或者牠們是相連而互爲因果的？假使後者是眞確的，牠們影響價格嗎？若然，則如何影響之？

(丁)古典學派經濟學家追溯信用對於價格的影響，差不多完全根據信用對於貨幣流通的數量的影響。在表面上，彌爾於不兌換紙幣之外的其他信用方式有個例外的說明。他指出信用使人對於貨物的出價，超過他所有的貨幣，但是他並不明白說出他這句話是否指信用能使人用他人所有的貨幣或是無人占有的貨幣來購買貨物。換言之，他是否以爲這僅僅是數量定律的一個例外而已。

呂嘉圖及彌爾二人都認不兌換紙幣的價值是數量定律的一個明白例子。他們都以爲這種紙幣的價值，完全跟表示牠本身的本位物品的價值是分立的。他們根據的唯一理由，就是數量定律，而照他們所說，這定理的存立與否，隨這定律的眞僞而轉移。

關於不兌換紙幣的估價，古典派經濟學家也有兩個根本的問題，不能答覆：

第一，這些紙幣是否信用工具？假使是的，為何牠們的價值不跟其他的信用工具並論呢？當然不是因為牠們是不換幣而用作交易的媒介，試舉例其他資格相同的信用工具，如違期的匯票，牠們的估價並不因此而提出另論，牠們的價值也並不用數量說來解釋。根據什麼理由將這些紙幣的估價除外另論呢？

第二，評定牠們的價值時，根據什麼理由而忽略了這事實：就是這些紙幣用定期方式發行時，需要物品本位的特定數目來償付，而用其他方式發行時，在票面上寫明商品本位的特定數目，指示牠們的價值呢？物品本位的價值有了變化，不影響於這些紙幣的價值嗎？完全不顧到牠們流通的數量嗎？假使是如此，原因何在？

六　經濟學範圍的擴大及新方法

前幾章中陳述的批評，以及經濟狀況及制度的變遷，擴大了經濟學的範圍，改良了研究的方法，並且暴露了一向所發展的各學說的缺點。古典學派經濟學家的範圍較狹，而遺漏了許多的經濟現象，其重要及意義已由各批評家指出。舊歷史學派開闢了這新的研究範圍，他們的努力使這工作在將來不至被棄。國家主義者注重各國所必需解決的實際問題，這些問題的變化性質，以及經濟學家輔助解決的責任。

適合於這新範圍的方法，當然跟古典學派所用的有許多相異點。這些新方法包括敘述、分析、比較、歸納、以及先設假定的演繹法。統計及歷史的重要及其他社會科學的結果的有用，都先後發現了。採用這些新方法的結果，是各種有益的進步，其中有一是阻止了呂嘉圖及其後繼者應負責的過分抽象及空幻的趨勢。

第十九章　過去五十年中的特徵

過去五十年中變化之多及促成這些變化的勢力之複雜使評定其特性的工作極爲困難。就是要分離對於經濟發展影響最大的各特質也非易事。下列所舉各點自是犖犖大者雖不能一一指出每個如何影響於經濟的進展。

一　經濟狀況的變遷

正如上述各時期經濟狀況應先加攷慮茲舉其最重要的各點於下：

（甲）技術

這時期新發明的繁多，及其產生的迅速，以前各時期都不能與之媲美。工商農運輸等業應用科學的規模，從未有如此廣大，而成績也從未有如此完滿。沒有一部經濟的活動不受其影響。人力生產力的空前激增，以及滿足人類慾望的經濟貨物之膨脹，是其結果之一。又一結果是用於製造、商業、農業及家庭的機器之突增，式樣的繁多。機器年年不斷的侵入以前未受影響的各產業界中，至今不用機器的產業，爲數至少。一方面在已用機器的產業中舍舊取新的交替程序進行不已。

農工商業技術的迅速變化，使勞工及企業家不得不隨機變化，作不斷的調劑，以適應新的狀況。每值新機器替代舊機器後，勞工祇得立刻另求新的職業，而他們的出路非製造這些機器，就是運用這些機器。這嶄新而改良的技術如此增進每個勞工的出產，故應有新的產業來滿足新的慾望，或從前未滿足的慾望，以防止工藝的失業。整頓這些新產業以適應機器替代人力的變化，是個困難的工作，我們尙未得到這秘訣；但是要使勞工不斷的受雇，這自是必要的程序。

至於企業家，他們有不斷地適應新狀況的必要，加速了競爭力，而使管理良善者有利。所以結果無能力者，界限的企業家，時時被排斥，同時爲消除競爭，或爲減少競爭的影響，或爲撙節費用，而改組合併等等情形，常常發生，不足爲奇。可是新發明、機器、勞工不斷的退居無用等等，並非這時期所特有，所特有的是這些運動的迅速、恆久、以及規模的宏大。在這時期中，變化是常情，並非例外之事。

（乙）信用制度的發展

以信用及借貸而行商，早已有之。但是在這時期中二者的規模之擴充，人民採用的百分數之激增，則爲前此所未有。今日以時間而買賣貨物的事，幾乎遍地皆是。這一半是由於生產者及消費者間的空間及時間的相距愈遠，一半是爲了要將資本從所有者轉移給使用者，而新的運輸方法，電話及電報使之又便利又省事。

爲非生產目的而借貸，尤其是爲戰爭的借款，其額數之鉅，以在歐戰期間爲最。戰爭的費用愈加浩重，大部分是用借款的方法而處理的。完全爲消費目的的借款，次數漸多，款額也漸大，大半是由今日所謂「分期付款」的購買所促成。信用制度發展的結果，是銀行，證劵及物品交易，票據交換所等等的突進猛飛，及把這些組織融合起來成爲有効率的和複雜而又敏捷的國家組織；以及再使這些組織間的商業關係成立，而生出一個世界的系統。這信用機關已成爲人人所必需的東西了。商業無此不能一日進行，即進行也不會有成功，就是非直接從事商業的人也必藉之而處理日常的事務，例如期票的償付，儲蓄的保存，入款的收集，旅行的費用等等，世界各等政府的財政，也都由這機關去管理。從廣義方面看起來，信用制度的發展不但促成金融組織間，這些組織及個人，公司，政府間的相倚性，並且也造就一個密密的細網，連結着錯綜複雜的債務者與債權者，個人間，各部商業間，人民與政府，各地域間以及各國間的關係。

（丙）商業經濟

自有商業以來，大多數的家庭經濟同時有兩個共同的現象。一方面是市場上出售的貨物之生產，與供生產者及其家庭的消費之生產並列，又一方面是求工資的勞役之出售，與用在直接滿足勞工及其家族的慾望之勞役並列。在各時期中這兩大活動的比率，大不相同，但是市場方面總有逐漸增加超過另一方面的趨勢，這兩者間的比例的變化速度是不斷的增進，而最後五十年來，那些經濟發展最速的國家中，市場的活動大占優勢，而成爲每個人的繁盛的主要因素了。今日除非一般人能用有利的價格出售他們的勞役或所生產的貨物，他們狠少能夠維持生活而獨自繁榮的。

這新狀況的影響是多而且遠價格關係的愈形重要，卽其中之一，今日的貧富興衰，大半是取決於物價及勞役買賣之間的關係，一切的淨收入最後總是由二者總數間的差額所決定因此價格的失調愈形嚴重因爲受他們影響的人民愈多而對於每人的幸福的關係也愈大。

又一結果是商業組織的運行無阻，愈形重要，例如轉輸人民及貨物的機關，傳佈各地間的商業消息的組織，銀行業，以及供給及管理貨幣的機關等。其中有一些毀壞或停頓或延滯進行，每個人多少都得受影響，也可引起大災。

第三結果是社會機體中各部分的相當關係及互相合作愈形重要，例如經濟政治及宗敎各組織等，便是在這時期中，政府對於經濟生活的勢力日漲，而這資助或阻止，促進或阻礙經濟機體和諧運行的權力，至此已登峯造極。那些宗敎思想，成見及習慣也是如此，也許是有礙無益的，也許是合作的有益的。

（丁）調劑變化的狀況的困難

古典派經濟學家明白指出發生變化時，調劑經濟機體各部分的程序，並指示使這些程序成爲自動的狀況。他們爲研究後者而假設了許多情形；其中如勞力及資本絕對的流動，完全的競爭，人口的變動與取得食料的困難之完全調和等等，他們明知道這些及其他主要的狀況，從未完全實現，所以他們又指出妨礙其實現的阻力。無論他們對於這些勢力的分析，有什麼破綻，調劑變化狀況的阻礙總是存在的。

在此章所討論的時期中，「決定價格」的嘗試促成了幾個最難克服的阻礙。在經濟機體進行的各階段中，競爭可以一部或全部抑止而使個人或團體能用人力調劑價格。這種的調劑的目的，狠少合於此節所討論的對於變化的狀況的調劑。反之這調劑却加上了幾個頑固不易變的因子，延緩了調劑的程序擴大了調劑的問題而使其餘易於適應新狀況的因子去完成這大責任了。

對於這情形應負責的勢力是獨占的進展職工組合用以提高工資抵抗減薪的政策戰爭尤以歐戰爲甚，這次大戰後經濟勢力受了大量的人爲的限制；以及稅捐不斷的增加而實際上對於調劑問題毫無關係。

另一批妨礙適應新狀況的阻力，是由各國間對於貿易設立的壁壘而生的。在最後五十年中這些障礙大爲增加，尤以自歐戰後增加爲甚。德奧匈及俄國內比較大的自由貿易區，都變成許多小區域用關稅及其他障壁互相隔離。同時各舊國間已有的壁壘都相繼提高而更建設新的防線。自歐戰以來前一時期特具的擴大國界及自由貿易區域的趨勢，被推翻了。

這時期中阻礙自動調劑的要因，就是國家加入了商業界而成爲企業家及私企業的支配者，這情形日益增多。正如前段所說，這也是五十年來的一個相反的政策。從前以放任主義作爲支配國家及產業間的關係的原則，現在却代以國家的統制了。而這統制照常例不能促進調劑的程序。國家的獨占與私獨占是一樣的不易適應，也許更爲頑固，所以這統制使調劑的程序更遲緩更繁重了。國家的行政規則顯然是不能伸縮自如的，這些法規的變更總是趕不上需要這變更的狀況。

五十年來也有幾個促進調劑程序的發展，以消殺這些阻礙調劑的趨勢。其中最顯著的是交通工具的大改良。現今旅行是又容易又便宜了，各地人民相見相聚之易，消息相傳之速，眞是前人所夢想不到的。因此狀況一有變遷，人民立刻就可知道。同時預測變遷的方法也大爲增加，而這些預測雖談不到完善二字，但也漸漸的可靠了。

二　世界大戰

戰爭是國內以及各國間經濟均衡的最大擾亂因子，而歐洲大戰尤爲劇烈。其所以成爲最大的擾亂勢力，大半是由於捲入戰禍的國家之多，其經濟之重要，牠們之間經濟關係之複雜，牠們的經濟發展較爲進步，從事大戰的兵士之多，軍備規模之大，費用之鉅，以及生命物料之毀滅。

自開戰至停戰期中，各國政府都以戰爭爲第一政務，而令大量的人民去準備作戰。這不得不將許多供製造用的機械及新造的機械立刻用以生產軍需及軍備；使用新舊的運輸組織以轉運海陸的貨物；利用農民耕地礦工礦場以生產戰時的食料及原料；建築兵營及醫院以安置兵士，病者及傷者；築造倉庫以貯軍需；成千成萬的男女退出原有的職業，或直接在戰場上服役，或間接在國內從事於戰時機關；利用金融機關以出售政府的公債及短期證券，以供人民購買並收支匯寄政府的資金，以及命令官吏計劃徵收一大批新的稅捐，而同時增加了舊稅率等等，其餘不勝枚舉了。

在這平時經濟轉成戰時經濟的過程中，政府的職務及活動大大增多。從前由私立機關所執行的經濟事務，如製造運輸等，現在全由政府接收了。至於仍在私人手中的事業，受政府的指揮及監督的地方，也較甚於前，同時產生許多由政府機關執行的新事業就是不從事於戰爭的人口的消費也得受定額法及其他法令的干涉。

四年的戰爭時期儘夠使這轉變的程序達於完成此後的一時期中就忙着佔據征服的地域改造歐洲的政治地圖收回戰爭的人員而歸納於國內的經濟生活中恢復殘破的戰區將戰時政府接收的經濟組織漸漸的歸還私立機關以及設法局部的恢復貨幣狀況因爲戰時因停止兌現濫發不兌換政府證劵及鈔票把貨幣制度弄得十分混亂。恢復戰前的世界經濟狀況的工作至今仍未完成也許永不能成功新興國家所設立的新關稅壁壘仍然存在。每個國家都負着苛稅雜捐及債務的重担美國却從債務國一躍而爲債權國了。俄國在國際間占了新的地位而努力於規模最大的經濟試驗德國的情形也大大改變。牠的償還賠款及各國間債務關係的解決仍然使世界的政治家不安，每個國家還沒有完成經濟機體各部分間之價格設備及其他種種關係之設立使達於永久的和經常的繁盛之域國際貿易的關係仍然是不安定而且情形淆亂得很。

民主主義及獨裁政體的發展對於經濟也有極大的影響其中最可注意的是大規模地採用租稅及公債的方法，以供社會改良之用例如財富分配的急進的改革失業保險及賑濟養老金及其他扶助金等等。

三　思想界的變遷

在過去的五十年中思想界也有極顯著的變遷。一切的科學都被波及，我們對於物質界及社會的眼光和解釋，有許多地方都與前不同了。舊理論和舊見解的批評，與積極的思想同時並行，但在這時期中後者較爲顯著。

從社會科學的立場說，最值得注意的是進化論及所謂「新的心理學」的發展和流傳。達爾文發表的「物種原始」是進化論的歷史中最大的發現，而他的思想至今仍占勢力，並且影響了一切的社會科學。新的心理學包括許多矛盾的理論及見解，對於人類行為的舊理論發生疑點，但沒有造成可靠的一致意見，肯定一個正確的解釋。人種學考古學及社會學對於社會科學的問題予以說明，並供給不少解決這些問題所需的材料。

四　經濟學的發展

我們要指出五十年來經濟學最重要的趨勢，頗為困難，也許是不可能的事。這大約要歷時較長，纔能有總覽全局的觀察。見識好的觀察家及學者對於這一點的意見，必各自迥殊。可是對於經濟學受了經濟狀況及思想變遷的影響及修改，他們一定沒有異議。

此篇的目標共分三項，第一是討論改造經濟學的幾個重要嘗試，就是第三篇所述的各種批評以及本章中所概括的各種變遷；第二是關於幾個學說的重要補充及修正，而又不能歸之於經濟的改造項下。第三是說到幾個對於正統派經濟學的重要反動。第一項中我們追溯奧國學派的進展，以及對於這派的各批評。此外還陳述克拉克（J. B. Clark）及馬夏爾（Alfred Marshall）的主要貢獻。在第二項中我們敘述關於近來補充價值及分配學說的各理論。最後就要述及新歷史學派，以及制度學派、統計學派的經濟學家。

第二十章　孟琦及奧國學派的發軔期(註一)

十九世紀後半初期中，對於經濟學主要的學說，有幾個頗可注意的改正，而他們的理論根據有許多是和古典派經濟學家相異的。繼之又有對於歷史學派的反動，也是很值得注意的。

一　孟琦(C. Menger)的著作

這兩個運動的先鋒及領袖，是維也納的孟琦。在一八七年他發表了經濟學大綱(*Grundsatze des Volkswirthschaftslehre*)一書，其中討論幾個經濟學基本的觀念及學說，立場新穎而超卓。一八八三年他又發表一書，稱社會科學與經濟學研究方法的探討(*Untersuchengen uber die Methode der Sozialwissenschaften und aer Politischen Oekonomie inbesondere*)，討論經濟學的性質及適合這科學各部分的研究方法，極爲縝密周詳。這書對德國歷史學派的批評，引出柏林大學薛穆勒教授(Prof Schmoller)的一篇文政治經濟學與社會科學的方法論(*Zur Methodologie der Staats-und Sozialwissenchaften*)，刊載於德國立法行政經濟年鑑(*Jahrbuch fur Gesetzgebung*

(註一) 第一二三節摘錄著者附加 *Ingram's History of Pol. Econ.* 的原稿

Verwaltung und Volkswirthschaft in deutschen Reich）。孟琦答覆他的信札在一八八四年發表於維也納，題名德國經濟學中歷史主義的錯誤（*Die Irrthumer des Historismus in der deutshen Nationalokonomie*）。一八八九年他又將這些觀念發表於一篇論文題爲經濟學分析大綱（*Grundzüge einer klassification der WirthSchaftswissenchaften*），登在經濟統計年鑑（*Jahrbuch für Nationalökonomie und Statistik*）。

二　經濟的科學

根據孟琦的意見，研究經濟現象應有幾種科學，而他分之爲歷史的理論的及實際的三類。他將經濟史及統計歸之於第一類；經濟思想歸之於第二類；經濟政治國家財政及私人經濟歸之於第三類。

歷史的經濟科學是從靜態及動態的兩方面研究個別的現象。理論的是研究經濟現象的一般狀態，牠們的表徵，以及牠們特有的關係。至於實際的經濟科學，就研究可以求得特殊目標的規律。

歷史方法祇適合於第一類，而這一類中的經濟史採用之則尤爲恰當。研究第二類的經濟學，非用抽象方法不可。因爲此時是討論一般的，並不是個別的現象，而這一般的現象祇有用抽象的秩序，才能求得。這時也可採用歸納法，或按孟琦稱之爲抽象法的實驗方式，但是結果沒有他所說的正確的方法來得可靠。後者就是將經濟現象分析成最簡單的要素，分別研究每個要素，然後再研究和其他要素合併後的狀況。

經濟科學的三大類都是相聯的，並且和實際也都有關係。歷史學予其他二類以相當的援助，所以被稱爲輔助科學(Hilfswissenschaften)但是並不供給其他二類所必需的一切材料。他們也得有一般的觀察及普通的人生經驗來補充一下。實際的經濟科學用其他二類所供給的材料而理論的經濟科學也指導經濟史學家及統計學家。公私的實行者可得三者的援助也許從實際的一類得到最多，雖然這些不能解決他的問題。這幾類經濟科學的宗旨並非供給行為的箴規，牠們祇是指示在各種假定式可能的環境之下，如何達到某種目標。在不同的環境之下，有不同的方法來達到一種目標而這些方法也許永遠不能和實際完全符合。

三　孟琦及薛穆勒 (Menger and Schmoller)

孟琦的爭論顯示他們共同的基本原理而這些原理頗為一般經濟學家所接受。茲述之於下：歸納法的歷史及統計研究，以及抽象法的分別研究最簡單的經濟要素，不但在經濟學中占了相當的地位，並且是促其發展的要件。此外他們兩人所有的異見並不十分重要。

薛穆勒偏重歷史及統計的研究，認為是供給理想家工作材料的方法。他又以為現有的材料及以前古典學派經濟學家所有的材料，已得到極多的成績。孟琦承認歷史及統計的價值，但是否認牠們是唯一的材料，並堅持古典學派經濟學家並未完全利用他們所得材料，倘若加以正確的分析及研究，結果當更有價值。薛穆勒較為重視理論本身，他不贊同孟琦所謂的實際經濟的科學，以及牠們很實際的關係，但是兩人的這些異見是由於他們的性情之不同。不能直接用以解決實際問題的經濟理論，其價值很難加以評定。而各人對之如何視各人的性情如何而決定。可是由於經濟學的幼稚，所得材料的性質之不同，以及自然科學中相似的理論，而貶低了牠們（經濟理論）的價值，當然是危險的。

我們分析他們兩人思想的實質時，有幾個顯明的異見都歸於烏有，不然亦減到極小程度。他們對於歷史方法這名詞的用法，卽是明證。按薛穆勒的用法，這方法包含抽象分析及歸納，而其結果所包含的各點，按孟琦是應列爲經濟思想。至於孟琦的用法，則意義較狹，祗包含敍述及分析而已。

薛穆勒在評判孟琦對於研究方法的貢獻的結論中，說他的方法的價值，應以這些方法的結果來評定。其中最重要的是包含在他的經濟學大綱（*Gaundsätze*）一書中，而此書屬於理論的經濟科學一類中。孟琦在此書中用他所謂的正確方法，就是將經濟現象分成最簡單的要素，然後再一一加以充分的研究。

四　經濟學大綱（*Grundsätze*）的分析

孟琦開首研究的要素，是人類需要貨物以及因果律。他說若沒有需要，世上沒有經濟，這東西也沒有經濟學了。一切經濟的目標是滿足這些需要，而這滿足對於維持生命及促進幸福的價值，是一切經濟的準則。（註二）

（甲）需要

人類跟他們所處的世界之間，以及二者的各部分之間，應不斷的互相調劑，以維持人生，以享受人生之樂。這些調劑有的是自動的，不自覺的，而有的却需要相當的人力。凡人的各部分間，或是人與外界之間，缺乏了相當的調劑，內部

（註二）參閱 *Grundsätze*

必發生擾亂，而這些擾亂按其程度的輕重產生了不自覺的刺激，亦卽不適，不樂或痛苦的感覺；然後這些感覺再激起了一種排除這些擾亂的動機，以恢復原來的和諧。這些動作及反動是自覺的時候，必產生感覺，慾望及需要。前二辭是關於感覺的消極及積極方面，而第三是維持人生促進調和之人生的要件。（註三）需要不僅僅指知覺，也包含思想及理智。因此需要比慾望更進一步，而慾望可以從感覺一方面而發生的。

有的需要是從人性的特點而來的，而有的是由於習慣或個人的特性，所以後者含有不自然的色彩。但是需要從沒有由單獨的意志力而形成的，無論何時需要總是人類先天及後天所得的性格以及他們所處的環境的結果。（註四）

除了個人的需要，還應說到團體的需要，如國家，城市等等是。這些需要應與集合的需要區別，所謂集合者就是一團人所共有的需要，而用共有的組織或工具來滿足，例如鐵路、公車路、電燈及煤氣等等。個人對於這些社團的需要並沒有感覺，而牠們的滿足並不干個人經濟的事。可是這些是社團本身的需求，而牠們的滿足是特殊經濟的目標。這特殊經濟和個人經濟是分立的，這些個人是這些社團的直接或間接的份子。

（乙）貨物

（註三）見前書第三頁

（註四）見前書第四頁

一個入從需要或慾望的情形，達於滿足的地步，也和其他變遷一般，必受因果律的支配。在這情形下，原因是貨物，而結果就是滿足。因此要有一件貨物產生，必先知道有這個需要，可以滿足這需要的東西，這東西及其可滿足這需要的品質之存在與否，以及用這東西滿足這慾望的力量。一件東西所有可以滿足慾望的品質，就稱為效用。孟琦按貨物之能否滿足慾望，而分為實在的及非實在的。又按貨物在使用時消失其固有的品質與否，而分之為物質的及非物質的，暫時的及耐久的。最後他又為第一級第二級第三級……的貨物，低級及高級貨物，以及補充的貨物(Complementary goods)。

最後二分類是根據貨物滿足需要的直接及間接的關係。孟琦稱本身有滿足慾望的品質的貨物為第一級；本身沒有這種品質，但能變成或生產這種品質的貨物為第二級；能生產第二級貨物的貨物為第三級；依此類推。他又用低級及高級二辭來概括各級的貨物，以第一級及其他最接近或促成需要的滿足的各級，為低級貨物，而其他離滿足較遠的各級為高級貨物。

補充的貨物不是單獨用的，而是跟其為貨物合併而用的貨物。

孟琦討論高級貨物及補充的貨物時，注意以下這事實；即貨物之所以成為任何高級貨物的品質，是以同時加入生產的各貨物，也占有這品質為條件。補充貨物則以合併所需各貨物的存在為條件。試舉例為證，假使高級貨物所加入的生產中的一切第一級貨物不成為貨物，那末低級貨物也必如此。假使生產一種貨物或低一級各貨物所需的其他一切貨物全消耗了，或不成爲貨物，那末補充貨物也必同歸於盡。

高級貨物有一點應注意，就是高級貨物變成低級貨物，要經過相當的時間。而等級愈增多，其中所經過的時間也必隨之而愈大。換言之，慾望的滿足跟開始生產直接促成這滿足相隔的時間，隨其間各級貨物的增加而增加。

高級貨物還有一個不穩定的要素，因爲我們不能洞悉影響這些貨物的勢力，這些勢力進行的方法，而又不能完全控制這些勢力，所以不能預先確定第一級貨物的數量及品質，應生產多少。人對於這些生產程序的關係，也是這不定的一原因。(註五)

(丙) 需要及貨物的數量方面

在這題目下，孟琦討論滿足慾望可得的及所需的貨物數量。關係所需的數量，他說這是取決於這個人的需要，而這需要在前節已說過，是由他的性格及環境所決定。在這兒又發生不定的情形了，因爲事實上同一的慾望常常可以用不同的貨物以及各種合併的貨物來滿足的。關於可得的數量，他說是取決於自然環境以及目前人口所能貢獻的勞役。現在所說的不定要素，就是由於一件貨物能用以滿足不同的慾望。

我們姑且撇下眼前而說一個時期中的情形。可是數量方面也有其他不定的要素，這些要素是（1）因爲我們不能預先決定應滿足的一切慾望，以及這些慾望的强弱，所以有的貨物（如醫藥救火機等等）及其可得的數量也不

(註五) 見前書第三〇頁

確定了。(2)因爲我們目前所用的貨物在這時期中可以損壞了，消滅了，或是被取消了。

高級貨物的數量，是取決於第一級貨特的供給的不足數，以及生產的技術，但是這兒因爲使用補充貨物又發生一個困難了。用以生產低級貨物所需的高級貨物，其實在的數量也取決於同時所必需的補充貨物。關於高級貨物的數量也是如此。我們手中所有的一種貨物不能認爲實在供給的一部分，除非同時也得到所必需的補充貨用。又一紛亂情形，是由於同一的貨物能用以生產低一級的各種貨物。

以上所述的數量關係的決定，就是第一級貨物按時的繼第二級而產生，第二級繼第三級而起，依此類推，在經濟學中極爲重要。假使我們用1 2 3等數字來代表各時期，那末可以舉例第1期中所有的第二級貨物，必可生產第2期中第一級貨物的供給量。因此我們不能認這些貨物是滿足第1期的需要的供給是了。在另一方面，我們應注意過去所得的高級貨物，對於現在所得的供給量有關，所以決定這供給量時應包括在內。

從社會方面觀察，這貨物的數量問題有幾個特殊情形。第一，是現今的社會是有組織的，全體人民（包括一切個人及社團）所需要的貨物數量，以及供給這需要可得的數量，迥非某一個人的事了。沒有人對於這些事能像個人及社團對於本身或家庭所需要及可得的數量那麼關切了。但是商人往往攷量市場將有多少貨物以及人民的購買力。在這情形下，有購買力者的最小慾望的影響，較大於無購買力者最迫切的需要。

有組織的人民所需要的貨物，和同數無組織或離羣索居的人民所需的數量，是不相等的。前者的數量較小於後者至少有這兩個原因：一是有些貨物如道路、公園保安方法等等，能夠滿足許多人的需要，就跟滿足一個人的一樣。二是在有組織的人民中籌備將來不定需要的供給時機運定律（Law of Chance）能使較小的供給足以應付需要。（註六）

正如國家的需要（即所需的貨物而其數量的決定是任何的責任）這名詞是空幻的，國家的財產這名詞不合實際的。當然國家及其他政治社團有牠們的財產，但是這些財產應與這兒所指的國家財產有別。在這兒所指的是整個國家所用的貨物數量，而這數量的管理及供給是眞正經濟主體的特殊關係及責任。（註七）在交易制度下各人當然關心別人的需要，及供給這些需要可得的貨物數量，因爲這些事和供給他們自己的需要的數量是有關係的。由此他們才努力設立機關，收集關於全國及全世界的需要的統計，以及供給這些需要可得的貨物；但是這不是特殊經濟活動的特徵，和對於全體人民的需要及供給這些需要可得的貨物的關心，是不相同的。

（丁）經濟及經濟貨物

人類大部分的活動是用以取得需要的勻稱的滿足。勻稱二字指充分滿足一切的需要，而先滿足較迫切的需要。這些活動未行之前應知道各需要以及滿足牠們的方法（包括預測將來需要的先見）；用這些方法以達到目標的

（註六）參閱 *Grundsätze* 第四九頁

（註七）見前書第五一——五四頁

途徑以及如何處理這些方法。孟琦及其他德國作家用經濟二字指一切個人及社團的活動，以及隨這些活動而發生的一切主觀及客觀現象。牠的出發點是自然及社會環境供給經濟主體使用的資料。牠的目標是變化這些貨物以滿足他的需要。（註八）

這兒經濟二字的用法，不要和英美各國所通行的相混，也不要和指支配經濟活動的方法，而非活動本身的意義相提并論。一個人的經濟活動或他的經濟，可以說他處理得合乎經濟或不經濟。還有一點應注意，就是這兒的經濟二字並不包括貨物的最後消費，亦即消耗這些貨物以滿足慾望。後者的動作是繼經濟活動而起，而又非經濟活動的一部分。（註九）按經濟學家的意義，分配也非經濟的一部分。分配是經濟活動產生的結果，但並不是這些活動的任何部分。從這方面說，生產及交易二辭就不同了，此二者是關於經濟所有的特殊活動的程序，而由此二者分配才能完成。

至於生產中所用的技術人力，對於經濟的眞關係，必須了解的。這些勞役，像原料、工具、機器、土地之類，也是用以生產滿足需要的貨物的客觀手段之一部分。但是這些勞役應與其他人力區別，即孟琦所謂經濟的主觀要素。後者的人力包括一切勞心以及其他用於變化有形物及無形物以生產最多最優的貨物的人力。這些人力在性質上及目的上和生產中所用的技術勞役不同，並且是技術勞役以外所加的人力。

（註八）見前書第六〇頁

（註九）見前書第六二頁

許多人對於這二者不加區別，所以對於勞力在個人及國家經濟中的地位，發生極大的誇張及錯誤的觀念。由此才產生了勞力萬能說，以勞力爲財富的唯一原因，爲價值的來源及準則，並且跟儲蓄合起來卽爲形成資本的主因。(註十)

孟琦所謂經濟的主觀要素（卽以區別用於生產及交易貨物的各種人力——客觀的要素）按他的分析有二大類的活動。第一類包括（1）探知我們的需要的種類、數量、時間及發生的地點。（2）探知我們用以滿足這些需要的資料的種類、數量、時間及發生的地點。（3）探知如何使用這些資料以造成所需要的貨物。（4）安排這些資料的相互關係，以及跟我們的關係。

第二類的活動是由於一人所有的資料，不足以滿足一切的需要，所以他要設法從這些資料得到最大的滿足，這種的活動包括（1）決定需要的輕重。（2）探知如何從我們所有的資料取得最多的享用貨物。（3）探求如何防止貨物的損失折舊及消滅。（4）探求如何才能用最少的貨物而得到最大的滿足。(註十一)

這二類的活動雖由於不同的原因而可以互相分離的，但是實際上常連合運行的。所以結果（1）在經濟的生產及其他程序中努力用最少的資料以取得最大的技術結果。（2）用貨物滿足慾望時有需要的輕重之別，而選擇重要

(註十)　見前書第七三及七四頁

(註十一)　見前書第七四及七七頁

的來滿足。(3)無論何處何時達到上述的目標，總有一種貨物變成其他貨物，而將生產貨物變成消費貨物或後者變成前者，尤爲顯著。(註十二)

我們比較用以滿足經濟主體的慾望所需要的，及可得的貨物數量，可以知道第一總數是大於，小於或等於第二總數，由此產生了經濟及非經濟貨物的區別。對於這二類貨物的關係，以及牠們跟人類經濟的關係之分析，孟琦有下列的結論：

(1)成爲經濟貨物的品質，並非該物本身所固有，但是由用以滿足需要可得及必需的數量關係而產生的。

(2)一種特殊貨物在此時此地可屬於經濟貨物，而在另一時另一地又可屬於非經濟貨物。

(3)由於慾望的變化，或由於可得的貨物數量的變化，這一類的貨物可變成另一類的貨物。

(4)現在屬於非經濟一類的貨物，可確知其將來必成爲經濟貨物，而貨物之成爲今日經濟活動的對象，即在於此。

(5)非經濟貨物的供給，有一部分較優的可以屬於經濟貨物，而同時全體的供給仍爲非經濟的一類。

(6)生產中的高級貨物的經濟性質，是取決於低級貨物的經濟性質。

(7)低級貨物的經濟性質不是從高級貨物得來的，而後者的經濟性質，卻從前者得來的。

(註十二)　見前書第七九頁

（戊）　財產

財產及經濟貨物的觀念來源相同，就是兩者可得的數量不能充分滿足一切的慾望，但是兩者有一點不同，就是前者祇限於社會的發生而後者也可用於孤立的經濟中。個人集合而成一個社會組織時，就有分配經濟貨物的必要。各人將貨物專供己用而防止別人的使用，財產就由此產生了。可是我們應注意這制度誰由社會而產生，然而並不取決於任何社會的特殊方式，或社會組織的任何特殊方式。在任何組織完善的社會中因爲充分滿足一切慾望的貨物之不足，各貨物不得不加以適當的分配。假使一羣人所有的貨物不足以充分滿足他們一切的需要，則必有財產的發生，無論是共有財產，或個人財產。

有一點也應注意，就是通常用的國家財產觀念（卽用以區別組成國家的個人及社團財產）和實際不符。因此這觀念在科學立點上是謬誤的，所以經濟學的用語中應擯棄國家財產這名辭。

關於財產的方式或分類，孟琦有資本及消費貨物的區別。資本貨物更分爲不變及可變使用，及交換，以及固定及流動各類。他對於資本的觀念，是根據於貨物使用後消失及不消失其品質的區別。能跟基本貨物分開使用，而又能自成爲貨物的，歸於後一類。其中基本貨物保持原來方式的，他稱爲不變資本，如土地，建築及機器等。改變原來方式的，他稱爲可變資本，如原料等是。用以生產的是使用資本，而用以交換其他貨物的是交換資本。至於固定及流動資本則又不同，但可說是劃分各類貨物。固定資本祇包括一部分的使用資本，就是不變的部分，而流動資本則包括可變使用資本及交換資本固定資本又可按是否直接用以滿足個人的需要，或用於生產的目的，而再分爲固定使用資本及固定生產資本。

按孟琦的用法消費貨物不是跟資本相連的名辭，但是指用於消費的一切貨物，其中包括用以交換自己所要消費的其他貨物的生產貨物。（註十三）

孟琦又區別資本爲總使用及淨使用二類。後者是指基本貨物經過修理及改造等手續，以恢復未使用前的狀況後，所剩下的用處有的資本貨物如珍石、建築地及運動場等，雖然使用過，但絲毫不損，而不必加以修理等等，這類貨物的使用當然歸於淨使用一類。（註十四）

資本對於經濟的進步，孟琦認爲是必要的條件。經濟的進步是發現及使用較高等級的貨物的結果；而這些較高等級的貨物是由於自然力的發現，由於牠們之間的偶然關係，由於利用牠們以滿足需要而產生的。將高級貨物變成低級貨物需要相當的時間，而這時間隨變化次數的增加而增加。從供給目前使用的貨物變成將來使用的立點說，資本是延長生產程序首尾相隔的時間的要件，所以資本是經濟進步的必要條件。（註十五）

（註十三）參閱 *Grundsätze* 第九一頁

（註十四）見前書第九二及九四頁

（註十五）見前書第一〇〇頁

（己）價值

經濟貨物的數量既不足滿足需要，每種貨物的每單位總有一部分的需要，藉之而滿足。因此任何貨物的供給增加了或減少了一個單位，就是增減需要的滿足。我們對於這事實的感覺才將價值加於這些單位上。可見價值和經濟貨物是同出一源，而且唯經濟貨物是有價值的。但是價值非經濟貨物固有的品質，也不是由意志的動作而賦與的。價值祇是經濟貨物對人類幸福關係的認識的結果，而這關係的發生，是由於用以充分滿足需要的貨物數量之不足。

因爲貨物可用以直接滿足需要，或間接的用以交換其他貨物，並且因爲這些貨物對於物主的價值因用途的不同而有大小，所以孟琦分爲兩種價值：使用價值及交換價值。按他的觀念（這和亞丹斯密等視效用及使用價值爲一物的觀念不同）一種貨物可以有使用價值而沒有交換價值，反之亦然。這貨物的經濟價值（就是兩種中最大的）可以因下列的事實而從這種變成另一種的價值（1）經濟主體的需要之變動，（2）這貨物的數量及品質之變動。（3）這貨物對於他人的價值之變動。

因爲貨物對於人類幸福的關係，經濟行爲不但使我們將價值加於這些貨物，並使我們比較各貨物的價值，以及不同時間不同狀況下同一貨物的價值。這些數量上的不同，顯然是由於兩個原因：一是各種需要的滿足對於幸福的價值之不同。一是同一貨物各單位所促成的滿足有大小之不同，而這不同是按各單位的數目之大小而轉移。從重要性而言，需要可分爲最高級以至最低級，前者是生命所繫，而後者的滿足祇關係極小量的幸福。由此可明白加於各貨物的各價值，是按牠們滿足各級需要的多少而決定。但是由此更可明白加於一種貨物的一個單位的價值，就是這些可得的單位的機能因此加於滿足高級需要的較大供給量中一單位的價值，不能超過加於滿足低級需要的較小供給量中一單位的價值了。

對於一種貨物的同類供給的各單位，不論其所促成的滿足各有大小，而一律都加以同等的價值，問題就發生了：所加的價值是否取決於任何單位所促成的最大滿足？或是最小的滿足？或是居於兩者之間的滿足數量呢？所得的答案是：取決於最不重要的滿足，因爲滿足的大小，是以供給量中增加一單位或減少一單位爲準則。

至於評定不同類供給（卽各單位的品質不同）的各單位的價值，就不能用各單位都加以同等價值的原則了。反之，按各單位品質的優劣而增減其價值。這原則是根據這事實：就是品質優良的單位所促成的幸福，大於同種同量但品質較劣的單位所促成的幸福；並且品質愈優，價值愈大。我們也應注意數量超過需要，而屬於非經濟一類的貨物，其中品質優良的單位可以不至供過所需，並且可以有價值。

價值是主觀的，是由一人評定貨物對於他的幸福之大小而加以價值。所以價值不見得正確，因爲實際上貨物所滿足的慾望，往往和想望的不相符合。因此智識的不足，評價的謬誤，情感及成見等都是決定價值的因子。

追究貨物及需要的滿足之間的關係，以及決定貨物的價值的大小時，高級貨物和補充貨物往往混雜。其實高級貨物並不直接滿足慾望，但間接的由牠們所產生的第一級貨物。補充貨物並非單獨的滿足需要，但是連合其他貨物才能滿足慾望。

將價值原則適用於這些較爲複雜的情形時，對於探求貨物和人類幸福的變動之關係，應有確定的方法。關於高級貨物，其中的關係是從需要到第一級貨物，再從第一級到第二級，依此類推。我們先確定需要的滿足對於幸福的價值；然後將這價值加於促成滿足的貨物，就是加於第一級貨物；然後再將價值加於造成第一級貨物的第二級貨物，以至第三級第四級等依此類推。因此第二級貨物的價值是從第一級得來的，而前者是後者產生的要素。每個高級貨物的價值，都是從低下各級貨物的價值得來的，並非低級從高級得來的。我們並不因爲麵包是從有價值的麥所產生，而加以價值；但是我們加價值於麥因爲牠生產我們所重視的麵包。我們又加價值於產麥田，因爲牠生產我們所重視的麥，並用這標準來估定麥價。

因此第一級貨物繼第二級貨物而產生，第三級繼第二級，依此類推，各級都相隔一段時間。但在估價高級貨物時，有一個問題發生，就是我們現在估定將來可用的貨物的價值。關於這點應區別下列二事實：一是我們攷量的是估定的價值，不是實現的價值。一是我們追求將來貨物的現在價值。我們對於將來可得的貨物的評價，不能確定實現與否。因爲知識不足，想像力的缺乏及意外變故等而引起的各種錯誤，可以使我們的評價完全無用。

孟琦用他所謂資本的經濟使用的觀念來解決第二事實所暗示的問題。按他的觀念，經濟使用就是指高級貨物變成其他貨物後，繼續供獻的服役；這是由於延長生產程序，而使之較爲有利。因此他以爲一人將來可得的貨物數量，其較少於他現在所有的數量之價值，就等於這些貨物在這時期中的經濟使用較少於後者的價值。

關於補充貨物的估價，孟琦說這些貨物並不如化學複體的各要素其中缺一就不能生產這複體。反之，補充貨物若缺了一種常可用其他貨物來替代並且缺了一種不至阻礙整個的生產業，結果會使這出產品的數量減少，或是品質減損罷了。一種補充貨物從這一組移入另一組，也是常見的事。例如用途最廣的補充貨物如鐵，土地，勞力等等。限許多組的貨物合作。

從這些事實，可見經驗及試驗是解決這些貨物的估價問題的要訣，而孟琦由此成立下列的原則：「高級貨物一個單位的價值，是我們有這單位時所得的滿足跟沒有這單位時所得的滿足的相差額」。(註十六)換言之，經驗使我們能夠知道(從需要的滿足方面觀察)這單位有無時的情形，而評定這單位的價值就根據於此，因此補充貨物一個單位的估價，是以這單位從全組貨物中抽去後的情形而決定。

價值的原則可以不加修改，而適用於土地，勞力及資本，所以也決定了經濟學家所稱的財富分配。但是其中每個都有特點，在說明牠的估價時應加以攷量。數量限定而不能隨意增多，不能流動，以及各塊土地品質的參差不齊，是土地的特點。這些特點也屬於勞力及資本，但是三者仍要受決定其價值的原則的影響，並以三者對於人類幸福的關係為準則。

(註十六) 參閱 *Grundsätze* 第一五七頁

（庚）交換

正如其他經濟程序，交換也是使需要的滿足較為完全的手段。交換的實行，必有下列四條件：「（1）一個經濟主體所有的貨物對他的價值必較少於另一個經濟主體所有的經濟貨物而第二經濟主體對於這些貨物的評價，必和第一的評價恰恰相反。（2）兩個經濟主體一定要知道這情形。（3）他們一定要有能力交換這些貨物。（4）這交換所必需的成本或損失，一定要較少於所得的利益。」（註十七）

可以再分而一份一份交換的貨物，所交換的數目當然可多可少，因此由於交換者所有的貨物之數量變化，而引起的價值變化，當然也可使定額以外的交換無利而有損。

說明交換完成的條件，是價格論的宗旨，而價格二字常指這種貨物用以交換其他貨物的數目。按前段對於交換性質的解釋，可見一切根據於假定的交換貨物的均等的價格論，是謬誤的，例如勞力及其他的生產成本論。因為交換的唯一理由及唯一原因，是交換貨物間的不均等。在這均等的假定下，就沒有交換的動機了。

在有利的範圍內，交換完成的條件是取決於交換者的人類，他們所有的貨物多少，以及競爭的有無。在單獨的交換中（就是兩人之間的交換），價格的限度是「這貨物的不同數量，按這兩個交換者的主觀，是各等於另一貨物的某定量，」並且在這些限度內的價格，將成為這些同價物的平均價格。（註十八）試舉例為證，假使甲將同等價值加於

（註十七）參閱 *Grundsätze* 第一七三頁

一百單位的穀及四十單位的酒，而乙將同等價値加於八十單位的穀及四十單位的酒。甲有穀而乙有酒。這樣兩人之間不但可以交換，並且價格限度成爲八十及一百單位的穀交換四十單位的酒，或是二個及二個半單位的穀交換一個單位的酒。按孟琦的意見在這情形下價格定率將居於這些限度之間，就是九十單位的穀交換四十單位的酒，或是二又四分之一單位的穀交換四十單位的酒。

在交換兩造一方是獨占者而一方是一羣競爭者的情形中，上下的價格限度比單獨的交換者的較爲接近，這是由於各競爭者對於交換貨物的不同評價，以及他們各人間的議價。比如農夫甲加於一匹馬及十斗麥的價値相等，同時農乙$_1$乙$_2$乙$_3$加於馬的價値則爲二十斗，三十斗及四十斗麥。乙$_1$乙$_2$乙$_3$三人對於馬的競爭結果，必使價格定在三十及四十之間，不是在十及四十之間。假使同時有競爭的售者及購者，價格的限定當更爲接近。（註十九）

假使兩方面都有競爭者，跟一方面祇有一個獨占者的情形有一點不同，就是在後者因爲獨占者操縱了整個的供給，由限制市場上的數量而得的相對利益就有問題發生。在前者每個競爭者知道因他收回一部供給對於價格的影響，必爲其他競爭者加入市場的數量抵消。獨占者或發現出售的供給小而每單位的價格高，獲利大於供給較大而每單位的價格較低，他必將供給及價格定在對他利益最大的一點上。

（註十八）見前書第一八八頁

（註十九）見前書第一九〇——一九四頁

（辛）商品

貨物可以經過交換的程序之後而消費，或是不經過這程序而消費。在牠們未到消費者的手中時，稱爲商品，此後牠們就屬於消費者貨物的一類了。狹義的商品專指用以交換的貨物，但是孟琦則以爲廣義用法較爲科學的。（註二十）

商品的特徵是牠的交換性（exchangeability），有的物品的交換性較大，並且同一物品的交換性在各時也互有大小。貨物的易於出售是由許多條件及環境所決定，例如物品能滿足的需要的性質，有這需要的人有多少，牠的價格，以及牠的出售有無限制。最後一項包括氣候，運輸工具及成本，輸出入的關稅，獎金及保險費等等。此外尙有數量的限制。有的貨物價格有定而數量實際上毫無限制，如金銀是。同時有的貨物價格不定，而數量却極小，如敘述某印度種族的言語構造法的特徵的著作是。

在貨物的可能範圍之內，牠的出售是以孟琦所謂的實在價格爲轉移，而這實在的價格又取決於競爭的完全與否，買賣兩造的行爲是否純出於經濟的動機，以及他們對於本身的利益知道多少。商業的組織，也是決定買賣者在市場中的能力的一個要素。

孟琦對於貨物的易售性的又一觀點，就是貨物授受的難易，亦卽貨物的流動力。關於這點，他舉出幾個事實，就是有的物品例如食物衣被等在各人手中傳遞較速，而其他物品如黃金則取得此物的人的性質並無關係。有的物品在

（註二十）參閱 *Grundsätze* 第二二〇頁

有特殊知識、準備、關係以及特殊法權的人物手中才能流動或流動較速。孟琦又指出適合消費者特殊需要的貨物，不如沒有特殊性的貨物流動那麽快，至於價格不知或變化不定的貨物也不如價格已知而較爲穩定的貨物流動那麽快。

（壬）貨幣

貨幣是物物交換所感的困難及克服這些困難的努力而漸漸遞進的結果。其中最早的方式是以出售性較低的貨物，交換出售性較高的貨物。因此最易出售的貨物漸漸成爲全社會的交換媒介，而由此得了所謂貨幣的性質。可是這些貨物並不因此而被擯於貨物之外，或是失去了貨物所有的任何品質。這些貨物僅僅占了貨幣的特殊地位，因爲人人即使不願購作自己的消費，亦必購之以供再交換其他貨物之用（註二十一）

貨幣作爲交換媒介之外，又產生下列各重要的用途：（1）替代其他作爲消費、租稅、餽贈等等之用的貨物（2）作爲支付的手段（3）作爲儲藏及積蓄資本的手段（4）作爲轉移各地方的財產以及現在將來的財產之用，以及借款之用（5）作爲價值的標準。孟琦對於最後一項敘述極詳，並指出關於這一點的錯誤觀念。

第一，貨幣之作爲價格標準，並非指某定量用作測量其他數量的單位。換言之，貨幣並非測量立體物的加侖或斗，也不是測量長度的尺或碼。其所以認貨幣是一個標準的觀念，是由於誤認凡交換的數量都是均等的，實際上這些數

（註二十一）見前書第二五九——二六四頁

量並不相等。價值的標準或這名辭所指的貨幣眞功用，是以表示及比較同時同地或異時異地各堆貨物的價值，或是各人或各團體經濟活動的結果，如承繼財產、嫁奩、租稅、罰金、成本及收入的決定，同時各人及各團體或異時同一個人及社會的財富的比較等人。我們用貨幣單位作爲這些目標的準則或表示其大小的方法。貨幣在這意義下才成爲一個標準。(註二十二)

用貨幣作爲標準，引起影響其外表及固有價值的勢力問題。前者指貨幣的購買力，就是貨幣所能交換到的其他貨物的數量。後者指貨幣本身決定交換其他貨物的定率的力量。我們記着每次交換（使用貨幣的交換）都有兩種貨物——就是貨幣跟其他的貨物，那末貨幣價值的兩面的差額就可明白了。並且交換的定率受影響兩方面（卽貨幣及貨物的兩方面）的勢力的影響，而且實際上總是取決於這些勢力。研究貨幣的外來價值祇是攷察這些勢力運行的最後結果，換言之，就是任何時實現的實在定率，以及這定率時時發生的變化。在另一方面研究貨幣的固有價值却是分離影響於貨幣及貨物兩者的勢力，並且決定影響於貨幣的結果。

貨幣的外表及固有價值的穩定，極爲重大。對於兩者穩定的欲望，實際上雖不能得到，然而皆非理想的。可是分析及測量影響於兩者的勢力的欲望，並不因之而減少。對於這些問題的研究，可以設立可靠的而又極重要的定率。

（註二十二）參閱 *Grundsätze* 第二九五——二九七頁

第二十一章 魏沙（Friedrich von Wieser）（註一）

孟琦的經濟學大綱（*Grundsätze*）出版十多年後，尚未有公開的擁護該書所闡明的各學說。推此久不被承認的原因，一半是由於德國歷史學派的占優勢。可是在一八八三年孟琦對於歷史學派的批評未發表前，已有說明擴充及發揚這些學說的論文及著作問世了。其中最重要的是魏沙的經濟價值的起源與主要原則的探討及自然價值（*Über den Ursprung und die Hauptzgesetze des Wirtschaftlichen Werthes and Der Naturliche Werth* 一八八三年）。賁巴衞（Eugen Von Bohm-Bawerk）的利息原理史及其批評（*Geschichte und Kritik Der Kapital zins-Theorien* 一八八四年），經濟貨物價值論大綱（*Grundzuge der Theorie des Wirthschaftlichen Güter werths*）刊登於經濟統計年鑑（*Jahrbuch fur Nationalökonomie und Statistik* 一八八六年）及資本正論（*Positiv-Theorie des Kapitals* 一八八八年）。此外尚有薩斯（Emil sax）的國家經濟大綱（*Grundlegung der Theoretischen Staatswirthschaft* 一八八七年）。上述各著作都是對於經濟學大綱（*Grundsätze*）所包括的學說的補充。

（註一） 第一節到第三節摘錄著者投於 *Ingsam's History of Pol. Econ.* 的原稿

一　生產貨物的估價

魏沙的最大貢獻是關於成本及補充貨物的估價，以及用這些學說來說明財富的分配。開首他採用孟琦的生產貨物從牠們的出產品取得價值的學說然後詳述此說的同系學說，就是同一生產貨物產生幾種出產品時，賦與生產貨物以價值的是邊際的或價值最小的出產品。他又指出這學說跟前輩經濟學家的成本說的正確關係。關於這一點，他發揚這定理賦與生產貨物的價值，是由牠們轉給邊際以上的出產品（supramarginal products）因此這些出產品的價值，可說是取決於牠們的成本正如前輩經濟學家所主張的。這班經濟學家對於題目的謬誤，就是不知道生產貨物本身的價值，有充分說明的必要，並且他們又沒有這種說明。

魏沙說明消費貨物或第一級貨物的價值，是取決於邊際效用的定理時，所用的理由跟孟琦的相同。這理由的要素是某種的滿足，以占有某種貨物爲轉移：而這相倚的關係一成立，這些貨物估價的理由以及牠們的價值多少，就此決定了。至於生產貨物，這相倚的關係祇能由邊際的出產品(marginal products)而成立，因爲祇有這種出產品的存在是以占有某量的生產貨物爲轉移。經濟的行爲應使因生產貨物取消一部分而受的損失，移到最不重要的一點上，而這一點總是生產貨物的價值最小的出產品。可是生產貨物的價值一經決定，就成爲決定邊際以上出產品的供給的要素，因爲這種供給將逐漸增加，直到這些貨物的邊際効用減至成本貨物的價值所決定的一點爲止。

這理論可說明於下：假定消費者貨物X Y Z的生產，每單位的價值是廿、十八及十六，可用的生產貨物A祇能取得六個單位。進一步假定A的一個單位能生產XY或Z的一個單位而XY或Z的供給每加一單位，必減少其價值二點。換言之假使X在市場上有了兩個單位那末X每個單位的價值不是廿，但是十八了。假使有了三個單位，那末每個單位的價值不是十八，而是十六了，依此類推。

我們應先攷量A的六個單位的最經濟的用法。當然六個全可用以生產無論XYZ的六個單位，或是用一部分以生產其中之一的貨物而用其餘的生產其他，這幾個最有利的用途中那個在總出產中的價值最大?

假使六個單位全用以生產X，出產品的總價值是六十，因為這情形下X的每單位的價值是十。假使全用以生產Y，總價值就是四十八；假使全用以生產Z，總價值就是三十六了。因此假使祇生產其中之一的貨物，當然是生產X。但是用三個A的單位生產三個X的單位，二個A的單位生產二個Y的單位，而一個A的單位生產Z的一個單位，總出產的價值却有九十六；因為每種貨物的供給這麼多，每個最後單位的價值必為十六，而共有六個單位出售。

沒有其他用法能使A的六個單位更有價值了。試舉例為證，假使取消了用於Z的一個單位，而加入X或Y的生產，則結果必受損失。假使這單位加於Y，那我們有三個X的單位，每個的價值是十六，而總數是四十八。再加上Y的三個單位的總數四十二，總計九十，比較用一單位生產Z時少六點。假使這單位加於X的生產，結果有四個X的單位，每個值十四或總數五十六，再加上Y的二個單位，每個值十六或總數三十二，總計祇有八十八。

於是生產貨物A的最經濟的用法，必需生產一個Z的單位，而Z是生產中最不重要的消費貨物，因此可稱之為邊際的出產品。至於X及Y，則可稱之爲A的邊際以上的出產品。

在這種狀況下，A的價值是十六，這就是牠的邊際出產的價值。因爲這出產品的存在與否，是取決於A的加於前五個單位的一個單位。但是決定XY應生產多少，就是這個估價，因此也決定兩者的邊際効用及價值。按這意義，XY的價值可說是取決於牠們的成本，就是取決於成本貨物A的價值了。可是我們應牢記着生產貨物A所賦與邊際以上的出產X及Y的價值，是從牠的邊際出產Z的價值得來的。

二　補充貨物的估價

關於說明補充貨物的估價，魏沙及孟琦的主見不同。孟琦決定這估價時，測量補充貨物抽去一部分後的損失，而用這損失作爲這補充貨物的價值的標準。魏沙對於孟琦的方法的批評，述之於下：（註二）

「假定有三個生產要素用於最合理的生產計劃，合起來的出產有十單位的價值。假使這三要素不如此用法，而跟其他組的貨物合併，當然牠們能提高這幾組的利潤，可是和我們的最合理的生產計劃而使利潤提高十單位的假定相反。否則第一選擇的配合不是最合算的用法了。這三要素可用許多方法合併起來，但是應實施的總祇有一個而又最良的計劃。假使棄之而採用別法，則結果必較少，雖然相差至微。

「試再假定這三要素並不按照最良的方法將三者合併於一組，而分別用於三組，而每組的報酬提高了三單位，

（註二）參閱 *Der Natürliche Werth* 第八三頁

那末這三要素現在生產的是九單位的價值了。

「在這情形下，按孟琦的原則每個要素的價值怎樣估定呢?用利潤的減少數來估定。在這情形下，減少數是十單位，但其中有六單位可由其餘二要素恢復的。因此最後的損失是四而三者的損失是相等的。所以三要素合起來的價值是十二了。但是這是不可能的，因爲三者最有利的用法也祇有十單位的價值。

「按魏沙的意見孟琦進行的方法是謬誤的。所以他又自創一法，就是用代數方程式來決定每個補充貨物的正確貢獻，而每個方程式代表每個配合的性質及結果。試舉例於下，假定 a b c 補充貨物加入生產 X Y 及 Z 的三種物品，而每組的價值是一四五，一六〇及二六〇。加入 X 的是 2a 3b 及 4c，加入 Y 的是 3a 6b 及 2c，而加入 Z 的是 7a 2b 及 8c。於是下列的代數方程式就可成立：$2a+3b+3c=145$；$3a+6b+2c=160$；$7a+2b+8c=260$。這些方程式的答案是 $a=10, b=15, c=20$。實際上補充貨物在生產程序的進行中，隨時加入許多不同的配合以事生產，所以普通的會計方法使商人成立所需的方程式，而立刻將對於出產品的貢獻歸於每個生產貨物。所謂的貢獻當然非物質的貢獻，因爲這已不能跟其他配合的要素的物質貢獻分開了，但此處所指的是對於價值的貢獻」

三　歸與價值的定律(The Laws of the Imputation of Value)

「在自然價值(*Der Natürliche Werth*)」一書中，魏沙創立歸與定律，將價值歸與供給，需要及品質的不同狀況下的各生產要素。開首他說到一堆堆的生產貨物，其價值的歸與是依據邊際定律，就是：「歸與每個貨物或數量以最小的貢獻，而在這狀況之下，可由使用這一個貨物或數量而達到。」因此生產貨物的供給量一增加，既能減低牠的邊際出產品歸與的價值勢必隨之而減少。供給量減少的結果則恰恰相反。至於因生產配合的數目及種類的增減，而發生對於某貨物的需要的變動，也必使歸與的價值隨之而增減。同類但品質不同的貨物，歸與的價值是按其優異的程度而互異，因爲品質優異的貨物必增多出產品，而這增多數祗能歸與牠的優異性。

「這些定律適用於土地資本及勞力，則說明地租，總利潤及工資。根據這些定律，土地比較少時，其出產品的一部分必歸與任何品質的土地。土地再比較少時，則必有一部分歸與一切的土地。土地歸與品質不同的土地的數目，是按其優異的程度而各殊。這是根據呂嘉圖所闡明的等差定律（differential principle）但是土地比較少時，邊際土地也產生地租的，按魏沙的意見，如果呂嘉圖認地租因獨占而發生，那末工資及利潤也是由於獨占——就是祗有各合作的生產要素的供給對於需要有限時，連合的出產品（joint produce）才有一部分歸與任何要素。這連合出產品中勞力及資本的應得部分，也是如此由歸與定律以及各級勞工的工資差異所決定。爲着供給的勢力獨占影響了價值的歸與以及財富的分配。」

四　利息問題及魏沙的解釋

利息的說明是個附加的問題。價值歸與定律似乎說明了出產品爲何應有一部分歸與資本，但是並未說明爲何歸與的數目總是超過資本貨物（capital goods）本身的價值。在土地及勞力就沒有這問題，因爲兩者都是根本的而非生產的要素。魏沙對於這問題的論法，不能認爲滿意，祇較以經驗說明的稍强一籌罷了。他說道(註三)「當然土地資本及勞力三個生產要素合起來的總報酬，足以償還消費的資本而且有個純利潤。這是一個顯明的經濟事實，世上有貨物，或生產就不必什麽證明了。當然時時有生產事業失敗不能維持下去，可也有許多從事於毫無用處的出產品，但這些都是例外。通例都可得到純利潤，而這些利潤不但足以維持億萬的人類並且資本可由這些盈餘而累積起來。」

「因此祇有一個問題未解決——就是這純利潤中可否有一部分歸與資本要素。爲何祇有資本不能分得一份呢?我們一明白了並且承認了資本是生產要素之一同時也必明白及承認資本應得包括其本身的生產收穫中純利潤的一部分。我們假定資本的出產總是較少於復原其本身之數嗎?這顯然是武斷的假定。那末我們假定不論生產的成敗，資本祇能生產復原其本身之數嗎?這假定當然也是武斷的。我們先不認資本有任何收穫，才能否認資本應得純利潤的一部分。」

五　魏沙的成本說

我們欲將魏沙的學說與其他學說相聯及比較，非注意他對於成本及成本貨物(cost goods)的觀念不可。後者之得稱爲成本貨物，是因爲牠們是計算成本的要素，並且是魏沙用以區別獨占貨物的。所謂獨占貨物，就是需求較大，而生產的數量比較少的貨物。(註四)反之成本貨物是易得而繁多的貨物，或是生產的數量可以無限增加的貨物，例

(註三) 參閱 *Der Natürliche Werth* 第一二六及一二七頁

如未熟練的勞力、煤、木以及普通金屬之類。用於產業的土地而又無地位優越問題的，也包括在內。數量過多的貨物，不能歸於成本貨物之列，而根本牠們也不屬於經濟貨物。總之，獨占貨物是各個產業的特殊要素，而成本貨物却是生產的普遍而必需的力量及原料。（註五）

成本貨物互相合併，參加其他貨物的生產。其中有的是用以生產其他貨物的資本貨物，而有的是用以直接滿足慾望的消費貨物。因此成本貨物的使用，必計算怎樣充分利用之，應生產那種物品，應出產多少，才合於經濟目的。所以我們說凡出產品都有成本這句話，祇是指可以用於別途的經濟的生產手段已經使用了或停止不用。成本用於一個業務時，就是生產貨物，而因為牠們能用於別途，就變成經費或費用了。計算成本的標準總是按生產的邊際効用，因這標準是攷量一切合於經濟的使用而得的。（註六）

按邊際的原則，歸與成本貨物的價值由牠們轉給牠們的出產品，間接的是由決定這種出產品的數量。直接的程序就是通常貨物供給的增加，可以得到許多成本貨物的情形，因為在這情形下，這種貨物的增加單位可由犧牲所必需的成本貨物而得到。但是即使在這種情形之下，假使必需的成本貨物的流動，發生了阻礙，則貨物的價值是根據邊

（註四）參閱 *Der Natürliche Werth* 第一〇八頁

（註五）見前書

（註六）見前書第一七五頁

際的効用而非生產的成本。（註七）

估價的成本原則既如上述，所以大半是適用於生產常而規定數量大而尤其是專用成本貨物的貨物。至於生產受獨占貨物限制的出產品，並不受任何成本的影響。在這種情形之下，一切成本的變化不屬於出產品，但屬於生產的獨占要素。成本減少則提高，而成本增加則降低這些要素的價值。（註八）

成本原則也可適用於資本貨物——就是生產的生產手段。在這些貨物的情形下，使用的報酬及生產的成本是互相關係，並且趨於相等的。茲摘錄大要於下：

「報酬的價值愈大，則用以生產的成本必愈大，而成本的費用也必愈大；成本的費用較小，則報酬的價值自必較小，不論這是由於生產必隨之擴大或由於効用的估價直接的減至成本的水平線。假使一架機器工作完好，而這就是估價高的原由；但是假使這機器本身可用低價生產，則其出產品的價值也是低的。生產資本的成本將其結果轉給資本的出產，不論其相隔多遠，祇要生產者的視線所及，在估價時都可計算在內的。」

「但是成本定律下的出產品，並非一切狀況下都是如此。牠們必成為出產品，即由形成牠們的各要素而定，才能歸於成本定律之下。假使牠們單獨的計算，分別的估價，牠們的價值就取決於牠們本身的効用或邊際効用。可是牠們

（註七）見前書第一七七及一七八頁

（註八）是前書第一七九頁

的生產的邊際効用並不計算在內」。

「假使社會的經濟生活達於至善的地位，而使生產計劃無一非正確的，交換也無阻礙，貨物的損失也預測到，一切貨物的取得都預算正確，而需求的變化總是預先測到。在這種狀況之下，成本定律是一般價值定律表現的唯一方式，但祇限於這定律下的各貨物。事實上任何處置社會經濟決不能達到如此地步，卽使在最完善的社會中也不免有變化，不過暫時必限定或擴充成本定律所支配的範圍而已」。(註九)

上述的成本定律祇是邊際効用原則實現的最普通的方法而已。這定律的複雜性質，使牠跟這原則的關係不明或使這關係難於追溯，但却沒有破壞這關係。邊際効用終不失爲價值之源，但在成本貨物及其出產品的情形下，大半決定價值的是出產品的邊際効用。我們欲明白邊際効用定律運行的情形，非攷察生產程序中全體物品的估價程序不可。這一堆中的成本貨物必分配得使之能得到最大的効用及最大的價值。這是最終的目標。成本貨物的各用途的相對利益及其使用後的損失，加以核算後在分配程序中才計及成本。觀察這整個連續的行動及反動，就可見到成本的核算是根據邊際出產品的効用。

六　其他成本學說

魏沙的學說與企業家、會計家以及其他經濟學家的成本說之間，並沒有什麽衝突。他跟其他奧國學派的工作是

(註九) 見前書第一七九及一八〇頁

補充舊理論而指出成本貨物本身如何估價，並對於這估價的程序，加以較完滿及詳盡的說明。同時也指出成本原則的限制。

關於這點，尚有其他兩個價值的生產成本說的方式，應加注意。至少其中有一個是和邊際効用論眞正衝突的。有一個方式將成本都變成勞力時間單位，而用生產成本來說明這些單位的價值。這理論最早的方式普通稱爲「工資鐵律，」而這祇是將生產成本說嚴格的適用於勞力的估價。按這理論勞力的生產成本就是維持勞工的相當體力，使他能供養家族及延續勞力供給的後嗣所必需的衣、食、住以及其他需要品的價值。證實這理論的理由與適用於物品的生產成本理由相同。這理論以爲勞力的價值不能低於這一點，因爲若低於這一點，則疾病及死亡必減低勞力的供給而將其價值提高至生活維持點（subsistence point）。可是勞力的價值不能超過這一點，因爲假使超過了，勞力的供給必大大增加而使工資又減至維持生活的水平線。

我們觀察最進步國家中工資相繼提高並且超過這生活維持點，而除了最低級的勞工，一切的工資都超過了這一點，於是產生了「生活標準」說以替代工資鐵律。按這學說，工資所不能超過及低過的一點就是必需品、安適品及奢侈品的生產成本，而這些東西是勞工認爲維持其家族及勞力供給的必要條件。這學說又以爲決定工資的要素，不是勞工不能控制的外來勢力，却是他自己的意志。可是主張此說的以爲這意志是由習慣所決定。

這學說的弱點已於前章中說明了。（註十）藉以影響習慣的勢力——就是性慾的控制，所發生的效果過於遲緩。

人口的增減必需經過一個時代，而在這時期中習慣或已改變了。加之這理論不能說明各級勞工的工資的差異。誰也不會承認這些差異是由於性慾力的不同。

上述的兩個勞力成本說的方式都不免遭「循環推論」(Circular reasoning)的責難——即以生產勞力的必需品的價值，來說明勞力的價值，而再用勞力的價值來說明這些物品的價值。

倘有一個對於價值的生產成本說的解釋，更可注意。此說不用勞工維持生活必需品的價值或他的生活標準，而用勞力的損失來說明勞力的價值。並且與上述的勞力說相同，也用勞力成本來解釋其他物品的價值。按這學說價值的觀念是和生產中所受的阻礙及所費的力相連的，而與貨物生產後所能得到的効用及滿足，却毫無關係。此說最精采的方式是發揚勞力的邊際損失的觀念，並認之爲價值之源。

魏沙承認這個價值勞力說的方式在與現實不同的社會中是可以成立的，而在這社會中勞力的供給必極大，使一切的慾望都有一部分勞力的供給。換言之，就是勞力的供給超過了需要。他說在這種社會中「貨物的價值，就是每人因免去工作的痛苦而得的快感。財富就是占有大量的貨物而又得免去勞力的痛苦。於是財富的利益就是休息，而貧窮並非不足或慾望，但是不安，是痛苦。祇要稍加用力，任何先占貨物的利益就可立刻得到。

「而這並不是貧人所知的貧窮，人們實際所計的財富也非如此，我們也未經驗過如此的價值及經濟，無庸舉例

(註十)　見十八章第三節

證明。假使人們感覺痛苦就可致富則今日最貧者早已成為富翁了。這勞力說的假定無一合於實際。人們的慾望過大，物質資源過於限制而勞力卻過於小了。任何經濟的占有的損失，必有一部分的享樂隨之而損失。效用的觀念決不能和經濟目的及價值觀念分離的。」（註十一）

魏沙根據論理而主張「在估價勞力的成本貨物及一切出產品的成本價值時，勞力的損失並不和勞力的效用相提幷論。」他說道：「生產的勞力決不能因為效用取決於牠的成敗，又因為牠所包括的人力而有價值。」在勞力失敗而因勞力不能再用第二次不得不放棄其效用時，或是在同一情形下重複的使用使勞力的另一用途及其所能得的效用不得不放棄時；換言之勞力供不應求或勞力不過多時勞力的動作是有使用價值的。同時勞力失敗而因其能以等於重複勞力的費用取得，可以不必放棄效用時；換言之，一切可得的勞力沒有預定的用途，可是總有多餘的自由勞力時，勞力的貢獻是按其所受的損失而計算。假使勞力同時能夠或不能重複使用，假使勞力同時缺乏或過多，則勞力能同時以其效用及人力計算。勞力供不應求時勞力的價值就完全根據效用。勞力供過於求時，就完全根據勞力的犧牲來估定勞力的價值了。」（註十二）

魏沙以勞力犧牲說（labor-sacrifice theory）不能行於實際狀況的爭論並未使他否認損失對於經濟生活的

（註十一）參閱 *Der Natürliche Werth* 第一九五及一九六頁

（註十二）見前書第一九六及一九七頁

影響。他說道：（註十三）「我們使用任何勞力之前應攷量効用是否超過勞力……，勞力的費用是個重擔的情形，對於勞力從事的職業的選擇必有影響……勞力一經決定，則必竭力使其痛苦減輕危險減少。勞力被認爲一個重擔的事實，結果能減少全體勞力的供給。」

主張勞力成本說者將資本變成勞力，並證明最後勞力是唯一的成本貨物所持的理由，魏沙也加以抨擊。他區別這理論的二方式，一是根據「一切資本的影響並非節省勞力也非增加勞力的結果」，二是根據這事實「一切資本最後都是由勞力所生產的。」關於第一方式他說並非一切的資本形式都不節省勞力或增加牠的結果；例如原料並且勞力常常排斥資本，例如工資低的時候。關於第二方式他發現許多矛盾的地方。這方式第一聲明「勞力是唯一的生產力，」並且「資本祇是勞力的死工具而已。」第二又說資本「是決定貨物的成本價值的要素之一。」加之此說又忽略了這事實：就是資本成本中有大部分是過去的費用，並且無由測量。魏沙又補充這句「假使一切用以替代資本的是由勞力去恢復，則資本可祇用勞力來測量，並且祇代表勞力而已。」試舉一例，假使消費的煤可由勞工採取新煤以代之，而勞工除了雙手之外並無別物幫助，則煤的價值就恰恰等於採煤所需的勞力了。假使一架機器可由勞工本身的體力造成，不用任何其他的幫助，則其價值可用所費的勞力來測量。但是資本既用以生產資本，資本的原因就應包括在資本的成本之內，也不能被擯於資本的一切出產品的成本之外。加之資本既有使用價值，那末這原因在核算成本

（註十三）　見前書第一九七——一九九頁

時應仍與勞力並列。」（註十四）

成本說者的又一弱點，是他們勉强將利息歸爲成本的要素之一，可是又不能使這事實和他們的理論融合。他們又否認地租是成本之一，而事實上邊際土地產生地租時地租確是成本的一個要素。（註十五）

（註十四）　見前書第二〇一及二〇二頁

（註十五）　見前書第二〇三——二〇九頁

第二十二章　貴巴衛 (Eugen Von Böhm-Bawerk)

奧國學派中最著名的是貴巴衞，他在一八五一年十二月二日誕生於奧國的卜龍(Brünn)城。他在維也納攻讀法律及政治學，又在海德堡(Heidelberg)，萊比錫(Leipzig)及燕那(Jena)等處學習經濟學。娶魏沙的妹子為妻。一八八〇年在維也納任特別講師。不久他又調往英斯卜羅(Innsbruck)，在一八八四年從特別教授升任普通教授，一八八九年他成為奧國國會的上議員以及財政總長的秘書長。一九〇四年他接任財政總長之職。他在晚年執教鞭於維也納大學。

一八八一年他刊行法律與現實(*Rechte und Verhaltnisse*)一書，分析權利及關係的經濟性質，以及牠們在經濟貨物中的地位。在一八八四年又發表利息學說史及其批評(*Geschichte Und Kritik der Kapitalzins-Theorien*)而此書在一九〇〇年第二版，一九一四年第三版。第一版由洛萊斯哥(Glasgow)的教授施馬德(W. Smart)譯成英文，在一八九〇年發行於倫敦。維也納大學教授費伯徵(Feibogen)及威斯康辛(Wisconsin)大學教授史考德(W. A. Scott)將此書的第一版及第二版之間關於利息論的附錄，譯成英文，並由史考德作序，陳述第二版的各重要變更及補充之點，題名補充賁巴衞所著「資本與利息」之最近利息論文集（一八八四——九九年）（Recent Literature on Interest (1884—99) A Supplement to "Capital and Interest" by Eugene V. Bohm-Bawerk）。在一八八六年賁巴衞發表經濟貨物價值論大綱（Grundzuge des Theorie des Wirtschaftlichen Guterwerthes）一書，而在一八八八年又刊行資本正論（Positive Theorie des Kapitals）。後者曾印行第二及第三版，第三版在一九一二年。該書由施馬德教授在一八九一年譯成英文。一八九六年賁氏發表他的名著論馬克司學說（Zur Abschluss der Marxischen System），而在一九〇〇年又有資本論的幾個爭執問題（Einige Striltige Frage der Kapitals-Theorien）一書刊行。

賁巴衞的這些著作，對於奧國學派的理論都有貢獻，特別是利息說。他在利息學說史及其批評（Geschichte und Kritik der Kapitalzins-Theorien）一書中，詳釋利息的問題，分析以前各家對於利息的說明，並且逐一加以嚴格的批評。他有了這根據，所以在他的資本正論中能發揚他自己對於利息的解釋。

一　利息問題

賁巴衞認利息問題是說明資本家如何及何以能從資本中，得到一筆「永久的淨收入。」（註一）他說道：（註二）

（註一）參閱 Geschichte und Kritik der Kapitalzins-Theorien, (Smart 的譯本第一及第二頁)

（註二）見前書第七七及七八頁

「我們應說明的，就是資本用於生產後通常在企業家的手中總有一個與資本成比例的剩餘數。這剩餘的產生，是由於用資本造成的貨物的價值通常超過生產牠們所用的貨物的價值。我們的疑問就是何以有這固定的剩餘價值?」關於借款我們就可以這樣發問：何以一人借給別人百元而一年後取回的不僅僅是一百元但是額外還加上四五元或十元呢?

在第一編中他批評自古至今的利息論時，追溯這問題的發展歷述利息的說明如何和社會正義相混，並且這些說明如何因為未了解問題本身而常告失敗。他為明瞭這問題，分之為「生產力說」，「節約說」，「勞力說」，「褫奪說」以及「折衷說」。

二　生產力說（The Productivity Theory）

主張生產力者用資本的生產力來解釋利息，而貢巴衛以為此說可有四個意義：（一）用以生產貨物的能力，（二）使生產的貨物較多的力量，（三）使生產較多價值的力量，（四）生產比本身的價值較多的力量。主張生產力說者常用第四意義，而貢巴衛說他們之間措辭明確與否，理由充分與否，各相懸殊。有一班他稱為「純直的」，僅僅以上述的第一意義或第二意義來說明資本的生產力。他們毫不覺得第一及第二的生產力應與第三及第四的生產力相連的。第二班他稱為「間接的」，在說明資本的生產力時，又加一條理由以證明這生產力必有一個剩餘價值，歸於資本家。（註三）

貨巴衛畢賽(Say)，史康(Schön)，賴德(Riedel)，羅希爾(Roscher)，博里攸(Leroy-Beaulieu)及薛奧耶(Scioloja)等人爲第一班的代表。這些作家都贊同「剩餘價值是從資本的生產力而來，但又沒有任何理由證明何以如此。不過在這同意之下，有二大不同的觀念。按字解說資本的生產力就是價值生產力，就是資本直接生產價值的能力；另一方面資本的生產力就是物質生產力，就是資本生產大量或特殊品質的貨物的能力。他們並不再說明剩餘價值，因爲這大量或特殊品質的貨物，必有一個剩餘價值，已不言而喻了」。(註四)

貨巴衛對於這些不充分的理由，以及證明資本能直接生產價值的不可能，都詳加說明。關於後一點，他說道：

「將生產價值的力量歸與資本，是完全誤解價值的主要性質，並且也誤解了生產的主要性質。價值不是生產而來的，並且不能生產的。所謂生產，決非任何物質，祇是形式，原料的修整，原料的配合而成的貨物而已。這些貨物當然可成爲有價值的貨物，但是牠們的價值並非生而具有的。牠們的價值總是從外界得來的——即從經濟界的慾望及滿足而來的。價值的產生不是由於貨物的過去，但是由於貨物的將來。價值不是發生於製造貨物的工場，但是發生於貨物所滿足的慾望。價值不像鎚的鍛鍊或布的紡織。假使價值能如此造成，則產業界就可免遭經濟恐慌，而這些恐慌都是起因於大量的貨物不能按所期的價值而出售。生產所成功的，祇是貨物而已。一方面希望這些貨物能按預測的供

(註三) 參閱 *Geschichte und Kritik* 第一一九頁

(註四) 見前書第一三二頁

求關係，而得到價值。這情形可以用漂布者的行爲來比較，正如漂布者將麻布曝於日光之下，生產就是安排貨物，使最後能得到價值。生產不能製造價值就如漂布者不能製造日光。」(註五)

賁巴衞對於資本的物質生產力的說明評述於下：(註六)「我立刻承認資本實際上有物質生產力——就是資本輔助生產後能得較多的貨物。我也承認由資本輔助而生產的較多貨物其價值必較大於無資本輔助而得的較少貨物的價值。但是在上述的狀況下，其中沒有一點表明這較多貨物的價值，必較大於用以生產的資本。而這就是我們應說明的剩餘價值的現象。」

代表間接生產力說者有勞德岱（Lauderdale），馬爾薩斯（Malthus），卡里（Carey），斯密（Peshine Smith），杜甯（Von Thunen）及史他斯培基（Strasburger）等人。賁巴衞又分析他們連合資本的物質生產力及剩餘價值的工作而結論於下：(註七)

「第一，完全用資本的生產力來說明利息是沒有結果的。假使有了直接生產價值的力量，如麥產於田，情形就不同了。但是實際上沒有這種力量。生產力所能成功的祇是一堆的出產品，也許是一堆的價值，可是決不能製造剩餘價

(註五)　見前書第一三五及一三七頁

(註六)　見前書第一三八及一三九頁

(註七)　見前書第一七九及一八〇頁

值。利息是個剩餘，是資本的出產品為生產比例中的被減數而同時未增加減數而得的餘數。生產力是測量資本的價值的根據，無庸否認。假使某一資本方式一無所出，那末這資本方式就不值一錢了。假使這資本方式能生產一些，那牠就值這麼多；假使這資本方式能生產更多，那牠就值更多，依此類推。牠的價值總是隨牠輔助生產而得的價值的增加而增加，就是隨牠的出產品的價值的增加而增加。因此，資本的生產力無論多大，生產比例中的被減數無論能增加多少；倘使減數同時也增加，那就沒有餘數，就沒有剩餘價值可得了。」

三　使用說（The Use Theory）

這是生產力說的支派，而其中除了賽將此說與生產力說相提並論外，完全由德國經濟學家發揚光大之，最著名的當推赫曼（Hermann）及孟琦二人。此派學說的精髓是：資本除了實體之外，牠的使用（Gebrauch, Nutzung）是個獨立性質及獨立價值之物，而這使用的價值却說明了作為利息的剩餘價值。資本的出產品的價值，就是資本的實體及使用的價值的總和。（註八）

在耐久的貨物中，要證明這些獨立的使用以及牠們各別的估價是輕而易舉的事，我們祇要求諸平日的經驗，例如馬、汽車、房屋等等的租金。但是在原料及其他每次使用就改變形式的資本方式的情形下，就沒有如此簡易了。赫曼在一八三二年發表的政治經濟研究（*Staatswirtschaftliche Untersuchungen*）一書中，却試加證明過他所根據的

（註八）參閱 *Geschichte und Kritik* 第一八六頁

理由是在改變及配合一切貨物的用途時技術的程序能保持牠們原來的交換價值，因此貨物雖然不斷的改成新形式，但是價值仍然不變。鐵礦，煤及勞力在生鐵的形式中得到連合的用途，而三者對於這用途都有所貢獻。所以假使生鐵中有這三個交換貨物的交換價值，那末這些貨物合併於新用途的品質的總數，已加在這交換價值之中了。

「就是易滅的貨物若不斷的改變牠們的形式，而同時却保持牠們的交換價值，則無異再造而使牠們的使用永續不斷。因此改變形式而保持交換價值的貨物，正如耐久的貨物的情形。這種使用本身就可視作一個貨物，因為牠能取得交換價值。」

「因此耐久的貨物，以及改變形式而保持價值的易滅的貨物，可以歸納於同一概念。牠們的使用有交換價值，而且含有耐久性，這種貨物，我們稱之為資本。」(註九)

他所根據的第二部分的理由——就是證明資本的出產品的價值，等於牠的實體及使用的價值的總和，是基於他所謂的「技術程序」的特殊使用，而這技術程序就是佈置儲藏以供生產使用的一切技術要素，從自然貨物的獲得，技術的改變及商業程序的一切經過，以至地點時間及數量都恰如所需的出產品。流動資本的貢獻，客觀使用就是連結出產品的這些技術要素。」嚇曼說道：「這個貢獻應由買者償付。這確是連同財富而給他的一個新而特殊的使用。」這使用和每個交換價值的要素，加以出產品所需的時間是相連的。因為一個勞力或使用從事於出產品的時候，這

(註九)　見前書第一九四及一九五頁

使用不能再用於別途了。（註十）

孟琦說明使用說時專注意於嚇曼所說的時間要素。他稱這時間爲使用資本的時間，而這時間是分別估價的，並且應認爲生產成本的要素之一。

賁巴衞對於一切使用說的批評，就是否認此說所根據的特殊使用。他先分析「貨物的使用」的觀念，然後下這結論；貨物的功用無他，就是發出力量而已，或是用自然科學的術語，就是傳力於工作；（註十一）自然力發出的力量，就是有形物的唯一貢獻。貨物經過一次使用，就消盡其能力的，他稱之爲易滅的貨物。而能不斷的使用多次，並且易於辨識及限定的，如鑄幣機的擊動或新聞紙印刷機的動作；或是不斷的使用，如住屋長期的居住，他稱之爲耐久的貨物。「消盡了供獻物質的能力，他稱之爲消費。」（註十二）

「耐久的貨物的物質貢獻，可以得到完全的經濟獨立，如佃租、租金等是。因爲在一切的交易中，貨物的貢獻中有一部分是可以分開的，而其餘的貢獻，不論多少，仍包含於貨物中而爲物主所有。」

賁巴衞的結論是：（一）我們估價貨物，欲得貨物，祇是因爲貨物對我們能予以物質的貢獻。這些貢獻形成我們應

（註十）見前書第一九七及一九八頁

（註十一）見前書第二二〇，二二三，二二五及二二六頁

（註十二）見前書

用的經濟實體，而生物本身祇是軀殼而已。(二)先取得或轉移物質貢獻後，才有取得或轉移全體貨物的經濟實體，而貨物本身的轉移，祇是個形式而已。(三)一個貨物的價值及價格就是牠的一切物質貢獻合起來的價值及價格，所以每個貢獻的價值及價格是包括在貨物本身的價值及價格之內。

孟琦的見解又有特殊方式，他稱在一時間中貨物的使用為特殊的使用，而這使用的償價就是利息。賁巴衞則用貨物的贈與或出賣的事實來否認此說，(註十三) 他說這種貨物的使用是無限的大，因為這使用權是永續不斷的；而按孟琦的學說則價值也必無限的大。可是平日的經驗證明價值相差甚遠，簡直和對於貨物使用的時間毫無關係。因此問題就發生了，為何各短期中按單位而出售的貨物的使用價值，必遠超於一次使用完的價值呢？

四　節約說 (The Abstinence Theory)

施尼爾 (Nassau Senior) 是節約說的創始者，而他對於說明價值的貢獻，已於前章中述及。施氏用犧牲說的方式，來補充呂嘉圖等對於價值說所遺留的缺點。呂嘉圖等承認利息在估價中的地位，但却未加以說明。施尼爾主張一切的生產成本應以犧牲來說明，而其中有一是節約的犧牲，其餘的則為勞力及冒險所受的犧牲。

賁巴衞承認此說中有一點是正確的，他說道：(註十四)「積蓄資本時，必需節制或延遲目前的慾望之滿足，這是

(註十三) 參閱 *Geschichte und Kritik* 第二六二及二六三頁

(註十四) 見前書第二七六頁

無庸否認的。我承認節約可以提高出產品的價值，在資本主義的生產品這節約是必需的。」他雖這樣說，但又堅持施尼爾並沒有說明利息。他說第一點應注意的是：「利息的存在及高低決非根據節約所受犧牲的大小。利息也有例外，在沒有一個節約的犧牲時，也可以有利息。節約的犧牲最小時，常常得到高利息，拉薩爾（Lassalle）的百萬富翁例子卽是明證。同時節約所受的犧牲極大時，常常得到低利息。」第二點他說道：「認慾望滿足的放棄、延遲或節制，為生產中勞力損失之外的第二重要損失，是論理上的一大謬誤。」（註十五）他又說道：計算為任何經濟目標所受的犧牲時，直接的犧牲（亦卽最先的犧牲），以及間接的犧牲（卽此犧牲在其他狀況之下所能得到的其他益處）兩者祇能擇其一，決不能合起來計算的。我可以用三十鎊直接的犧牲，或間接犧牲的波斯地氈來計算一次旅行的犧牲，但決不能合計三十鎊及地氈。至於農夫也是如此，他捕魚三條的犧牲，或用一天直接所費的勞工來計算，或用間接犧牲的三隻鹿來計算，但決不能合計一天的勞工及捕鹿可得的滿足。」（註十六）

比較立予滿足及將來予以滿足的職業，結論也是如此，例如比較種果樹及捕魚或打獵。在這情形下也是如此：「假使從工作可得的滿足是認為犧牲，那末這工作本身的最小部分也不能計入這犧牲。同時假使工作是認為犧牲，那末計算這犧牲時不能加入所放棄的任何享樂。假使這樣計算，那就重複了，這無異將前例中旅行所費的三十鎊，以及

（註十五） 參閱 *Geschichte und Kritik* 第二七七及二七八頁

（註十六） 見前書第二七九頁

三十鎊可以買得的波斯地氈，全認為旅行的犧牲了。」（註十七）

賁巴衞對於施尼爾學說的第三反駁點，就是此說所根據的是價值的成本損失說，而後者為奧國學派所指摘的。

五　勞力說（The Labor Theories）

主張此說的共同點，就是以利息為資本家所供獻的勞力的工資。此說的英法德各代表學者對於這勞力的見解，各執一是。英國派（賁巴衞以彌爾（James Mill）為代表）稱之為生產的資本要素所包含的勞力，而認為「累積的」「儲藏的」或「間接」的勞力，或是「次要」的勞力。以薩紐爾（Courcelle Seneuil）為代表的法國派，稱之為積蓄資本所用的勞力。以薛弗爾（Schäffle）為代表的德國派，稱之為企業家指揮國家的經濟勞力及經濟手段以應國家需要所用的勞力，因此也就是在理想的集權國家之中官吏應盡的職分所用的勞力了。

賁巴衞在批評中指出彌爾所說的『生產的資本要素所包含的「儲藏的」或「累積的」勞力，目的是說明資本本身的價值，不是說明利息。』他說道：「我們可以說彌爾稱資本為儲藏的勞力，稱資本的使用為間接次要勞力的使用，而又以為機器的損壞是這儲藏的勞力的分期消耗。但是為何每年償還這消耗的儲藏勞力的錢，超過勞力的原來價值呢？就是原來的價值為何加上了利率呢？就說資本的報酬是間接勞力的報酬，那末為何間接勞力的付價超過直接勞力呢？為何直接勞力祇得工資，而間接勞力又加上利息呢？彌爾沒有解決這問題。他說資本在市場的競爭狀況之下，

（註十七）見前書第二七九及二八〇頁

所得的價值等於其他已包括利息的年金，而他就用這事實爲固定的中心，好像他並非說明利潤以及年金中的額外利潤。」（註十八）

賁巴衞對於法國派的勞力說，認爲實質上是和節約說相同，因此關於利息的說明，也受相同的攻擊。他說認德國派的學說爲辯護利息的應有則可，爲說明利息則尚不足。他說假使用這種勞力說明利息，『則資本的利息及資本家所用的勞力之間，必有經常的關係。但是在實際上我們找不出這種關係。一百萬得利息五萬元，儲蓄及使用這百萬元使資本家費力極大呢還是極小或是毫不費力。又有一百萬元利息比較一百元的多過一萬倍，可是儲蓄一百元的費盡心力，遠不如儲蓄一百萬元的輕便。保管及使用別人資本的借款者，不管他費力多少，却得不到利息；而資本家雖毫不費力，却坐享這利息。薛弗爾有一次不得不公認道：「按工作的勞蹟而分配財富，就非由比較資本家而得，也非由比較資本家及勞工而得。這種分配不是根據這種原則，然而也不和這種原則偶然相合。」

『但是實際上利息若是和資本家所用的勞力毫無關係，那末怎能從其中求得說明利息的原則呢？』（註十九）

六　掠奪說（The Exploitation Theory）

這學說中最完全最著名的說明，是羅培圖斯（Rodbertus）及馬克思二人的，前面已述及了。這學說的主點是

（註十八）見前書第二九九頁

（註十九）參閱 *Geschichte und Kritik* 第三一一頁

以經濟貨物爲勞力的出產品而惟有勞力能生產之。因此勞力應占有這整個的出產品，而資本家之所以能分得這出產品，是由於他歷史上的特殊地位使他能夠褫奪勞工，因此得以强占勞工的勞力結果的一部分。（註廿）

貢巴衞先批評羅培圖斯的這個定理「一切經濟貨物是勞力的出產品而惟有勞力能生產之」，他指出這句話的含意是「生產中合作的自然力（卽羅培圖斯認爲自然界的事實），對於人類經濟是漠不相關的」。他用理由及經驗來反駁這一點，他說「就是完全自然的貨物，也有經濟地位的，除非牠們過少而供不應求」。他又舉「一塊隕石中的黃金」的例子來證明。至於稀少及勞力對於價值的影響的區別，他又舉萊因（Rhine）酒跟劣酒比較的例子，他說前者的經濟價值常超過後者十倍，雖然兩者所用的人力差不多相等。（註廿一）

第二他批許「勞力的整個出產品應歸勞工」的定理，以及用以證實利息是褫奪的結果的結論。關於這一點他說道：（註廿二）「勞工應得他出產品的整個價值的正確定理，可以解作勞工現在應得他出產品的整個現在價值，或是應得將來他出產品的整個價值。但是羅培圖斯及社會主義者的解釋，似乎是指勞工現在應得他出產品的整個將來價值，並且他們以爲這是極明顯的，是這定理的唯一說明」。證明一個出產品的現在及將來價值之間有重要差別，

（註廿） 見前書第三二八—三三七頁

（註廿一） 見前書第三三七及三三八頁

（註廿二） 見前書第三四二及三四三頁

而利息是由於這差別，不是由於勞力的褫奪等定理，是賁巴衞孜孜研究的工作。

關於馬克思的褫奪說賁巴衞認爲「一切主要的定理是羅培圖斯的，祇是加以粉飾而已」(註廿三) 所不同的就是社會需要的勞力支配貨物的交換價值的學說。雖然他對於羅培圖斯的批評也可用以批評馬克思，但他指出他所認爲是馬克思的基本學說的各謬誤之點。(註廿四)

馬克思說明這學說有三個步驟：(一)兩個貨物的交換暗示兩者中有一個共同要素，就是數量相等。(二)這共同的要素必非使用價值，因爲交換貨物時並不顧到使用價值。(三)假使商品的使用價值並不計及，那末牠們之中祇有一個共同的性質，就是牠們是勞力的出產品。賁巴衞對於第一點不加批評，他說第二點「祇能用論理上的最大錯誤來維持」，就是混亂了一個種類跟牠所表現的特殊形式。試舉例爲證，馬克思從這定理「使用價值所表現的特殊形式無論是衣食住或其他的使用，在決定交換價值時並不注意及之」就定下了使用價值本身被忽略的結論。換言之，就是賁巴衞所說的從這事實：「在說明每晚付給三個歌唱家一千元薪金時，無論他是高音中音或低音並不注意及之，」於是結論就說無論他的喉音是好是壞在大體上是無關緊要的。

按賁巴衞，第三點的謬誤更大。馬克思說假使商品的使用價值並不計及，那末牠們之中祇有一個共同的性質就

(註廿三) 見前書第三七四頁

(註廿四) 見前書第三八一——三八三頁

是牠們是勞力的出產品。賁巴衞問道：「這句話對嗎？牠們祇有一個共同的性質嗎？比如有交換價值的貨物，牠們不是也有供不應求的稀少性質嗎？牠們不是需求及供給的對象嗎？他們不是分配均勻嗎？牠們不是自然的出產品嗎？

「現在我要問為何價值的原則不適用於這些共同的性質，猶如用於牠們是勞力的出產品的性質呢？

「但是還有疑問。一切有交換價值的貨物是否都有這共同的性質——勞力的出產品嗎？未開墾的土地是否勞力的出產品？未開發的金鑛呢？未採用的煤礦呢？可是人人知道這些東西常有極高的交換價值。我們怎能將一個為一種有交換交價值的貨物所沒有的要素作為交換價值的普遍原則呢？馬克思眞要批擊反抗他而提倡這種論理的叛徒！」

推論上既告失敗，賁巴衞又問有否任何證實馬克思學說的經驗。結果他的答案是有五種貨物的價值，由經驗證明並不根據勞力的原則。（註廿五）（一）稀少不能再生產的貨物，（二）由熟練的而非普通的勞力所生產的一切貨物（三）由價異常低的勞力所生產的貨物（四）一切成本說者所承認的經常成本上下的變動（五）需要大量的過去勞力的貨物。他說道：（註廿六）「總括起來，貨物的價值受所用的勞力所支配的定律，在許多貨物中不能適用，並且其他貨物中有時適用，但從未完全適用。這些是經驗的事實，而為一班價值說者應加注意的。」

（註廿五）參閱 *Geschichte und Kritik* 第三八三——三八七頁

（註廿六）見前書第三八七頁

他將對於馬克思的褫奪說的批評，概述於下：(註廿七)「他也有羅培圖斯的錯誤觀念，就是一切貨物的價值是由勞力而來，而他後來竟犯了我所告發羅培圖斯的一切錯誤。馬克思也是固執他的勞力說，不了解時間對於價值也有影響的觀念。有一次他說關於一件商品的價值，對於造成這貨物所用的勞力，其中是否有一部分是從前用的，並沒有分別。因此他並不覺察實際上的差別，就是勞工是否在生產程序結束後得到出產品的最後價值，或是在結束的前幾個月或前幾年得到的。他又重述羅培圖斯的謬誤，而用正義的名義主張勞工現在應得將來完成的出產品的價值。」

七　折衷說

在這派之下，龐巴衞歸入一班折衷派對於利息的說明，而他稱之為亨利喬治（Henry George）的「勞力結果說」（Labor Fructification Theory）。這班折衷派將前面所批評的各學說合併起來，比如合併生產力及節約說，或生產力及勞力說，或生產力及褫奪說。對於說明的批評，就是這些合併完全是勉強的結果，並沒有什麼新學說，祇是一個矛盾觀念的結合體而已。提倡這些合併的作家，並不覺察這些觀念的矛盾，也許他們情願受人指摘，不願認眞說明利息。從這些觀念中，他們見到眞理，而在合宜時就適用之，可是不能見到連合各觀念以說明利息的矛盾。

喬治的學說在實質上是和狄爾歌（Turgot）的同出一轍。狄氏對於利息的說明，是根據這事實：資本可用以購

(註廿七)　見前書第三八九頁

買土地而土地生產剩餘因此資本家必不肯將資本用於別途除非他從別種用途得到的收入，和用於農業所得到的相等。亨利喬治的學說述之於下：（註廿八）

「我以爲假使一切的財富都包括這種東西如鉋子之類，而一切的生產都是木匠的出產品；換言之，假使財富所包括的祇是宇宙間的不變物體，(Inert matter)而生產祇是將這些物體造成各種形式，那末利息是產業界的竊物，不能持久的……但是一切的財富並不是類似鉋子或金錢等物的性質，而一切的生產也不是將宇宙間的不變物體變成其他東西。假使我將金錢藏起來，牠不能增多，這是眞情。但是我若將酒藏起來在一年之後我可以得到增加的價值，因爲這酒的品質變好了。假定我在一地方養了一羣蜜蜂，在一年之後我能得到較多的蜜蜂及牠們所釀的蜜汁。假定我在一塊牧場上養了不少的羊、猪或牛之類，在一年之後我也能得到增加的價值。現在促成這些增加價值的，在大體上確然需要勞力去利用，但是這是和勞力可以分開的一種力量；就是自然的動力是生長，再生產的要素是生命之源。據我看起來，這就是利息的原因，就是超過勞力所應得的資本的增加數。」

這和狄爾歌的學說所不同的是「狄氏在資本之外的有租土地求價值增加的來源，而亨利喬治却在資本範圍之內的能生產的貨物中尋求這來源。」（註廿九）狄氏受批評的就是「他未說明何以能用較少的資本購買一塊永

（註廿八）　*Geschichte und Kritik* 第四一四頁

（註廿九）　見前書第四一六頁

有地租的土地而得到不生產的資本永久結果的利益。反之，喬治則以為不必證明不生產及生產的財富的交換比率是相等的因為生產的財富既能隨意生產多少而增加這種貨物供給的可能性並不使牠們的價格水平線超過成本相同及不生產的貨物。」(註三〇)

賁巴衞又說喬治的學說有兩點可以攻擊，第一是「他又犯了重農學派的舊錯誤，就是自然界除了農業之外，不輔助其他生產。」第二是「他未說明他用以說明其他現象的利息未產生前的現象。他說一切貨物必有利息，因為牠們能交換穀種，牛或酒而這些是有利息的。但是這些何以有利息呢?」

「許多讀者剛一看，也許和喬治一樣，認為這是不言而喻的事。至於一粒麥種後增至十粒，當然價值高過原來的一粒麥，而從小牛長成的大牛，價值當然也高過原來的小牛。但是我們應仔細想想，這不是一粒麥生產十粒麥這麼簡單的事耕田的地力以及所用的勞力都有份兒。十粒的價值顯然不能超過(1粒＋地力＋勞力) 而大牛的價值當然也不能超過(小牛＋食糧＋豢養的勞力)。但是祇有在超過的情形下，這粒麥及小牛才能得到利息。」(註三一)

賁巴衞說明他對於目前各學說的批評之後，他就討論資本的性質，來源及功用，又分析生產程序，以闡明他對於

八　資本的性質來源及功用

(註三〇)　見前書第四一六及四一七頁

(註三一)　見前書第四一七及四一八頁

利息的解釋。實體上他承認亞丹斯密的資本觀念，就是「資本是用以取得貨物的一堆出產品，而又是用以再生產的出產品」然後他分別陳述勞力及資本的生產功用。他說：「勞力是將物體動作以完成及輔助自然的程序，並且指揮「何處」「何以」及「何時」運用這些物質及勢力」而堅持「貨物的本質仍然存在，(完全是自然的程序)，不受人類的擾亂，但是由他本身的自然力所完成。」

人類在利用自然物及自然力時，往往探討這些東西的因果關係，生產這些貨物的自然狀況，並且探知「何處用人力有利，何處無利，」以及探知自然力怎樣分離，怎樣互相衝突，怎樣互相合作。

人類在這後一個程序中，求到了賁巴衞所謂的「繞圈」(Round-About) 的程序，「就是在這些程序中，勞力並非恰恰用於目的達到之前，但是用於貨物的產生所必經的各狀況；即連合貨物的較遠原因，而目的不是在取得貨物的本身，却是貨物的相近原因，然後這原因必再連合其他適宜的物質及程序，也許要經過許多居間的因子，最後才得到這完成的貨物，人類滿足的工具。」賁巴衞所舉的例子，是比較從遠處泉源供給茅舍居民的用水的直接及繞圈方法。用直接的方法，他每次用水必親自走到泉邊去。用繞圈的方法，他可以砍樹，挖孔作管，一段一段的接到茅舍；再在茅舍之內築一個水槽作爲承水器。於是茅舍可以隨時用水，隨意用多少。可是未完成這些程序之前，他必搜集原料，製造砍樹築槽所必需的工具，這也是繞圈程序必經的一個步驟。

按賁巴衞的意見，繞圈的生產程序所不同於直接程序的特點是(一)費時間(二)生產較多(三)有時是唯一的生產程序。這程序較直接程序費時間，是很顯明的。至於生產較多，則恐未必。但是賓巴衛以爲「這是實際生活的經驗。是一切生產技術的經驗；而至少可由這事實說明，就是每次繞圈方法的擴充，卽人類所用的自然力有所增加，並將稀少昂貴的人力所負担的一部分生產責任，移給可供浪費的自然力」（註三二）

賓巴衛也主張繞圈程序增加的生產力受報酬漸減律的支配。例如「這程序愈延長，通例生產品的增加數便愈少，」他說這定理也是根據經驗而得的。（註三三）

繞圈的生產程序所生產的貨物，是「供再生產之用」的，換言之，就是資本。賓巴衛對於這些程序的分析，使他能解決各經濟學家所爭論的關於資本的來源，功用及性質各問題，例如關於節省與資本的關係，以及資本能生產的意義等各問題。

他對於節省的定義，和施尼爾的相同，也認爲是將生產力用於間接的而非直接的目的。他說節省不但是資本的來源，如許多經濟學家所主張的，（註三四）並且在資本產生之前，非和生產連合不可。他又說在大體上所節省的不是資本，但是生產力，而這生產力在繞圈的生產程序中從直接目的移到間接目的的時，產生居中的貨物；卽所謂的資本。不

（註三二） 參閱 *Positive Theory of Capital* (Smart 的譯本第二〇——二二頁)

（註三三） 見前書第八四及八六頁

（註三四） 見前書第一〇〇頁

但資本是由此而來並且資本的保持及增加也是如此的。他說：「人類要保持資本至少要將他現在所消耗的這麽多生產力，以供將來之用，而現在所用的是從前的生產力。假使要增加資本，當然要抽出更多的現在所用的生產力以供將來之用了。（註三五）

那末怎樣才能說資本是生產的呢？按資本的來源說資本是結果，不是原因。現在留供將來之用的勞力自然物及自然力是資本及其居間產生的貨物的眞原因，所以就是眞的生產力，但是貢巴衞認資本是「完成這有利的繞圈程序的一個實在的居間原因，（註三六）因爲資本儲藏有用的自然力，而這些自然力使繞圈的程序中產出資本來。我說資本是居間的原因而非原因，資本沒有直接的動機，牠祇傳遞原來的生產力所發出的動機，正如一隻檯球激動其他檯球一樣。」

「資本也是其他有利的繞圈的生產程序的間接原因，所謂其他，就是指在這程序中不產生資本本身。一個人有了大量的資本時，不但能完成居中產生資本的生產程序，並且也可採用其他的新方法。因爲手中累積的資本（大半是在變化狀態中的一堆消費貨物），每年總產出牠的一部分的要素，就是剛經過變化狀態而完成的貨物，以供現在的經濟時間的直接消費。這樣資本累積愈多，用以供給現在消費的過去的生產力便愈大，而供現在之用的現在的新

（註三五）前書第一〇四頁

（註三六）前書第九二——九六頁

生產力却愈少。於是供給將來之用，就是投資於遠大的生產程序的現在生產力便愈大了。」

賁巴衞的這個分析使他否定大家爭論的問題，就是資本是否本來有獨立的生產力或者說資本是否生產中與勞力及自然並列的第三獨立的要素。他歸結他說道：「資本是自然界及勞力的產物。資本的來源，生存以及後來的動作，也無非是基本生產要素——勞力及自然界的不斷動作而已。消費貨物的產生，從頭到尾全是資本之功。其中唯一的區別，就是有時一次完工，有時要經過幾個步驟。在後一情形中，每個步驟完畢時必有一個粗產品出現，而資本就此產出了。」

賁巴衞在社會中資本之構成的一章中，用一串集中的圓圈代表這個程序，在外的一圈代表經過一年的生產程序，可供最後消費的貨物，第二圈代表經過兩年的生產程序而可供消費的貨物，依此類推。（註三七） 他又說距離目標，即消費貨物愈遠時，資本或居間貨物的數量必愈少。使居間貨物成爲消費貨物必須不斷的增加現在的生產力。對於這些生產力不同的應用產生了不同的結果。例如可供直接消費的貨物的增加或減少，現在累積的資本的增加或減少，或是繞圈程序的延長或減短。他又說在像近世的社會中，「決定國家生產的方向，不是企業家，但是消費者，是大衆。一切都是取決於由他們的收入所表現的實在慾望，而這收入在長期中就等於生產的報酬……假使社會中每個人將每年全部的收入用於消費貨物，必激起對於消費貨物的需要，而由價格的作用必使企業家支配生產以應需求。因

（註三七） 見前書第一〇九——一一六頁

此全年循環的生產力的報酬，必變成消費貨物……反之假使平均每個人祇用他收入的四分之三而節省其餘之數，當然購買慾及消費貨物的需求必隨之而減低，」企業家必祇用較遠的生產圈中四分之三的貨物變成消費貨物，而其餘的仍爲資本的貨物。

「事實上我們已見到節省和資本的構成的密切關係。假使沒有人節省，那末全體的人民就不能累積資本；消費貨物的大量消用，由於價格的激動，使得生產者專門生產消費貨物，而每年的出產既有需求，那末生產力便不用以增加資本了。但是假使人人節省，需求就變更，並且也由於價格的激動，强使企業家捨了使用生產力的方向。於是每年用於現在的生產力就減少而增加用以生產居間物品的生產力，換言之，就是因爲增加將來的消費而增加資本。

九　貪巴衛對於價值說的貢獻

利息既是一個跟資本的估價相連的現象，貪巴衛所以接着就討論價值。他由價值的特殊狀態開端，而這是他最着重的一點。他的理論也根據邊際効用說，但是關於補充及成本貨物說，却別有創見而有幾個和孟琦及魏沙相異之點。

他討論補充貨物時，認爲有三個可能的情形（註三八）第一、除了連合使用之外，別無用處，而且合用過的就不能用新替代。第二、合用的各份子，可以用於別途，雖然効用較小。第三、一組中的各份子，不但可用於別途，並且可用同類的

（註三八）參閱 *Positive Theory of Capital* 第一七一——一七三頁

其他貨物來替代。試舉例說明，在第一情形下，是一雙手套中的一隻。這隻手套有全組的總價值，因爲這隻若遺失了，就是損失了一雙的總價值。在第二情形之下，其中一個份子的價值並非處於含有或沒有之間，但是處於單獨用時可有的最低邊際効用，以及減去其他份子的單獨邊際効用後的最高的連合邊際効用之間。在第三情形之下，是築地、造磚、建築等人。替代的各份子，即使作爲補充之用，也決不能得到超過牠們的「替代」的價值，就是替代的貨物從所供獻的効用所得到的價值。

賁巴衞說補充貨物的價值說，是說明現社會中財富分配的關鍵，而這社會以勞力土地及資本爲生產的「三個補充要素。」他說明三個連合的出產在經濟上應各歸多少，並且總價值中每個應有多少時，這學說就是「決定三個要素中每個應得的報酬的根據。」在勞力及土地，這是「十分直接的，」但關於資本，這學說祇說明用資本後的「總報酬，」而非「總報酬中減去消耗的資本的價值後所餘之數」——利息。

我們注意賁巴衞對於成本的討論，並非因爲他對於這學說有新貢獻，却因爲他追溯他所謂的「價值，價格及成本之連鎖」的又明晰，又完善。

他說道：（註三九）「價值及價格的構成，開端是由於牠們的消費者加於完成的出產品的主觀價值。這些價值決定一般對於這些生產品的需求。第一，生產者所有的完成的商品，就是適應這需求的供給兩方面（即供求兩方）的

（註三九）見前書第二二四頁

估價的交义點也就是邊際上一對的估價，(marginal pairs)分別決定每種出產品的價格。例如鐵釘的價格是取決於鐵釘的需求及供給的關係。鐵軌的價格是取決於鐵軌的需求及供給的關係，而其他用好鐵製成的各種出產品的價值(如鐵鏟、鐵鎚、鐵鑪及機器等等)也是取決於這些出產品的需求及供給的關係。」

「促成價格的這個因果關係……連續不斷的從出產品的價值及價格到成本的價值及價格——卽從鐵器到生鐵，並非從生鐵到鐵器至爲分明。這連鎖中的各環是這樣的：消費者加於鐵器的主觀估價，是第一環。第二這估價決定的估價數字——就是需要這鐵器的消費者能出多少價錢。於是這些價格決定這些鐵器的市價。這最後的價格又是生產者加於鐵原料的交換估價的標準，因此也就是他們在市場中購買鐵料所出的價錢。最後從他們所出的價錢決定了鐵的市價。」

「但是還有一個極重要的關係。此處我們祇有邊際效用律的運行。按這定律，可得的貨物是不斷的用於最有利之途，而貨物的最後使用決定牠們的價值。在任何個人經濟中最有利的使用就是那些表示最迫切的主觀慾望者，而由這些個人關係而產生的價值，完全是個人的主觀價值。在另一方面在範圍較廣的市場中各物就不直接根據於主觀的慾望，而根據於爲金錢所左右的慾望了——金錢是各種物體的慾望及感覺的公分母(Common denominator)而這些物體不能立刻加以比較。這兒最有利的使用，不是那些表示最迫切的慾望，但是那些出價最高的用途。換言之，就是付價最高的使用，而結局的價值就是客觀的交換價值。」(註四〇)

成本原則即使在其範圍之內運行，也必受「阻力」的障礙，例如「在最有利時投於生產及消費的原來生產力所受的大小久暫的阻礙」以及「這生產力的開端以至最後出產品的產生之間經過的年月日所受的各阻力。」利息的現象就是由這後一情形而起。

十　將來貨物的估價

賁巴衞曾說明資本或資本貨物是採用「繞圈的方法」的結果，這些方法產出將來的消費貨物，而這些消費貨物的大量生產才採用這些方法。因此以慾望的滿足而論，資本貨物是將來的貨物，所以在估價時要打折扣，而他根據的理由有三：(一)現在跟將來的慾望以及滿足這慾望的供給之差別(二)將來的過低估價(三)現在貨物的技術上的優異。

關於現在跟將來的慾望以及滿足這慾望的供給之差別，他認為有三個原因：(註四一) 第一，窮人的現在慾望，急需滿足，所以他們情願以較多的將來貨物換得目前的急需品。第二，一班家無財產的青年律師、藝術家、官吏、醫師以及商業家等極願立約允許在他們有相當收入後以很大的代價償還現在助他們開始執業及建立經濟基礎的現在貨物。第三，一班目前較為富裕而將來或者變窮的人在上述各情形之下，現在貨物的價值跟將來的相等，因為近世社會

(註四〇) 參閱 *Positive Theory of Capital* 第二二六及二二七頁

(註四一) 見前書第二四九及二五〇頁

的組織使將來也可得到這些貨物，也許爲了這目前未知而將來可發生的需要，更有價值。現在的貨物將來隨時可以得到，所以隨時可用以滿足任何未知的慾望。

祗有在例外或偶然的情形下，將來貨物的價值才高於或和現在的相等。例如立卽毀滅的貨物如冰，水菓之類。（註四二）在結論中貢巴衞說道（註四三）：

『由此我們可以總結「現在跟將來的慾望及其供給量的各狀況的影響」於下：現在窮困而將來也不見較好的人，加於現在貨物的價值遠高於將來的貨物。現在比較將來富裕的人，而他們又有機會保持現在的貨物以供將來之用，並且用之以防現在意外的準備金，對於現在貨物的估價不是和將來的相同，就是稍爲高一點。至於那現在及將來的關係受特殊狀況的阻碍的情形，眞是極少的事，就是現在貨物的主觀使用價值會低於將來的貨物。大概的情形是：卽使這現在跟將來的慾望及供給量的差別，沒有其他並行的狀況決定客觀的交換價值的主觀估價的結果，也必使現在貨物維持相當的利益——就是超過將來的相當貼水。但是除此之外，還有更明晰的其他狀況在同方向同時並行。』

這並行的狀況中有一個，就是貶低將來的習慣，而大半的人都有這習慣。貢巴衞說這習慣是由於「我們對於將

（註四二）見前書第二五一及二五二頁

（註四三）見前書第二五二頁

來慾望的想像力之不足；我們的意志之薄弱，而不能常行明知有利於己的事；以及人生的短促及不測，」前二原因對於人民的影響，尙有大小之別。至於第三的影響則是普遍的；因爲將來是遼遠的，加之年紀愈大，現在和將來愈接近時，愈感覺人生的短促了。可是這貶低將來價值的影響，直接由市場的作用，分佈於居間的時期中。「平準的趨勢及成交（跟證券交易的裁定相類）將長時間所得的價值之差異，一致的分佈於居間的時期中。」

貢巴衛說：（註四四）「這貶低將來的現象，有助於鞏固貶低將來貨物的第一要素的效率，就是供給現在和將來的貨物之差異。凡現在比將來窮困的人——因此就是認將來貨物的眞邊際效用總是低於同一的現在貨物的邊際效用的人——受這第二要素的影響，更貶低將來的邊際效用，而這使將來貨物的價值相差更大……現在跟將來境況相同，而並視現在及將來貨物的人，也必因此而歸於「重視現在貶低將來貨物」的一列人之中。於是這第二要素增加了將來貨物的數目及價值之差額，而在以現在貨物交換將來的市場中，自必使前者的交換價值超過後者。對於現在貨物的貼水就此上升。」

現在貨物的價值何以高於將來的第三原因，貢巴衛認爲是「技術上的優異。」這是由於這事實：就是現在貨物促成繞圈的生產方法，而這些方法較直接的報酬多。例如現在可得的一批勞力，其價值超過將來可得的勞力，因爲這勞力能完成較長而較爲有利的生產程序。（註四五）

（註四四）參閱 *Positive Theory of Capital* 第二五八及二五九頁

在這貶低將來貨物的價值的三個原因中對於「現在和將來的供給狀況的差別」，「將來利益及將來貨物的貶低」以及「長生產方法的較大效果」前二者的影響是「累積的」而第三的是「更迭的」。貢巴衞的說明如下（註四六）「現在貨物的優異——就是促成較爲有利的繞圈的生產方法，不能由貶低將來貨物的價值而增多因爲從長程序中得到的效用本身是一個將來的效用而其價值也跟將來貨物一樣的被貶低。「第三要素也不能因第一要素（卽現在慾望較大）而更有力因爲用一貨物以得將來的大生產效用，或用之以滿足目前迫切的慾望顯然都是唯一的用法並且我們也可明白一個非用於此卽用於彼的貨物不能從兩個用途而得到一個累積的利益。」

十一　利息的方式

利息的現象有三個方式，卽借款利息企業的利潤及耐久貨物的收入（這大半稱爲租借有時稱爲租金）在借款，一項當然是以現在貨物交換將來貨物例如用現在的一百元交換一年之後付還的一百零六元。在企業家之中也有以現在交換將來貨物的同一程序，祇是不十分露骨而已企業家的業務是「購買遠級或間接的貨物，如原料傢具機器土地的使用以至勞力而由生產的各程序將這些貨物變成第一級的貨物，就是以供消費

（註四五）　見前書第二六二及二六三頁

（註四六）　見前書第二七四頁

的已成貨物」(註四七)這些貨物「在物質上雖是現在的物品，但在經濟上是將來的物品」；因爲這些貨物一直到變成消費者貨物後，才能滿足人類的慾望，而這消費貨物必須將來才能得到。所以在事實上，企業家所買的是將來的貨物。他用錢來買，而錢可以交換現在的貨物。根據經驗，「並不關於他是產業界的領袖而報酬他對於生產的協助」他才得到「一個跟他投於事業的資本成比例的利益」，換言之，就是利息。

在耐久的生產貨物的情形下，因爲這事實「牠們貢獻各部分的效用，以造成各種的最後出產品……而這些物品在將來的完成時間各不相同，」而引起一個難點。(註四八)估價這種貨物時，貢巴衛認牠們的每個效用爲一個分立的貨物，而按牠距離最後目標的遠近而打折扣，並且全體的貨物是視作一捆的效用，其價值得等於這些效用的價值之總和。

關於利息的現象及這種貨物的折舊的情形，貢巴衛說明於下，(註四九)他所舉的例子是一個可用六年的貨物：

「這可用六年的貨物在第一年開端時現在的價值是：100＋95.23＋90.70＋86.38＋82.27＋78.35，換言之，就是五三二・九三。第一年完結時牠的現在價值是：100＋95.23＋90.70＋86.38＋82.27，就是四五四・五八。因此所損

(註四七) 參閱 *Positive Theorg of Capital* 第二九九頁

(註四八) 見前書第三〇五頁

(註四九) 見前書第三四四——三四六頁

失的價值是七八・三五，而這數目恰恰等於前一個的最遠的服役（Service）。但是從今年的服役所得的數目——就是售出的服役及現在減去的價值——既然值一百，那末淨餘二一・六五，而這數目恰恰是四三二・九三的百分之五。這四三二・九三的數目就是貨物減去第一服役後所值之數。

「在第二年也是一樣，物主對於貨物現在所認的價值又是一百。這是貨物開始應用時的價值。但是隨後的服役，就是從前值九五・二三的，現在卻值一百了，而再後的就值九五・二三，依此類推。祇有最後一個，就是從前值八二・二七的，卻沒有可替代的。於是這貨物在第二年用完後，就是還剩這四年的價值：100＋95.23＋90.70＋86.38 時價值三七二・三一，較之第一年開端時的價值四五四・五八損失了八二・二七，而這數目就等於最後服役的價值；可是較之一百卻淨得一七・五三，而這就是所餘的資本的利息。這貨物就這樣的年復一年，總收入總是照舊（因為假定上效用是不變的），折舊的部份總是漸增（因為決定價值之損失的邊際效用愈接近現在，所以愈近現在價值），而淨利息總是減少（按資本的減少而減少，而這因折舊減損的資本應付利息的），直到這貨物的效用整個用完，就是我們所說的消費完了。

「用普通的用語來說，我們可得下列關於耐久貨物的利息現象的簡單說明。一個耐久貨物的所有者隨時可以得到高於現在效用的價值，而這價值就代表這貨物的「總收入」，牠的總利息。在另一方面，因為較遠的效用漸近現在，物主祇失去最後服役的較小價值。這較小的價值決定折舊的數目，所以總利息及折舊之間總有一個差額，而這差額就是他的純利潤或純利息。因此產生純利息的原因無非是將來服役的價值的增加數——而這些服役在以前的價值較小，但是在這貨物的使用期中使之接近現在。」

賁巴衞討論使用長久的貨物以至用期無限的土地時，適用上述的原則，頗饒興趣。用期或服役愈長愈遠，則決定這貨物的折舊的價值或效用折扣必愈大，而這貨物的每年折舊數因之而愈小。至於土地，決定折舊的價值是極遠，實際上簡直是無價值，所以土地的折舊是等於零。按照賁巴衞，（註五〇）這是地租為一個淨收入的根本原因，而這先解決了一個爭論的地租問題。舊地租說祇解答一半，而說也奇怪，他們一點不懷疑這學說從未接近問題的核心。以前一切的嘗試，自呂嘉圖起全竭盡心力以說明土地的每年使用是有一個經濟價值或收入的，以及何以有此價值。但是這種使用的報酬，本身是一個總收入。地主之所以得一個淨收入並無關於土地的肥沃地位及種類等等；但是由對於將來貨物的估價低，而據此以決定土地的現在價值而來的。」

十二 「生產手段」的市場

生產手段交換「最後及已成的現在貨物」的場所，是勞力市場，使用土地市場，以及居間貨物如原料、傢具、機器、工廠等等的市場。

在勞力市場中，供給是由勞工而來，而這班勞工除了直接或較短的「繞圈」的方法，無由從事於生產的程序。結果

（註五〇） 參閱 *Positive Theory of Capital* 第三五四頁

他們願意出售他們的服役以換取任何超過他們能力所及的生產程序之結果的工資。需求是由資本家而來，而這班資本家可用資本雇用自己的勞力以從事於較長而生產較多的繞圈程序，或者他們不願或不能自己費力也可以將他們的資本借給一班能從事於這種程序的人。

這個能隨意用資本雇用自己以從事於繞圈的程序，或用資本雇用勞工的資本家，知道若完全雇自己，他能從事於兩倍長的生產程序；因此報酬一定比雇用勞工來得大，因爲在後一情形中他非供養兩個人不可（卽他和工人）所以祇有付了工資之後所餘之數等於或大於他雇用自己以從事於兩倍長的生產程序所得的收益的情形下，他才願意雇用勞工。

假使資本家不能隨意用資本雇自己或雇一個勞工，他有權將資本借給能這樣用的人。因此結果也是相同的。在付出的工資將他的利潤減至他一人從事於較長的生產程序所得者之下時，他對於勞工的需要就停止了。因此工資是決定於最高點及勞工用己力從事於直接或較短的生產程序所得的相同或較大的收入點之間。

這勞力市場祇是貢巴衞所謂的「一般生計市場」的一面，其他一面就是居間的出產品。在這一般生計的市場中，除了物主在生產期中用以維持生計的部分以及土地之外，社會的整個財富是目前生產期中的生計工資。因爲這財富的大部分是傢具、機器、原料等等而非完成的消費貨物，所以這事實不十分明顯。但是在生產期開始時，既非需要這全部的生計工資而要分期的供給；並且這些居間物品既是分期的成爲消費者貨物以適合社會的需求，那末這全部的數目當然可視爲這時期的生計資金了。

與這視爲供給的資金相對的是需求：(一)有一大批不能用己力爲本身從事於有利的生產的工人，出售他們勞力的將來產品以換得較少的現在貨物。(二)一批獨立的生產者自己工作，先期供給現在貨物使他們能延長他們的程序，於是增加了他們個人勞力的生產力。(三)有少數的人因爲個人迫切的需要去借款以供消費，而他們也極願對現在貨物付貼水。(註五一)

這個需求總是超過供給，而現在貨物總是有貼水的，其理由述之於下：(註五二)

「就是在最富的國家中供給也得受眼前人民的財富的限制。在另一方面實際上需求是無限的。祇要生產的報酬隨生產程序的擴充而增加，需求總是繼續不斷的；而這個限制卽使在最富的國家中也是和目前的財富相離極遠。

「試以羅希爾的貧漁民爲例，像那班僅能糊口的人民，不用說他們急要儲積以造船製網，而他們對於將來貨物的價值往往加以折扣。但是在富人地位就不同了，不過所差者非種類，是程度之別而已。假使財富足以維持平均一年生產期中的人口，則每人必以較大的生產力從事於兩年的生產程序。可是屯積的財富若不足以供給每人兩年的生計，則大家必互相競爭，一如前狀，需求者必漸次淘汰，而現在貨物就有貼水了。假使社會的財富足以供給五年至十年

（註五一）參閱 *Positive Theory of Capital* 第三三一及三三二頁

（註五二）見前書第三三二及三三三頁

的生產時期情形也是一樣因爲對於人類慾望的供給愈形豐富而平均的時期是六年至十一年，但非五年至十年，則人類總是願意從事於生產較多的方法，必互相競爭那不足供給全體的生計因此必不免產生加於現在貨物的貼水……利息及貼水必不能免。」

十三　利率

各人同時對於將來貨物的估價各相懸殊，因此促成了交易。一般的交易原則就此運行，而賁巴衞在他的價格一書中曾說明這些原則。根據這些原則，價格是「決定於現在貨物對於物主的價值（最低的限度），以及對於需求者的價値（最高的限度）之間。」試舉一例，假使一百鎊的現款對於所有者的價值恰恰等於第二年的一百鎊，而同時對於需求者（根據主觀的原因就說是因爲眼前迫切的情況）却等於第二年的二百鎊。於是這一百鎊現款的價格是決定於第二年的一百鎊及二百鎊之間，而貼水是在零點及百分之一百之間。就個別情形而言，這些限度之內所決定的數目，是以議價的兩造所施的伎倆及「延宕能力」爲轉移。通例現在貨物的所有者占優勢，因爲他可以不交換而毫無所損。至於需求者則常被迫而以任何價格換取現在貨物，因此在沒有競爭的相同情形下，就有五分十分甚至廿分卅分的高利率的勒索了。（註五三）

由於上述的理由，供需的關係總是對於現在貨物貼水。此外還要說明決定這貼水的數目者爲何以及這數目的

（註五三）見前書第三七五及三七六頁

變動。賁巴衞分析生產的借款，尤其是勞力市場所代表的方式，以說明這一點。爲使這問題簡易起見，我們假定祇有這一個市場，其中全部的資本基金與勞力基金相競爭。兩造的總數都被雇用，因爲這是有利於勞工及資本家的。這雇用的生產力是以這程序的長短爲準則，而這程序却以所付的工資率爲轉移。試舉一例，十五萬萬的資金雇用一千萬的勞工，能夠維持十年的生計，假使每人的工資是卅元；如果每人工資是六十元，那末祇能維持五年，每人工資五十元便可維持六年。但是無論工資是多少，資本家可以隨意雇用較少的勞工以從事長期的生產，或者雇用較多的以從事短期的生產，而他必採用報酬最大的生產期。（註五四）假使工資定爲六十鎊，而對資本家最有利的時期是不雇用全體的勞力；於是勞工間的競爭必强使工資減至全體受雇以從事生產程序之點，而這程序的長短是在這工資率下對於資本家最有利的程序。假使在這工資率之下，一切勞力都受雇以從事最有利於資本家的生產程序，而有的資本空而未用，則資本家間的競爭必使工資增至一切資本都用以從事新工資率下最有利的生產程序。

於是工資率，生產期的長短及資本之間，必趨於均衡，而利率的大小是取決於由此而定的程序的生產力。假使其中任何要素變動了，則又有新的均衡以適合這變遷。所以假使勞工增多，或資本減少，或生產程序的生產力增加，則利率必隨之而提高；而在相反的狀況之下，利率則必隨之而降低。茲引賁巴衞的說明於下：（註五五）「在一個社會中，國

（註五四）見前書三八八及三八九頁

（註五五）見前書第四〇一頁

家的生計資金低則利率必高因爲社會所用的勞工極多並且因爲由擴充生產期而得的剩餘報酬仍然很高反之生計資金愈大勞工愈少而剩餘報酬激跌則利率必低。」

我們儘管修正「貝巴衞的假定——就是食工資者是國家生計資金的唯一需求者——而計入爲消費者借款的需求者及地主上面分析中所指的原則仍然不變的這些其他的競爭者祇是減少用以維持生產勞力的國家生計資金而由此減少了工資率增加了利率。

第二十三章　奧國學派學說的應用及重述

在前幾章中所說的奧國學派學說，並沒有什麼補充，但是未論及的關於這些理論的幾個應用及重述，頗堪注意。

一　公共財政及公共行政

薩斯（E. Sax）在一八八七年發表國家經濟大綱（*Grundlegung der theoretische Staatswirthschaft*）一書。而他在這書中將新價值說應用於集合經濟，尤其是國家的經濟。魏沙在他的自然價值（*Natürliche Wert*）第六卷中也討論這個題目。

薩斯在那書中說國家經濟，如其所包括的各現象公共財政，公共行政，被認爲經濟科學的應用之一，而非這科學的一部分。因此國家經濟缺乏理論的根據。他說這缺點已由或可由奧國學派學說所攷正。

他說經濟生活最根本的現象如需要、貨物、勞力、價值、成本、出產品、收入、財產等等，是公私經濟兩者的共同現象。在公經濟中，這些現象是從特殊立場去攷量，而有幾點改變了。例如國家的需要，就是構成國家的各份子的需要，而這需要藉他人之力而滿足。他否認這觀念；就是國家應視爲一個處於個人及他生活目標的實現之間的一個人格。他說國

家不過是一個抽象體，牠本身不能有目標，也不能感覺需要。祇有人類才能如此。(註一)

根據這觀點，他區別兩種的個人需要，就是個人所感覺而與他人無關的需要，以及屬於一個團體的一個人所感覺的需要。前類中每個人是自覺的，但是後一類中則非每個人必為自覺的，而其需要是由團體的作用而表現的（見一九三頁）。一個人參加了社會生活，他立刻感覺個人的需要和集合的需要的關係。於是個人及集合的需要混合於人類的生活中，而兩者間的關係是平等的（見一九四頁）。這些不同的個人及集合的需要，其强弱及輕重是各不相同的，但可按探究個人需要的方法，依序而列，而加以討論。

個人及集合的需要都是由貨物、勞力，以及市場的組織所滿足。

因此集合及個人的利益及事業，不能根據所包括的慾望的性質來劃分。這些都是個人的慾望，而劃分的眞根據是其他的狀況。個人為達到他的目標，必跟別人連合，如國家的構成所發生的關係便是。有的事非如此不能成功，例如抵禦外患及保護僑民。「祇有人民團結才能保持國家的和平，維持國內的秩序及治安。從一般對於正義的意向，我們得到制定法律的根據，而這些法律支配每個人，並且指定法官及吏員以督促人人服從這普通法。無論一般的意見是以為祇有國家才有權保障人民所渴望的滿足，而使國家的活動範圍愈為擴充的；却是這些半為集合，半為個人的利害關係。」(註二)

(註一) 參閱 *Grundlegung der teoretische Staatswirthschaft* 第一九二頁

「在個人財力充足的企業中有許多因爲無利可得而被斥於私營商業之外；同時有許多人民所能辦的企業而又有利可得的，爲國家所保留其理由祇是這些企業使私企業家的勢力過大，或利潤過大。」（註三）國家經濟既是從事於滿足個人慾望的手段那末也如私經濟一樣，効用及價值也占重要的地位。在前者中也是「第一原則是得到最大量的効用，人民的最高幸福，」而這一點非有報酬，成本及價值的核算不可。公私經濟的預算，核算及估價之最大不同是「不確及正確，主觀的估價及正確的核算」之間的差別。（註四）

在國家中也如在個人的情形下，「貨物的價值是從牠們的使用而來因此分配國家的收入以供各用的原則是；簡單的經濟學使用的普遍原則是「貨物按牠們的價值而使用」。假使國家要求過多，就是擴充用於私經濟可得較高價值的貨物而用之於國家經濟，則必減低價值。假使國家要求過少價值又必減低——因爲在這情形下，貨物的全體價值不能實現。（註五）

這原則的結果是人民維持國家所供獻之數各不相同，按薩斯的意見每個人有他特殊的「價值觀點，」而這是

（註二）參閱 Vcn Wieser, *Natural Volue* 第二二二及二二三頁

（註三）見前書第二二三——二二五頁

（註四）見前書第二二九頁

（註五）見前書第二五五頁

起因於他的慾望及收入間的關係，跟別人的不同。因此，「同量的貨物，價值不相等，或是同一的價值，由不同量的貨物所表現」（註六）

薩斯詳細分析國家活動的各部分，並指出構成奧國學派經濟學中心的經濟管理原則如何應用，如何成爲解決各問題的理想基礎。

二　魏克斯梯的「政治經濟學常識」

魏克斯梯（P. Wicksteed）在一九一〇年發表的經濟學常識（*The Common Sense of Political Economy*）一書中，應用季逢斯（Jevons）及奧國學派的學說最饒興趣。正如此書的題名所指，魏克斯梯證明這些學說的常識廣大的應用性及用處。

他爲達到這目的，放棄了題材的傳統分類及許多傳統的術語，而注意於經濟原則跟其他人生範圍中的原則之相同。他不用舊標題如生產、交易、分配及消費。他用下列各題目：「資源之管理與事物之選擇」、「價格及比較分級表」、「邊際心理上的遞減報酬」（Margin, Diminishing Psychic Returns）經濟的管理及其困難」、「貨幣與交換」、「商業及經濟之連繫」、「市場」、「利息」、「工具」、「土地」、「收益」、「分配」及「生產成本」。

他發端的定理，就是經濟學原則跟支配其他的人生行爲的原則，是合而爲一的。他說這些是「支配我們在生活

（註六）見前書第二二五及二三六頁

各部分中的思慮，選擇之方法及最後的決心」的一般原則，而應用於個人，家庭以及國家的資源之管理。」他說政治經濟是經濟學的一分支，而這一分支是關於一國家的資源及事務之管理，而國家被認為是由中央機關所管理的一個擴充的家庭或社會而已」。(註七)

他所引用的原則就是「心理上的遞減報酬，」「邊際」以及「估價」等等。在實質上他對於這些原則的了解及說明，一如季逢斯及奧國學派的經濟學家，他所貢獻的是指出這些原則的常識，以及牠們對於家庭、商業及國家經濟的影響。

他以家庭經濟為出發點而稱為最簡單的最基本的經濟。他說一家的主婦在管理她的金錢資源及利用她所購買之物時，是由這原則所指導，就是使一事一物用於最重要之途。她必認為成功，假使結果她所未滿足的慾望，按她的判定，沒有一個是比已滿足的慾望更為重要」。(註八)

可是管理金錢資源及其用途，祇是家庭管理的一部分，而以管理的原則論之，並非例外。「節省金錢可以化太多的錢，而節省麵包，蕃薯及牛油也可以費太多的心力。無論我們眼前各物的性質是如何，取得的條件總是互相關聯的，假使我們得了這東西，我們應付多少？我們犧牲了什麼？值這麼多嗎？我們應放棄什麼？這些東西對我們的價值是如何

(註七) 參閱 Philip H. Wicksteed, *The Common Sense of Political Economy* 第一四頁

(註八) 見前書第二〇頁

呢？（見二〇及二一頁。）

在市場中這問題就是價錢了。「一物的價格，就是呈於購買者之前的一列貨物的表記，並且是貨物出售條件的特殊情形。我們不斷的比較慾望的不同對象，而從中選擇這些我們所比較的東西，不論能否用錢取得，可以在我們的心中按理想而排列其相對的重要性。」（見十三頁）

他說各種資源的管理所用的決斷，也適用「邊際」及「心理上的遞減報酬」各學說。他說道：「在人生的各段中，這原則運行無阻，就是滿足之類愈多，則邊際的重要性必愈減，而這滿足數就是邊際價值適合貨物出售條件時的最大之數。」（見一五九及一六〇頁）

在「經濟管理及其困難」的一章中，他指出邊際價值及市價的理想符合所受的各種阻礙。其一是「使各部費用聯絡的困難，」其二是「我們不能永遠得到恰如所需之數的貨物」其三是「平均隨用隨付的貨物之費用如食物等，以及一次付完而使用長久的貨物之費用如器具等」的困難。他說租借的各種制度是用以制勝最後的困難，並且也用以克服「享用我們對於不能分割的貨物所慾望的部分」的困難。而我們對於這些利益所付的酬金，就是利息的來源之一。」（見九五頁）

他從「家庭」轉到「政治」經濟時，說明貨幣及交換的性質及職分，並解釋下列各語的意義：經濟生活，經濟關係，經濟狀況，經濟動機以及經濟勢力。他說道：

「凡兩個交換貨物的相對價值，邊際上在社會中任何兩人的分級表上是不同時，有利的交換卽行成功，而交換本身漸漸減少這差額因此在均衡點上每人分級表上的可交換的貨物所占的相對地位一定是相同的。」

「交換可以偶然發生，以更正活動力的管理上的錯誤，但是產業的複雜組織，就是利用分工經濟的產業，開始就認交換爲適應手段於目的之機體的主要部分。」

「在有組織的社會中交換媒介及價值本位是自然發生的，並且由定律所支配。以金爲媒介及本位，是由用金爲商品而來的。物品的金價格（以物品在社會分級表（Communal scale）上的地位，對於金的關係來表現）可用以表現牠們相對的地位，並可用以確認在物主個人分級表 (individual scales) 上的這些相對地位。但是不能交換的東西不得如此辨別。不能交換的貨物所占的地位在各人的分級表上可以互相懸殊，也可跟能交換的貨物大相徑庭。一個人沒有一點交換貨物時，交換貨物也是如此。」

「慾望的最後對象既然永非交換範圍中之物，則分級表的辨認總是客觀的、外界的，而決非必需的貨物的占有，實際的占有確是人生所必需；但是占有愈多，則牠們對於人生的邊際重要性必愈減，而發生的危險是爲之而犧牲生命，並非生命賴之而生存。」（見一一二六及一一二七頁）

按魏克斯梯的意見，交換現象構成經濟的特殊範圍，而經濟的職分是研究應用於這些現象的經濟定律，而經濟學的範圍更爲廣大，這科學的各問題是集中於市場。

他未討論市場的特殊研究之前，先攷察下列各句所含蓄的觀念，如經濟生活、經濟關係、經濟狀況、經濟動機以及經濟勢力。他說道：「經濟生活包括一切我們跟其他人所發生的複雜關係，而借出自己或我們的資源以促進他們的目標，作為促進我們自己的目標的間接手段。」（見一五八頁）這種關係可解作經濟的關係（見一六六頁）。經濟狀況一語是指「社會中人民對於交換貨物的總支配權，」以及「決定經濟活動的變動的動機，」（見一六九頁）。經濟勢力的意義是「任何使人類發生經濟關係的事物」（見一六八頁）。

他對於這些觀念詳加討論，而結論於下：

（1）經濟關係是促進全體的人類目標及動機，而基於非排他的自利自愛的根據。

（2）經濟勢力及關係沒有補救社會弊病的固有趨勢，或是連合任何分配公平的理想制度的固有趨勢，

（3）經濟關係可以分立的假定，即使用作第一相近點，也和事實相離太遠了。在任何情形下，這假定必為無用而多餘。經濟關係或自然的和其他相離多遠的關係連合，本身有產生這些其他關係的趨勢。

（4）雖然如此，分別研究經濟關係及經濟勢力是合法的，是可以的，但在假定上不能認牠們是眞眞分立的（見一六九及一七〇頁）。

這些觀察及定理的意義，是要放棄「經濟學家想規定這個或那個動機的一切嘗試，或竟是想區別激動一人從事商業的根本動機，及他在家庭或公生活中所受的動機的嘗試；」並放棄了「假定的經濟人的簡單心理，而這經濟

人是古典學派經濟學家著作中的重要學說，並爲晚近的經濟學家竭力避免或評論的問題。」按魏克斯梯的意見，經濟關係構成一個機體，而這機體使人類盡力立刻完成各人的目標，以期最後達到自己的目標，不顧他們自己的目標如何，因此也不顧指揮他們，激動他們盡力達到目標的動機之性質，是自利的還是利他的」（見四及五頁）

現在我們講市場的題目，按魏克斯梯，政治經濟的主要現象及問題是集中於市場，茲先述他的市場定義於下：「市場是一個機體，用以取得及維持在交換的社會中交換貨物的邊際價值之客觀的均衡」（見二一二頁）在這定義下的「均衡」二字，是指「市場中一個物品在占有者分級表的邊際上處相同的地位，而且高於非占有者分級表的邊際」時的狀況（見同頁）。假使價格立刻成立而立使均衡而無振動之勢的，他稱之爲「均衡價格。」他說道：「這個價格是取決於物品的數量及集合分級表的性質」（見同頁）或是取決於滿足最低慾望的一單位貨物在社會分級表上的地位，而這些物品都比未滿足的來得高。因此假使有X單位的貨物，那末第X單位在集合分級表上的地位，決定這均衡價格」（見同頁）。

他又將這幾點說明穀物的價格之決定，他說道：「任何我所占有的物品愈多，則其在我的分級表的邊際上的地位必愈低。所以在消費者分級表的任何點上若有了均衡，而同時生產者所有的仍然過多，因此他們爲本身的利益而設法多多交換這增加對於消費者的供給的不斷分配，降低了這物品在一般消費者分級表上的邊際價值。於是一種貨物分配愈多在有的個人分級表上的地位必隨之而降低，因此在最後達到均衡的集合分級表上的地位也必降低。

所以穀物的數量及社會的分級表，是決定集合分級表上的均衡點，或稱之為均衡價格，或物品的價值的兩個根本原因（見二一六及二一七頁）。

他說這集合的分級表不但登錄在最低價格上購買者的估價，並且也登錄在最低價格上出賣者的估價。在這些價格上，後者就無異於購買者，因為扣留供給以提高目前的價格，和用最低價格購買所扣留的數量，對於市場有相同的影響。

他對於買賣兩造在市場中的關係的理論，堪稱獨創，而尤堪注意。通常的理論是認二者為利益衝突的敵人，但是他却認他們為同性同質的人。他說在一個購買者，市價是「退在他眼前而對他本身行為無關的現象，而這現象使他不得不從各物中加以選擇」（見五頁）。在事實上，他是藉本身的行為而構成這些價格，其他的購買者也根據影響於他的同一原則而行動，他們最後合而決定這些價格應該是多少。

賣者並不決定價格，但是反映消費者的集合心理。他陳述賣者對於一個買者的關係於下：

「決定賣者對她（即買者）所要求的價格的，大部分是其他的買者，而她在賣者對其他買者所要求的價格的決定中所占的部分，眞是微不足道。因此，買者在市場中所見到的，祇是從賣者的心理所反映的她本身和其他買者的心理而已。這完全是由於這迷惑的反映，使她深信她所注視之物，眞正是在賣者之後，而非在她自己所照的鏡子之前。」

「於是決定賣者所宣佈的價格，是賣者所估量的買者集合的心理。賣者熟悉集合的分級表，然後對每個買者報告他所知道的、假使我能猜度你的心理，我就知道你對價格由我決定的茶或水菓要買多少；並且假使我要你買廿五單位，那末我應知道什麼價格才能使你買這麼多。假使我能猜度其他一切的買者的心理，也是如此，我也該知道在某價格上每個買者要買多少，並且在什麼價格上我才能使一切買者的購買數達到預定的數目。待他們購買完後，每人都得他在這價格上所需之數，而邊際一單位在他們分級表上所處的地位一律相同，並且這地位使這單位與規定的價格相等。於是就促成均衡。換言之，這物品的邊際增加數在每個分級表上的地位既是相等，這物的交換條件就不存在了」（見二一八及二一九頁）。

他對於利息、節省、累積工具及機器，以及分配等的理論，最能證明他題名「經濟學常識」的意義。他開首討論利息，而令人注意一人慾望的最大滿足及他收入的流動率之間的關係。後者可以很固定的，而慾望的最大滿足所需的費用也許是不定的。這樣我們應購買用期短促的物品以及用期長久的其他物品。在前一情形下，費用是每天每星期的或相隔一時的。在後一情形下所化的費用相隔較久的時期，有時一生祇有幾次。應付後者的費用預先必須儲積或是先支用未來的收入。一人一生的收入，很少適應急需，並且沒有兩個人的情形是完全相同的。在社會中、國家中或世界中，互相發生商業關係的人民，大家總有相異之點。魏克斯梯在「利息、工具、土地」的一章的結論中說道：「一人在一個時期中管理他的資源，可以更爲經濟，假使他能在前半期中加速資源的流動率，而在後半期中減少速率，在別人這情形就相反了。或者兩人在同一的情形下，可是其中一人預先將來收入的利益比較另一人來得大。在這兩人之間就有交換的條件，假使達到均衡時而預支還有利的，那末這就是利息現象的來源之一了。」

這些個人之間的差異發生儲積、節省及預支的現象。第一現象的發生不但是由於貯藏貴金屬之類，而大半是在用期久長的物品如工具、房屋、衣服等等產生之時。我們常將儲積及節省混而為一，使這事實不顯明，但是我們應記着儲積的人可以由用期短的物品而按日或按週的被人所收買。在這情形下，並不從事於必與儲積相伴的節省，這節省的工作由別人去完成。魏克斯梯說得好：「這事在原則上是這樣的——有了儲蓄銀行之類的組織，許多人不自覺的聯合起來，因此至小至微的節省（就是從交換界所抽出之數）都集在一處，而不斷的包含在用期久長的物品中。」或者可以這樣說法：「我時時抑制不用短期的物品，而將牠們讓給別人以償付他們致力於用期久長或耐久的物品的工作。節約者是我，不是他們。他們立刻享用他們勞力的報酬，但是我藉他們而儲積，並且我在任何時預付我的儲積，而因為市場對於這預支有報酬，我能得到以後陸續償還而大於我所節省之數的契約」（見二七八頁）。

此段所說的利息的來源，是指人民對於一生收入之分配或流動於現在及將來之間，或將來各時期之間的變更，各有差異。魏克斯梯所討論的另一點，是預用儲積所得的利潤。這些儲積就是工具、機器以及其他增加勞力及自然要素的效率的設備。他說這些增加效率的手段之生產，是一個節省的程序，簡單就是「轉移增加用期短的物品之力以增加用期久長的物品」，但是却有別於前一情形（卽儲積的情形），這是增加收入而非再分配收入。可是在節省的情形下，利息的發生，也是由於人民對於節省以及對於生產所處的地位之差異。「一人的地位較宜於節省，而又一人的地位較宜於繁殖節省的結果，這是常見的事。所以從我目前的費用中，從滿足我的慾望的直接供給中，抽出一部分以製成工具，對我所引起的痛苦也許較少於你。在另一方面，也許你能用這些工具以增加你的勞力的効率，而超過我使用這些工具的結果。在這情形下所得到的增加數，用以補償你辛苦的節省則太少，而用以補償我輕便的節省程序却有餘了。所以假使我將我的節省所成的工具移給你，而你將你收入的全部增加數分一份給我，我可以滿足，而你也可得餘利了」（見二八三及二八四頁）

魏克斯梯主張邊際價值遞減律；可以適用於工具及機器，也可用於消費貨物，就是增加數量而增加生產力，是受報酬遞減律的支配（見二八四頁）。例如一個製造家，他增加一萬鎊的資本，可以使他的設備的効率每年增加一千鎊；而再加一萬鎊資本也許効率祇能增加五百鎊，但非一千鎊。因此他借用年息六厘的一萬鎊，就有利可得，二萬鎊就無利可得，而在六厘息上他的借款需要是一萬鎊。在五厘息上，他就可以多借用一點。

這部分的討論總括於下：「我們現在已討論在各種情形下，一人對於將來財富願意償付利息以取得現在財富，而我們已得到二點。第一，一人願意這樣，不管他的理由如何，他出來和其他人競爭，而這些其他人或由於同一原因，或由於其他理由也願意訂立相同的契約。第二，他實際上所應償付他預借的財富的利息，不是取決於他加於非有不可的貨物的利息，但是取決於按將來財富而測量的現在的平均價值，而這價值是影響於市場的集合勢力的結果。這結果宣佈將來任何時一個單位以及現在一個單位在社會分級表上的相對地位。任何人都可使他本人分級表上的邊際單位的價值符合這個結果，在均衡的情形之下，每個人都已如此；而在不均衡的情形下，每個人在接近這均衡之中必有所得（按他本人的估價）（見二八六及二八七頁）。

土地及其他自然要素在市場中的地位，大體上是等於工具及機器。後者的價值並非由牠們是生產的，是犧牲不少而得到的事實而來的；但是因為牠們是効率的來源，在現在及將來都有價值、土地也是如此。」無論土地是否被認為純粹的天然物或半為製造品，牠也有邊際價值，正如工具。一般土地可以牠的每年邊際收穫而出租，或以牠這些無限的每年收穫的估計價值而出售，正如一架機器或一座房屋。我們可用計算麥以及其他能直接滿足人數欲望的原則，來計算土地」（見二九〇頁）。

人類的勞役以及一切貨物的用處，都在交換範圍之內，而根據於市場定律，牠們最大的特點是由下列的事實而發生（一）「力」不能貯藏，除非包含於有生氣或無生氣的物體中，因此若不用作能力之源，則歸於浪費（二）在許多情形下，物主不能保持一個有効的最低價格（三）不能使之與來源分離——除非包含在內。（見三一五頁）在這些限制之下，市場定律操縱人力的互相交換以及人力與物品的交換。

但是人力的市場常由於非經濟原因的影響，而不能達於完善（見三二六頁），這非經濟原因就是「休息的需要及累苦工作的逃避」（見三二七頁）「對於所議價的勞役的實際收穫的不確」（見三二八頁），「人力在各市場中的分配及原料的生產應付需要的程度，不如貨物供給之適應牠們的需要，因為上述的及其他的理由，人力的價格對於邊際價值的變動並不如物品對於這些變動那麼接近。但是這個差異，是對於市場律的嚮應的程度之差別，而並不使人力越出這定律的勢力之外。

「因此經濟勢力的趨勢，是使每個勞工得到他在邊際上對於別人所值的數目」（見三三九頁）「所以假定我說任何種的勞役在公開市場中所得的報酬，是太多了或太少了，我這句話是根據空泛的觀念，例如一個人應得多少的觀念，而非這人實際上對於別人所貢獻的是多少」（見同頁）。

「一個人所得的報酬太少，是因爲經濟勢力的運行受到阻礙。但是經濟勢力不能使他所得的報酬，低於他的工作對於別人的價值，」因爲「經濟勢力總是使這些人購買凡代價不及對他們所貢獻的價值的東西，所以假使有人認某個人（或一班人）的工作，對他們的價值是超過了他現在所得的報酬，那末經濟勢力必使他們出較高的代價以取得他的勞役」（見三四〇頁）。

魏克斯梯在各種市場的各章中（見於上述各節），說明利息，地租，工資及利潤各題，而這些題目經濟學家多歸入分配論之下。他對於分配論一項，討論資源管理的問題（是他著作中第一章所說明及解決的），以及生產要素管理的問題（包括生產成本而作爲一個副題）之類似。

這個類似論是根據這事實：就是兩者都是在生產一個渴望的結果的要素邊際上，互相抵消及互相替代；而這些要素在最初是不能互相替代的（見三五八頁）。至於這渴望的結果在前一情形中，是慾望的直接滿足，而在後一情形中是藉生產而得的間接滿足，就是生產要素的增加効率。

他又證明這類似點於下：「凡我所慾望的而能從交換界取出的東西，都有牠的市場價值。換言之，這東西各有定價，而可用以交換其他我所渴望的東西，假定我有多少資源，問題是我應決定對每個物品要化多少，才能使全體的邊際價值跟牠們的價格相等。我們確不能以水及文學作爲兩個選擇物，可是在兩者的邊際上可以如此的。水公司可以對於花園水管索取額外之費，而我就得攷量還是要這額外的水量而付這額外費，還是不用這水而用錢化在文學書籍上。所以我所買的一切物品數量或多或少，在牠們的邊際上顯然是對立的選擇物了……

正如製造家的一個公司（或爲企業家、營業家，而他們爲本身計跟一切與營業有關的人物來往），必需要一些全體不能互相替代的東西（在這點上產業可以進行，有人力的出產，有工作的原料，工具及設備，副物質如煤、煤氣或水之類），但是在其範圍之內，最不相似的生產要素在邊際上可以互相替代的，而成立了一個測量邊際生產効用的共同標準」（見三六〇及三六一頁）。

這個比較結果及生產牠們各要素在邊際上的互相替代的程序，在企業家及獨立競爭的生產者的指揮之下，不斷的進行：「我們可以假定其中有的有土地，有的有工具及建築，有的有原料，有的有手藝，有的有關於市場的智識：……有的貢獻幾個要素……任何要素的邊際增加或減少，而其餘的不變，可以知道對於出產品有什麽影響；祇有如此，他們才能比較將勞力的供給或土地的供給全體抽出，則必使產業全部毀滅。將某種的工具或任何的智力或經驗取消，也必大大摧殘全部的產業。但是將在邊際上的一個要素，抽出一小部分，則必有一個確定的結果。另一個的要素應抽出多少，才能有相同的結果？我們答出這問題時，我們就已決定這兩個要素的每個單位的相對邊際効率，並且也達到牠們在收入中應得部分的原則；因爲我們現在能夠用一個單位來表示各要素對於結果所貢獻的是多少，並且我們若將這些單位的總數除收入之數，就可以決定每個單位應得多少」(見三六九頁)。

從市場活動而產生的一切生產効率的滿足及增加，既然是在將來，則決定買賣者的活動是市場活動的估價，但非牠們的實在結果。因此常常發生錯誤，可是這些錯誤對於現在價值是毫無影響。牠們(卽錯誤)祇能影響將來的估價，將來的價值。這個原則指出了價值及生產成本的關係的本質。

「根據資源用以從事這個或那個目標的不移的事實……生產成本對於所生產的物品的價值沒有影響，因此對於牠的價格也沒有影響。根據選擇其一以生產這特殊物品的意義，生產成本影響工人決定他是否要生產這物品」(見三八〇頁)。

「假使物品已生產，而成本已用過，生產成本不能直接影響這物品的價格。但是在生產成本尙未用過的情形下，製造家就在未決定物品應生產多少之前，對於目前的各物加以估量，而由此決定的供給量決定邊際的價值及價格。因此生產成本能影響一個物品的價值的唯一情形，就是生產成本本身是另一物品的價值。所以凡稱爲効用或慾望的，是決定一切交換價值的唯一及根本的要素」(見三九一頁)。

魏克斯梯以分配論收束這一章，並加以全書的摘要，敍述簡括明晰。這概要的篇幅頗短，簡述工商業界的動向。開端的一段說道：「我們現在已達到目標了。我們已追溯商業及私生活中選擇心理定律的本體；已指出我們從文學嗜好及社會運動中選擇其一，所根據的原則一如我們在市場上選擇各物所根據的原則；我們的資源是按同一的原則而管理，不論這些原則是直接的或間接的應用；我們對於市場率的行動，說明這些定率怎樣成立的；以及每個人達到他目標的慾望，使他追求用以達到其他人的目標的手段」（見三九一頁）

第二十四章　奧國學派學說的批評

一　邊際效用價值說

奧國學派的基本學說——邊際效用價值說(Marginal utility theory of value)——被許多經濟學家所採用，但是也被許多人所抨擊。現在各方仍然爭論紛紛而尚未結束。有一班折衷派採用邊際效用的分析，以說明需求，可是說明供給時又販依舊的成本分析。奧國學說對於供需的作用之說明方法流行頗廣。各方對於此派的批評可槪述於下。

(甲)　心理根據的缺點(註一)

這批評的要點是邊際效用說根據於唯樂主義(hedonism)的假定，就是根據於苦樂的計算法，而這種假定已由近代的心理學家證明為謬誤的。戴文波教授(Prof. H. J. Davenport)曾說道：(註二)「此說的可疑之點，就

(註一)參閱 *Positice Theorie des Kapitals* 第三一〇——三三〇頁

(註二)參閱 *Value and Distrbution* 第三〇三——三〇五頁

是用快樂及痛苦來測量，以快樂比較快樂，或痛苦比較痛苦，或快樂比較痛苦。可是在法學及經濟學之外的各研究界中，功利主義的立場已被擯棄而陳舊不堪了。」

「奧國學派之大受懷疑，正爲了這個立場。無論是必需是根本或是由於術語無理由的，總是過偏於邊沁主義，（Benthamism）以快樂解釋效用說得太多，並且以這點於用市場活動的分析也過多了。不但用自利及冷靜的遠見，並且用計算法成立一個效用的公分母來測量感覺，就是用「先令的價值測量快樂。」

「這假使非拙劣的學說，至少也是可疑的無謂的學說。這學說缺少普遍性。許多理想家以爲人類由於動機、習慣、及感想而買賣經濟貨物，這種理想家實在太多，好像本能及嗜好在經濟界中一如在幻想的境界中。有的竟說我們根本不是因爲貨物能給我們快樂而渴望貨物；但是因爲我們渴望貨物，所以貨物才給我們快樂。正如小雞在蛋殼內對於外界的情形茫然不知，可是一出來就啄米吃，而對於遠近的東西毫不感興趣。所以人類的本能嗜好及動機一到時候，自然的活動就表現出來，喧嚷聲、電車、情人、家庭、辦公室、教授等等充滿了人類活動的舞台上，人類改變了慾望嗜好及同情心時，事物就隨之而變動，由無感以至滿足。一件東西給我快樂，是因爲我們喜歡這東西。正如一人按睡時撥定的時計而起身，正如一個受催眠術的人醒後遵守神志昏迷時所受的命令，正如病態心理或習慣的固定觀念；一個人總是不使他受一切辯論及訴求的影響，所以昨日下的決心仍爲今日的目標。所以我們大家在我們的活動範圍之內，按固有的動機及本能，以及後天所得的傾向及目的而行動。我們的行動大半是反應的，這行動到底有沒有意識及目標，令人懷疑。」

史丹佛(Stanford)大學教授哈里(Haley)在一九二七年十二月廿八及廿九兩日舉行於溫柯弗(Vancouver)的太平洋商業及經濟會議第六次年會中提出一論文，其中將這些評論的立場概述如下：(註三)

「第一，論者堅持這學說所假定的不正確的心理學，使邊際効用方式不足以說明價格決定的程序。人類完全根據理性以決定所欲及不欲的是什麼並非常情，而他用這根據以選擇兩個滿足中之一，也不多見。他根本的慾望如食住之類，可以根據於本能。但是這些日常的慾望由於風俗時尚及廣告術等的社會勢力成爲極複雜的習慣了。生理上，我們需要食物。實際上，我們需要各種各式的食物。在這習慣性反應的較低水平線之上，有一個慾望的第二水平線，這大概是沒有本能根據，而幾乎是完全由於習慣，並且由社會所決定的。我們買一包香烟時，每星期去看電影時，或添一件新衣時，並不從頭重尾的根據唯樂主義的計算法。在這整個過程之中，當然對於收入也有個粗率的預算，而這預算祇反映了一小部邊際効用說者所最著重的審愼選擇的原理——我們在購買汽車或無線電而要化大筆款子時，才發見這原理。但是我們姑不論選擇中本能及習慣的要素，以及我們慾望的社會本性，邊際効用說正如一般批評者所說的，是一個對於價格決定程序的不充分的解釋。」

(註三) 參閱 *Proceedings of the Sixth Annual Meeting of the Pacific Collegiate Economic and Commercial Congress* 第四及五頁

關於這批評的另一方面，是由前教授范卜侖（Thorstein Veblen）所代表，而由哈里（Haley）引證於下：「唯樂主義心理學對於商人的行爲的說明，在大體上是正確的，因爲商人是根據理智而行事。但是這學說推及交易的整個制度，就有缺點了。例如商人之積蓄財富並不爲變成消費貨物的特殊目的，也非要變成快樂之感。他的目標或爲取得勢力，或爲取得同僚們的敬重，或爲取得社會的讚賞——因爲在勢利的社會事業之成功是以金錢來測量的。商人的這些傳統目標、觀念、志願及標準是金錢的制度，而關於商業交易或價值的學說，若不顧及這些制度的要素，沒有一個是可以認爲完善的。」（註四）

對於這個批評有兩個答案。第一，以邊際効用價値說而論，近代心理學的結論在實質上是與唯樂主義毫無差別。笛金遜教授（Dickinson）有這一段的話：（註五）「我發見近來對於習慣及本能的研究，其證實唯樂主義的假定之力，尤甚於詹姆斯（James）及麥陶加（Medougall），這些假定以爲人民常因爲預期的結果而行爲，並且以爲他們愈來愈知道用更經濟的方法以取得他們所喜歡的對象。換言之，一切人民都是合理的，有理性的；我們工作的動機是「効用」，而這些効用大半是由經濟貨物而來的。總之，古典學派及邊際効用派經濟學的這些廣泛的前提，仍然未嘗動搖。」

（註四）　見前書第五頁

（註五）　參閱 Zenar Clark Dickinson, *Economic Motives* 第二〇五頁

第二答案是邊際效用說並非與唯樂主義及其他心理學固結不分而隨之同存同滅。史梯華（H. W. Stuart）氏決非奧國學派的擁護者而他對於這問題有下列的結論：（註六）「奧國學派的工作，無論其缺點如何，在論理上並不是根據於唯樂主義的慾望說……反之我們是主觀價值的簡單說明，就是主觀價值是對於人類幸福有關的一件貨物，或貨物的集合體所有的重要性。還有一個顯明的原理，就是一件物品所有促進人類幸福的重要性，是取決於這件物品這人有多少。在這兩個眞理之上，他們已建立了相當的基礎了。顯然這個人是這重要性或（價值）的唯一評判者，而他的判斷並不因爲他受了「社會的需要」的影響，就不是他本身的，就不根據於對他的效用了。」他又說道：「不論奧國學派的長短之點如何，他的命運決不與邊沁派心理學連結不分的。

戴文波（Davenport）教授對於這批評的討論，總結於下：（註七）

「我們祇要仔細分級，明白鑑別而然後加以選擇，就已足夠，至於測量是否正確，程序是否合理，或結果是否正確，是無關緊要的。

「我們的活動大半是非反省的傳統行爲，確爲賁巴衞所承認，他說道：「無數的經濟行爲是完全由於自動的，或

（註六）參閱 'The Hedonistic Interpretation of Subjective Value", Joar. Pol. Econ. 第四卷第七四及七五頁

（註七）見前書第三〇六及三〇七頁

機械的。」一切的選擇可以達到這樣的機械——也許一切都已如此——可是經濟事實在實際上及理論上，大半必仍如現狀。我們覺得自己已攷量過，我們可以多攷量或少攷量，而決定的事實仍然存在——仍然從兩物中加以選擇及從兩個活動而擇其一，並且經濟理論構成的方式必仍如現在的方式。

「所以我們是否同意於這反効用主義的抗議，對於新舊思想的經濟方面，是無甚重要的。後代的研究家正如他們的前輩也耽於唯樂主義；但是其他人也曾對於方法有所錯誤，而對於他們的經濟思想，並沒有大損害。賁巴衞及魏沙兩人也極趨於樂天主義，假使唯樂主義在事事上是很不重要的，爲什麽他們如此研究呢？可是我們可以確定沒有一個主要的經濟學說，不能删去牠所包含的心理及論理意義，而不至在實質上有損害或改變了經濟的意義。」有的作家（註八）如戴文波教授等陳述邊際効用的學說，可是並不暗示或包含唯樂主義的假定。

（乙）邊際効用說的無用

唐納(E. H. Downey)是攻擊此說最烈者之一，他答覆那班說明此說而去其心理意義的作家，他說倘使此說删去了唯樂主義的附件，則價格的邊際効用分析就失去了牠的一切意義，一切內容，而且必成爲下列無可異議的要點：(1)人類必不購買一件物品，除非他們欲這東西(2)一件物品的售價不能超過一人所願出的價錢(3)在一個完善的市場中，大家對於某種物品的付價是一律相同的。(註九)

（註八） Fetter, Pareto, Walras 及 Schumpeter

下列是對於删去唯樂主義的邊際效用說較爲緩和及較爲正確的記載：「有了這種學說，我們可以說任何物品的需求曲線是下斜的而這句話有幾分是正確的。於是我們假定在某一時一個市場中一件物品祇有一個價格，就有了理論的根據。加之我們也可以預言其他一切物品若不變以及我們對於這件物品的慾望曲線若不變，則此物品的供給必減少而價格提高；反之則供給增加而價格降低。但是這就是這學說的應用的範圍了。」（註十）

上述的兩個評論中沒有一個提及這學說解釋成本、利息以及其他分配應得等各方面；也不估量這學說的注重價格問題的需求方面在經濟學上的價值如何，就是關於價格的決定程序中的供需作用價值的激動功能（Motivating function of value）以及利用邊際觀念的方法。這些極端的批評家因爲這學說不能解釋一切應加說明的現象，或是這學說的解釋不完全有錯誤，所以棄之若茨，或是他們不自覺的吸收了這學說的各原理，而猶以爲已把牠拋入廢字堆裏了。邊際效用說雖不是價值論的最後結語，但是仍可保持牠的地位，直到有更好的學說起而代之；而到那時我們要發見這學說是大有助於那更好的學說。

唐納並不完全根據這學說的「心理上的缺點」，而斥之爲無用，他簡直認之爲「實際無用」的學說。關於後一點的理由是「沒有一個對於價格的綜合是正確，用概括的公式來包含許多的價格要素確是很便利——就是規定價

（註九）參閱；"*The Futility of Marginal Utility*", Jour. Pol. Econ. 第一八卷第二六二頁

（註十）見前書第八及九頁

格是取決於供需的勢力以及買賣兩造的相對地位。但是這種公式祇能先分析而假定內容以求其範圍，並且需要特殊分析時才能應用於具體的情形，關於這一點他批評道：

「邊際効用理想說明的不是任何實際情形中價格如何決定，但是在其假定的狀況下人類的某種行為，如何決定價格。這理論是根據於假定在任何既定的情形下，可由人的本性而預知人類的行為。不過他們假定的促成市場價格的情形，從未實現。但是這學說最受攻擊的是牠的根本基礎。人的本性一致與否，不得一概而論。人類的行為非從他們日常的思想，他們所處的制度，不能預知或了解。因此費了百多年以孜孜研究「勞力痛苦」「節約」「邊際効用」等等，而對於人類智識的增進及傳佈無所貢獻，並不足為奇了。」（註十一）

唐納結束他的評論於下：「邊際効用經濟學是一組奇妙的辯證法，而其精細、虛渺、不切實際的理論，無一較遜於中古煩瑣哲學（schoasticism）的最佳出品。此派學說予一班追求不可捉摸的觀念及增加怪名辭的作家，以莫大的機會。這派的經濟學極能激動有玄虛氣質的人，而加以培養，自無庸疑。但是這派對於任何實際問題的闡明，沒有而也不能有什麼貢獻。」（註十二）

這攏統的評語所根據的理由不十分充足，所以不免要受關心於經濟學的理論及實際的經濟學家的詰難了。第

（註十一）　見前書第二六八頁

（註十二）　見仝頁

一，我們試攷量這句話「沒有一個對於價格的綜合是正確的而這綜合是很爲重要的。」對於「很爲重要」的意義，自可强辯。但是我們可斷言祇有少數的經濟學家或稱之爲求實際者會認這些關於供需、成本、利息及信用等的綜合是無價值的，不重要的因爲這些綜合是一切思想家及觀察家所共認爲正確的；至於他們對於這些題目的異議或異見則又當別論了。

其次我們再攷慮唐納的這句話：「邊際効用說或其中的「理論的方法，是根據於假定在任何既定的情形下，人類的行爲可由人的本性而預知。」這評語的理由任讀者自去理會可是這句話的謬誤已昭然若揭。從來名望重的經濟學家未曾認自呂嘉圖至今所通用的從品性（卽唐納所稱的人的本性）的抽象而推論之法，爲預測人類行爲的充分根據。他們祇認這推論法是有助於這種行爲的說明，並且非攷量抽象以外的實際情形來補充不可。有的經濟學家過重於抽象以說明人類的行爲，但決不能因此而證實唐納的評語，或證明這「理論的方法」是沒有價值的。

最後我們攷量這句話：「邊際効用說想說明的不是任何實際情形下價格如何決定，但是在某假定的狀況下人類的某種行爲，如何決定價格。」主張邊際効用說的人沒有一個會承認這是該說的目標，這是很明白的。他可以立刻承認有的假定如含義極多的自由競爭是如此的，但是他不承認這些假定不使此說指出任何實際情形下價格如何決定的。反之他必認此說的最大長處，就是說明實際上價格是如何決定的。也許唐納的這評語是根據他的假定——就是邊際効用說必基於樂天主義心理學，而這假定已於前幾段中論及了。

（丙）邊際成本對邊際効用

對於邊際効用說的最早批評，是俗碩（Carl Dietzel）在一八八五年關於魏沙的經濟價值的起源與主要原則（*Ursprung und Hauptgesetze des Wirtschaftlichen Werts*）一書的評論。這是發表於康拉（Conrad）的年鑑（Jahrbuch）而在賁巴衞的著作出版後俗拾與蘇克甘（Suckerkandl）及賁巴衞二人大起爭論也發表於同一刊物中。（註十三）

俗碩的議論大部分是不得要領，因爲不承認奧國學派提出的爭點。試舉一例，他開始證明孤立經濟的勞力成本，是比較貨物的唯一實際根據。這也許是實情，但是所爭論的問題不在這點。奧國學派探求的是第一，人民如何按所至的幸福而加價值於貨物；第二，這些估價如何成爲決定交換價值的因子。他們承認有的情形中幸福的大小是用勞力成本來測量的，但是他們否認這些情形是我們的分工交換經濟的特有狀況。他們斷定祇有在勞力成本或其他勢力影響人民對於貨物及他們的幸福的估價時，勞力成本才影響主觀價值而由此而影響交換價值。他們主張促成市場價值的因果關係，開首是各個人對於貨物及他們的幸福之關係的估價（幸福者卽邊際効用），再從供需的作用而達到市場價值。這些估價的後面有許多不同的勢力，而勞力成本是其中之一（這種情形不多。）邊際効用就如神經中樞，而其他神經由此而影響於經濟價值。

（註十三）參閱 Dietzel—Die klassischen *Werttheorie und die Theorie vom Yrenznutzen* 第五〇九頁

賁巴衞在辯論時想使爭論歸到正確的爭點，而他有相當的成功。例如他們同意辯論中的「成本」二字，應指企業家的各經費，而非「勞力的總數」。於是勞力成本是指付給勞工的工資，不是勞工所受的損失數。所以爭論之點成爲：決定出產品的價值是成本貨物（包括勞力）的價值嗎？或是出產品的價值決定成本貨物的價值嗎？岱碩的答案是兩者互爲因果，而賁巴衞及其他奧國派學家則以爲最後的分析中，出產品的價值決定成本貨物的價值。岱碩的理論對於生產及消費貨物的互相關係，祇有膚淺的追溯。他說假使生產貨物是無價值的，消費貨物則亦然，反過來也是如此。但是他並不追根究底，以說明何以兩者都是有價值的。他祇證明這是由於稀少，而不再說明這個解釋的各含義。

至於出產品的價值及成本貨物的價值間，有相互的行動及反動，並且兩者不斷的互相調劑等的理論，不但爲賁巴衞及其他奧國學派所承認，並且他們還明明白白的證實之。他們竟對於這些互相的反動及調劑，加以探索。但是他們堅持在這探索工作完成時，消費貨物的邊際効用中必有一個最後的根本原因。試舉例爲證，我們對於這些行動及反動探索愈遠，必如古典學派經濟家一般，也發見勞力是最後的成本貨物，而發生「決定勞力的價值是什麼」的問題了。按古典學派及岱碩的說法，那末在長期的調劑中，這勞力的價值是取決於生產勞力的成本，如食住等等用以維持勞力供給的必需品的價值，可是這不是答案，因爲牠用貨物的價值來說明勞力的價值，而這些貨物的價值仍未說明——仍舊是未解決的舊問題。

岱碩的理論未解決價值的問題，是無可否認的事實。他並未達到最後的論點。他的理論祇探討因果的間接關係，而非最後的關係。不論奧國學派的理論的短處如何，其優點就是提及這最後的關係。成本說所影響於這些理論的祇有一個方式，就是以勞力成本為勞力犧牲，而認各個人加於貨物的估價為他們的幸福的要件，而取決於生產這些貨物所受的犧牲，但非這些貨物所能貢獻的滿足。此處所述各點已由魏沙所討論而已見於廿一章中。岱碩在開首討論時頗接近這幾個爭點，但他盡力分析孤立經濟時不能領悟牠們在實際生活中的情形。

（丁） 過偏抽象及循環推論

安德生（B. M. Anderson）在一九一一年發表的社會價值（Social Value）一書中，根據過偏抽象及循環推論的理由，（註十四） 以攻擊邊際效用說。他說道：「奧國學派的分析之最大而永久的貢獻，就是此說從人的心理中探求價值的意義——一個心理的事實。其最重大的缺點是祇用小部分的心理，以探求這意義。此說有兩個抽象，而其中無一得以成立：第一、將個人的心理從其息息相關的社會中心抽出來；第二、從由此抽出的「個人的心理」中祇抽出對於經濟貨物的生產及消費直接有關的慾望及思想——事實上在市場價格的較狹分析中祇抽出對於經濟貨物的消費有關的慾望及思想。」

安德生承認用一點抽象以說明價值，是必要的，因此是可有的，但是他說奧國學派在劃分「可有」及「不可有」時，

（註十四） 參閱 B. M. Anderson (Boston: *Houghton* Co. *1911*) 第四五——四七頁

這反了這「平常的規律」就是我們的說明的現象必極充足使我們能用本身之外的事物來說明問題的現象。在具體上，我們在說明價值時，假使這說明僅僅粉飾價值，那末我們根本沒有解決這問題。

關於奧國學派的說明犯了循環推論的一點，他證明於下：（註一五）「為何貨物A得有價值？因為人類欲得這東西嗎？不，這不能作為答案。欲得這貨物的人，一定要有其他的經濟貨物，就是用以購買這貨物的財富。為何這些其他貨物買這個貨物？因為牠們有價值。因為這購買力不與牠們的鎊或碼等有形單位所表現的財富之數成比例，但以其價值的數目為準。於是這些貨物的價值之說明，成為另一問題；而奧國學派分析對於這問題也祇能如此解決，在理論上繞同一的圈子，而最後又是這同一的價值問題。」

我們為決定這告發奧國學派的「循環推論」的罪名，是否有効，我們非再回到這分析的開端不可，就是有慾望的各個人以及物質的環境，而這環境供給過多或極少的立可消費的物品，以及能變成這種物品的原料及力量，以滿足這些慾望。這個物質的環境或能適用的部分經過各種程序而成為私有財產，或至少受各個人及團體的處置，而構成一個購買力的來源。貢獻勞役的力量是又一資源，並且供給購買力於不能分享那物質資源的人。按奧國學派的分析，各人的這些來源的邊際効用之差異，促成他們之間的交換，而產生了市場價值及價格的現象。

告發這分析的「環循推論」之罪能成立嗎？所交換的物品及勞役因為牠們為人所欲，因為牠們稀少而使貨物的

（註一五）見前書第四六及四七頁

得失及慾望的滿足之間成立了一個因果的關係，然後有價值的理論，是正確的。我們是否必要追溯自然物質，自然勢力及人力較少於各個人的慾望的事實，以說明有購買力的各個人的資源嗎？這事實的假定可證明這「循環推論」的定罪是正確的嗎？假使能證明，則任何理論的程序，能避免這以物與人的性質之事實的觀察為前提的罪狀嗎？

至於安德生的批評的另一方面，就是奧國學派的分析根本上是錯誤的：……其錯誤在從個人的價值方式的各方面去抽象。然而我們可以問奧國學派的這個抽象，是否眞有罪。這個爭議豈非是由於邊際效用說的要點與安德生所成的價值分析是分立的？他的分析是補充奧國學派的？他所抨擊的問題與奧國學派所指摘的是不同的問題，或者是同一問題的不同方面而非矛盾之點？

二　貢巴衛的利息論

利息的貼水說（The agio theory of interest）由於貢巴衛的影響，頗為一般所承認。此說的中心思想——就是以現在及將來貨物的價值之差異來說明價值——並非他的創見。加利尼（Galiani）及狄爾歌早已有這暗示了，在一八三四年雷伊（John Rae）很明白的陳述這觀念，而闡揚這差異的原因之一，就是人民對於需要及貨物的估價受時間的影響。後季逢斯（Stanley Jevons）求出這學說所根據的大部分的前提（註十六）此後在貢巴衛發表資本

（註十六）參閱 Eugen von Böhm-Bowerk, Recent L: *terature on Interest* (William Scott 和 Siegmund Feilbogea 譯本）第六頁

及利息(*Capital and Inrerest*)及資本正論(*Positive th ory of capital*)二書之間，藍哈(Launhardt)在他的經濟學的數理解說(*Mathematische Begründung der Volkswirth Schaftlchre*)中，薩斯(Emil Sax)在他的國家經濟大綱(*Grunuiegung der theoretischen Staatswirtschaft*)中發表這同一的觀念，並且將這觀念與邊際效用價值說相連。但是他們之中沒有一個將這原則研究到最後的結果，與利息現象的一切方式相連，而加以充分的說明。賁巴衞著作資本正論時並未看見雷伊(Rae)的書，所以他更應受獨創新說之讚。他的特殊貢獻是完成前輩所未成的工作，就是充分發揚這學說的各方面，並指出牠與其他說明的相異點。

賁巴衞的前輩闡揚兩個思想方式，「一是連合利息及時間對於需要及貨物的估價的影響，一是連合利息及與生產技術有關的事實」。(註一七)但是他們未說明這些原理如何合而決定利率。雷伊對於這點最應負責，他是承認這兩個原理的。「季逢斯在他的說明中未曾合併這些原理。但是他採用一個折衷的方法，按生產力說的方法而說明關於資本生產力的外界技術事實；按節約說而說明關於心理的事實，藍哈及薩斯二人並不覺得有用前一原理的必要」。(註一八)賁巴衞不但指出這兩個原理如何相連，並且更進一步。他在歷史的背景一部分中詳細區別及分析用以說明利息的一切觀念；明白說出利息現象的各形式；區別利息的說明及理由；發揚前輩的觀念而更加以己見，使之

(註一七) 見前書第三二頁

(註一八) 見前書第三二及三三頁

又完善又合理而最後將這說明適合奧國學派曾經概述及闡明的思想。於是他使前輩所遺下的冷酷觀念又復生氣勃勃了；並使之更爲明確豐富成爲新思潮之一，以促進及改變舊思潮的方向。

賁巴衞的批評家由三方面進攻。他們指摘他誤解他所批評的各家的觀點，誤認他自己對於利息的說明爲新學說，實則祗是舊學說的重述而已；並見他連合資本生產力及以現在貨物的技術優異爲主的利息說時造成了一個錯誤。

第一派評論以華爾克(F. Walker)及馬夏爾(Marshall)教授爲代表。華爾克說賁巴衞常誤認「表現的錯誤」爲判斷的錯誤。他本是生產力說的信徒，並且以爲任何思想家都不能從其他方面求得利息的說明。所以他否認節約說及使用說是分立的，他說首創這兩個學說的經濟學家祗是用以作爲「利息的社會理由」，並非充分說明這現象的原因。關於這一點，他更提及哈曼(Hermann)、孟琦及施尼爾等人。

下列引證的關於華馬二人的評論是取諸本書作者的最近利息論集(*Recent Literature on Interest*)一書中：

「馬夏爾教授以資本的「生產力」(productiveness)及「期望」(prospectiveness)說明利息，前者決定資本的需求，而後者限定資本的供給。他深信大半討論利息的作家，心目中都有這兩個原理，而他們的相異點就是有的偏於前者，有的偏於後者。他說許多被賁巴衞批評的作家，必不承認賁氏的話能完全表現他們的觀點。

「賁巴衛在答覆時說他和華爾克及馬夏爾之間的爭點，並無關於解釋及估量其他作家的觀點，而作爲利息問題的核心及解決這問題的要件。並於其他作家的用意何在，他極願請他的讀者自去評判，因爲他常常引用各作家自己的話。但是爲辯白他對於利息問題的性質的見解，他對於華馬二人的話加以分析，加以批評。

「他對於華爾克祇說了一段。他提到華爾克對哈曼，孟琦及施尼爾的評語：就是他們認利息爲正當，但是他們中沒有一個人曾認之爲利息的原因的科學證據，並且他們的說話有些錯誤。賁巴衛將他們從未主張的獨立的深思的學說歸給他們。賁巴衛說道：「我想我不必費一句話來證明這點，反之一個眞正的歷史家決不能，並且也是最卑鄙，將使用說及節約說從利息說的發展史中删去，而從各相懸殊的說明方法中提起生產力的舊說，或更說得切實一點，將這些學說强作如此解。」

「對於馬夏爾的批評有兩點。賁巴衛以爲馬夏爾過重於「生產力」及「期望」的相合的說明能力，而且關於各種學說對這合作的實在關係所見有誤。

「第一點，賁巴衛提及關於折衷派一章中的話，他說凡公正的觀察家必看見利息與資本的生產力，以及節省所必需的節慾多少是有關係的。但是他說這種的觀察不足以說明利息，這猶如觀察虹霓而說日光在某角度上射着雲，虹霓會就出現。科學的責任是指出這因果的正確關係，而科學家若按光的波動說或放射說說明就必大不相同了。「生產力」及「期望」也是如此，也不足以說明利息。牠們祇形成說明的骨架。這問題的主點是指出這些事實及利息的

「馬夏爾譴責的不公及他誤解了賁巴衞對於所批評各作家的眞態度，更可見於第一版中賁巴衞指出使用說及生產力說間的關係的各段話。在有一段中他稱使用說是生產力說的支派，而在又一段他說道：「這使用說假定資本是生產的。」他又說道：「使用說對於資本的生產力的關係在牠們的代表作家的著述中並不如我所想到的說得那麼明白，反之資本的生產力的說明早已隨使用說而發展，而我們常懷疑此說的作者在說明剩餘價值時多根據於資本的生產力呢，還是多根據於使用說特有的理由。

「馬夏爾責備賁巴衞沒有見到有的純正的生產力說者承認節約在利息的說明中的重要。賁巴衞答覆時證明他曾注意這班中各主要作家，例如賽羅希爾、羅茜（Rossi）包里爾（Leroy-Beaulien）及高威斯（Cauwes）等人。他又說他將那班合併犧牲及節約的確認與資本獨立的價值生產力的斷言的作家，歸於折衷派。但是他堅持有的純正的生產力說派的作家，並不將犧牲或「期望」的影響與他們的資本的獨立生產力的斷言相提並論。他說他若假定這班作家承認節約或犧牲的影響，那他就對他們不公，而更不忠於歷史了。他說道：「我深信有一個前曾盛行一時而今已完全陳舊的思潮，使人相信利息的理論方面能夠用資本獨立的價值生產力來充分說明。而這思潮與重農學派認單獨土地產生價值及近代的社會主義認勞力產生價值的觀念相連合。」因此假使他沒有直接的證據，或竟用間接的證據以批評他假定各作家所主張的觀點，那他就對於他所批評的各作家不公正了。」（註一九）

第二派的批評家是以麥佛蘭(Macfarlane)及卡佛(Carver)為代表，他們兩人都認貼水說在實質上是與節約說相同的。因此他們並不十分反對賁巴衞說明利息的方式，他們所贊同的說明，就是他們認為實質上與賁巴衞的是相同的說明，賁巴衞認之為節約說的各方式，而應受他對於這學說所下的各批評。

第三派的批評是以費希(I. Fisher)為代表。(註二〇)他也主張貼水說，但是他反對賁巴衞的說明中根據於他所謂的「現在貨物的技術優異」的一部分。費希對於賁巴衞這一點的分析，述之於下：「賁巴衞用以證明這技術優異的理論共有三個主要步驟。第一是假定一個「平均的生產時期」，以代表社會的生產程序的長短。第二是這個定理：就是平均的生產程序的時期愈長，出產品必愈多。第三是結論，就是由於這長程序的較大生產力，現在貨物有一個超過將來貨物的「技術優異」。」(註二一)

於是他又指出這第三步驟有一個極大的錯誤，而第一步驟也非十分滿意。這第一步驟的缺憾，按費希則為「平均的生產時期的觀念缺少正確性，以構成賁巴衞所根據的理論基礎。」(註二二)費希既不認這是批評中的要點，我

(註一九) 摘錄 Bohm-Bawerk, *Recent Literature on Interest* 的作者序言

(註二〇) F. A. Fetter 屬於此派

(註二一) 參閱 Irving Fisher, *The Rate of Interest*(New york: The Macmillan Company, 1907)第五五頁

(註二二) 見前書第五六頁

們可撇下而討論他所謂的「極大的錯誤」茲述之於下：賁巴衞認現在貨物的技術優異，也與將來的「過低估價」及「與將來慾望的供給比較的現在慾望的供給之不足」相連合的一個獨立的利息之原因；而按費希的觀點，這實在是包括於最後的原因之中而非一個獨立的原因。

我們應注意費希並不否認賁巴衞對於「現在貨物的技術優異」這句話的用意，就是認這句話是指現在貨物予以採用「繞圈方法」的能力。而這方法是生產力較大的程序。但是他主張這原因（技術優異）並非單獨的影響於利息，如賁巴衞所主張的，而是由於牠對於「現在貨物較少於將來貨物」的有效影響。換言之，費希並不否認現在貨物的技術優異常是現在及將來慾望之間的實際關係的原因，所以牠也常常是現在及將來貨物的比較價值的原因。但是他否認這原因有獨立性，因爲牠的影響是發生於中間的，就是牠藉其他原因而非直接的發生影響。

假使對賁巴衞的這一點要加以批評，則不應指摘他認現在貨物的技術優異爲一個獨立的利息之原因，但應指摘他認慾望及慾望的供給間的關係爲獨立的原因，因爲這關係總是其後各原因的結果，而現在貨物的技術優異是其中各原因之一，同時「歉收」、「火災」、「家庭中的死亡」等等是其他的原因。

費希又批評「獨立的原因」的意義。他的定義是任何不與其他原因相合而獨自運行的間接或最後的原因。賁巴衞的定義指一個能夠而應與其他原因區別，而對於結果發生影響的原因，不論這影響是由於獨自運行或與其他原因連合運行的。賁巴衞的這句話「現在貨物的技術優異是利息的原因，」是因爲現在貨物使人能採用繞圈的方法，也就是生產力較大的生產程序，是在說明人類對於現在貨物估價高於將來貨物時不可不顧及的事實。其他不可掩埋的事實是人民傾向於貶低將來的理由，以及除了使用現在貨物於繞圈程序之外的影響如歉收、火災、家庭中的死亡等等，而他總稱之爲影響於現在與將來慾望及現在慾望的供給與將來慾望的供給之間的關係的原因。費希所指摘的各點不能動搖這些定理絲毫的效力。費希自己的說明中也包括這許多原因，而他的說明所異於貲巴衞的，祇是形式，而非實質上之別。

貲巴衞在他的資本正論的第三版中分析費希的批評，而他的答覆可與他最優的評論相媲美。

第二十五章　克拉克（J. B. Clark）

奧國學派經濟學家正根據孟琦的經濟學大綱（Grundsätze）而發揚他們的思想系統時，有一位美國青年也在相同的方向獨自研究。他也抱改造經濟學的雄志，而在價值的一門中創設了一個學說，原則上與奧國學派相同。他關於分配的思想則獨闢蹊徑，而成立一個與奧國學派大不相同而又較爲完善的學說。這位青年就是克拉克。他在卜朗（Brown）大學肄業時對於哲學極有興趣，後在亞姆嚇斯（Amherst）大學第四年時，受校長施里（Seelye）的影響而改攻經濟學。這個興趣引起他在一八七二年到德國去的決心，他在德國的海德堡（Heidelberg）受開尼斯（K. Knies）三年的鼓勵及指導。他回國後在卡爾登（Caleton）大學及斯密（Smith）大學等任教授，自一八九五年至他告退日在哥侖比亞大學任教授。

他是一個作家及思想家。他雖然對於經濟趨勢及社會問題等頗有興趣，但是他最優的成績是純粹的理論，而就是他的理論中也從未忘却他最大的社會理想。他早期的著述中常發揚這些理想，而在一八八五年發表的財富的哲學（The Philosophy of Wealth）中，將倫理方面及經濟學的意義盡量發揮，而使人深信他將來必多努力於這些問題。

說他的工作大部分是理論方面的，可以他的這種傾向來說明，而這傾向更爲開尼斯所鞏固。開氏確被推爲歷史學派經濟學家，但他實是一個理論家，這事實可見於他演講以及他的著作中。我們應注意克拉克教授主張目前的經濟學必需更大的理論法，並且也應由理論方面去改造。他的這些觀點與他的老師開尼斯以及他的同道馬夏爾，眞是大相逕庭。克拉克的財富的分配（Distribution of Weaith）及馬夏爾的經濟原理，眞是兩本不可多得的相背的著作，兩人用相反的方法以追求同一的目標。克拉克是「非常的理想」，而馬夏爾則時時限制理論的應用，注意牠們的例外，並不受規定的觀念所牽制。

除了上述的兩書之外（在一八八五年及一八九九年發行），克拉克在一九〇七年發表了經濟學說概論（Essentials of Economic Theory）一書，並在各雜誌中發表不少的文章。他的思想系統在財富的分配中發揮得最詳盡，雖在其中關於「社會的動態經濟」一部分在經濟學說概論中說得較爲詳細。我們在他的前後著作中可以找出矛盾之點，（註一）但他成熟的思想發表於最後兩本著作及各論文中是一致的，並且陳述明晰。至於關於動態經濟一部分，他祗述大綱，而希望於將來的著作中詳加闡明。下列的分析大半是根據於他的財富的分配。

一　經濟學說的分部

（註一）參閱 T. Homan, *Contemporary Economic Thought* 關於 J. B. Clark 的一章

克拉克提出一個經濟學說的題材的新分類，作為他的工資，利息及利潤理論的根據。他主張第一分部包括財富的普遍現象，第二分部包括社會的靜態經濟，第三分部包括社會的動態經濟。財富的普遍現象是指「在社會發展的各狀況之下，取得財富及使用財富的程序」——其中包括在社會組織之前的階段。社會的靜態經濟是指「假使社會組織之後，而其組織形式或其行動的方式沒有改變，財富的情形如何。」社會的動態經濟是指「社會的形式及行動的方式有變動，社會的財富及幸福的情形如何。」（註二）

二　財富的普遍現象及定律

第一分部所包括的是與組織及交換無關的經濟定律，但是這些經濟定律是起因於人性及人與物界的關係。考量原始未組織及未開化的情形下人與自然的互相影響，最能表現這些定律。克拉克說道：（註三）「在這種人人與自然對立的生活方式之下，經濟學的根本定律可以運行自如。試舉一例，有一個獵者在森林中獵獸肉以為食，獸皮以為衣。他所造成的可稱為財富，這也具有近代城市的財富的特徵。人類使用資本，而他的設備中包含不同的固定及流動的資本。他的消費也有定律，而其中最重要的是消費的物品種類繁多。他一定不能製造及使用一種物品太多，而其他的太少——假使他所造成的財富對他有大益處，那末他必不能使有的慾望過分滿足，而其他的慾望一點不滿足。

（註二）參閱 J. B. Clark, *The Distribution of Wealth* 第三三及三四頁

（註三）見前書第二六頁

他又擴充他對於經濟發展中交換發生之前的這個分析，而特述其中運行的幾個定律。例如他說過：(註四)「在每個經濟的演進中，財富是包括有用的物體，但是牠們的效用可稱之爲特殊的。供給中每部分都有一點價值……假使這些貨物的供給量增加，則人類生活充裕，損失一部分則使他們窮困，那末就可稱之爲財富。在這特殊情形下，凡可適用及有用的物體，就是經濟貨物。牠們是物品，是財富的具體形式。這個說明可以同時應用於蠻人的划船及其所載的魚，以及一隻大西洋的輪船及其所載的各種財寶貨色。」

其次他說效用遞漸律可應用於一切發展階段中的財富。他說道：「將物品A的一單位給某甲，然後再一單位一單位的加上去，直到他有了十個單位。這物品的各單位對他都有些用處，可是數目愈加多，所得的利益必隨之而漸減，而第十單位對他的利益最小。根據這人的觀點，若要增加他的A的數目，他決不肯爲這第十及最後單位的利益而犧牲較多的其他利益。」

「我們所想像的原始的經濟，不能測驗市場中的最後效用，因爲牠沒有交換這件事。那末牠竟不能測驗嗎？沒有測驗的必要嗎？實則我們極容易看出原始的經濟是有這種測驗的，並且與組織完善的社會的測驗目標是相同的。最後效用原則是屬於經濟理論的第一分部，而第二分部也應述及之。」(註五)

(註四) 見前書第四一頁

(註五) 見前書第四三頁

他也說在交換經濟之前的原始生活以至近代，人類爲變化消費而有所得，爲變化生產而有所損。

「未開化的社會的產業因爲不能生產多種的貨物所以不能怎麼推進這變化的程序。一人若要爲自己而製造各種各色的貨物，那他必爲一個無所不精的人而他必感各物不足供用，他因爲這各種的物品做一個生產者遠不如做一個祇生產少數物品的消費者的有利。一個蠻人自可生產一種貨物過多，而使他對這貨物的慾望過度滿足。假使他對於一種事工作太久，則一種貨物的各單位的效用之遞減必極顯著。假使他手中的食物已經很多，再多就無甚用處，他必改而去造划船做弓箭或築屋。否則他必一無所事，因爲已經過剩的財富再加一單位的效用並不能激動他去工作。」

「最後效用律決定這生產者何時停止製造一種物品而開始製造另一種的物品。一個近代的勞工，他的袋裏有錢，而他在購買時要請教這最後效用律使他有了各種貨物的供給後，知道怎樣化用每角錢才能得到最大的利益。我們前面假定的蠻人，他沒有錢化但他有力氣，而他用這力氣的方法也是根據同一的原則。他對於一種貨物的慾望已大滿足後，就再造別的貨物。因此市場及價格是近代的現象，而對於兩者的研究是不屬於研究普遍眞理的經濟學的分部中，可是支配近代市場中購買的最後效用律也支配孤立的蠻人的生產，並且是經濟學的一個普遍定律。」

「現在試劃分交換經濟的理論，及研究人與自然間的行動及反動的原始經濟的理論。在一方面我們可以看見市場及價值之類的現象，在另一方面，就是支配價值的消費定律在近代的生活中，這些定律支配對於商店所出售的各種貨物的社會需求，但是在原始的生活中，這些定律支配一人對於他的生產力的處理，而用於最有利之途。最後效用律是兩種經濟共有的定律。」(註六)

三 社會的靜態經濟

社會的靜態經濟的特有現象是交換，分配及價值。在這以分工及交換爲特性的發展階段中，一切在交換經濟之前所運行的定律在這個階段中也有功用。社會也根據同一的定律而變化牠的消費，分配牠的勞力，祇是藉一個新的組織而已（即市場及價值）。在這階段中，「市場上任何物品的過剩供給，就是某種物品的社會過度供給。在這種情形之下，社會全體對於這物品的有效需求，是滿足而有餘。社會是受跌價的警告，才用牠的精力改事別種物品不生產；而牠所經過的程序，與一個孤立的人發現他對於一種貨物的慾望滿足後的行動，並沒有什麼差別。」(註七)

這部分的經濟學中，經濟學家的責任是說明分工及交換如何及何以發展而達到現在的形式，並除述在這社會化的生產狀況之下，社會的生產品如何分配於社會團體中的各份子。

(甲) 交換是生產的社會要素

「交換」及「分工」二辭是指生產財富的有組織或社會的程序；按前輩的經濟學家，二者是包括在生產的分部中。

(註六) 參閱 *The Distribution of Wealth* 第四三及四四頁

(註七) 見前書第四五頁

「近代的生產者是一個專家，他出售一個物品或一個物品的一部分，而用所得的錢購買他所需要的貨物。祇有整個的社會，才是一個萬能的生產者。這猶如說社會的生產，現在是藉交換的手段而完成的。貨物的人人傳遞使全社會生產一切的貨物，而「分工」及「交換」二辭，祇是孤單獨立的生產方法，及其相反的生產財富的有組織的程序之不同說法而已……整個的社會是財富的唯一生產者。於是交換是生產的社會要素，而且是這包羅萬象的程序中一個特殊部分。」（註八）

（乙）社會生產包括價值及分配

「社會全體的生產……包括價值的規定。假使我們要出售自己的出產品，必有一物決定牠們能換到多少東西。」（註九）此物不論是什麼，牠由交換的機體而決定克拉克所謂的「團體分配」（Group distribution）。這團體分配就是生產社會所消費的各種物品的各產業團體之間的分配。試舉一例，決定了麵包、鞋及其他完成物品的交換率，就決定了一切從事於生產這麵包的工商等業團體，如產麥者、打穀者、商人、磨粉者等等，以及從事於生產鞋的各產業團體，如牧牛者、宰牛者、皮商、製鞋家等等，以及其他的生產團體，對於這總社會的出產品所應得的份兒。由此決定的每個團體所得的一份，再分配於各團體中的小團體，而最後再分配於每小團體中的勞工、資本家及企業家。

（註八）見前書第一一及一二頁

（註九）見前書

克拉克說明這分配的程序於下

“A'''	B'''	C'''
“A''	B''	C''
“A'	B'	C'
“A	B	C''

A''' B''' C''' 代表立供消費的完成物品，A'' A' A 是從事於生產 A''' 的小團體。B'' B' B 是從事於生產B''' 的小團體，依此類推。他又說道：「A''' 的價格決定牠全團體的收入是多少，而B''' 及C''' 的價格也決定生產牠們的團體的總收入。所以A'' 及A''' 的價格之差額，也決定將A'' 變A''' 的小團體的收入。在這例子中，這差額就是製麵包業的總收入（A''' 是麵包而A'' 是麵粉）A' 及 A'' 的差額也決定麵粉業的收入依此類推。全系統中每個小團體的收入，是直接由價格所決定。」（註十）

（丙） 自然的價格、工資及利息

影響於社會生產及分配程序，而最後決定價格及社會中各團體各小團體的收入的勢力，就是「各人取得收入中應得之份所用的力。」（註十一） 他們從收獲較低點移到收獲較高點，以達到這目標，而結果是在一個靜態的社會

（註十） 參閱 *The Diotribution of Wealth* 第一五頁

中，全體社會經濟的收獲最後是均衡的勞力的每個單位及資本的每單位得到相等的收入。這種狀況下的價格及勞力與資本的收入，克拉克稱之爲自然的或經常的收入。他說過：（註十二）「勞力及資本在一個產業中生產這麽多而在另一產業中也生產這麽多，價格就達到自然的水平線了。經常或自然的價格，就是指均衡的工資及均衡的利息。」他又說道：（註十三）「在一切物品都按成本（包括利息及管理的工資）而出售的社會中，各產業團體的總利潤是均等比例的。換言之，一切產業團體中資本的每個單位從總收獲中得到相等的數目，而勞力的每個單位也得到相等的數目。所以成本價格就是促成均衡收益的價格。」

克拉克在這分部（社會的靜態經濟）中的主旨是：價格及收入趨於經常或自然時，勞力及資本各得其所生產的，而二者吸收整個社會的收入。

（丁）勞力及資本得其所生產的

克拉克分別攷量勞力及資本，以說明這個定理。他先討論勞力，他說在決定價格的程序中，供給中的最後一單位決定其他一切單位的價格。工資既是這個程序的一個特殊表徵，所以勞力供給中的最後一單位決定一切勞工的工

（註十一）見前書第一六頁

（註十二）見仝頁

（註十三）見前書第一七頁

資。因此我們欲探求工資的說明，必注意於勞力的這些最後或邊際單位的估價。

他又確定這些最後單位動作的範圍，而他發現不但在古典學派經濟家所定的邊際田地中（Marginal field），但是分佈於整個的生產界。他說道：（註十四）「我們可指能供耕種的荒地為勞力的一部分的邊際範圍，但是這指定的範圍祇是全範圍中極小的部分。別種的無租工具可成為一個較大的範圍，而使用全體的有租工具而不另加租金，則又可成為一個更大的範圍。在一個近代而有利的工場中，可有一千個工人，而從他們的勞力及工廠本身所造成的出產品中取一部分付工廠的租金。也許這工廠可以再添廿人，而這廿人的加入必使每日的出產品增多一些。也許這整個的額外出產品全作為工資，就是廠主不欲分得這出產品。假使真是如此，這些邊際工人必得到他們的全體出產品，而實際上他們就如受地主的特許而自由耕種荒地，或如管理一個荒廢的工廠而廠主不加禁止。」

「於是這就是勞力供給的邊際部分，而這部分的地位可決定一切勞力的市場定率。這也就是勞力供給的這邊際部分的工資，及應歸於這部分的出產品之間的直接關係。這邊際勞力的出產品是否決定工資的標準，正如最後單位的價格決定物品的一般價值標準嗎？假使真是如此，工資定律一定是：（1）由於共同的商業規則，一切才能相等的人，所得的收入必等於同等才能的邊際工人所得之數。這原則決定工資的市場定率。（2）邊際工人得其所生產的。這原則支配工資的範圍更遠，牠決定工資的自然標準。」

（註十四）見前書第九三及九四頁

克拉克爲證明這些原則，更用他所謂的「兩可範圍」(Zone of difference) 來敘述他以爲這範圍擴充到產業社會所有的各團體及各小團體中。假使競爭進行無阻，這是「一個勞力的生產力一致及工資一致的領域。」他說明於下：(註十五)

「領域及範圍各辭是形容詞而已，他們眞正的意義是指勞工的機會。一片肥沃的土地或是一個設備完善的工場，予許多工人以工作而生產極多的機會。這工作的良機可以居於全體雇用範圍中的中心圈爲代表。陸續再加入的工人生產不如原來工人那麼多，因爲後來者的機會較壞。這事實的證明，可以用理想將這些後來者安置在中心領域的周圍。在這系統中有許多機會給勞工，可是每個機會比在前的一個較壞，而最後一個最壞就是這最不生產的範圍，給予勞力的機會我們稱之爲離中心最遠的範圍，而在這範圍中勞工僅僅生產他們所得的工資。從雇主的觀點說，這是一個兩可的範圍，因爲假使他將工人安置在這範圍中工作，那他必將他們所生產的全作爲他們的工資。假使有一個雇主給他們的工資低於他們的生產力，必有其他雇主願出較高的工資，這當然是在競爭完全自由之下的情形。在理論上任何勞工的加入對於雇主若有超過他的工資的利益，雇主之間必爭相雇用這勞工，祗有在這利潤消滅時，這競爭才告停止。」

除了這兩可範圍之外，克拉克又注意於資本貨物的形式之改變，促成雇用較高勞力的機會。資本的形式若安排

(註十五) 參閱 *The Disribution of Wealth* 第一一〇頁

適當，任何勞力都可受雇勞力供給每次增加資本貨物的數量或形式必有變更他說道；(註十六)

「前面用「兩可範圍」說明的雇用的機會在於能將資本貨物或生產的具體工具用於使牠們生產比現在較多的各途。就以現世的工場設備而論，假使我們使用較多的勞力則可得較多的出產。這與用同量的勞力以取得一個定量資本的較多出產是不同的。一個有機器設備等的工廠，可以雇用比現在較多的勞力，但是這工廠若有資本一百萬元，那這資本可以雇用數目遠超現在的邊際勞工。美國所有的偌大的機器設備，可以雇用比現在較多的工人，但是這些機器之外，而自由投於其他各物的六百五十萬萬元予大批的新勞工以工作的機會。某一堆的資本貨物給予的邊際雇用，及一個定量的資本給予的邊際雇用之間大不相同。」

「在產業界的許多部分中，因爲已用的資本數量，因爲這資本的形式不變，而雇用較多較少的工人：：但是假使資本的形式能改變以適應勞工的數目，那末使用這固定資本的工人數目並不受這種限制的。假使你增加工人時，能夠立刻而毫不浪費的將資本隨機變成新的形式，那你就可增加你的工人至雙倍四倍或十倍，而資本的總數仍然不變。因此假使資本的形式沒有限制，則雇用的勞力數量也就不受限制。」

資本改變其形式以適合勞力供給的能力，是克拉克的理論的假定之一；而勞力的完全流動——就是勞力可自由在各產業間移來移去，是又一假定。這兩個假定各爲其他一個的要素。

(註十六) 見前書第一一三及一一四頁

他的工資說可以概括如下：（註十七）「各產業中工資常與某定量的社會資本、及社會勞力的邊際出產量相等。

他討論資本也得其所生產的，而這產量就是利息時，其根本要點是資本貨物及資本之間的區別，而後者被認爲是包含於前者之中的一筆資金。與此相連的又一根本區別是租金及利息，前者是資本貨物的收益，而後者是資本的收益。他說道：（註十八）「租金是資本貨物所獲得的總數，而利息是資本的永久資金所得的資本本身的一部分。」於是租金及利息是相依爲命的——從不同方面觀察，二者確是同一之物。他說道：（註十九）「在一個意義之下，利息靠着租金，利息是總租金減至總資本的一個百分率。在又一更深的意義之下，租金取決於利息，任何工具所得的數目，是取決於這種工具被使用的數目。增加任何種工具的數目，則每個工具的收益必減少；而減少其數目，則每個工具的收益必增多。每種工具被使用的數目，是由利息律所決定的。每種的工具、機器、建築等等中資本所得的收益，必使之與其他工具中資本所得的百分數相等，而每種資本貨物的數目也必安排以獲得這個結果。這均衡的勢力決定每種資本貨物的數目，而由此再支配牠們各個所得的租金……租金直接的決定利息。試假定每種資本貨物的數量，而牠們所得的收益減去租金外，卽爲利息。根本上利息支配租金。試假定某一資本的永久資金所投的形式，使每個具體形式或

（註十七）見前書第一一六頁

（註十八）見前書第一二四頁

（註十九）參閱 *The Distribution of Wealth* 第一二五頁

資本貨物所得的租金，與其他具體形式從資本本身所得的一部分價值相等。」

他未證明「利息是資本的出產品的定理之前，他先區別資本及資本貨物，然後推斷生產時期與後者相連，而與前者無關。他說道：(註二十)「資本貨物使勞工不得立卽享用現在快要完成的物品；在另一方面資本却使勞力及他的結果同時並行。我們可用某一資本貨物隔離勞力及其結果的時間來測量出產的時期。這是由兩個不同的主觀經驗(卽不生產一件物品的損失及犧牲從這物的使用所得的個人利益)之間相隔的時間來測量。又一測量的方法，就是用這工具本身的壽命來測量。假使這是一個輔助勞力的工具，那我們就得將這工具的壽命分爲生長期及成熟期，正如分析人的一生一般。這工具有一時期是在勞工的手中形成，而後來一時期牠輔助其他的勞工去從事生產。」

「資本貨物此接彼繼，永不中斷，而每個都有牠的時期。在另一方面資本是沒有時期的。資本工作不息，而無從劃分牠的不斷的壽命，除非我們用年月日等强加劃分。我們不能從資本的動作中找到劃分的根據，如我們劃分資本貨物的一生。這資本並不產生、成熟、然後消耗完而由其他的資本來替代。貨物才是這樣，而資金却非如此。永久的資本從不成熟而去滿足直接的慾望，未成熟是資本的性質。有的前爲資本而現在成爲資本貨物的原料，確是如此成熟的；但是牠們成熟時已跨入分離生產者財富及消費者財富的一類中(卽資本貨物)。因爲牠們成熟時，就不包含資本了。」

關於這一點的討論中，克拉克也述及節約及資本之間的關係。開首他就反對普通不區別節約及經過某生產工

(註二十) 見前書第一二七及一二八頁

具的壽命以取得消貨物的等候。(註二一) 他說實際上沒有這種等候，消費貨物在資本一出現時，就開始流動，而永續不斷。他將資本在生產消費貨物的工作，比較水從河裏的一端流入儲水池，而在又一端流過轉動機器的水輪盤。水力在輪盤上的行動，是永續不斷的，而水中各份子的變動以及各份子流入水門所需的時間，廠主並不十分關心，他所關心的是動力的維持，所以包含資本的資本貨物的形式之變化，以及其形式存在的時間，對於經濟學家是沒有關係的，他們的興趣是集中於資本的機能及工作。

按克拉克的意見，(註二二) 節約是與「就資本的來源」極有關係的。節約產出新的資本，牠將金錢從消費貨物的費用中提出，而加入購買生產工具的費用中……節約一成功，立刻就沒有輕移收入的事。在有一個意義下，維持一串的資本貨物是自動的。實際上工廠，船等等損壞後，自行以新替代。這些事實說明在靜態的狀況下，資本貨物必永遠產生層出不窮的形式及數量，但是資本是不生產的，生產財富的資金中沒有一個增加的淨數。」

資本的觀念既與生產的觀念相連，資本是生產力，資本貨物是這力量藉以動作的具體形式。按克拉克的觀念由節約而產生資本，是隨意用一部分的收入，以取得本身不給予任何快樂，但在一年後能生產這類貨物的物品，而不用這收入以取得給予快樂而後消滅的物品。促成這選擇的不是人的習慣，却是自然增加獵者的出產是弓的本質，而且

(註二一) 見前書第一三〇頁

(註二二) 參閱 *The Distribution of Wealth* 第一三三及一三四頁

是這本質使他的出產的增加數足夠做一個新的弓，以替代舊的一個，使他仍可作狩獵之遊。總之，物質的定律使資本生產。資本有了生產力，可將牠的出產品直接給資本家或轉給別人而由別人償還資本家。償付利息是購買資本的出產品，正如償付工資是購買勞力的出產品。於是資本生產物品的生產力是利息的根據。(註二三)

克拉克的這個定理生產時期與資本貨物相連而與資本無關，是他批評貢巴衛的利息論的根據。他否認貢巴衛所主張的增加資本的數量，是延長生產的時期。按上面所述的理論，這是因為資本的壽命是永續不斷的，而資本貨物的再造牠們的本身或替身沒有如此自然。克拉克主張「我們可以不斷的增加設備中的工具直到造成現社會所有的複雜組織為止；我們可以繼續這程序而無限制的經營這組織，但是我們加於介在造成第一工具的節約及第一工具所包含的眞資本的生產行為終了時可得的享用之間的時期，並不是一日的功夫。在事實上，是沒有這個終了的時候。凡有一點點的永久資本開始牠的經濟生涯在靜態的狀況之下，資本的壽命是永無止境的。」(註二四) 他又說道：

(註二五)「貢巴衛教授的觀點是：短時期生產力高，長時期生產力低；而平均生產時期每次延長所增加的出產品總是比

(註二三) 見前書第一三五頁

(註二四) 前書第一三七頁

(註二五) 前書第一三九頁

在前的一次較少。我們的觀點也是以為這種平均的生產時期，可以延長或縮短而對於資本的數量或其收益率，並沒有影響；因為資本本身的延續時期是不能延長的。我們至此眞是左右為難。假使我們用眞資本的壽命來測量生產時期，那末這生產時期是永續不斷的。假使我們用資本貨物的壽命來測量，那末這生產時期可以延長或縮短而不至影響於利率。更進一步說，用資本貨物的壽命所測量的生產時期，對於資本家取得消費的快樂的等候並沒有關係。一串資本貨物一經造成而使用，就沒有什麼等候的必要了。資本在牠永久靜態的機能中並不使任何人等候；雖然在牠的開端，牠使資本家起始一個永久的等候時期。總而言之，節約是指永久放棄一件東西，並非等待一件東西」

克拉克在最後一段中對於社會的勞力隊伍及其所包含的具體形式與人加以區別。他稱前者為永久的，自相延續的生產力，如資本一般；而後者為這生產力的不定的具體物，一代繼承一代及一個勞力形式繼續另一形式，正如一組組資本貨物的此繼彼續，以及一種資本貨物的形式替代另一種的形式。他說道：（註二六）「勞力也是一筆永久的資金，是顯而易見的事實——這筆人力的資金永無消滅停止之日。人類與資本貨物是一樣的易於消滅，但是勞力卻與資本是一樣的永久。」

這兩個社會的勞力及資本基金構成社會唯一的生產力，而且二者都能時時自行調劑以適合其他一個的形式。克拉克說道：（註二七）「因此世界的產業中有兩個永久的實體，一是資本，或是資本貨物互相更迭，永繼不斷的財富。

（註二六）參閱 *The Dist-ibution of Wealth* 第一五七頁

一是勞力，其延續的情形與資本相同；今天舊的去，明天新的來。這兩個生產要素，其形體上的變化力，是沒有限制的：牠們的體系每年每日在變化。」

「與某定量的資本合作的勞力，若有增減，必使資本的形或隨之而改變。譬如每個工人有資本五百元，這資金就是一組的形式；每人若有資本一千元，就有另一組不同的形式。此時勞力形式的改變，也是如此。資本少的工人有他們的一種行動，而資本多的工人又有另一種行動。資本愈增，而投於較爲貴昂精良的機器中，則藝術必隨之而與日俱新。勞力及資本的相對數量若有變化，則二者的形式也必有變化：這就是說，每個生產要素必使其本身適應其他一個的需求。」

這兩個生產要素確是合併而通力合作，可是每個應得一個出產量，而兩個的出產量各構成工資及利息。至此克拉克證明道：「這些收入是取決於生產要素，就是勞力及資本的最後生產力。」（註二八）他證明的方法，是用這個假定：勞力單位一個人加力的資本的固定資金，以及資本單位一個人加入的勞力的固定資金。每個增加的勞力及資本單位所得的出產較少於在前的各單位，而最後的一單位的出產決定合供給中其他一切單位的收入。

我們應記着克拉克所尋求的是靜態的工資及利息標準。他對於這問題的意見述之於下：（註二九）「譬如有一

（註二七）見前書第一五八，一五九及一六〇頁

（註二八）見前書第一六〇頁

千個工人，代代工作而沒有增減同時他們有一千元的資本也是持續原狀而無增減，那末每個勞力或資本單位所得的出產量是多少呢？這問題的答案也就是工資及利息的定律可述之於下：這些收入是由兩個生產要素，即勞力及資本的最後生產力所決定。」

至於決定勞力及資本各單位的出產量的標準，是觀察減去一個勞力單位及減去一個資本單位後，總出產量中減少多少，或是加上一個勞力單位及加上一個資本單位後總出產量中增加多少。

他又主張工資及利息可視為盈餘，而用古典學派經濟學家測量地租的等差原則來測量。他說道：（註三〇）「工資及利息確是由最後生產力定律所決定，但也可用測量地租的方法來測量。換言之，用以說明一塊土地的收益的呂嘉圖公式也可用以說明社會資本的總資金的收益：一切利息可變成一個等差所得，或是一個盈餘。再進一層，呂嘉圖公式可用以說明社會勞力的總隊伍的收益，因為工資的全體是一個等差所得。一切勞力的收入以及一切資本的收入，這樣完全與地租相似，是最顯著的經濟事實之一。假使租金是指等異出產量，則牠們是兩類的租金，而土地的收益是其中之一的一部分。」

「他說明這題目於下：（註三一）「假定一個工人占有全田地時所得的出產量是 P^1。第二個工人加入後所得

（註二九）見仝頁

（註三〇）見前書第一九一頁

的出產量是 P^2，依此類推而稱最後一人所得的出產量為 P^{10}。

P^1減去P^{10}＝第一工人所得的盈餘

P^2減去P^{10}＝第二工人所得的盈餘

P^9減去P^{10}＝第九工人所得的盈餘

假使我們依次減除，並把九個餘數加起來，那末總數就是這塊土地的租金。這數目是地主從各工人耕種土地後所得的總數中可據為己有的數目。」他又說道：（註三二）「現在有一塊固定的土地，就有一筆永久的社會資本的固定資金。這是在這時候的一個正確的總數，而且延長這時的狀況而數目仍如現在一樣……勞力若一單位一單位的加入產業中，當然使資本改變形式，前已述及，資本的數目若固定不變，工具必隨勞力隊伍的擴大而愈變愈多，並且愈低廉。

「用於土地及一切其他工具的資本總資金的勞力，現在受報酬漸漸律的支配，其中最後一單位的出產量決定工資率，而其他單位各有一個盈餘的出產量，這些盈餘加起來就成為社會資本的總資金的收入或租金。

「將這情形反過來假定勞力是固定的要素，而社會資本的形式隨其數量的擴大而改變。

（註三一） 見前書第一九三及一九四頁

（註三二） 參閱 *The Distribution of Wealth* 第一九七及一九八頁

「資本各單位的重要，也如前情。資本貨物既不互相交替，眞資本却完全能互相交替，所以眞資本的各部分都有收益能力。假使一個商人、製造家或農夫有完分的保障，他能按他投於商業中最不重要的資本所得的收益，作爲借用他所必需的一切款子的利率標準。」（註三三）按前述的原則，就是生產力最小的資本單位的出產決定其他各單位的收入；那末每個單位必生產勞力所得的一個盈餘，而這些盈餘的總數就是「與資本合作的勞工隊伍的租金。」

「勞力的租金（The rent of the labor）（我們若用這名辭），是先加入的各資本單位所生產的盈餘出產量的總數，但非應歸於牠們的一個原因。勞工似乎得到先加入的資本各單位所生產的一部分；然而在事實上，這是資本與勞力連合的出產量，以及資本單獨加入這連合出產量的數目之間的差額。」

他結論於下：「支配工資及利息的是一個定律——最後生產力定律（The law of final productirity）。我們用這定律的一個說明方法，就說工資是由這原則直接決定的數目……由算術方面說，一切勞力的收益等於勞力最後單位的出產量乘勞力單位數目的積數。

「用這定律的又一說明方法，就說利息是由最後生產力定律直接決定的數目，而工資現在是與租金相似的盈餘了。這兩個數目合起來就構成社會的靜態的總收入。」（註三四）

（註三三）見前書第一九九頁

（註三四）見前書第二〇〇頁

克拉克對於分配問題的又一貢獻，就是各產業團體的收益的說明。這是用消費者及生產者貨物的最後單位的觀念，修改最後効用學說而得的說明。這觀念的主點：是這些最後單位是貨物中的原素，不是整個的貨物。」(註三五)

他說道：(註三六)

「按純粹的理論，消費的主要事實應這樣說明：一個人購買以供己用的每件物品，包含一組混合的原素（卽效用），其中有的是加入他的消費者財富的最後單位中。因此，一人的資產增加時，他必需求他所用的物品加入新的品質。他並不常常增加物品的數目，但是他使物品的材料變得更精美。他加於他的消費財富中的，並非新的物品，而是新的效用。這些效用大半是包含在他從前所消費的各物中。」

「資本的增加也是如此。生產者財富中所增加的新單位，多爲資本貨物的改良，少爲資本貨物的增多。我們將新財富改良生工具，增進生產力。我們將較優的工具替代已用的工具；而構成資本的最後增加數，是這新舊工具之間的差額。」(註三七)

「市場價值所根據的標準，通常不是整個的商品。是商品中最後增加的財富。」(註三八)

(註三五) 見前書第二一八頁

(註三六) 見前書第二一四頁

(註三七) 見前書第二一七頁

決定價格的程序，是這些最後增加的貨物品質，不是互相競爭的整個貨物。人類決定用費時所安排的次序，就是這些品質(效用)，而買賣兩造決定貨物的交換率，也是爲爭取這些品質或效用。除了最劣最簡單的貨物之外，每個物品都有一個不同效用的複合體，而同時能供各種不同的用途。人類之所以渴望及購買這物品，都是因爲這些效用……商業上的交易自有牠的方法，以測量一個物品所貢獻的特殊用處，而決定其價值以表現這些測量。每個這種物品都有一個邊際的效用，而這是決定其價值的唯一要素。實際上，除了最劣最廉的物品之外，每個物品就是一捆可供使用的原素。這一捆中的最後或邊際要素，對於價格有直接的影響，而其餘的原素却毫無影響。」(註三九)

因此按克拉克的意見，爲值價起見，每個物品應視爲一捆的效用，(A bundle of utilities)其中每個效用在市場上是按邊際效用定律分別加以價值。最劣的物品也許祇有一個效用，但是較優的物品却有幾個效用。各效用對於有的團體也許是最後的，因爲這效用是該團體中任何人所爭求的物品的最高品質；而決定這物品在市場上的價值，就是該團體中各人對於這最後品質或效用的競爭。

克拉克用划船的例子來說明這理論，這划船是包含下列各品質或效用的一個複體(註四十)：

(註三八)　見前書第二一九及二二〇頁

(註三九)　見前書第二三七頁

(註四十)　參閱 *The Distribution of Wealth* 第二三七頁

(1)使船主浮於水上的力量——一棵枯樹有這效用。

(2)使船主渡過深水的力量——一塊平滑的木料有這效用。

(3)使坐船的人不受濡濕而安適的達到目的地。一隻划船有這效用。

(4)有輕快而安穩跨波渡浪的力量。一隻精造的划船有這效用。

(5)有滿足船主的嗜好的力量。一隻式樣精美裝修精巧的船有這效用，

「用比喻來說，一隻極優美的划船有一棵枯樹，一塊平滑的木材，一隻粗划船，一隻安適的划船以及一隻優美的船。」但是「在經濟的意義之下，這些品質中祇有最後一個是最後的效用。」(註四一)

這些不同的效用在市場上是分別値價的而最後加入這划船的品質決定價格茲述之於下：

「假使這隻船的裝修値卅元，漁夫必購買裝修較劣的划船。於是對於裝修優美的船的需要必減少，而對於裝修較差的一種的需求必增加。裝修較劣的船出產必多而較精美的一種出產必少……船的數量與前相同，但是這些船都沒有特殊的裝修，而這裝修就是最優的划船的最後效用値七十五元的划船，這效用顯然就是測量價格的唯一標準。

「這樣，那船的其他效用何由得到牠們的市場價格呢？有一級的購買者以這船的第四效用——輕快的速率——

(註四一) 見前書第二四〇及二四一頁

—作爲最後的效用，他們放棄精美的裝修，不買第五級的划船，而買第四級的划船。這些購買者因欲這船的速率較高於別船而化一筆錢，結果他所得的快樂恰恰值這麼多。划船的浮水的力量以及其他在邊際之內的效用，對於購買者的貢獻却超過了牠們的價格——「就是消費者的租金，」或是超過邊際效用的利益。因此，對於這一級的購買者，衹有划船的第四效用是決定價格的效用。由於這一級消費者的需求，這效用在市場中可值廿五元。

「假使這船所有的每個效用是一個人的物品，最後效用律的運行也是如此。按這情形說，這上述的各種效用，就等於一捆捆合併起來的貨物。其中有的包括五個貨物，有的四個，有的三個，依此類推。實際上沒有一個消費者以全體不同的貨物作爲最後的效用。整個一捆的貨物，決不能作爲任何消費財富的最後單位。但是其中每個效用，必有一級購買者認爲最後效用，而衹有這一級的心理估價決定這效用的價格。」

克拉克稱這估價的程序爲社會的程序。他說道：（註四二）「貨物確是按牠們的最後效用而出售，但是按牠們對於社會的最後效用。在全體社會中，一件貴昂的物品中每個效用是處於最後效用的地位……優良的物品——即一捆捆的效用——送到社會去時（社會就是混合的消費者），每個原素或效用在這社會的機體中決定總價值的一部分。除此這整個的貨物無由得到一個估價。沒有一個人認這貨物的一切效用爲最後的效用。」

這個原則，卽克拉克所謂的「分析估價」（analytical valuation）可應用於消費者貨物及生產者貨物。他說道：

（註四二）　見前書第二四三及二四四頁

（註四三）

「資本的獲益力是取決於最後單位的生產力，而這最後的單位並不包括整個的生產工具，但是祇包括這些工具的原素。

「決定利息的標準是這資本的最後單位的生產力。企業家就得按這最後單位的生產量，償付所借用的資本的利息。這數目（生產的淨增加量）是一般企業家由於擴大、或充實建築、改良機器、提高原料品質等等後所能得的利益。

「我們證實社會資本最後單位的獲益力決定利息的標準；而這單位所包括的是生產工具的品質，不是整個的工具。競爭是平準（leveler），使資本貨物最後生產效用的獲益力趨向經常的標準；並且無論何種工具的最後單位的獲益力低於這標準，就必遭排斥。」

「假使實際是如此，以資本為具體工具的觀念顯然是不正確的。一般人多以為資本是具體的形式，由各企業家爭以最高的代價取得，實則競爭的主體是資本，不是資本貨物。他們所爭的資本不是工具，是有形的流動的東西，能供任何企業家許多不同的用途。沒有一堆的資本貨物有這種適應性，而能使一切的企業家趨之惟恐不及。可是競爭資本是普遍的，而這競爭的結果決定了利息的標準。全社會產業組織中任何一個企業家都是任何資本的需求者。假使他用這資本所得的收益能超過現在的占有者，那他的出價必較高，才能取得這資本在這產業組織中沒有一個資本

（註四三）參閱 *The Distribution of Wealth* 第二四六——二四七及二五五——二五七頁

是牢附着一個使用者或一個地方。可是包含這資本的貨物的動作是固定的，而資本本身却流動自如。」克拉克心目中的生產及分配的社會程序包括（1）資本品質的增加，（2）勞力（由於人口的增加）的增加，而新勞力在各業上的訓練使品質上有改變，（3）勞力及資本貨物的形式的不斷互相調劑，（4）資本貨物不斷的再生產其本身，（5）消費者及生產者貨物以及勞力的估價，是根據「最後效用律」及「分析估價」。

在分工生產的專門化及交換的制度下，資本及勞力由一個社會的定律而均分於各團體，而這社會的定律在靜態的社會中均衡全體社會生產中每個資本及勞力單位的收入。這定律說明於下：（註四四）「勞力前後的流動，以尋求能得到最大財富的地方。資本在各點上所得的數目不能激動勞力，因為勞力所尋求的祇是工資而已。資本也是如此的前後流動，以尋求能得到最大利息的地方。以動機而論，這兩個要素（勞力及資本）是各不相牟的。」這些勞力及資本的動作，是受「經濟變化的普遍定律的」支配。這定律在消費中運行，牠影響於某定數的消費者時使消費者財富愈增加，其特殊的效用必愈減少。這定律也支配價值，因為貨物愈多，價格必愈小。在生產中也受這定律的支配，牠使與某定量生產要素合作的另一要素愈增加，每單位的生產力愈減少。試舉一例，與定量資本合作的勞力數目愈增，則每單位的出產必愈少。這定律在這產業制度中若要均分勞力及資本的數目，必從兩方面運行。在一方面決定價值，而在另一方面決定生產貨物的力量，所以有兩重的影響。其結果是一個勞力單位在完全的競爭之下，在產業制度的任

（註四四） 見前書二七七—二八〇及二八二頁

何部分中的價值生產力是相等的。一個資本單位的趨勢也是如此。」

勞力及資本動作的動機既是各不相牟，可是「牠們的動作却是互相依賴的，因爲其中有一動作，必改變其他一個的生產力。」

根據上述的定律而均分勞力及資本於各產業團體中，使生產及消費同時並行。這均分完成時，資本貨物從各級不斷的流入消費者貨物的貯蓄庫中。大家都不必等候，生產等也不必將消費貨物預借給從事於各級生產者貨物的各團體。預借貨物就是減低貯蓄而以後再行補充，在一個勞力及資本都已均分的靜態社會中，沒有這種情形。反之，在這社會中原料不斷的從一端流入，而消費貨物不斷的從另一端流出。每個勞力及資本單位根據牠的相對價值，從消費貨物的貯蓄庫取其所應得。

克拉克在第廿章中討論這問題，他將繞圈的生產方法所包括的等候及節約，與資本的來源及增加相連；而又注重於前幾章中所說的定理；就是資本是生產力的一筆不斷而永久的資金。他說道(註四五)：

「工具是生產的，但是時間是取得工具的要件——這是簡而確的事實。」

「最初造成的工具，使工作與其結果分離——使人類等候他們所慾望的東西，而每加一個工具就是多等候一時，一個工具的成本中多加勞力的時間，就延長享用前的等候時間。近代社會用以生產的原料及機器等，就是介於勞

(註四五) 參閱 *The Distributon of Wealth* 第三〇九及三一一頁

力及出產品間的一大楔子。這是成實體的時間(Solidifed time)或是等候的具體結果。這是證明這事實就是現在的勞力的結果，包含已往的勞力。

「資本貨物是指等候勞力的結果反之資本的意義與此恰恰相反，資本是用以避免一切的等候。資本減少時間的間隔——使勞力及其結果同時並行，……在一方面看起來，這些複雜而龐大的工具似乎是指無限期的等候。但是另一方面看起來，並沒有片刻的等候，每個勞力的最後結果立刻就出現。

工資及利息的邊際生產力說所引起的另一問題，克拉克的解答見於第廿一章經濟因果的理論中。所引起的疑問是：這理論豈非說除了邊際勞工及邊際資本家之外，全體都被褫奪了嗎?他們所得的少過他們所生產的嗎?克拉克的解答是根據上述的原則，就是勞力及資本形式必互相適應。某定量的資本適應較大數目的勞力時，每個勞工所用的資本就少些，於是他及他的設備的連合生產力也就減少。某定量的資本適應較少數目的勞力時，每個勞工所用的資本就多些，於是他及他的設備的連合生產力也就增多。那末這減少及增加的原因何在呢?顯然前者的資本設備較劣而後者的資本設備較優，換言之，這些勞力單位的生產力的變化，是應歸於資本而非勞力。克拉克對於這問題說明於下：(註四六)

「(一)第一批勞工使用全體資本時的出產量與他們現在出產量的差額，應完全歸於他們從前所用的額外資

(註四六) 參閱 *The Distribution of Wealth* 第三二五及三二六頁

本。(二)一個勞力單位使用全體資本時的出產量，與兩個勞力單位現在的出產量(資本數目仍舊)的差額，應完全歸於第二勞力單位。這樣我們已測驗了資本某一數目的特殊生產力並且也測驗了一個勞力單位的特殊生產力。」

「我們立加討論的是後一個測驗，並且我們應注意這觀念：就是無論何時勞力各單位的出減量，總有一個差額。每個勞力單位(各有一份資本)的出產量，等於現在總產量的半數。但是現在總產量的半數，比較祇有一個勞工(使用全體資本)時的總產量來得少。這減少的數目就是一個勞力單位使用半數資本時的出產量。在另一方面這兩個單位的總產量比較一個勞力單位的總產量來得大，這增加量完全是由於勞力的增多。在現狀之下，這增加是一切勞力的出產量的標準。

四　社會的動態經濟

這理論的分部中討論社會活動的形式及方法之變遷，如人口的增加，資本的增加，產業方法的改變，爲生產的目標而發生的勞力及資本之變動以及人類慾望的增多及提高。他說道：(註四七)「動態經濟的第一步驟，是分別攷察這些變動，以探知(1)如何使實際的價值工資及利息與靜態標準不同，(2)如何使標準本身發生變化。這些變化並行時的情形，由動態的理論去說明。」

克拉克認價值工資及利息的靜態標準的變化，是動態變動的最要結果之一。他說明生產方法改良的結果，以說

(註四七)　參閱 *The Distribution fo Wealth* 第一〇四頁

明這些變化。(註四八)

「最初改良使企業家得到利潤，但是後來加於工資及利息之中前已述及。這就等於新財富的產生，因爲社會的收入有增加。並加改良的方法一經採用，靜態的工資標準就隨之而增高。現在勞力的報酬是根據新而較高的標準，與新方法來採用前的不同。工資現在與勞力所生產的相等，而這生產量比從前多。待這新發明的收益分佈於全社會時，勞力的工資就與新標準相等。」

「若又有一個使生產節省的新發明，也可生產利潤，並且這利潤與第一個相同，祇能由企業家暫有而不能久持。這數目不久就要從企業家的手中溜走，而分給全體的社會。」

「假使產業的改良方法不是相隔一個時間而發生，但是連續不斷的——假使每個改良緊緊相繼，第二個發生時，第一個的收獲才開首影響工資——那末結果工資標準必漸漸上升，而實際的工資必不斷的趨向這標準，但是總是與這標準相差一段。」

「這程序代表產業的眞情實況。」

於是動態經濟的理論應討論一個新分配的應得，就是利潤，而這利潤的產生，是由於有任何變化時工資及利息的新靜態標準（這標準將全體的收入分配於各勞工及各資本家），因爲阻力而不能立刻成立。克拉克說道：(註四九)

(註四八)　見前書第四〇五及四〇六頁

「假使競爭能進行無阻純粹的商業利潤必隨生隨滅這情形下的企業家決不能得到任何的收入。」

因此利潤是變動之果是一個動態的收入。按克拉克的觀點利潤也是變動的原因他說道：（註五〇）「利潤是生產改良的原因而改良是工資增加的永久來源要產業進步人類所得的利潤必足以抵消種種阻礙及冒險在某一時期中實際工資與工資標準的差異測量人類所受的刺激有多大因爲勞工今日所得的是昨日的生產改良的結果，所以雇主才能有所得而也就是因爲他們能暫時有所獲得才能使工資永久的增多。

因此按克拉克的意見動態的勢力有不斷改良勞力階級狀況的趨向。他以爲資本在利潤的吸引力之下，並且受了因利率跌落而欲得確定的收入的影響，得不斷的增加。他以爲人類欲提高生活標準及社會地位的慾望，必抑制性的本能而使人口的增加率低於資本的增加率，以達到或接近所慾望的生活標準之提高。

克拉克以爲每個動態勢力單獨運行後所產生的與靜態的價值，工資及利息標準的差異，可由牠們並行的動作而互相抵消。因此他所認爲在靜態勞力之下的自然狀況，必與實際世界較爲接近，並非表面上可見到的。他又注意這些靜態勢力卽使在動態的狀況下也必不斷的運行。靜態勢力總是動作的，而動態勢力的最大影響就是使靜態標準近於完全，而非完全的實現。

（註四九）見前書第一〇頁

（註五〇）見前書第四一一頁

有兩個勢力使克拉克的理論有些不妥的地方。一是落後的國家對於先進國家的影響，一是阻礙及消滅競爭的獨占。克拉克所說的經濟勢力的運行在落後的國家中遠不如在先進國家那麼完善。生活標準低的勞力從落後的國家紛紛移入先進的國家，而同時資本卻在相反的方向流動。於是先進國家中的雇用範圍縮小而勞工的人數增多；在落後的國家中則雇用範圍擴大而勞工的人數減少。最後的結果也許是有利於全世界的勞力，但是卻不利於先進國家中的勞力階級。

克拉克在早期發表的財富的哲學（*The Philosophy of Wealth*）一書中，以競爭爲一個立卽變弱而消滅的勢力，但是在他的後期著作中，他整個的理論程序是根據於這假定：競爭不但運行，並且牠的動作是有益的。關於這一點，他發問道：（註五一）「那末我們祇求出了競爭所根據的事實是不成立的，就算完成了競爭的分配理論嗎？」他的答案是：「說明競爭是一個不可消滅的勢力，是動態經濟的責任。」

（註五一）見前書第四四〇及四四一頁

第二十六章　馬夏爾（Alfred Marshall）

馬夏爾對於他當代的關係，有幾點頗與彌爾（J. S. Mill）的地位相似。他如彌爾一般，也想使經濟學合於時代，並且也是建立於古典學派的基礎之上。他也富於人道主義的精神，也熱心於改良狀況，而對於勞工階級的生活程度尤為關心。他與彌爾的關係，也同彌爾對呂嘉圖的關係差不多，雖然沒有那樣密切。他的經濟學原理也如彌爾的著作，備受讚許，並且也是在他當代的英國中最著名的經濟論著。

馬夏爾的教育及背景却與彌爾的大不相同。他在倫敦的 Merchant Tailors' 學校肄業，畢業於劍橋（Cambridge）大學時得數學優等獎狀，他的大半生涯是任教師之職。從一八七七年至一八八五年他執教鞭於白里斯多（Bristol）及牛津（Oxford），從一八八五年至他退休之日是在劍橋任政治經濟學敎授。他從退休以至於死（一九二四年），仍在劍橋的周圍工作。他也篤信宗敎，在大學時曾想任牧師之職，可是彌爾從未進過學校或大學，他在入學年時由嚴父敎督。他是個商人兼出版家，但非敎授，並且自認是個無宗敎的人。

馬夏爾放棄早年想任牧師的志願，與後來潛心研究經濟學之間的關係，頗饒興趣。他從劍橋畢業後，結交格林，(T. H. Green)摩里斯(F. D. Maurice)，克里弗(W. K. Clifford)及薛威克(H. Sidgwick)等人，於是對於哲學津津有味及再讀了達爾文的物種源始他懷疑神學上的問題，并使他早年的宗教信仰心大起動搖。可是這一切並未改變他天賦的宗教性質，也未減少他對於人道的關心。最後他的心力移於社會倫理及經濟學的研究而認此二者爲改良人類的狀況的手段。馬夏爾的人道主義的思想不但是使他舍數理和哲學而研究的主因，並且也決定了他所倡的經濟學的性質。他對於經濟的一切著述及研究的興味，無非要使經濟學成爲社會改良及進步的一個有用工具。據他看起來經濟理論及原則是達到實際目標的手段，而其本身並非最後的目標。

我們欲了解馬夏爾的經濟學，必須記住一點，就是在他開始研究經濟學時，古典學派正處於四面楚歌之境，即在該派的策源地—英國—其聲勢也大衰減。第三編陳述的各批評家中應加入賴斯里 (Cliffe Leslie)，湯比 (A. Toynbee) 及季逢斯 (Jevons) 三人，前二人代表德國歷史學派的態度，而第三人代表奧國學派 (這是以一般價值問題而論，確與孟琦早年的著述同時，但却獨自研究而得。) 後來馬夏爾對於奧國學派雖有指摘之處，但頗同情該派的進展。馬夏爾也深感到當時經濟生活的複雜，以及用經濟學說及定律以說明經濟生活的困難。

他的主要著作洌成定本者列之於下：產業經濟 (*The Economics of Industry*)(一八七九年)與他的夫人合作而成；再版時改名產業經濟概論 (*Elements of Economics Industry*)(一八九九年)，是經濟概論 *Elements of Economics*)的第一卷；他最著名的著作經濟學原理 (*Principles of Economics*) 最初出版於一八九〇年；在一八九一年及一八九八年又出了好幾版；產業與貿易（*Industry and Trade*）發表於一九一九年；以及一九二〇年的貨幣、信用與商業。（*Money, Credit and Commerce*）

一　經濟學原理的目標

馬夏爾在經濟學原理第一版的序言中說明他的目標於下：「本書是將舊學說加以新的解釋，根據於新的研究以及我們這時代的新問題。」（註一）他所指的舊學說就是古典學派的學說，他以為這些學說雖經抨擊而大體存在。他說道：「現代最優秀的著作中有的一看確是與早期經濟學家反抗。但經過相當時期之後，這新著的草率之處經過琢磨之後，則新說並未中斷了經濟學的繼續進展。這些新學說補訂、擴充、發揚並修正了舊學說；有時因着眼點之不同，常予以新的論調，可是推翻舊說的時候却不多見。」（註二）

二　主要的原則

（甲）繼續的原則（The Principle of Continuity）

馬夏爾說明新學說補訂、擴充、發揚及修正舊學說，以及予以新論調的結果時，又申明他是根據幾個主要的原則。其中第一原則他稱為「繼續的原則」。他對於這原則在別處並未正式說明，但是他用許多方法證明這原則的應用，

（註一）　見馬夏爾著經濟學原理第二版一八九一年（倫敦麥米侖公司出版）第九頁

（註二）　見前書同頁

茲述之如下：

(1)常態行爲的相對性。他認常態經濟行爲是「在某種狀況之下，一個產業團體各份子所應有的行爲」(註三)這種團體可受複雜動機的影響，而這些動機可以各團體各相懸殊，也可時時不同。常態行爲與一時認爲異常行爲之間，不能劃清界限，各行爲是一一依序而漸進。他說道：「所以我們注意這事實「城市人」(即商人)的行爲與普通人的行爲之間，有個不斷的漸進次第，前者根據於審愼而遠大的預算，並且有力量有能力；後者沒有能力，也沒有認眞處理事務的志願。常態的節省心，常態的願意以某種勞力獨得某種金錢報酬，或是常態的機敏以尋求最良的買賣市場或爲己或爲兒女尋求最有利的職業——在某地及某時這一切情形必與某一階級的各份子有關。但是這情形一明白，則經常價值說(Theory of normal value)可適用於非商人階級的行爲，所用的方法雖同，但其詳情不能像商人銀行家的那麽精確。」(註四)

(2)經常及市場價值(Normal & Market Values)。他又指出「經常」及「流行」，「市場」或「臨時」的價值間沒有不可通的隔斷；這些價值依不斷的次第而轉移揉合，我們若想及每小時物品交易所的變化，而認爲經常的價值，從一年的歷史說起來，却是現行的價值變化，關於一年的經常價值，從一世紀的歷史說起來，則又爲現行的價值了。(註五)

(註三)　見前書第十頁

(註四)　見前書第十一頁

（3）租金與利息，固定與流動資本土地與其他租金。他從租金及利息，（註六）地租及其他租金，流動及固定資本的共同性質中見到他的原則的第三個說明。他以爲租金及利息的區別大半是取決於「我們所觀察的時間之長短……把通常所認爲「流動」資本或新投資的利息，視作舊投資的一種租金，更爲恰當。」他也以爲流動資本與投於特殊生產的資本之間，或是新舊資本之間，都沒有顯明的區別……每一類次第與他類相揉合，地租祇是總類中的一種而已。」

（4）勞力及其出產的價值。他又用勞力的價值與其出產的價值說在基本上的相似之點，以說明他的原則。他主張「這些是不可分的，牠們是一個總體的各部分，而牠們之間的差別大半是程度而非種類的差別。」（註七）

繼續的原則使馬夏爾對於定義及分類極爲審愼，「由此可成不少簡括而正確的定理。」他以爲有意使這些定理適合於論理的準確，及普通愛好定理以示其淵博……結果常劃分不自然的界線。」他在結論中說道：「經濟學說愈簡單愈純粹，則將經濟學說適用於實際時必愈紊亂，倘使在實際生活中尋不出這學說所指的界線。在實際生活中，資本及非資本物之間，或必需品及非必需品之間，或生產的及非生產的勞力之間，沒有明白的劃分。」（註八）

（註五）見前書第十及第十一頁

（註六）見前書第一二頁

（註七）見前書第一二及第一三頁

(乙)「邊際增加」的原則 (The Principle of the "Marginal Increment")

馬夏爾又說他也受「邊際增加」原則的指導，他詳述這原則道：「在顧諾(Cournot)與杜甯(Thünen)兩人的指導之下，使我大大注重這事實：就是我們在精神與物質界中對於自然的觀察，關於總數量的不如數量的增加額之多；並且對於一件物品的需求是一個繼續的行爲，而其中「邊際」的增加在穩定的均衡下，爲生產成本的相同增加所抵消。」(註九)

他多用數學公式及圖表，但是關於那些工具他曾說道：「純粹數學在經濟問題中的最大用處，似乎是使一人替自己將他的思想敏捷而簡確的寫下來，並且證實他有解決結論的充分前提(就是他的方程式與未知數相等。)但是採用許多符號時，那除了著者本人之外，任何人都必感覺十分艱難。顧諾的天才雖足予受他指導的人以新的智力，而與他才幹相等的數學家雖也採用他們得意的工具的探求經濟理論的困難問題之核心；但是有沒有人潛心細續非自己以數學所譯成的經濟學說，還是個疑問。」(註十)

三　供需學說的適用

(註八)　見前書第一三頁

(註九)　見前書第十四頁

(註十)　見前書第十五頁

馬夏爾的論文的題材以及他的理論多以供需律為準繩，這定律可認為是他的思想系統的關鍵。在大體上，可以說他的論文是分析及說明供給與需求以及二者的相互關係。他在研究供需之間成立均衡的方法時，多採用下列的觀念如「經常的價值」(normal value)，「經常的行為」(normal action)以及「代表商號」(representative firm)。這些觀念以公式定義及應用，說明了前節中所引述的繼續的原則。這些觀念並沒有固定不變的內容，但是與時間、地點及個性的變化狀況有關。

供需學說不但決定他分章分段的總計劃，並且也決定他討論許多小標題的方法。例如「供給」、「需求」以及「供需的均衡說」各章之後有一編稱為「交易與分配之價值」。其中主要的小標題是「供需與勞力的關係」「供需與資本的關係」，「供需與資本及營業能力的關係」，「以及供需與土地的關係」。

供需學說在馬夏爾的思想系統中，不僅僅是研究經濟學各問題的一個方式及方法而已。在他的心目中，這學說是解決其中最根本問題的關係。他說道：「雖然在細節上有極大的差異，但差不多一切主要的價值問題有相同的要點。這個要點是研究兩種相反的動機的互相抵消，一是取得新貨物的慾望，因此滿足了慾望；一是避免某種勞力的慾望，或保留目前的享樂或已得的其他貨物的慾望。換言之，這是研究供給與需求的勞力之相抵消，這些名辭是取其最廣的意義。」(註十一)

(註十一) 見前書第三八三頁

他在說明這重要的學說時第一先區別及說明供給與需求二辭所包含的勢力在前者中他採用奧國學派分析的效用及邊際效用觀念可滿足的慾望或效用漸減律將來快樂折扣的原則需求表（demand schedules）等等；在後者中他採用邊際反效用說(doctrine of marginal disutility)農業報酬漸增及漸減律馬爾薩斯的人口說節約說與資本供給的關係以及分工與產業組織及管理對於生產要素的生產效率之關係。他又在他最著名的一本著作中說明他的供需的均衡的理論。

這些分章說明他連合及利用新舊理論的方法。據他的觀點新的理論（尤其是奧國學派的）對於需求的說明頗有價值而為他所採用，至於舊的理論則用以說明供給以及供需之間的均衡。他對於經濟學的創見及供獻就是他對於這些定律及原則所下的定義（尤以古典學派的為甚）並說明牠們的作用而加以相當的限制。

他以為供給與需求是集合的名辭（collective terms）包含二大類相反而互求均衡的勢力。這些複體隨時隨人而變化，牠們不是絕對的及完全的相差異，但是由極小的不易覺察的變化而漸漸混合。因此牠們之間不易加以區別，這兩個複體之間的均衡很少是恰恰相抵，而常是大約相等。

生產成本正如供給與需求也是集合的名辭，有時用以指企業家的生產費用（expenses of production），有時則指對於邊際生產者（marginal producers）或社會的生產損失。生產費用所包括的項目是可以變化的，而廣狹的意義各時不同，生產的損失也是如此。以生產成本（cost of production）在這些不同的意義下所促成供需間的均衡點的原則，並非指實際上眞能達到這個均衡，但是指生產的費用或損失大概在這些意義之下，以及在一切的不同狀況下是供需勢力的一種磁石。

摘錄他的著作的結論一章中對於「供需均衡的理論」就是他概述以前各章的理論，可說明他的方法及結果。

他說道：「問題的困難大半是取決於市場所占的空間及時間，而時間的勢力較之空間尤爲根本。」（註十二）

他以爲「一個極短期的市場，如市日（market day）的地方穀物交易，其中的爭價及還價是在一個中間地位的左右搖動，而這地位可積爲均衡價格，但是商人的出價或拒絕另一價格的行爲極少是以生產成本的核算爲轉移。他們一方面必注重於現在的需求，一方面注意可得的物品有多少。他們對於將來生產的動向，自必稍加注意；但是在易滅貨物的情形下，他們的視線所及，祇超過眼前一點。例如在魚市場的一天買賣中生產成本是沒有顯著的影響。」

他從這些「暫時的均衡轉到穩定的經常供需的均衡，」而說「在經濟專家及商人的用語中，經常二字適用於決定價值的原因時頗有伸縮，」但是「雖沒有明白的綱領，但卻有一個顯著的分類。」這分類是處於下列二者之間：(1)「長期時其中經濟勢力的經常行爲有時間充分運行，因此暫時的精練勞力或其他任何生產要素的缺乏，可以救濟；而其中因生產量的增加而產生的經常經濟——經常二字就是指沒有任何新發明的扶助——有時間自行發展」；(2)時期的長短使生產者足以將他們的生產適應需求的變動，而適用目前所有的專門技能、專門資本及產業

（註十二）見前書第十四章第五二八頁

組織；但是不足使他們對於這些生產要素的供給加以任何重要的改變。」

在第(1)情形下，他用「一個代表商號作爲估計經常生產費用的標準，該商號以經常的能力管理且有經營大規模的內外生產經濟」(Internal and External Economies of production)的機會。他的結論是：「我們所攷察的時期之長短，足以使投資完成一個新商業而產生一切的效果時，則邊際供給價格(Marginal supply price)是在長時期中適足以使資本家將他們的有形資本(Material capital)投於該業以及一切的勞工將他們的個人資本投於該業。」在第(2)情形下，有形及個人的生產工具的數額必極大；而供給的邊際增加額是取決於生產者對於生產量的估計，他們值得經營這些工具。貿易若繁盛，一切的活動都達於極點，增加工作時間，而此時生產的限制是由於能力的缺乏，但非由於沒有增進生產的意志。但是貿易若遲滯，則每個生產者必決定與原價相差多少才值得接受新的定貨。此時是沒有確定的定律，而主要的勢力就是恐怕破壞市場。這勢力的運行對於不同的個人及不同的產業團體，有不同的影響」。

他說明「供需對於應連合以滿足一個連鎖需求(Joint demand)的物品之關係，而其中最重要的例子就是在任何商業中應合作的專門有形資本及專門個人技能」的紊亂之點後，又討論這問題：「一個生產工具的價值對於牠所生產的物品之關係」，換言之，就是生產者貨物的價值問題。這一點他採用了租金(rent)觀念及等差原則(differental principle)。他說道：「不同的生產者對於生產一件物品有不同的利益時，該物的價格必足以抵償沒有特殊利益的生產者的生產費用，否則他們必減少生產結果供給量不能適應需求因而提高價格。市場趨於均衡時，而售價足以抵償這些費用則有特殊利益的生產者得享超過費用的盈餘。假使這些利益由自然界得到，那這盈餘是稱爲生產者的盈餘(Producers' surplus)或生產者的租金(Producers' rent)在任何情形下都有一個盈餘，而自然的賜與物的占有者若將該物借給別人，他可得到一個與這盈餘相等的租金。(註十三)

他以爲呂嘉圖的「地租不在生產成本之內，而因此不決定價格」的學說若加以相當的解釋，是正確的。(註十四)就是解作「一方面是一般的農地的租金，而另一方面是一般農產的生產成本。」但是這學說適用於某一種穀物的生產成本時是易於誤解的。「因爲假使用以生長蛇麻(hops)的土地改作市場園地(market garden land)所得的租金較高，則產蛇麻的土地自必減少，而這使牠們的邊際生產或本提高，因此提高了牠們的價格。土地爲一種產物而得的租金雖然不直接的加入這些費用，但是該產物的土地的需求增加其他產物的供給之困難，因此間接的影響了牠們的生產費用」。

按正確的解釋，這學說適用於一切的租金，雖然呂嘉圖祇適用於農地的租金。試舉一例，這學說適用於「人類所製造的生產工具所獨得的收入尤其是可得的，而其供給量不能立卽增加的」但是「隨所攷量的時期而變化。」「我

(註十三) 見前書第五三一頁

(註十四) 見前書第五三二及五三三頁

們所攷量的時期愈短而這些工具的生產程序愈緩，則從牠們所得的收入之差異，對於牠們所生產的物品供給之阻止或增加以及供給價格的減低或提高之影響必愈少；並且在這時期中從牠們所得的淨收入是認爲生產者的盈餘或準租（Quasi-rent）。

「從土壤的較爲永久的改良而得的自然界的自由物，到較爲不永久的改良而得的自由物，農田及工廠建築，以至汽機等等而最後較爲不耐久而製造較緩的工具，我們可看見一串連續不斷的東西。就是從地位的優異而得的一部分地租價值（可稱爲地位租金。(situation rent)，也是從純粹的地租(pure rent)（在這情形下地主對於環境的改良沒有直接的關係），漸漸轉爲準租或利潤，而這時環境的改良（土地的地位價值即由此而起）是地主爲提高該地的價値而促成的。因此土地的地位租金與許多因環境的優異而得的收入，如從時機而得的收入相似。

他又指出適用需求供給及生產成本等原於生產者貨物時，（註十五） 這些貨物的供給是受對於將來較長時期的估計的支配，因此較之支配第一級貨物的目前供給以適應需求的估計，易於發生錯誤。但是第二級貨物的供給一部分是取決於生產牠們的工具之供給，就是取決於爲二級所移去的物品之供給調劑第三級的貨物供給以適應間接的需求（最後從對已成物品的需求而來），是個更難的程序，所占的時期更長而更易於引起錯誤；可以無限制的追溯下去。」

（註十五　見前書第五三四頁

四　分配問題

從占有或操縱任何生產要素而得的收入，既然要用決定牠們的價值的勢力及狀況來說明，馬夏爾在論述分配時討論供需學說適用於勞力資本及土地所發生的影響。

開端用這個定理有件物品（不論是某種的勞力資本或其他）的經常價值，就如一個拱門的樞石，是處於兩個相反的壓力的均衡點上，而「在一方面是需要的勢力，在另一方面是供給的勢力。」（註十六） 他根據古典學派的學說而斷言在勞力方面工資適足使勞工維持他的生活標準時，就發生這供需的均衡，而在資本方面就在利率上發生這均衡。換言之就是某一定工資（使工人足以維持他的生活標準）及某一定利率，暫時對於勞力的供給及資本的供給有操縱的影響。所以實際的工資及實際的利率若與這些標準不同則勞力或資本的供給必立即變動而使實際與標準定率相等。因此勞力及資本的需求之變動，暫時對於工資及利息是沒有影響的。

他又根據古典學派學說而主張從土地的占有而得的收入，是取決於（並非有助於決定）勞力的工資及資本的利息，而他稱之為「生產者的盈餘，」就是「在有利的界限（Margin of profitableness）上經常能力的勞力及資本得了土地的占有後的收穫所超過同一勞力資本及能力而沒有這種利益時的收穫的過額價值。」（excess value）。（註十七）

（註十六）　前書第五五七頁

決定勞力的供需間的均衡點的生活標準各級勞力各不相同，而其假定是：「社會是分爲許多階級，每級是從其本級的子孫來補充而每級各有其安適生活的標準其中獲益高時人數就激增收獲低於標準時人數就激減。」假使我們再加上這假定：「生產方法及各業的相對比例的變動，不十分迅速，所以任何商業中所需要的生產要素的供給（不論是人類或物質工具），可以時時使之接近其需求」則按馬夏爾的意見，我們可得下列的工資律：「任何職業的經常工資，是足從使有經常雇用的勞工，按該業所屬的階級中經常安適生活的標準，而維持他本人及他的家族；這工資取決於需求的祇有這一點：就是在這工資率上該業對於勞力沒有需求，那該業就不能生存了。換言之，經常工資就是按通行的生活標準的勞力的生產費用而標準若固定，則這工資也必有固定的數量。需求的勢力祇能決定加入該業的人數，而不能決定他們的工資。(註十八)」

在這些差不多固定的狀況下替代律（law of substitution）的運行（卽馬夏爾所稱爲每人選擇最良的方法從達到本人的目標的趨勢）則必使各種勞力或機器，或其他生產要素用於各種目標直到無所收獲爲止。每個生產部分必加擴充，直到滿足其所應滿足的慾望，而其出產量再增加的售價不能抵償生產費用時爲止；同時每部分的每個生產要素的雇用必加擴充，直接獲得其特別適合的工作的充分利益而祇有在該生產要素不能比其他方法較優

（註十七）　見前書第五六〇頁

（註十八）　見前書第五五八頁

或較廉時，才停止其使用。」（註十九）

「倘是不照上述的假定認每個生產要素的供需均衡點是固定的而假定每個情形下均衡點是取決於所需求的數量，就是每個要素有一個與各物品所有的同性質的供給表」（supply schedule），我們就得到這原則使任何生產要素的使用終止以及使任何生產部分用其他要素來替代的「限度」或「邊際」，是在這兩個要素的相對效率與牠們的成本成比例時發生的。」（註二十）

因此每個生產要素與同業中其他要素的數量，效率及價格之間有相互的關係。在不同的營業中既然用相同的生產要素，則不同業中這些要素的數量，價格及效率之間也有相互的關係。「在每業中對於每個要素的需求，是直接取決於並且得諸該業所生產的物品之需求，而這需求又取決於這些物品的購買者的切望心以及他們的購買力。」因此「物品的數量及其價格，生產要素的數量及其價格——這一切的要素都是互相決定的，而若有一個外來的原因改變了其中任何一個要素，則其擾亂的影響必波及其餘一切的要素。」（註二一）

馬夏爾探究這個關於收入分配的原則的總說明，第一述及不同生產要素的供需間的相互關係，而總原則是「

（註十九）見前書第五五八及五五九頁

（註二十）見前書第五五九頁

（註二一）見前書第五五九及五六〇頁

每個要素的需求隨其他要素的供給而增加。」而「在其他要素能替代該要素時，則其需求就減少」；第二討論「生產要素的特殊品質及變故」此二者是見於下列的研究(1)「價格及決定價格的原因在勞力的雇用價格，以及在物品的購買價格的情形下何以應加以不同的估計」的問題，(2)「市場的習慣給與利潤以及利息兩名辭的許多不同範圍，(3)各種租地(tenure)對於土地需求的影響」(4)「租金及準租的一般理論對於自然能力或雇主受雇者以及專門職業階級中之具的技能及學識所獲得的收入的適用程度」的問題。

五　馬夏爾的著作的評價

馬夏爾對於自己所認定的工作，成績頗著。這工作就是「用我們這時代的新研究及新問題，對舊學說加以新的解釋。」他證明對於供需經常價值，生產成本等舊學說的解釋，可使之稍合近代生活的事實而有助於這些事實的說明。也許他的說明已足以滿足商人，普通的人民甚至普通的學者；但是他的說明是否已滿足經濟學的需求?

他用如此客觀浩博見識及優良的判斷力來審愼從事研究，所以他的理論及結論多被(並且將來也必)經濟學家及讀者或學者認爲正確可靠的。他的論文是有力明白而極有價值；但是最精細最深博的學者對其關於經濟理論的最根本方面的議論，必認爲不滿意。他對於經濟勢力的相互關係及相互作用的討論精明無匹，但是經濟學有許多問題的解決所需較多，並非這些問題所引起的疑難(尤以因果的關係爲甚)都能用勢力均衡的原則來解決，而這原則的主點是每個原因及結果是互爲因果的。馬夏爾對於這些問題中最重要的解決，不是完全略而不敘，就是解答不詳。我們可舉例爲證，譬如主觀價值的最後決定因子的問題，這些決定因子還是求之於人類慾望呢，還是求之於生產所受的損失；以及這問題與一般交換價值及各個生產要素的價值之關係。還有一個問題就是除了表面之外的一切利息，而這問題馬夏爾後來論述頗詳，以及該問題與邊際租金及工資的關係，在事實上，與國學派所注重的全體問題，並未受馬夏爾充分的討論。

假使這些較爲根本的問題得到充分的注重，並且經濟學若要求解決這些問題，則可訊問供需的研究方法及組織的計劃是否最優或適宜的。想從這觀點來看經濟學的一切主要問題，並且强使一切主要的議論合於這計劃，則結果必忽略有的問題而完全删去其他的問題。這也予人以一個淺薄的印象，而在有的情形下要有精密的研究來證實。

第二十七章　經濟學說的其他進展

上面各章中敘述的各進展之外，還有許多關於個人學說的修正及改良，而其中尤以價值及分配說爲最甚。其中最應注意的是所謂的社會價值說，該學說的中心思想是認價值爲社會的而非個人的產物。

一　社會價值說

精密的分析顯示這些學說多非獨立的，大半是反對「以貨物與社會中各份子的慾望之滿足間的關係說明價值」的學說，但是這些晚近的學說注重社會方面。克拉克及薛立曼（E. R. A. Seligman）等人的學說就是如此。他們的視線集中於這事實：交換比率（即通常所稱的價值）是用包括社會全體的買者與賣者的合作及競爭活動而產生的，而這事實是季逢斯或奧國學派或古典學派所注意的。但是這事實與以奧國學派所稱的主觀價值（個人心理方面作用的產物），說明買者與賣者在市場上的行爲的爭論，十分符合。實則這班學者也如此說明這些行爲。（註一）因此我們可按克拉克與薛立曼所用的社會與價值二辭的意義，而認價值是一個社會的產物，但是爲價值的說明，我們必注意構成社會的各個人的心理作用如何，也就是在前及說明市場活動的邊際效用或個人損失如何。

安德遜（Anderson）在他的社會價值（*Social Value*）一書中，闡明一個不同的社會價值說，其中的主點是認個人在市場上的行為本身是取決於社會的，而非個人的；因此說明交換或市場價值的是社會價值，不是個人價值。

安德遜開首說明這定理：價值是一個定量的，而非一個相對的觀念；而更是某物的數量，不是一個交換比率或任何其他比率。下列是他關於這定理的說明之一：「邊際效用是一個確定的數量，社會邊際效用是一個確定的數量，而價值若認為與社會邊際效用，或與定量標準相同（這個差別至少在目前是無關於意義的），則必也如此看法。於是交換比率是社會邊際效用或社會價值的兩個數量之間的比率，但非兩個有形物體間的比率；而在這觀點下的價格是一個特種的交換比率，就是其中有一個（比率中項目）是貨幣單位的社會邊際效用，或社會價值。」（註二）

他將這觀念「與價值的倫理觀念及比率觀念相比較。在第一項下他分析中世紀的公平價格觀念以及哈德里（Hadley）的觀念，而在他的經濟學原理中解釋道：「按普通的意義，一件物品或勞役的價格是所付的貨幣數目。一件物品或勞役的價值就是所付的代價。」（註三）

（註一）克拉克與薛立曼的學說之分析，見於安德遜的社會價值（*Anderson's Social value*）第一及第七章。克拉克教授的學說早在一八八一年已發表於新英蘭雜誌，後又在他的財富的分配一書中加以闡明。薛立曼教授的學說見於他的經濟學原理一書中。

（註二）見安德遜著社會價值第一三及一四頁。

他把價值的比率觀念與他自己的觀念相比較，他說：「一件物品的價值是與交換關係分立的一個確定數目；與價值是個相對物，不但為交換程序所測量，並且因之而產生，而隨該物所比較的物品的價值而變化。這後一觀念是屬於古典學派經濟學家的，而大概是仍然流行的觀念」（註四）

他用幾點駁斥這後一學說（註五）：

（1）該學說包括錯誤的循環推論「我問你麥價是什麼，你對我講穀價，而我問你穀價時，你却又對我講麥價。」他說道「價值是相對的，那就是一件懸在空中的東西。」

（2）他以為交換比率是用數量表現的事實，是指交換的商品「必須有共同的品質，而每個的數量確定……因為定量的分數是取決於每個貨物所有的相同品質」。他說道：「在不相同的物品之間，我們不能有定量的比率。」

（3）他顯然以為交換比率不能給我們用以測量財富的單位。著者說「顯然」二字是因為他引述克拉克教授的一篇文價值的根本標準（*Ultimate Standard of Value*）（見於 *Yale Review* 一八九二年第二五八頁）的話：「除非有一個單位測量財富，研究財富是沒有意義的。要答覆的問題是定量的：……相互的比較不能得到總數……

（註三）　見前書第一五頁

（註四）　見前書第一五頁

（註五）　見前書第一八頁

祇有交換比率不能使我們解答經濟學家的主要問題。」(註六)

攷察以上各點中用以闡明各定理的理論，我們就可見有的名辭的用法紊亂了，如定量（Quantiative）數量（Quantity），相對的（Relative），相對性（Relativity），度量（Measure），同量（commensurable）等等。經濟學家既採用而且必須採用這些名辭，則認價值是交換比率以及認價值是一個數量，在實質上有否差別？

我們試答覆這問題，第一先注意我們稱爲「測量及表現」（Measuring and expressing）價值的實在方法。在美國我們表示二三・二二厘的金子與物品（牠們的價值我們要加以測量或表現）之間的估計或實在的比率。這些比率供給我們相同而又可合成總數的數字或定量式，因爲牠們指示二三・二二厘金子的倍數及小分數。

現在這是否經濟學家用測量及表現價值的名辭來說明的方法及其結果嗎？這方法也包括循環的推論嗎？該方法的結果的一切測量及定量表現法（Quantiative expression）不是都包括比較及相對性嗎？我們測量直線的長短，是比較一個隨意選定的單位如一尺或一碼與我們所要測量的房間或田地的長短。我們用一個隨意選定的單位如斗或夸爾特（咖喻四分之一）（Quart measure）來測量一隻箱子的容積。我們用同一的方法測量交換比率，用隨意選定的比率——就是某定量的金子來比較在每個情形下，我們比較相同的物品直線的長短與直線的長短，立體的容積與立體的容積，交換比率與交換比率；而在每個情形下，這些比較產生定量的表現式，就是可以相加、相減、相乘及

（註六）見前書第一三頁

相除的數字比較指示相對性的觀念，而定量式指示數量的觀念於是二者成爲混合的方法或同一方法的不同方面。測量就是比較及表示可用數字表現的物品之間的關係。我們比較的物品或品質是相同的物品或品質，因此是可以比較的。

因此我們說「相互的比較不能有總數」，以及交換比率不能使我們測量財富與其定量方面，是錯誤的。牠們是否給予一個「對經濟學家的主要問題的答案」，則完全是又一問題了。

對於「交換程序是否使價值產生及測量價值」的問題之答案（按安德遜這答案應爲否定）是取決於加在這「使」字的意義。假使我們按早期經濟學家的意義看這「使」字——就是指交換比率之前所必有的現象——則交換當然使價值產生。顯然沒有交換我們不能有交換比率，而後者可說是產生前者的原因。

當然在我們所攷量的理論中，安德遜用的「使」字是指「最後」或「根本」的原因。他在交換程序本身之後尋求使或說明這現象的原因。因此我們在前幾段中所說的並不取消他的這個爭論：爲這後一目標我們應有一個價值的定量觀念，或至少要超過價值的交換比率觀念。

但是攷察他用以證實這爭論的理論，就可發現他對於他所謂的「價值的定量觀念」的分析之膚淺，或至少他不能着眼於上已述及的這個事實。這個觀念是「相對觀念」的補充。

不幸安德遜在說明價值是一個「數量」時，含糊不確；也許他非如此不可。他並不而且也不能說出什麼是一個數量，至多也不過如物理學家所說明的電氣。後者用數量測量電氣，但是我們懷疑安德遜說價值是一個數量是否眞指或能夠指我們必用數量測量的東西之外的東西，而這是否眞能夠指我們必用數字（這些數字能用數學方式計算）表現這種測量結果之外的東西。上已述及這種測量必需隨意選定的單位——就是慣用的單位（在今日多用貴金屬的重量單位）以及這種單位的品質通常是牠們的交換比率（也可說是牠們的邊際效用）：——與我們所測量的物體的相同品質的比較。比較包含相對性，而即爲安德遜所稱的「相對觀念」。

安德遜孜孜研究這「定量觀念」，而深信這是必需用以或至少有助於他的著作所發揚的價值之說明。他說這句話以收束這部分的說明：「我斷定一件物品的價值是一個數量，不是一個比率。牠是一個確定的數量，不是一個關係而已。至於是那一種的數量，則尚未知。」（註七）

他的辯論的第二步驟是要證明價值若表現恰當，是與「個人的邊際效用」不同。實際上他所證明的，就是指出在競爭市場中按均衡價格而交換的物品的邊際效用，常常代表邊際上一對買賣者的不同量的效用。例如一個貧苦鄉童將愛馬售於富翁四十元，則可代表前者與後者許多倍的效用。他又指出這四十元的價格也許不是這馬對於兩造的效用的正確測量。富翁也許願出較多的價格，而鄉童也許願受較少的價格。這一點證明了什麼？當然不是證明邊際效用或主觀價值（按奧國學派所用的意義）不是決定馬的四十元市價的要素。

（註七）〃見前書第二七頁

事實上這否定的辯論對於安德遜的主要爭點，並不予以重要的證實。他的爭論就是認價值為社會的產物，而為個人自覺的或不自覺的享受或吸收並且激動他在市場上的行為。他用以確立這定理的理論程序，有幾個步驟。

第一是經濟價值是「價值」類的一種，其他各種是包括在其他社會科學如倫理學、審美學、法學等等。(見九三頁)

以個人經驗而論，他說道：(註八)「經濟價值是與觀念、感情、習慣、本能及衝動的總體相連，而我們稱這有機的總體為個性。價值之後有一段冗長的歷史，以意向及活動的方式而延續到現在，這些活動不受阻碍，我們對之就不知不覺，但是一受阻礙就立刻發覺。」這些阻礙勢力之中有的是屬於倫理、審美或法律範圍的價值，而這些價值有時抵抗經濟價值，有時却補充及助其成立。在個人的心理上對於這些不同的價值，確沒有劃分的界線。「有足以分析價值的增減及定量的差異，但不能使之迥然分立」，使每個各有其「本身的均衡及本身的相互作用。」

「事實上倫理及審美的價值，可以常常增强經濟價值，而經濟價值增强倫理的價值；或是經濟及倫理或其他價值互相抵抗，而在牠們之間常常發生邊際均衡。或者在牠們之中，在這自覺的時候，我們的心目中祇有兩個相反的價值，以及兩個之間的均衡；但在事實上整個的價值系統是不斷的趨向均衡；倫理的、經濟的、審美的價值全體都運行而在價值分級上占一個地位，並使牠們的邊際(廣度邊際及深度邊際)固定。」

地又說明價值是一個包含在一個物體中的激動力，而有支配我們及我們的行為之力量。他認這是最顯著的一

(註八)見前書第一一二頁

點。他說道：「假使這物體是一個人，則在價值的範圍之內我們受他的支配，」(註九) 他申明這是「價值的主要及普遍的要素。」

按安德遜的意見，這些支配及激動個人行為的價值，「在心理方面不能完全用個人心靈來說明，各個人的心靈是較大的總體的一部分，各個人心靈中的各事物是受其他人心靈作用的影響，而各個人心靈作用直接或間接的影響其他人心靈的作用。我們有一個社會心靈 (Social Mind)。一個人心目中的價值在牠們的來源，互相作用或促成的行為，並不構成完全分立的系統。在我們的心理方面，這些價值的「預測」包括其他人心目中的要素，而牠們本身也是其他人心目中價值的「預測」的一部分。最後就是與個人心目中價值不相符合的價值——社會價值，這些價值的「預測」異常複雜，包括許多人的個人價值，以及我們應詳加分析的其他要素。這些社會價值的激動力支配國家，大產業，文藝學派，教會與其他社會組織的活動，以及每個男女的日常生活，而牠們的程序沒有一個個人預見或企圖之。」

安德遜的理由頗能證實這定理：經濟價值是一切社會科學所代表的一個總數的一種，而在牠們影響於人類心靈及人類的決心(經濟決心亦然)之中，這些其他種價值頗有勢力，有時增進，有時反抗經濟價值，並且在決定人類的決心及活動時牠們不能分離的。但是這理由不能證實他的這個爭論：其他價值理論家，尤以邊際效用學說者為甚，忽略了這所謂的社會價值，而對於這價值的確認證明他們的理論不確，並且不足以說明這些理論的目標。

(註九) 見前書第一〇五及一〇六頁

這個目標就是說明交換比率，尤其是在競爭市場上的價格。較早的經濟學家（尤以古典學派爲甚）對於這說明的貢獻頗有價值及重要，但是未曾完成。他們的工作爲邊際效用學家所補充，但非加以排斥，而後者對於前輩經濟學家完全未加說明的地方予以闡明，安德遜可說是補充了邊際效用學家，他對於這說明有所貢獻，或至少他指出了個人慾望應加以說明，而這一點爲邊際效用學家所未說明。他們開首就以這些慾望爲已知的事實，直接認牠們的說明是見於過去與現在，以及個人與社會的整個個人生活之中。

我們姑承認安德遜關於傳統、習俗、社會制度、模仿、個人間的相互影響等等的主張，並不消滅個人主義與個性，而並不使人類成爲自動機，完全或大半由於外界的勢力而激動他們的經濟活動及行爲的方向。人類在市場中相遇及競爭時，他們是個人，各行所欲，而由他們的行爲促成了安德遜所討論的社會價值。沒有分析分節說明或用語方法能改變這個普遍經驗及觀察的而爲價值理論作爲出發點的事實。

二　利潤說（註十）

對於一個與自然要素勞力及資本不同的收入來源的確認，是經濟學史晚近的事。古典學派經濟學家認地租、工資及利潤，在性質上是混合的，每個分配應得是一個總類，而有幾種從勞力資本以及土地之外的自然要素而得的收

（註十）　本題所述的各理論之外，應加入第二十五章所述及的克拉克的利潤說。參閱季德與烈斯著經濟學史 Gide & Rist: *A History of Economic Doctrines*) 的史馬德(Smart)與李却斯(Richards) 的譯本第五卷第二章。

入但是他們主張將他們所謂的利潤與資本相連，而認資本家爲超卓的利潤接受者，雖然他們承認他也可受到「監督的工資」正如他們承認勞工也可受到利潤及地租，以及地主也可受到工資及利潤。

說明財富分配的方法的改變，是由於對近世狀況下生產技術及資本功能的較爲精確的分析而來。這種分析引起對於亞丹斯密所說明而爲古典學派時期中所鼓吹的定理發生疑問；這定理說明資本的功能是「使勞力轉動」或雇用勞力勞力的實在雇主，以及近代經濟生活中其他重要職務的執行者，法國人稱之爲企業家而英國人有時稱之爲產業的領袖」這些職務與勞力的職務（按牠們被承認的，按古典學派經濟學家所分類）以及資本與其他自然要素的功能，迥然不同。

（甲） 華爾克的理論

許多經濟學家從事於區別企業功能與其他生產要素的功能，其中最早而最有成績的是華爾克 (Francis A. Walker)，他是前世紀末葉中第一流及著名的美國經濟學家。在他的工資問題（第一次發行於一八七六年）以及他的政治經濟一書中，他不但明白陳述這些功能，但是堅持企業家的服務的報酬是根據與決定地租相似的定律，並且以爲這些報酬不是從勞力的報酬中扣除的。

按他的分析，祇有在工商業發展的高階段的狀況下，才發現企業的功能，而較早的經濟學家多未確認這些狀況，因爲他們「常用野蠻狀況或至少是極簡陋的產業狀況，來說明勞力與資本的服務……但是產業的進展中生產方式愈形繁多而複雜……祇有資本就不能構成雇用勞力的權能，在另一方面，勞力對於雇主不僅要求供給糧食、原料及工具；但是也要求供給技能、商業知識及管理能力，担負責任並且防備意外，規定與指揮生產，以及組織與支配產業機體。」（註十一）

他也注意這事實：在上述的狀況下，勞工的雇主也許不是一個資本家。他說道：「假使他是一個管理商業的人，則在近世信用制度之下，他就不常缺乏用以購買糧食物工具與原料的資本……因爲一個人是雇主而說他是資本家，已不確了。人們支配資本因爲他們有資格雇用勞力而獲利。在這班產業的領袖看來……資本與勞力都是藉機會而執行牠們的職務。」（註十二）

但是華爾克並非承認一切的勞力與資本的雇主，都是屬於企業家或產業的領袖。他將下列的人除外：「雇用僕役或助手而用已得的收入支付工資的人，」「祇有學徒的工匠，」以及「雇工在實際上是夥友而技能及經驗與他相等的人。」他認這班人祇是「對於勞力與資本的命運加以同等支配的較小團體。」「在理論上一切人都可自由加入，但是實際人數爲商業狀況所限制。從事這種工作的人，都有能力或自信能容受劇烈殘酷的競爭的鞭責，而同時有勇氣直前的人，又不斷的受經濟恐慌的淘汰，所以祇有適者生存。」（註十三）

（註十一）見華爾克著工資問題第二四四及二四五頁（一八九一年紐約 Henry Holt and Co. 出版）

（註十二）見前書第二四五頁

華爾克用古典學派的地租說，以說明這班人的收入。他說道：（註十四）「企業家或雇主的報酬大半是含有地租的性質，而是同類的一種。既是如此，利潤並不構成產業出產的價格的一部分，也不使勞力的工資減少。」他為證明這定理，而陳述他所謂的「理論上生產的無利潤階段」：

「假使有特殊能力的人數足以或多過用以完成各種各地所必需的商業；假使（2）這班人無論超過產業社會中其他人多少，在他們之中關於商業方面大家都是相等的；假使（3）這班人與其他階級有顯著的區別，而沒有這些特殊能力的人必不能得到地位，而沒有缺乏這些能力的人能夠管理商業或被人認為有得到信用的能力；這情形與我們上述的例子極相似，這例子指一個社會的附近有一片優良的土地，品質一律相等，該地足以或多過用以耕種一切供給這社會所需的產物。」

他以為這種情形的結果，就是這班人的服務的報酬率，「大半是等於他受雇於他人所得之數。」他稱這報酬為工資，而他以為他所認的利潤，在這種情形下是不能發生的。

但是關於發生利潤的實際狀況，他述之於下：

「營業的資格在人數頗多的階級中不是一律相等。反之，能力的分級極為顯著。第一是有絕頂天才的人，按俗語

（註十三）見前書第二四七——二四九及二五一頁

（註十四）見華爾克著政治經濟第二版（紐約 Henry Holt & Co. 一八八七年）第二三六及二三七頁

就是他們能點物成金；他們對於商業買賣有魔術；他們有先知之明；他們的性情剛毅堅決，凡恐慌驚惶災患都不能使他們放鬆主見或改變方向；他們對於人有極大的支配力，而凡與他們接觸的人都得到勃勃的生氣，爲他們而奮力工作，在別人的指導下就不能如此工作。」

「第二（雖然遠遜於前）就是人數較多的商人，他們有超等的才力，雖然不是什麼天才或驚人的神術，但他們的成功頗易了解，卽使不能模仿；他們是老練、精明、敏捷而果斷。

「於是又有一班人，在商業中稍有成就；他們有企業家的一切品質（雖然成分不高，）或是他們的智力與道德上都有缺點，而損壞了超等的能力；他們不能利用機遇，決不能避免災患，但是由於勤愼耐苦，從他們的商業獲得不少的利潤，並且若再節儉，加入他們的其他德行，則可儲積大財產……再低一級就是一班無緣無故而從事商業的人；他們的命運不定，有時成功，但是常告失敗；其中有的人得到應得的位置，但是常因爲他們誤認本身的能力而勉强加入商業，也許朋友們願將生產力交給他們，或將銀行及商業資本委托他們，而受到鼓勵。這班人的產業生涯並不十分快樂，雖然他們從損失或破產所常受的痛苦是和緩的；有的鰓鰓過慮，一旦失敗就不再設法重振，而其他的就倔强如小丑，永遠活躍機警，被壓而後起。」

華爾克以爲這最後一班企業家的報酬，不應認爲利潤，他說道：（註十六）「爲科學的理論，我們可認這班人的報

（註十六）見華爾克著政治經濟第二三九及二四〇頁

酬，並不構成利潤。他們（這班企業家）經營產業而謀生，一部分是從他們經手的商業而得合法的稅收，一部分是憑藉他們的債權者，一部分是藉助於友人或犧牲繼承的財產。這從苦工，焦慮與屈辱而得的餬口生計，我們在經濟學中可認這最低度為零點，從這低點而上，我們可測量利潤。」

他又說道：「一切的利潤，是從按沒有利潤的雇主的水準，而測量的接受利潤而有特殊能力的雇主所生產的財富抽出來，正如一切的地租是從按無租土地的水準，而測量的有特殊生產力（或特殊運輸產物的便利）的有租地所生產的財富抽出來。」

這些利潤不包括在價格之內，因為這是「受最大損失而生產的一部分供給量的生產成本」，也就是決定「全體供給的價格」，是這些沒有利潤的企業家所管理的產業，這些利潤也不是「從工資扣除」，因為「最低級的產業中的雇主——沒有利潤的雇主，必支付工資以雇用勞工。這些工資對於雇主構成貨物的生產成本的主要部分」。（註十七）

（乙）麥佛蘭的理論

麥佛蘭（Charles W. Macfarlane）在他的價值與分配（第二卷）一書中，提倡又一利潤的觀念及說明。他承認華爾克所注意的優秀企業家所得的差異報酬，但他主張這些報酬稱為企業家的租金，而利潤這名辭應「限於加入決定價格的獨占盈餘」（註十八）一切「稀少貨物」的生產都發生這些盈餘，換言之，就是有「稀少價值」的貨物，因為

（註十七）見前書第二四〇及二四一頁

這些貨物不是「自由再生產」的（按古典學派經濟學家對於這名辭的意義。）

按麥佛蘭的意見，一切這種貨物的生產有一個獨占的要素，就是因為供給受限制或支配，而在邊際價格也有一個超過生產成本的盈餘。一切的生產者，邊際以及超邊際的都可得到這個盈餘，而在自由再生產的貨物的情形下，生產成本及邊際價格是相同的，在前者企業家祇有一個「經常的工資」而邊際生產者不能得到超過成本的盈餘。

麥佛蘭主張利潤二字應祇限於這個邊際盈餘。此時仍有華爾克所注意的能力超卓的企業家所得的差異盈餘，以及超邊際的土地所得的盈餘，未曾論及。麥佛蘭對於前者與後者都主張採用租金二字，但非利潤，而根據的理由是牠們用租金原則說明，並且是為價格所決定。在另一方面在一切稀少貨物情形下產生的這些邊際盈餘，不能用租金原則來說明，並且是決定價格的，因為牠們「必付給邊際生產者以使他繼續將這物品供給市場」。（註十九）因此他稱租金為個人的、差異的、有限的獨占以及價格決定的盈餘；而稱利潤為團體的、邊際的、獨占的以及決定價格的盈餘。古典學派經濟學家將利潤與利息連合，並且有時混亂二者，麥佛蘭為要區別上述的利潤與利息，又說明於下（註二十）「在沒有自由競爭的情形下，而生產一個物品時才產生利潤；同時「在自由競爭狀況下才發生利息，」並且「在

（註十八）麥佛蘭著價值與分配第一二〇頁（一八九九年賓拉德斐州 J. B. Lippincott Co. 出版）

（註十九）麥佛蘭著價值與分配第一二四頁

（註二十）見前書第一二七頁

整個的生產界中，是取決於邊際的或生產力最小的產業中資本的獲益。」利息也如利潤，決定價格，而是決定一切貨物(自由生產以及在獨占狀況下生產的貨物)的供給的一個要素。

麥佛蘭在闡明分配的這些狀態時，想像生產的不同部分按牠們的生產力的高低而依次排列；而在每部分中，企業家也按他們的能力而依次排列。在第一組中，有幾部分的生產是由有各種獨占利益的企業家去執行，他們產生稀少的貨物，而牠們的價格予在邊際上的生產者以超過成本的盈餘。在這組中其他生產部分的企業家，沒有享受獨占的利益。他們所有的同一機會是公開的，而在這些方向的生產可以無限的擴充，其唯一的限制就是勞力與資本的供給量。這些供給是取決於付給勞工及資本家的報酬，沒有這些收入，他們就拒絕維持勞力與資本的供給。

如此他想像三個盈餘或資金：一個是爲超邊際的企業家以及超邊際的土地占有者所吸收，用差異原則測量，並且是爲價值所決定；第二個是爲從事於稀少貨物的生產的企業家所吸收並且決定價格，因爲牠是取決於這種貨物的供給；第三個是爲資本家所吸收並且決定價格，因爲牠是取決於自由再生產貨物的供給，而是邊際產業中貨物的生產成本的一個要素。他主張第一稱爲租金，第二稱爲利潤，第三稱爲利息。

我們應注意在這分析中，麥佛蘭發見一個爲華爾克所未注意的盈餘或資金，並且說明古典學派經濟學家所忽略的財富分配，就是超邊際的土地占有者所吸收的盈餘之外的獨占利益。這盈餘避入企業家的囊中——他們享受獨占的特權——是由於這些特權將他們所生產的貨物的供給交與他們，而非由於他們特殊能力的結果。按通常的見解，而認這盈餘是執行企業職務的產物或報酬，也是不適當的。

（丙）剩餘要求者的理論

分析支付地租工資及利息後的社會紅利所餘之數，可以發見這事實：此數是幾個要素合成的複體，而不是全體都能以一個理論來說明的。因此多數的經濟學家以為在說明財富分配時，不能省却一個剩餘的要求者（residual claimant），並且用同一的理由將這地位歸之於企業家，而在企業家與其他要求者區別之前，古典學派經濟學家歸之於資本家。於是他們將地租工資及利息償付後歸給他的餘數分成幾種，例如「企業家的工資」「投機的利益」「機會所得」「買賣的利益」以及「非競爭的利潤」（註廿一）或為「他自己所有的其他生產要素的報酬」，其中包括監督的工資，「維持費」（包括折舊及預防危險的保險），「額外的個人所得」（包括「獨占利益」「時機所得」）以及華爾克所稱為差異所得（註廿二）的「純粹利潤」；或為「投資的危險」「必需的利潤」（包括他投資的利息及監督的工資），因超人的才能專利權或機會而得的「差異利潤」以及「獨占的利潤」。（註廿三）

三　分配的邊際生產力說

（註廿一）見伊利著經濟學大綱第廿五章（一九〇八年紐約麥米倫書局出版）

（註廿二）伊利與魏克著經濟學原理第四篇第五章（一九一七年紐約麥米倫書局出版）

（註廿三）見博拉克（C. J. Bullock）著經濟學入門（第三版）第十四章（一九〇八年紐約 Silver, Burdett & Co. 出版）

近年來對於財富分配的說明，多採用土地、勞力及資本的邊際生產力的觀念，而尤以美國爲甚。這個理論是：從企業家的觀點，每個這種生產要素是受報酬漸減律的支配，而在範圍內於邊際上可用任何其他要素來替代；在競爭狀況之下，凡有利可得的，企業家必繼續增加每個要素的單位，互相替代，直到最後單位所加入他的出產的數目與成本相等爲止；既然在競爭的市場中，每個要素的總供給中每個單位的價格必相等，並且是取決於邊際單位的價格，則邊際單位的出產量的價格與各單位之數相乘，是等於每個要素在社會紅利中應得之份。

至此這理論的結論是：土地、勞力及資本的邊際出產的價值或價格與使用這些要素所付之數，是相等的。這並未說明決定二者爲何。企業家眼前的市場中，他的出產的價格以及土地、勞力及資本的成本，已預先決定了。這理論說明他對於這些狀況的反應。牠應再說明他的反應對於出產與生產要素的市塲情形的影響如何。從另一觀點說起來，邊際生產力說是說明企業家對於生產要素的需求，而對於供給方面略而不述。因此以分配論而言，這是不完善的理論，而應以其他的理論補充之。

四　貨幣與信用的理論

在過去幾十年中，貨幣、信用及價格幾百年來在個人與國家經濟中的重要不斷的激增，而牠們活動的範圍也更爲擴充。這可見於爲供給市場及利潤，但非爲直接供給生產者本身的慾望而執行的生產工作的比例之漸增；又可見於信用制度與銀行組織，證劵與生產交易以及執行牠們的組織之增進；又可見於公私債務數額不斷的增加；又可見於隨商業循環，也許就是由商業循環本身而起的現象。

這些變遷在經濟學的進展中的影響，可見於經濟學家對於貨幣及信用現象的漸加注意，這些題目在他們的思想系統中所佔的地位，以及他們對於牠們所加的理論，許多經濟學家與古典學派恰恰相反，以價格現象作爲他們的分析的出發點，而不認之爲一個附題而已，馬夏爾即是明證。在理論的範圍中最重要的結果就是對於數量說的批評，並想重新說明，重加彌補銀行論的推攷及擴大，以及關於價格穩定的理論之進展。

(甲) 貨幣數量說的重述與批評

古典學派經濟學家對於貨幣數量說的見解的缺憾，(註廿四)使凡要用之以說明目前現象的人，必再加以陳述，而有幾個人已試過這工作。其中最早的是改變數量公式中所用的供給與需求的範圍及內容。現在舉例於下。

華爾克(註廿五)主張貨幣的需求是取決於「交易上貨幣使用的機會」，而這與財富的總額不同，因爲交易的不是合體的財富，這與「用以交易的出產物」也不同，因爲有的物品交換了幾次，而有的不用貨幣，如物物交易，由銀行原理，以及「債務的抵消」。他不再指定應包括或消除什麽，就稱之爲「應完成的貨幣工作」。

他將貨幣的供給解作「在某社會中某時間上可用以執行應完成的貨幣工作的貨幣勢力」，他又稱貨幣勢力

(註廿四)　見第十八章第五節

(註廿五)　見華爾克著政治經濟第一六九至一七三頁

「是兩個要素合成的——貨幣的數目及流通的速率。」他說道：「一千塊錢每個在一星期中傳遞四次，則其貨幣勢力與四千塊錢從星期一早到星期六晚祇傳遞一次的相等。」在另一處他又說道（註廿六）「貨幣的供給是流通的數量與每個貨幣交換貨物而傳遞的平均次數相乘。」

至於以具體物品表現的貨幣二字加以正確的定義，而使人能決定在貨幣之下是否應包括鈔票支票爲主的存款等等，顯然華爾克並不感覺是必要的。他對於這名辭（貨幣）的定義，必須從他對於貨幣功能的議論以及上述的各說明而推論出來。

祥生（J. F. Johnson）在他的貨幣與通貨（*Money and Currency*）一書中（第二章）（註廿七）他提出定量公式中所用的主要辭句的定義及說明：

他解釋貨幣爲「在任何國家或社會中有交換媒介或支付手段的普遍承受性的有價物或經濟貨物。」他說在美國，這就是黃金，並且祇有黃金而已。他的議論中要包括貨幣以及交換媒介的其他要素時，就採用通貨二字。

他主張貨幣的需求不是取決於對貨幣的慾望，也不是市場上貨物的總額，也不是求售的數量；但是取決於售出的數量以及貯錢與銀行準備所用的數量。他說道：「在某日某社會爲貨幣而發生的交換以及這交換的貨物與勞役

（註廿六）見華爾克著貨幣貿易與產業第四〇頁

（註廿七）見祥生著貨幣與通貨（波斯頓 Ginn & Co. 一九〇六年出版）

的總價值，是與貨幣交換的總額相等，並且決定對於用作交換媒介的貨幣的需求。我們應注意在這句話中，他將「貨物與勞役的價值」加入決定需求的其他勢力之內。

他解釋貨幣的供給（註廿八）為「可用作交換媒介的貨幣單位的數目或數量」，而他根據某一個貨幣可以包括不同的貨幣效用或價值的理由，區別這供給與他所稱的「貨幣效用或貨幣價值」的供給。關於這一點，他說貨幣與其他貨物不同。他說道：（註廿九）「貨幣價值的供給（就是有普遍可換性的效用的供給），是對於貨幣的需求的產物，是無關於貨幣單位的數目，並且總是與需求趨於相等。」因此這永無缺少或過剩之時。「所需要的貨幣效用總是存在的，因為這是由其需要所產生的。」他將這部分的議論結束於下：「於是貨幣的供給自動的變化其價值，而總是與需求趨於相等。貨幣調劑其效用以適應需求的這個力量是絕對的。能執行這一切工作的，祇有「洋錢」這工具。牠的可換性不能加以限制，所以每個洋錢的服務是無限的大。」（註三十）

在區別貨幣單位的供給以及貨幣價值或貨幣效用的供給之中，他想指出他所認為是數量說的主點或核心。他以為任何大小數目的貨幣單位可以包含一個定量的貨幣價值，而一個單位所包含的數量（貨幣價值）必與數目的

（註廿八）見前書第二六頁

（註廿九）見前書第二七及二八頁

（註三十）見前書第二八頁

大小相反。

他反覆提及貨幣作爲商品的特點。他除了說明「貨幣是能執行一切必要的工作的唯一工具」之外，又斷言貨幣祇有一個效用，就是可換性而因此「貨幣不斷的尋求用途而在經常狀況下永不至空閒。關於這點貨幣與其他貨物不同。空間的貨幣是異常之物。人們常存積麥及其他貨物希望得到較高的價格。但是貨幣沒有價格而商人扣留貨幣是沒有機會獲利的。」(註卅一)

尼柯遜 (J. Shield Nicholson) 在他的貨幣論與貨幣問題論文 (*A Treatise on Money and Essays on Monetary Problems*) 第一編第五章中，(註卅二) 有一個關於數量說的闡明。他陳述「一個假定的市場」其中的特點是：(註卅三)

(1)除非貨幣(我們可假定一種用 dodo 鳥骨製成的貨幣，雖極不確，但很簡單)在每個交易中眞正的互相傳遞，沒有交易這事信用與物物交易都是未知之事。

(2)除了促成交易而使貨幣不至被窖藏之外貨幣是被認爲無用的。

(註卅一) 見前書第十六頁

(註卅二) 該書第二頁(一八九三年倫敦 Adams & Charles Black 出版)

(註卅三) 見前書第五七及五八頁

(3)有「十個商人每人有一種商品而沒有貨幣，有一個商人有貨幣(一百個)而沒有商品」，而對於一切的商品的估價則相等。

他說在這些狀況之下，「一切的貨幣必用以購買一切的貨物，而每件物品的價值假定是相同的，則每個的價格是十個貨幣，一般的價格水準是十。」假定「每個貨幣祇傳遞一次……這是很明白的，在這些假定之下，貨幣的數目若爲一千，則每個物品的一般水準是一百，而若祇有十個，則每個物品的價格就是一個貨幣了。」

他說明「流通的速率」的意義及影響於下：(註卅四) 修改第(3)的假定，而使有貨幣的商人對於一切的商品的慾望，不是相等的，他祇要第一商人的全部商品，而第一人需要第二人的商品，直到第九人需要第十人的商品，而第十人渴望鳥骨的貨幣。「在這情形下，每個物品必交換一次，但是貨幣的互相傳遞共有十次，而每個物品的價格是一百，不是如前所述的十。」

這個闡明顯示這學說的主要點，就是貨幣的價值是完全與製成貨幣的材料無關(鳥骨是完全無價值的東西，就是沒有商品價值而祇有貨幣的價值)；這個價值是與這些單位的數目及流通的速率相反，而不受各人對於不同貨物的相對估價的變動的影響(在這假設的市場中的假定之一，不以有貨幣的商人對於每個商品加以相等的估價，也不以每個商人祇需要一種的商品)。尼柯遜(Nicholson)的說明的又一優點，是避免華克爾及祥生等人在解

(註卅四) 見前書第六三頁

釋需求供給及貨幣等辭，以及用交換媒介與實際市場中買賣的貨物的實在要素來說明這些名辭所受的困難。

最近對於這學說的解釋中有所謂的「交易的方程式」(equation of exchange)替代了舊的供需公式；在方程式的一端的記號是用以指貨幣與信用要素，而另一端是代表商品要素。這方程式兩端之間的相等符號，指示替代舊的供需學說的議論的性質。

在美國有凱末爾(Kemmerer)及費希(Irving Fisher)教授，而在英國有克因思(Keynes)都採用這方法以闡明數量說。(註卅五)他們各人所用的方程式互有差異，凱末爾的最簡單而克因思的最複雜。費希的最通行，美國經濟評論(*American Economic Review*)每年加以統計的解釋。因此這方程式可作為用這方法重述舊學說的一個標準。

費希的方程式是 $MV+M'V'=PT$，M代表流通的貨幣數目，V代表貨幣流通的速率，M代表以支票為主的銀行存款額，V′代表這些存款的流通速率，T代表交換的貨物的總數，而P代表這些貨物的價格。

(註卅五)參閱凱末爾的貨幣與信用工具對於一般價格的關係(*Money and Credit Instruments in their Relation to General Prices*)(一九○七紐約 Henry Holt & Co. 出版)；費希的貨幣的購買力(*The Purchasing Power of money*)(一九二二年紐約麥米倫書局出版)；克因思的貨幣論(*A Treatise on money*)共二卷(一九三一年紐約 Harcourt Brace & Co. 出版)

這個方程式的意義解釋於下，（註卅六）暫時不提及M′V′：「這方程式的貨幣方面包括兩個體度（magnitude）（1）貨幣的數量（2）貨幣流通的速率在貨物方面也有兩個體度（1）交換的貨物數量（塊、噸、碼）（2）這些貨物的價格。這方程式指示這四個體度是互有關係的因為這方程式必須完成，所以價格必與其他三個體度發生關係——貨幣的數量，流通的速率以及交換的貨物數量。因此在大體上這些價格必須隨貨幣的數量及流通的速率而變化，而與交換的貨物數量相反。」

他為充分說明P與T起見，提出了另外兩組的記號，就是P，P′，P″，P‴，等及Q，Q′，Q″，Q‴，等，P等代表市場上交易的個別貨物的價格，而Q等代表這些貨物的數量，他於是將M′V′加入這方程式，而說明他所認為各要素間的關係於下：（註卅七）M′直接隨M而變化，「因為在任何產業及文化的既定狀況之下，存款有與流通的貨幣發生一個固定或經常比率的趨勢……M與M′在常態下並不改變V，V′或Q等，但祇改變P等。」

在說明利用這方程式編製的指數時，指示P等與P及Q與T之間的關係要受到困難，第一是總數Q等所受的困難。這總數中所用的各單位，是否就是通常所用的噸、磅、碼、加侖等嗎？費希的答覆（註卅八）是「否」，因為這種方法必

（註卅六）見費希著貨幣的購買力第一八頁

（註卅七）見前書第一五一頁

（註卅八）見前書第一九六頁

產生「一個極武斷的總數」，而有不同的結果，例如我們用噸或一百重量來測量煤。因此他決定這單位應爲某年卽稱爲基年（base year）中的「一元之值。」所以T是指交換的貨物所值的元數，不是用通行的各單位所測量的貨物數量。

如此提出價格（P）是決定T的一個要素，則必需解釋P不是方程式中的一個新要素，但是其中已有的各要素（就是P等），以及決定T的內容的Q等的一個修改者。因此他稱之爲某年的P與基年的P的比率的加權算術平均數（weighted arithmetical average）。

我們對於他的平均數的計算，（註卅九）不必窮究其詳，我們祇須說該計算的主點是比較在基年中售出貨物所值的總元數，以及在某一年中貨物若按基年的市價售出所得的總元數。換言之，P是一個分數（Fraction），一個百分數，而其決定則包括P等以及T所包含的Q等。因此 PT 中P與T不是分開的價格，（P's）與貨物的數量（Q's）是構成二者的要素。（註四十）

現在我們可以問這些對於數量說的新說明及闡明，是否已使之穩固，並且使之成爲價格或「價格水準」的完善

（註卅九）見前書第一九九——二〇三頁

（註四十）見安德遜著貨幣的價值第一六二——一六四及三六三頁，以及美國數學社公報（一九一四年四月）中威爾遜對於費希著作的評論第三七七——三八一頁。

的說明。批評者的答覆是否定的他們指出下列的各缺點：

（1）在這學說的新舊一切說明中所解釋的現象——價格，都是假定的。牠們都是總合市場上售出的貨物數量，而所用的總合方法是價格方法，就是按貨物售出的價格而合計平均起來。這學說的闡明者都以為不能將貨幣的數量與貨物的數量相比較，若不用同一名稱說明這兩個數量通常用以指貨物數量的斗、噸、碼、磅等等在牠們總合及與流動的元，法朗，馬克等的數目相比較之前應以元、法朗、馬克等名稱來說明。說明這些價格而用上述的數量說顯然是不足勝任的。

（2）價格水準問題是認為與個別價格問題完全無關的。費希教授主張「應明白認淸價格水準非與個別價格分別研究不可，（註四一）並以為「任何個別價格應有一個價格水準。」（註四二）他的批評者則以為價格水準應先有個別價格，並以為這是這種價格的一個平均數，因此不能與個別價格分開研究，而個別價格的說明確是說明價格水準的必要條件。（註四三）

這兩個迥然相反的觀點，一半是由於兩方面的價格觀念的差別。一方將價格與交換媒介相連，又一方將價格與

（註四一）　見前書第一七五頁

（註四二）　見前書第一八〇頁

（註四三）　見安德遜著貨幣的價值第十五章

價値本位相連。數量說的學者並不區別二者。他們以爲價値本位祇是說明交換媒介的功用之一而已。至於他們的批評者則以爲這句說明一個與交換媒介分立的東西，並且這東西或是或不是後者的要素之一。這班批評家以爲價格是用這東西的價値表現的個別貨物的價値之數字說明，而價値不是認爲交換的比率，但是決定交換比率的一個要素。一方面以爲不兌換鈔票代硬幣而作爲一國中的流通媒介時，就是放棄金本位而停止其作用；另一方面則主張在這情形下金本位仍繼續維持，因爲票面上的數字就是指確定的金量。因此前者說明這種鈔票的價値，祇提及牠們作爲交換媒介的用途，而後者則主張本位物品的價値是這問題的一個要素。

（3）在這學說的一切解釋中，完全根據以信用工具爲流通媒介的要素之一，對於後者的數額之影響來說明信用對於價格的影響。這學說的批評者以爲這祇是這問題的一面，而不能認爲是最根本的一個。

（4）費希解釋這學說的「交換的方程式」，中批評者指出其他的缺點。安德遜在他的貨幣的價値（註四四）中，有以下的評論：

（甲）這方程式是一個均等的定理，其中並沒有如費希所說的貨物方面及貨幣方面，但是有兩個貨幣方面：「在一方面我們有貨幣的數量M，用一個抽象的數字V相乘；在方程式中的另一方面我們有貨幣的數量P，用T相乘（一個抽象的數目）。在每一方面的積數，是一個「貨幣的總數」。這些總數是相等的，因爲牠們是相同的。這方程式所

（註四四） 見該書第一六一頁

說明的祇是付出與收入相等。這均等的方程式的本身當然無可議之處。安德遜所懷疑的祇是以這一個方程式的價值，爲因果關係的說明。

（乙）安德遜也非議費希證明他關於V，M，與T，以及M′與M之間的關係的斷言所用的理由及事實的解釋，而根據這些主張費希斷言價格「與貨幣的數量及其流通速率成正例，而與交換的貨物數量成反比例。」安德遜反對費希的理論，而提出理由及事實以表示費希方程式中的M之變化可以使V發生補償的變化（Compensating Changes)，其中影響V的勢力大半也影響T，而M也受T的影響，M並非完全取決於M但也受T的影響，換言之他說明M或T或二者發生變化時，費希的方程式可以由其中其他要素的補償變化（同時P沒有變動）而解決的。

（乙）價格的其他說明

對於上述的數量說的各解釋感覺不滿意而又覺得不能求得一個完善的解釋的經濟學家，（註四五）就不用數量說而說明價格。他們的分析的開端是這個定理：價格是個別貨物交換其他貨物的比率的數式（numerical expre-

（註四五）見勞林（Laughlin）著貨幣學原理（一九〇三年紐約 Charles Scribner's Sons. 出版）及貨幣信用與價格的新解（*A New Exposition of Money, and Credit Prices*）共二卷（一九三一年芝加哥芝加哥大學書局出版），史考特著貨幣與銀行（*Scott's Money and Banking*）第六版（一九二六年紐約 Henry Holt & Co. 出版）。

ssior）而這一個貨物他們稱之爲價值本位，這同一的本位也用以形成價格的出價及售價，以及總計各種的事物如稅捐的徵收，私人、公司或國家的財富總額的清單，及同時或不同時期中國家、地方、公司或個人的財富總額之比較。

至於價格問題成爲交換的貨物的價值之說明，其中包括本位物品問題而沒有特殊的獨立的學說，這情形所用的與其他情形所用的是相同的。

關於交換媒介一點，其中每個要素既然都印有數字或記號，以指示通行一種的本位物品的單位數目，而這數目是假定或希望爲交換中的同價物，則其估價問題就是說明爲何與這同價物有差異以及其差異的程度（假使有這種變異的情形）。

假使這些要素個人都能按其上所印的記號，而立刻換成同數的本位物品，那就沒有解釋的餘地了。祇有在停止或放棄或兌現受阻礙時才有問題發生。於是就有跌價的現象，而需要相當的說明。這說明的一個主要點是這不兌換是認爲支付契約的一種違約；又一主點是在一切的紙幣中，其他信用工具以及每日在證券交易所及其他處的估價勢力是認爲恰當的適用的；第三點是占主要地位的是純粹的主觀勢力。這些要素的數額或流通的總數量，是認爲估價中的許多原因之一，但不是估價中的唯一原因，並且在許多情形下也不是最大的原因。

流通媒介數額對於本位本身價值的影響的說明，在數量說的擁護者及批評者之間也有極重要的歧異之見。前者主張價值本位是一個硬幣，其價值完全是從作爲交換媒介之用而來的；牠的純金價值所影響於牠的，祇是限制這媒介的數量而已。這班批評者則不然，他們主張純金價值是最重要的，因此非貨幣用途對於本位物品的需求，是決定其價值的一個主要及永有的原因，而使數量說的說明無效。

（丙）銀行論

銀行學的較舊理論，大半是關於鈔票發行的用途及規則。近年來存款銀行業及用支票存款為交換媒介的突進猛飛（在過去五十年中尤甚）使銀行業的這些方面大為進展，而結果使銀行業的理論有幾個修改及擴充的地方。這些發展中最顯著的是這個理論：以支票為主的存款對於國家經濟及價格的影響，正如鈔票一般，並且在兩個情形下的影響可用數量說來說明的。數量說的批評者曾注意鈔票與以支票為主的存款之間的相似點，但是否認用數量說來說明牠們對於國家經濟，尤其是對於價格的影響。他們特別注意鈔票發行與以支票為主的存款額常是價格原因變化的結果，並且在這個數額被認為是原因的情形下，牠的影響不能用數量說來說明的。

晚近費里斯(Chester A. Phillips)教授倡立一個學說，以說明銀行準備與銀行信用的擴充之間的關係，（註四六）他說在個別的銀行，這種擴充的數目祇能稍為超過準備的增加額，而「在銀行制度中」則擴充額可超過準備的擴充額的幾倍。這個奇論是因為費里斯予兩個情形下的準備以不同的內容。在個別銀行中他將準備與他所稱的「基本存款」合而為一，而按他的定義，後者包括「現金或立可兌現的同價物如支票及向其他銀行發出的匯票，但是

（註四六）費里斯著銀行信用（一九二〇年紐約麥米倫書局出版）

非預先用以償還借款的。」這名辭適用於銀行制度時包括什麼，他却沒有說明，但是在這情形下顯然祇能包括「現金」因爲各銀行都包括在這核算之內時大家應得的是互相抵消的。

因此費里斯的學說與一般所主張的在實質上有何區別，以及相差多少，是不很明白的。但是該學說對於說明有時經濟學家與銀行家意見紛歧的問題，頗有價值。後者常說出借他們的存款而經濟學家則注意借款產生存款的事實。費里斯的分析注重於他所謂的「基本」及「附從」的存款之間的區別，後者是指直接從借款而來的存款，並指出在銀行制度情形下是後者占優勢；同時在各個銀行中就不盡然，雖然他說這句話（註四七）「借款對於個別的銀行，是存款的子息，」但是他誇大之辭。

近年來，尤其是歐戰以後，經濟學家對於中央銀行的業務及政策的舊理論，都重加攷慮，並且有的地方加以修正。這些銀行的國家職權及責任始終爲一般所重視，而尤以貼現率及貴金屬的國際流動的統制爲甚，但是晚近有新的理論以指導牠們處理這些及其他的職務。從前流行的學說是以組織本身的安全及利潤爲政策的指南，但是現在所注重的是這些銀行統制銀行制度的信用之擴充及減縮的責任，而關於這種統制的執行及效力，以及爲何要有這種統制等的理論，都極盛行。

關於這種統制的需要及適宜，這些理論含糊不明，並且多未加以陳述。這些理論是由於深信自動的調整是無用

（註四七）見前書第六四頁

的，而釀成投機信用的不均分配以及一部分的近世經濟史中所特有的興旺與衰落時期之間的更迭，而其影響似乎隨時間及經濟生活的複雜的增進而愈形嚴重。

關於信用統制的方法的理論多涉及操縱貼現率以及中央銀行的公開市場業務的影響。牠們的缺點是在誇張這些銀行的勢力而不能見到我們金融組織中各個銀行及其他部分的獨立，以及分離或追溯一個同時有各種不斷變化的行爲與勢力的情形下，一個行爲或勢力的影響之困難。我們懷疑經濟學是否已進展到能提出正確有用的理論，以述及近世經濟生活特有的不斷變化的複雜勢力連合行爲的影響。而這正是這些理論家所担任的工作。

（丁）價格的穩定

晚近有一個設想及理論的來源，就是確信價格的水準應該並且能夠加以「穩定的。」變動的價格所釀成的弊害早已被承認，並且常常討論之。從各方面都有例子，而每人也都很熟稔。想設法救濟，當然是尋求這現象的原因或各原因，而關於這目標前輩經濟學家說明本位物品的價值的變動影響其他一切的物品，而這物品既然也是延期支付的普遍本位，則其價值的變動必大大阻碍債權者與債務者之間的關係，總是在金融上損害甲方或一方。於是本位物品的價值的穩定成爲必需的了。

所提出以達到這目標的各手段中，是複本位制以及利用他物以替代交換媒介中的本位金屬。前者在理論上不立能腳，而在實際上不能成功。後者也不完善，雖然有一點的效力。

許多經濟學家以替代本位物品的價值之穩定倡議採用一個爲延期支付的獨立本位，卽所謂的計表本位（tabular standard）他們的理論是有一組的物品其中價值的變動較小於本位物品的變動。

晚近經濟史中（尤以歐戰後的時期）特有的價格大而常的變動，激刺了這題目的研究，並且促成了救濟因此而起的弊害的更深研究。許多研究是注力於用指數方法以測量價格的變動，而倡議的穩定計劃也不少。（註四八）有幾個理論指導這個研究，而且決定這些計劃應完成的目標。

有一個是用分類平均、衡量以及統計學家用於價格統計的其他方法，可以分離由價值的標準影響於價格的勢力以及由市塲上買賣的其他物品影響於價格的勢力，而由此測量本位物品的價值的變動。

我們估量這理論的效力時，應避免經濟學家普通使用的價值二字的兩個意義所引起的混亂，就是「購買力」與「邊際效用」（或「主觀的」及「客觀的」，或「由內」及「由外的」價值。（名辭的解釋在此不加討論）但是論及採用這理論所常用的假定：在本位物品的購買力已決定及測量時，決定這購買力並使之變化的各原因也被分爲兩部分，一是包括影響於物品的原因，一是包括影響於交換方程式中其他一方面的原因。這個假定的唯一根據（若眞有任何根據），是又一個假定用以選擇平均、衡量價格統計的各方法，抵消影響於交換方程式中這一方面的勢力之影響。但是至今沒有統計學家能充分證實這個假定。卽使能證明這種的抵消是成功的（由於抵消一部分物品的價格的增加，與其

（註四八）見勞倫斯（J. Stagg Lawrence）著價格的穩定（紐約麥米倫書局出版）

餘物品的價格的減少）也不能證明在任何其他時期中也有這種抵消，所以由比較兩個時期的平均數而發現的價格水準的變動完全是從影響於本位物品的勢力而來的。

又一理論是主張價格的穩定可以救濟由價格變動而產生的弊害，至少最大的弊害。沒有一類的物品可以加以選擇，而其平均價格的穩定能保證無數個別及團體價格的穩定，後者價格的變動產生必需救濟的擾亂。每一個團體的製造家關心於不同價格的穩定，農民又有不同的團體（棉業農民團體與穀物農民團體不同）勢力階級又有不同的團體，而從有利證劵而得收入的人又有不同的團體眞是不勝枚舉，正當敦促採用任何可行的穩定計劃，至多是能夠稍爲減少某階級所受的價格變動的弊害。

關於倡議的各種穩定計劃，可說是實際上所受的困難大半很大，並且大半是不能克服的，而理想的常是極嚴重。

我們攷量一切的情形，似乎分析影響於本位物品的供需的勢力以及操縱這些勢力所得的眞成功，較多於遠大的穩定計劃。

第二十八章　過去五十年中對於「正統派經濟學」的反抗

前面各章中概述一八七〇年後理論上的進展，而繼之有對於前代經濟理論（大半是舊歷史學派）的反抗。這運動當然是由許多狀況所促成，其中有(1)達爾文(Dawin)史本沙(Spencer)等人的著述，他們從進化的概念見到研究社會的新途徑；(2)經濟生活的激變及愈形複雜而其迫切的問題似乎非當時政治經濟所能解決；(3)對於根據幾個簡單的前提（就是季逵斯奧國學派及所謂的新古典學派所用的前提，）而推論的理論問題，這運動的代表就是新歷史學派，制度學派以及統計學派。

一　新歷史學派

（甲）希謨勒（Gustav Schmoller）

在德國，於希謨勒（Gustav Schmoller）的領導及感化之下，歷史學派又振興及發展起來，他的一生中大部分是担任柏林大學的經濟學教授。他係舊歷史學派的前輩深信經濟學的前提必須從根據歷史研究的綜合而求得，但是他以為舊派在未有充分的基礎之前，就從事這種綜合工作。他在一八九五年發表的一篇論文題為國民經濟（*Vo-*

lkswirtschaft)(刊載政治經濟辭典(*Handwörterbuch der Staatswissenschaften*)說道：(註一)「舊歷史經濟學從世界史的事實而下的結論太急太快了。我們現在知道應有精密特殊的攷察，以確立研究經濟與社會史以及完善的經濟理論的基礎。」

因此希謨勒用許多年的工夫，和他的門生潛心研究。他們的結果散見於各書及專論，而尤以他所主編及創辦的德國立法行政經濟年鑑與政治經濟社會科學研究(*Jahrbuch für Gesetzgebung, Verwaltung und Volkswirtschaft im deutschen Reich und in Staats-und sozialwissenschaftliche Forschungen*)以及社會史與經濟史雜誌(*Zeitschrift für Sozial-und Wirtschaftsgeschichte*)中為最多。他本人最大的貢獻是十九世紀德國小工業史(*Geschichte der deutschen Kleingewerbe im 19. Jahrhundert* 一八七〇年)；斯多拉堡的織工藝術(*Strassburger Tucher-und weherkunst* 一八七九年)，十八世紀普魯士的經濟政策(*Wirtschaftliche Politik Preussens im 18. Jahrhundert J. G. V. V.* 一八八四—一八八七年)；分工的實例(*Die Thatsachen der Arbeitsteilung* 同上一八九〇—一八九三年)；現今的社會政策與工業政策(*Zur Social-und Gewerbepolitik der Gegenwart* 一八九〇年)；社會政策與經濟學的根本問題(*Einige Grundfragen der Socialpolitik und Volkswirtschaftslehre* 一八九八)、憲法史、政治史、經濟史研究(*Umrisse und Untersuchungen zur Verfassungs-Verwaltungs-*

(註一) 見該雜誌第五四五及五四六頁

und Wirtschaftsgeschichte 一八九八）*Acta Borussica*（一八九二—一九〇〇）。

希謨勒教授在晚年感覺已有些推論的材料，收集得很充分，他就將牠們發表於他的國民經濟學大綱（*Grundriss der Allgemeinen Volkswirtschaftslehre*）中，第一卷在一九〇〇年，而第二卷在一九〇四年出版。在這本不朽的著作中，他說明對於經濟學的性質、方法及內容的見解。該書大概是代表經濟史學家對於經濟學的性質及現狀的概念的最佳之作。

在緒論中希謨勒說明方法及定律於下：「經濟學由於比較及分析觀察，測驗牠們的眞實與正確，由於將正確的觀察列成一個概念（從研究牠們的相同與相異點而得）的系統，而最後從如此組織的材料中尋出標準的規律及根本的因果關係，可以得到經濟現象的眞相。眞正科學的主要問題是（1）正確的觀察，（2）優良的定義及分類，（3）尋求標準的方式及因果的說明。在科學進展的各階段中，這些問題次第的出現，先探求事實，而又由概念、分組、因果的說明及假定，而精研這些事實，是重要之事。」（註二）接着他討論定律道：「我們不容歷史定律的知識時，我們却說及經濟與統計的定律。我們所指的是這些祇有一部分是有定則的重複的現象，就是所謂的實驗定律，而其因果關係非尚未發現，即至少尚未有定量的測量。至於眞定律就是固定的運行方法，不但是我們知道的，並且測量的因果關係，即使自然科學所知道的也極少。心理的確實從測量，但是政治經濟的特點是：「定律」二字是適用於以測量社會心理不斷的

（註二） 見 *Grundriss* 第一章第一〇〇頁

變化的數字結果。這可證之這些名辭如人口律、工資律、價格律以及地租律。」(註三)從這些以及其他可引述的名辭看起來，可見希謨勒深信經濟定律的存在，並且認尋求這些定律是經濟學的主要目標。他在討論適宜於正確的觀察概念的形成，分類以及因果關係的探求的方法時，明白說出他深信使用演繹法，假定及歸納法甚至今日我們所謂理論的一切方法。他所反對的是使經濟學限於從少數簡單前提而得的推論，就是古典派經濟學家，奧國學派及理論的經濟學家等的著述的特徵，以及對於根據這種演繹法的結論的信仰。

他也懷疑經濟學家的能力能發現所謂的歷史定律而在國民經濟學大綱（*Grundriss*）的末章中(註四)他又表示他懷疑經濟學能確立人類經濟生活的任何統一要素，或一致發展或進步的任何根據。

他在說明經濟學的內容時，他毫不猶豫的從人性的特點及基於歷史事實的綜合而加以演繹，他又常提及環境，人種學及心理學。我們簡單分析國民經濟學大綱（*Grundriss*）的內容，就可使該書的特點明晰。

該書包括一篇緒論及四大編。緒論討論經濟學的性質及範圍，其心理及道德的基礎，以及其著述與方法。第一編稱爲「土地、人口及技術」，第二編是「國家經濟的社會結構」，第三編是「貨物的流動與收入的分配的社會程序」，第四編是「一般國家經濟生活的發展」。

(註三)　見前書第一章第一〇八及一〇九頁

(註四)　前書第二章第五六二頁

緒論的第二部分包括九章，以社會學爲主。所討論的主題分：（1）社會生活的目標及方法，（2）用以促成人與人間的相互了解的心理物理（Psychophysical）的方法，就是方言及文字，（3）精神方面的自覺及集合力量的範圍，（4）個人的感覺及需要，（5）人類的衝動，（6）貪求的衝動及經濟的道德，（7）道德的性質、社會生活習慣、公理及道德的倫理法則，（8）經濟與道德生活之間的一般關係。

第一編有四章，分別討論一個民族的經濟之倚賴於外界性質、種族及人民；人口的要素及動向，技術進展的經濟意義。第二編討論家庭的經濟社會團體，城市及國家的居留地及生活狀態，國家及其他政治單位的經濟；社會及經濟的分工；財產的性質及其分配的特點；社會各階級的形成以及商業經營及活動的各形式之發展。第三編分爲九章，討論交換市場及商業經濟競爭；度量衡、硬幣及貨幣；價格及價值；財產、資本及信用（包括租金及利息）；信用機關及其近年來的發展（包括銀行業），勞工關係、勞働法、勞働契約及工資；較新的重要社會組織，如保護貧民、保險、雇用、勞働組合及仲裁法庭；以及收入及其分配，包括小題目如從財產及勞働而來的利潤，地租及收入。第四編討論國家經濟的變動及恐慌；階級衝突、階級統治及國家法律及改革的抑制；國家間的經濟關係及衝突（包括商業政策）；以及人類及各個國家的經濟與一般的發展（包括其興起、進步及衰落）。

從縷述該書的各標題，可見希讓靳著作的特點是其範圍之廣，而非所用的方法。他討論人類經濟生活的各方面，因此他不得不採用前輩及同時各家所用的一切方法。凡歷史的及統計的材料可用或可得時，他必採用之而從這些材料綜合之、演繹之；但是他從其他來源而得的材料也不少，如其他的科學及普通的觀察，而他根據之爲前提。他也採用古典學派及奧國學派的理論（不過範圍很小）以爲頗有益於說明他所討論的現象、但是他避免他認爲是古典學派的主要缺點，就是將經濟學限於從所謂的「經濟人」(economic man)而得的前提的演繹法。他所討論的以及他所說明其活動的人，是歷史觀察、以心理學家、生物學家、攷古學家與其他專家的科學研究所表現的眞正的人，而這人的性質及活動是這班專家的研究主題。

希謨勒及他同時與後代的德國經濟學家的著述的實體論之特點，不能完全歸功於歷史學派。他是繼承一個遠在十七及十八世紀的計臣學家(Cameralists)的傳統，這班計臣學家是以訓練青年服務於各邦的文官職爲主，因爲他們不得不討論與文官有關的事實及狀況。他們的著作及演講是德國政治經濟發展的原子，而就是在十八世紀末葉及十九世紀初葉中，卽英國古典學派在德國最占勢力的時期中，一篇關於政治經濟的德國論文在範圍及內容上都與英國的大相徑庭。前者所討論的大半是經濟生活的事實，而理論却多列於次要地位。

德國在一八七二年 Verein für Sozial-Politik（社會改革的組織）的創立以及其他事故，促成了一個經濟學論戰，該組織是以社會改革爲主。在這時期之前，舊歷史學派的勢力漸漸侵入全國而占優勢，尤以大學中爲甚。該派的擁護者至此都歸服於不滿意於古典學派經濟學的各團體，而舊歷學家前曾提出的各問題都暫時消沉無聲。希謨勒就成爲重振這些問題以及德國當時改造經濟學的企圖的一個領袖，其他參與這改造工作的人對於舊經濟學的反抗態度不如希謨勒之甚，其中有華納（D. Wagner）與向倍格（Gustau Schonberg），他們發表了許多精明的論文及小冊子。（註五）他們及其他都想保守舊歷史學派的實體論（realism），不如希謨勒及他的門徒想一氣推翻（尤以最初的傾向爲甚）舊經濟學家的功績。

（乙）　賴斯里（Cliffe Leslie）

在英國，代表新歷史學派的最主要人物是賴斯里（T. E. C. Leslie），他是愛爾蘭的經濟學家，他與杜柏林的三一學院（Trinity College）的關係頗深，開首是該校的學生，後來任教授。在十八世紀的末葉中，他發表了許多論文，（註六）述及政治經濟的性質及方法，散見於當時的各雜誌，而以二週評論（*Fortnightly Review*）爲最多。其中最重要的是亞丹斯密的經濟學（一八七〇年發表）以及一八七六年發表的經濟學中的哲學方法。其他可以提出的是功利主義與至善目標，德國經濟歷史（對於羅希爾的德國國民經濟學史 *Geschichte der National Ockonomik im Deutschland* 之評論），約翰密爾（*J. S. Mill*），開恩斯教授（*Cairnes*），泊芝浩（*Bagehot*），經濟學與統計，以

（註五）請參閱華納著 ***Lehr-uad Handbuch der Politischen Oekonomie*** 以及向倍格著 ***Handbuch der Politischen Oekonomie***

（註六）各篇論文及其他在一八七九年印成一書稱政治與倫理學論文集（***Essays in Political & Moral Philosophy***）本書引述各節皆取材於該書。

及經濟學與社會學。

在亞丹斯密的經濟學一文中，他說明原富一書是亞丹斯密所處的時代的產物或反射當時的狀況，而該書僅僅未說明「國家定律的眞意義，或普遍而不變的眞理。」他以爲這說明應先懂得斯密的全部哲學，並以爲這哲學是根據於十八世紀中各哲學家所信仰的「自然律的理論，」就是主宰自然的一切動向而時時維持最大快樂的偉大寬宏及萬能的神的神學觀念，以及「保障政治與宗教的自由反抗獨裁政府與不平等法律信仰個人理性及判斷，」（註七）他承認斯密使用精銳的觀察，並且研究歷史同時代的生活及社會，並說斯密就爲這事實而避免他的後起者所犯的錯誤。

他批評當時英國的經濟學爲「由某一歷史而產生的臆測及學說，而竟含有各主要作者的歷史及特質。」他在答覆勞威（Lowe）在下議院關於愛爾蘭土地條例辯論的一文中說道：「經濟學在各時代及各國中變化極多，並且竟在同一時代及同一國家中而有不同的闡明，不似勞威所說的無國界及時代性。」（註八）

在經濟學的哲學方法的一文中，他分析及批評古典學派的幾個根本觀念，而尤以他們關於「財富的性質，」「財富的要求，」「支配財富數目的狀況」等的理想爲甚。他聲明他們對於財富的定義：「有交換價値的物品，」僅僅是一

（註七）見前書第一四八—一五三及一五六頁，

（註八）見前書第一四八頁

個抽象，而對於在某時社會各階段各國及各階級與個人中財富種類及方式的相異點及變遷，或是「對於支配他們的社會及社會演進律，」一無所解釋。（註九）這些爲古典學派所完全忽略的問題，他認爲是一個以財富爲研究主題的科學的最重要問題。

他說道：「財富的要求這句話，是各種慾望要求及感情的總稱，牠們各有其經濟的性質及影響，有的經過根本的變化，而有的却保持其歷史上的繼續性。」（註十）僅僅用這句話「財富的要求」所指的抽象，是不能說明牠們對於生產、交換及財富的分配。他說道：對於「財富的要求」這句所包含的各種不同的慾望加以攷察，是必需的，即使我們（有的屬於該派）認經濟學祗是一個交換及價值的理論。因爲物品的價值是隨這些慾望在程度及方向上的變化而漲落。

他將古典學派學說關於「支配財富數目的狀況」一點，概述於下：（註十一）

「祗有在幾個定理及學說中，（就是在財富的要求的勢力下的）人力是不斷的使用；其技能其數目大半是由分工而增大；三大生產要素中勞力與資本二者的供給，有漸增之勢，但是第三——土地的供給不變，而其生產力隨人口的增加而遞減；財富是因生產的費用及消費而增加，而因不生產的費用及消費而減少。」他對於這些定理多加以

（註九）見前書第二一七及二一九頁

（註十一）見前書第二二二頁

抨擊。（註十二）

關於第一點他說道：「對於財富的慾望決非勤勉的動機，更非節約的動機。戰爭、征服、搶掠、盜刼、竊偷、僞詐等都是財富的取得方法。」

「不生產的費用及消費非必減少財富。牠們是一切生產的根本動機而沒有過度費用的習慣……一個國家必陷於窮困之境。」

「關於『財富的要求』費用及消費的相同勢力的主要問題是——在不同的社會狀態中，不同的組織下以及其他四周的狀況下，牠們引起何種財富，何種取得的方法以及何種的實際用途在上述的各方面中，牠們受什麼社會演進律的支配？」

他在評論中又提出許多他認爲與所謂的古典學派的演繹法相反的方法的眞理。茲舉述一二於下：

「實在每個國家的整個經濟，如關於男女的職業及事業，財富的性質、數目、分配及消費等等，是一個悠長的而有繼續性及變化的演化結果，其中經濟方面祇是全體的一面而已。其法則是應求之於歷史，社會及社會演進的一般法則的結果。」

他批評羅希爾關於國家經濟的法律背景的議論於下：

（註十二）見前書第二二二至二二四頁

「但是我們可以提出這更爲普遍的定理就是社會進步的接連的狀態，從經濟學家、法學家、心理道德及政治的哲學家的觀察看起來，是不可分開的相連的現象。」（註十三）

「也許我們可斷言在社會相連的狀態中取得財富的方法，是受制於一般社會演進的一定法則，雖然祇有在早期中的動作是易於追溯的。」

「演繹的經濟學曾經從由個人利益所促成的行爲的假定而推論支配人力的方向，職業的分擔，生產方法以及財富的性質數目與分配的法則；但是結論（社會的研究使之日愈不能反抗）是：每個國家的現在經濟所演進的原子不是個人，更非一個抽象的化身，但是原始的社會——在血統、財產思想、道德責任以及生活狀態上的一個社會；並且個人利益的本身，以及國中每個男女的慾望目標及事業是從這社會的歷史所形成的。」

「我們所稱的經濟勢力不但與道德力及智力相連，並且與之相同。支配財富的生產、儲積分配及消費的慾望是愛、食慾、道德及宗教心家族感情審美嗜好及智慾。」（註十四）

他批評開恩斯陳述的「人性的原則以及外界的物質政治及社會的法則與事故，」說道：「應再加研究的是攷察實際的現象，並且尋求這些現象在社會演進及國家歷史的法則中的根本原因。」（註十五）

（註十三） 見前書第二二八頁

（註十四） 見前書第二三〇頁

「財富的現象可作爲一班特殊研究者的特殊研究題目，但是支配這些現象的共存與連續律，必須從社會學及其方法中求之。」

他概述他的議論於下(註十六)：

「這抽象及以前的方法，不能說明決定財富的性質數目或分配的法則……在另一方面，哲學方法必爲歷史的，而非追溯國家史中經濟與其他狀態之間的關係不可。至於財富的性質，我們已見到對於人類經濟狀況影響極深的財富種類及成分之差別，在進步的不同階段中表現出來，並且必從整個的物質、道德、智識及普通的社會情形中追尋其原因。財富的數目是取決於人類努力的動向，以及生產技術與供給方法的情形，已加證明了。財富的分配是認爲不但是交換的結果，而且是道德心、宗教心、家族觀念與感情，以及國家的整個歷史的結果。因交換而起的分配是隨社會進步的不同階段而變化，而與演繹經濟學的各學說毫不符合。每個連續的階段，如遊獵、牧畜、農業及商業等，有一個與物質、智識、道德及社會發展所不能分解的經濟，而今日的英國社會的經濟狀況，是從政治組織、家族結構、宗教方式、高深的專業、藝術與科學、農工商狀態演化而成的結果。經濟學的哲學方法，必爲說明這個演進的方法。」

(丙) 殷格蘭

(註十五) 見前書第二四一頁

(註十六) 見前書第二四一及二四二頁

現在應叙述另一愛爾蘭經濟學家的觀點，他是賴斯里的朋友並且是在三一學院的同事。在一八七六年殷格蘭(John Kells Ingram)在杜柏林開會的英國經濟學與統計學促進會中發表一篇演講題名「經濟學的現在地位與展望」。他批評古典學派，並陳述一個與希譲勒及賴斯里極相似的經濟學的性質、範圍與方法的觀念。他的觀點又繼續發表於後來的各書中而尤以他的經濟學史一書中最爲顯著，該書最初在一八八五年發表於第九版的大英百科全書後又印成單行本。(註十七)

他在經濟學史中陳述孔德(Comte)所倡的社會學的主點於下：(1)這是一個科學，其中討論社會一切要素的關係及其相互的反響，(2)包括社會的動態及靜態的理論；(3)消除絕對性而以注定的變化的觀念替代設想的固定性；(4)最主要的方法是歷史的比較，其他方法雖不加擯棄；(5)其中充滿的是與從自然律而得的個人權利相反的道德觀念、社會責任觀念(6)在其精神及實際的結果中傾向於實現構成「公衆原因」的各目標；(7)用和平的手段，而以演進替代革命以達到這目標。(註十八)

孔德在說明適合於這新科學的方法時，指出社會靜態與社會動態之間的區別：「前者研究社會共存律，後者研究社會發展」，而又指出生物學家與社會學家的方法之間的相似。二者都必須研究「演進所表現的在一個上升表

(註十七) 該書的最近版是在一九一五年(是在他逝世後)該版中有伊利教授的序言以及施高脫補充的一章

(註十八) 見經濟學史的新版(倫敦A. Sc. Black, ltd 一九一五年)第一九一及第一九二頁

上各結構及功用」，並且社會學家「必有系統的比較社會的各連續階段，以求得其連續律，而以決定其各特點的系統。」

這些方法適用於「經濟無異於適用於其他的社會設想，」而結果是「嚴格的說起來，分立的經濟學是不可能的，因其祇代表一個複雜機體的一部分，而這機體的全部及行爲是不斷的相合及互相的變化。因此無論什麼有用的表徵能從我們對於個人性質的普通學識而得到，社會的經濟結構及其發展方法是不能預測的，但是必須用歷史的研究來證實。（註十九）

所以殷格蘭在大體上是贊同歷史學派的，深信所謂的歷史方法。假使在主要點上與該派各份子有所不同，那是因爲他崇服孔德的觀點，他是從孔德而非德國學者得到他的感化力及根本的觀念。他對於當時經濟學的態度見於他爲伊利（R. T. Ely）的經濟學的研究入門（*Introduction to the Study of Political Economy*）一書而作的序言中，在該文中他批評他所稱的「經濟學的新學派」於下：

「（1）至於經濟學在各科學的一般系統中的地位，該派以爲財富的研究除了暫時及臨時之外，不能與其他社會現象分離；並且我們應記着人生各方面的關係及相互作用。在事實上，祇有社會學，而經濟學是其中的一章，而且應與其他緊緊相連。」

（註十九）見前書第一九三及一九四頁

「(2)該派指出經濟學如一般的社會學，不但是靜態的，而且是動態的（採用孔德的用語）經濟學必不能假定一個固定的社會並假定祇討論共存律而忽略了連續律。現在一般都承認社會是受發展程序的支配，而這程序的本身不是不定的，但是有規則的，並且以爲社會事實非追溯其歷史是不能眞正了解的。因此贊同舊學派的假定公式（就是假定以適合一切的情形及解決一切的問題）喪失了前曾煊赫一時的榮譽，而經濟學的方法成爲歷史的，而社會演進的各階段是認爲各有其特點，並且各階段應有不同的修正勢力。」（註廿）

「(3)該派在承認「經濟學中演繹法」的眞地位（如其他社會學的研究中的演繹）時，主張歸納研究應占多數。我們不要設立一個抽象的經濟人，而從所假定的他激動一切經濟現象的一二行爲的原則推論之，我們必證實何爲社會的事實，如證實其他科學一般；祇有完成這個研究後，我們才追溯這些事實在外界的組織中，在人性中以及在社會的當時狀況中的來源。一個最有價值的研究工具就是歸納法的一個特殊方式，稱爲比較法，而這最宜於研究「歷史的系統。」

「(4)這些智識方面的動向與感情及道德上的新趨勢相合。我們有法國新學派最先進的代表季德（Gide）教授詳加說明的「一個大融合」(un grand degel)從前使人見而迴避的枯躁艱難而使經濟學博得「陰沉的科學」之名，現在却變成較合人情而有活潑的精神了。最顯著的是無產階級的問題，勞工階級的狀況及將來問題等大大支

（註廿） 見前書第XVII——XIX頁

說道：（註廿三）「在開首時就想排除以前的一切學說，而觀察實際的事物，演繹的理論祇有在解釋他們觀察的結果時，才採用以補助之。關於這點，又有許多關於何種結果及經濟學應有的形式等的不同意見。許多歷史學派以為現在已不值得構成各公式，以示某一社會中個人之間的關係，如以前的地租、工資及利潤律；並且以為他們所應尋求的是社會發展的法則——換言之，就是社會經濟生活所真正經過的各階段的綜合。他們深信有這種的學識不但使他們洞察過去，而且使他們易於了解現在的各種困難」。

二　制度學派的經濟學

近年來有一班經濟學家興起，尤以美國為最甚，他們與新歷史學派以及所謂的正統學派都迥然各殊。他們批評其他一切的學派，而反對歷史學派的發展法則的態度，也不減於古典學派或奧國學派的學說，他們功績的大半是屬於批評的，但是他們似乎以他們所倡的制度，作為研究的目標。他們研究這些制度的演進的及當時的狀態，藉力於歷史這工具的程度不如新歷史學派之甚，但是他們多根據於生物學、心理學、攷古學及人種學。他們主張研究的基礎是追求事實及實情，而不是先設假定及抽象；但是他們也採用抽象、演繹法、假定、綜合以及其他一切的理論方法。

這一派的又一特點（至少是該派多數所發表的觀點），是對於現狀及制度的不滿，他們的不滿不像我們對於目前經濟及其他社會問題的缺憾（縱使我們有最大的努力）以及嚴重的性質，所感覺的緩和的不安，但是較為深刻而

（註廿三）　見前書第XII及XIII頁

激烈的不滿。我們不能將他們與激烈份子並列——如社會主義者，雖然他們與激烈份子的合作較多於與保守份子。他們的激烈主義是特殊的。該主義是起於確信變遷（尤以經濟狀況及制度爲甚）是常態，而制度在常態下是發展較緩，從未達到其應有的情形。

該派的首創者，主要的感化者及代表，可說是范博冷（Thorstein Veblen）。他是一個奇僻而善於諷刺的天才，他的敏銳的頭腦對於經濟學範圍內外的宏博的學識，以及一支生動的筆，都用以推翻對於過去及現在的經濟學的信仰。他的影響在美國今日的青年經濟學家中頗爲深大，雖然自願列爲他的門生的人爲數不多。我們簡述他的主要觀念，就可知道這一派的立場如何。

范博冷的觀點（註廿四）散見於下列的著作：有一系論文最初發表於一八九八至一九〇九年間的各雜誌中，後在一九一八年刊印單行本，題名近世文化中科學的地位及其他論文集（*The Place of Science in Modern Civilization and Other Essays*）；有閒階級說（*The Theory of Leisure Class*）（一八九九年）；商業經營說（*Theory of Businen Enterprise*）（一九〇四年）；工作的本能（*Instinct of Workmanship*）（一九一五年）；德帝國與產業革命（*Imperial Germany & Industrial Revolution*）（一九一五年）；和平的性質（*The Nature of Peace*），

（註廿四）關於范博冷的著作及影響的評述，參閱荷曼著今世經濟思想（紐約 Harper & Bruthers 一九二八年年版）第一〇五頁。

（一九一七年）；既得的利益（*The Vested Interests*）（一九一九年），管理者與價格制度（*The Engineers and the Price System*）（一九二一年）；以及遙領所有權（*The Absentee Ownership*）（一九二三年）。

他的經濟學批評大半是對多數經濟理論所演繹的前提而發。他對於經濟學家創立的論理系統加以一點注意，但是不承認他們的前提。他簡直認之爲完全不能成立的前提。他以爲古典學派的前提是根據唯樂主義心理學及確信「凡事的進程中有一個攷正的趨勢」。他以爲近世的心理學已破壞了唯樂主義以及一個攷正趨勢的學說，而這學說在開端時是理論的，而由邊沁（Bentham）及功利主義學派使之變成這觀點．自然律運行的結果是正確有効的。這觀點又被推翻自然律哲學的勢力所摧毀了。古典學派經濟學家接受這人性的唯樂觀點，而創立「經濟人」假定的企業自由競爭及私人所有權，使他們的經濟學成爲從這些前提而推論的一個論理的演繹法。

范博冷認努力修正古典學派的古典派以後的經濟學家完全失敗。他討論邊際効用說者時頗不耐煩，假使不是輕蔑之意。他在稱頌馬夏爾時，又認馬夏爾用以改造經濟學的努力是徒勞而無功。他以爲馬克思及其他社會主義者，以及歷史學派也無所成，因爲經濟學的範圍內顯然有按新方向加以新建設的需要，而范博冷自己就努力於這個新工作。

他所根據的基本觀念之一，就是人性的觀念。按這觀念人是認爲一個本能的動物，而他所得的本能，在實質上是與其他較高的動物所得的方法相同，就是由於遺傳及環境的影響，而尤以物質的環境爲甚。這些本能「決定他的一生的目標與方針」他天賦的智力與理性在這「籌劃生計」中僅僅占一部分，因爲就是在此，「傳統」及繼承的「思想的習慣」是占優勢的。

各個人及團體由於這些本能的指導及主宰他們的行爲成爲習慣的，而由這些習慣的行爲產生了制度。由人力利用物質環境以滿足他物質慾望而促成的行爲結果產生了經濟制度；按范博冷的意見這些行爲應成爲經濟學的題材。

范博冷在各著述中提出這學說：從「生番，」「蠻族」及「手工藝」程序而進展到今世的「機械」時代的經濟制度。他在說明這程序時，使用一切可用的學識，尤以心理學、人種學、思想及文化史以及許多綜合與理論。他的分析大半討論從財產所有權而產生的制度，以及經濟關係技術程序及方法。他對今日的經濟制度嚴加抨擊，而希望一個激烈的變化，雖然他不妄加預言。

他吸引一般青年經濟學家的魔力就是他在他的建設工作及破壞的批評中，所指出的由研究社會制度而建立新經濟學的途徑。這班青年經濟學家在因經濟學今日的研究者的相反觀念以及他們對古今學說所加的批評而起的混亂中，徘徊莫知所適。

三　統計學派的經濟學

制度學派的經濟學的一個變體——或應認之爲其中的一面或一小綱目——是由美國的一班統計學家所代

表。他們以爲統計學是改造經濟學家的第一方法。他們對於經濟學的其他研究者(過去及現在的)的批評態度，正不減於制度學派，並且贊同他們的一般觀點，包括他們對於人性，制度的來源及發展以及經濟學的目標與方法的觀念。他們所不同的，祇是認統計學爲工具，並以爲統計學所形成的綜合將成爲將來的經濟理論的大部分(若非全部分)。

該派的領袖是密却爾(W. C. Mitchell)，他是哥侖比亞大學的經濟學教授，並且是國立經濟研究館的研究主任。他的主要著作是綠背紙幣史(*A History of Greebacks*)(一九〇三年)；綠背紙幣本位下的黃金價格與工資(*Gold, Prices, and Wages under the Greenbach Standard*)(一九〇八年)，商業循環(*Business Cycles*)(一九一三年第一版，一九二七年重訂第一卷)。他對於經濟學的性質範圍及方法的各觀點，多發表於各論文，其中最著名的是經濟理論的定量分析(*Quantiative Analysis in Econonric Theory*)(見於一九二五年美國經濟評論)；經濟學與人類行爲(*Human Behavior and Economics*)(見於一九一四年經濟季刊)；貨幣在經濟理論中的地位(*The Rôle of Money in Economic Theory*)(見於一九一六年美國經濟評論)以及經濟學的展望(*The Prospects of Economics*)(見於一九二四年出版的經濟學的趨勢(*The Trend of Economics*)一書中，該書尚有其他作者的論文)。(註廿五)

密却爾用技巧的手段說明他的觀點，並且常常宣佈他對於經濟理論的必需及效用的信心，但是他對於主此所

(註廿五) 該書由 R. G. Tugwell 所編輯而由 A. A. Knopf 所發行(紐約一九二四年)

發展的任何學說的無甚信仰，是很明顯的——除了制度學派的學說；但現在仍處於開端的試驗的時期——但也深信統計學家有創立較現在任何理論更有價值的學說的能力。

密却爾所想像的新學說的特點以及該學說與舊學說的相異點，都詳述於他的經濟理論的定量分析一文中。他說他對於統計學的希望並不如舊派經濟學家如馬夏爾等，認之爲舊學說的證明及補充。他以爲舊派經濟學家所研究的問題不能用統計方法來證明或反證。他以爲統計學家的工作是提出能用定量方法來解決的新而不同的問題，舊的問題將「烟消雲散」了。他說道：(註廿六)「假使我的預測是正確的，則我們在個人經濟中所根據的效用及反效用，或動機或選擇等的理論工具，完全爲定量分析者所擯棄，而消除靜態的情形。這班學者的工作中的心理要素，大半是包括團體經濟行爲的客觀分析。他們並不忽視動機，但是視之爲應加研究的問題，而非認爲制定的說明。」

他以爲新的定量經濟學現在祇能加以推測，同時他却倡議其中所討論的問題是：「商業與產業間賺錢與製物間，以及經濟生活中經濟與技術狀態間的關係」。他認這問題是過去及現在的「定性分析」所忽視的問題。關於定量經濟學家研究這問題的各標題，他分爲「廣告的經濟用途」，「不穩定的價格水準對於生產的反動」，「國家規則的各系統對於公用物的服務的影響」；而他又預測「這種的研究將擴大而成爲複雜的貨幣經濟制度的積極批評——這批評可指導後代建立「較合於他們的需要」的伸縮自如的組織。」(註廿七)

(註廿六) 見美國經濟評論一九二五年三月份第五頁

密却爾對於上述的制度學派的信服，可見於他的袒護制度的問題，他說「制度使行爲標準化，所以促成了統計的方法。(註廿八)

至於制度問題的研究，他以爲與幸福的根本問題有密切關係，」至此他又說道：「定量分析……增加我們用以判定幸福的客觀標準，並且研究這些標準的互相的差異。」他以爲統計學家「所助於測量客觀成本及客觀結果者，是使社會盲目的追求快樂，改爲試驗的程序的必要手段。」

他以爲這個試驗是關於「團體的行爲」，並以爲「今日的試驗也許可進爲將來的經濟學家最盡心的活動，」而他預測「對於經濟學的反響，要比普通行爲的定量分析所引起的任何影響激烈得多。(註廿九)

密却爾概述他的理論於下：「統計材料的增加，統計技術的進步，以及社會研究的補助，使經濟學家能多採用定量的分析；定量理論家在研究中常發見他們所提出的問題，應與定性理論家所採用的不同；這重述問題的技術上的必要，使經濟理論產生激烈的變化，尤其是使行爲更爲客觀的重視制度以及促成一個試驗的技術之進展。」(註卅)

(註廿七)　見前書第七及八頁
(註廿八)　見前書第八頁
(註廿九)　見前書第九頁
(註三〇)　見前書第九頁

參考書

Ashley, W. J., *An Introduction to English Economic History and Theory*, Part I, *The Middle Ages;* Part II, *The End of the Middle Ages, several editions* (New York: G. P. Putnam's Sons; London: Longmans & Co.).

Bagehot, Walter, *Economic Studies,* 2nd ed. (London: Longmans, Green & Co., 1888)

Böhm-Bawerk, Eugen von., *Capital and Interest, A Critical History of Economic Theory*, translated with preface and analysis by William Smart (London: Macmillan & Co., 1890)

Bonar James, *Philosophy and Political Economy in Some of Their Historical Relations* (London: Swan Sonnenschein & Co., 1893).

Boucke, O. Fred, *The Development of Economics, 1750—1900* (New York: The Macmillan Co., 1921).

Boucke, O. Fred, *A Critique of Economics, Doctrinal and Methodological* (New York: The Macmillan Co., 1922).

Cannan, Edwin, *A History of the Theories of Production and Distribution in English Political Economy from 1776 to 1848* (London: Percival & Co., 1893).

Cunningham, W., *The Growth of English Industry and Commerce*, 2 vols. (Cambridge: The University Press, 1890, 1892).

Davenport, Herbert Joseph, *Value and Distribution* (Chicago: University of Chicago Press, 1908).

Dühring, E., *Kritische Geschichte der Nationalökonomie und des Socialismus* (Berlin, 1871).

Gide, Charles, and Rist, Charles, *A History of Economic Doctrines*, tronslated by Wm. Smart and R. Richards (Boston: D. C. Heath & Co., 1915).

Gonnard, René, *Histoire des doctrines Economiques*, 3 vols. (Paris, 1921).

Haney, Lewis H., *History of Economic Thought*, revised edition (New York: The Macmillan Co., 1920).

Homan, Paul T., *Contemporary Economic Thought* (New York: Harper & Brothers, 1928).

Horn, J. E., *l'Economie politique avant les Physiocrats* (Paris: Guillaumin et Cie., 1867).

Ingram, John Kells, *A History of Political Economy*, new and enlarged ed. (London: A. & C. Black, Ltd., 1915).

Kleinwächter, Friedrich von, *Der Entwicklungsgang der nationalokönomischen Wissenschaft in Deutschland* (Leipzig, 1926).

Leslie, Thomas Edward Cliffe, *Essays in Political*

四畫

公共行政 (Public Administration)
薩斯論～ 445-6
反重商主義的學說 (Anti-mercantilistic theory) 56-8
反重農主義黨 (Anti-physiocratic party) 53
巴枯甯 (Bakounine)
～與馬克思爭執 328
巴師夏 (Frederick Bastiat)
～評馬爾薩斯 280
～評呂嘉圖的分配說 282-3
～的財產說 282-3
～對於價值的說明 280-1
～的自由貿易觀點 278-9
～著政治經濟的和諧 282
～的和諧定律 283
～的生涯 276-7
～對於社會主義的反動 279
～的著作 277,279
巴多 (Baudeau) 48
孔德 (Auguste Comte)
殷格蘭述～的社會學 581-2
分配 (Distribution)
古典學派的～論之缺點 345-8
社會的規則與條例對於～的影響 184
進步對於～的影響 199-206
～律與生產律的比較 184
～的邊際生產力說 550-1，第廿五章
社會生產對於～的結果 490-1
羅培圖斯的褫奪說 323-4
羅培圖斯提出的分配方法 325
羅培圖斯論分配的階段 321-3
～的社會程序 508
頁巴衛論～ 436-44
卡里論～ 270-1
馬夏爾論～ 529-32
彌爾論～ 184-91
魏沙論～ 397-8
魏克斯梯論～ 459-61
公共財政 (Public Finance)
薩斯論～ 445-7
文化史 (Kulturgeschichte) 240
高丁鎮大學是～的中心 241
文化歷史學家 (Kultur-Historians)
希謨勒評述～ 240-1
牛頓 (Isaac Newton)
～著自然哲學原理 28
心理學 (Psychology)
邊際效用說在～上的缺點 463-8

五畫

白朗克 (Louis Blanc)
～國家工場 311
～的生涯 310-1
～著勞工組織 310
～的社會哲學 311
～的社會工作場建議 312
包克 (Böckh) 242
包那 (James Bonar)
～著哲學及政治經濟 見參攷書
布魯克鄉試驗 (Brook Farm Experiment) 310
甘南 (Edwin Cannan)
～著生產與分配思想史 見參攷書

卡里（Henry C. Carey）
～應用價值說於土地 269
～對於經濟學的觀點之變遷 266
～的價值觀念 267
～評馬爾薩斯的人口論 273
～區別貿易與商業 276
～的聯合說 275
～的保護政策 275-6
～對於分配的說明 270-1
～的交換率 267-8
～的一般生活律 273-4
～的利益的和諧 272-5
～的和諧律 274-5
～的生涯 265-6
～論人類的特殊才能 275
～論勞力的價值 270
～的著作 266
卡佛（T. N. Carver）
～評貢巴衛的利息說 481
古典學派經濟學家（Classical Economists）
～以爲貴金屬的生產成本是貨幣價值的最後支配者 356
希德布蘭評～ 253-4
賴斯里評～ 577-9
李斯脫評～ 228-32
國家主義派評～ 211
～主要學說的缺點 341-51
生產成本（Cost of Production）
～說的批評 403-6
企業家的～ 342-3
開恩斯論～的犧牲說 337-8
彌爾論～ 192-3
馬夏爾論～ 524,525
魏克斯梯 462
魏沙論～ 399-407
卡爾佛理德利（Carl Frederick of Badeu） 48
加里亞尼（Galiani） 65
市場（Market）
魏克斯梯對於～的分析 458-60
英國國外～的問題 92
尼柯遜（J. S. Nicholson）
～對於數量說的見解 555-6
尼伯（Niebuhr） 242
生產者盈餘（Producers' Surplus）
馬夏爾論～ 529
生產（Production）
～成本（請參閱生產成本）
馬夏爾論～費用 524
進步對於～的影響 197-8
大小規模的～ 179-80
～的意義 78-80
～的增加律 179-83
彌爾論～ 173-83
～的要件 173-79
～的社會程序 508
生產要素（Productive Agents）
～的生產力 178-9
代表商號（Representative Firm）
馬夏爾論～ 526
史畢勒（Spittler） 241
生活標準（Standard of Life）
古典學派解釋工資時應用～的缺點 345-6
馬夏爾的～說 529-30

呂嘉圖的〜說 128–30

世界大戰 (World War)

〜是擾亂經濟平衡的主因 367–8

〜對於銀行論的影響 564–5

〜對於價格穩定的研究 567

六畫

安德遜 (B. M. Anderson)

〜評價值是比率的觀念 535–6

〜評邊際效用說 474–6

〜評數量說 561–2

〜說明價值是社會的產物 540–2

〜對於價值的定量觀念 535,536–40

〜的社會價值說 535–42

〜著貨幣的價值 560註43

安頓 (Anton) 241

共產黨宣言 (Communist manifesto) 327

合作 (Coöperation)

〜與分工的關係 179–80

成本貨物 (Cost goods)

克拉克的〜的估價說 (參閱貨物) 508–9

伊翰伯 (Prof. Eheberg)

〜對於李斯脫的頌詞 235

伊康 (Eichorn) 242

企業家 (Enterpreneur)

華爾克說明〜的功能 543–4

伊壁鳩魯派 (Epicureans) 1

交換 (Exchange)

克拉克論〜 489–90

彌爾論〜 192–7

孟琦論〜 388–9

交易銀行 (Exchange Bank)

蒲魯東的〜 316

自由貿易 (Free Trade)

巴師夏的〜觀點 278–9

米勒評〜 219

斯密認〜的可能例外 89

重農學派的〜說 52

收入 (Income)

薛斯蒙迪的總收入及淨收入論 292–3

地主 (Landlords)

〜的利益與其他階級的利益相衝突 133–4

地方主義 (Localism)

英國的〜 4–5

英國的〜的衰落 6–7

米勒 (A. H. Muller)

〜的資本觀念 219

〜評自由貿易 219

〜評放任主義 219

〜的生涯 216

〜的個人對於國家的關係說 217–8

〜對於紙幣的見解 220

〜的著作 216–7

托馬斯蒙恩 (Thomas Mun) 16

地方統治團體 (Municipalities) 4–5

自然的秩序 (Natural Order)

重農學派的〜說 50,52

合居 (Phalansteries) 307–9

地租 (Rent)

詹姆士安德遜的〜說 97–8

貢巴衞對於〜的說明 439

克拉克區別〜與利息 496

地主從〜所得的利益 123–4

馬夏爾論呂嘉圖的〜說 527–8

彌爾論〜 191
呂嘉圖的〜說 120-4
收入 (Revenue)
斯密論總〜與純〜 76-7
向倍格 (Gustav Shonberg) 575
安徒尼奧塞拉 (Antonio Serra) 22
牧羊業 (Sheep Culture)
〜對於莊園自守的影響 7
史梯華 (H. W. Stuart)
〜論邊際効用說的心理學 467

七畫

亨利王第六至伊利撒伯朝 (Tudors)
〜的統制國家經濟生活 7-9
亨利柏勞漢 (Lord Chancellor Henry Brougham) 138
克拉克 (J. B. Clark)
〜論資本適應勞力供給的能力 495
〜論資本是生產力 498
〜與馬夏爾的比較 485
〜評賁巴衞的利息說 498-9
〜說明勞力及資本得其所生產 492-513
〜區別資本與資本貨物 495-6
〜區別勞力與勞力隊伍 500
〜利息與租金 496
〜論貨物的品質中最後增加量決定價格 505-8
〜論靜態標準的變化之影響 513-6
〜論交換是社會的勢力 489-90
〜論落後國家對於勞力的影響 516
〜論動態勢力對於勞力的影響 515-6
〜論獨占對於勞力的影響 515-6
〜論社會生產對於價值與分配的影響 490-1
〜論利息是資本的出產品 496
〜的生涯 484
〜論勞力與資本是社會的資金 500-1
〜論工資律 494,495
〜的邊際生產力說與勞力及資本家的攙奪 512-3
〜論自然價格,工資與利息 491-2
〜論分析估價應用於生產者貨物 508-9
〜的利潤說 515
〜論節約與資本間的關係 498
〜論社會的動態經濟 513-6
〜論生產與分配的社會程序 508
〜論社會的靜態經濟 489-513
〜的社會價值說 534
〜論經濟學說的分部 485-6
〜論競爭 516
〜論價值的根本標準 536
〜論財富的普遍現象與定律 486-9
〜謂工資與利息爲盈餘 502
〜的著作 485
克里弗 (W. K. Clifford) 518
狄德羅 (Diderot) 65
狄吉斯 (Sir Dudley Diggis) 17
杜林 (E. Dühring)
〜著國民經濟與社會主義之批評 見參攷書
狄蓬 (Dupont de Nemours)
〜著重農學派 49
亨利喬治 (Henry George)
〜的利息說 423-5
希侖 (Heeren) 241
希遜布蘭 (Hildebrand)

～評古典學派 252-3
～評蒲魯東 254
～與羅希爾的爭議 255
～的生涯 250-1
～著經濟學的現在與將來 252
～的著作 251-2
何尼 (P. W. Hornig) 18-21
利息 (Interest)
貢巴衛對於～的貼水說的貢獻 476-8
卡佛與麥佛蘭評～貼水說 481-2
馬夏爾評～貼水說 478-80
華爾克評～貼水說 478
～貼水說的歷史 476-8
費希評貢巴衛的解釋 481-3
利息方式 (Forms of Interest)
貢巴衛論～ 436-9
利息說 (Theory of Interest)
克拉克的～ 491-2,496-7,502-4
勞德岱的～ 106
施尼爾的～ 154
克因斯 (J. M. Keynes)
～論數量說 557
克尼思 (Karl Knies)
～對於政治經濟的定義 256-7
～論研究經濟的方法 257
～的生涯 255
～的相對論 256-7
～著經濟學歷史方法的研究的分析 256-9
希謨勒評～ 258-9
～論經濟學與國民經濟 256
～的著作 256
利奧波爾德 (Leopold II) 49
李斯脫 (F. List)
～著理論的分析 227
對於～的國家制度的評述 235-6
～評古典派的經濟學 227-32
伊翰伯對於～的頌詞 235
～的生涯 225-6
～論國家制度的組織 227-8
希謨勒對～的評述 236-7
～的學說的概要 233-5
～對歷史教訓的意見 227
但尼爾馬爾薩斯 (Daniel Malthus) 93
利潤 (Profit)
彌爾論最低的～ 202-4
克拉克的～學說 515
麥佛蘭的～說 541-9
～的剩餘應得者 130-3
呂嘉圖的～說 130-3
華爾克的～說 543-7
改革 (Reform)
～立法 139-40
～運動 135-40
呂嘉圖 (D. Ricardo) 2
～應用報酬漸減律於農業 101-2
～論利潤與價值關係的缺點 343
～的利潤說 130-3
～的地租說 120-4
～的工資說 124-30
～著穀物低價對於利潤的影響 109
～論不兌換紙幣 360-1
～的生涯 109-12
～對馬爾薩斯的人口論的用法 125
～論貨幣的價值 352-3
～的工資基金說 157-8

希謨勒（G. Schmoller）
～著國民經濟學大綱的分析 572-4
～評李斯脫 236-7
～評文化歷史學家的高丁鎮派 241
～評舊歷史學家 258-62
～評羅希爾及其著作 246-7
～與孟琦的爭論 372-3
～敘述重商主義 3
～論經濟學的方法與法律 571-2
～與計臣學派的關係 574
～與新歷史學派 571
社會的動態經濟（Social Dynamics）
克拉克論～ 513-6
社會哲學（Social Philosophy）
白郎克的～ 311-2
奧文的～ 304
社會的靜態經濟（Social Statics）
克拉克論～ 489-513
社會主義（Socialism）
1848年革命對於～的影響 317
近代～的運動 285-6
科學的～ 第十七章
幻想的～ 第十六章
技術（Technique）
～變化的難於調劑 363
近年來～的變化 362-3
狄爾歌（Turgot）
～著回憶 49
～的利息說 423,424
社會改革的組織（Verein Für Sozial Politik） 574

八 畫

阿伯爾（Abeille） 48
非洲公司（African Company）
請參閱幾尼亞公司
亞里士多德（Aristotle） 1
亞希里（W. J. Ashley）
～修政經濟學的影響 584
～著英國經濟史與經濟學說入門 584
～的生活與著作 584
～對於經濟學的方法之觀點 585-6
～述經濟學的性質 584
波雅吉爾伯（Boisguillebert）
～的學說與理想 31-35
～的生涯 29-31
～的著作 30-31
波桑格（Bosanquet）
～評金塊委員會的報告 111
金塊委員會（Bullion Committee） 111
泊芝浩（Bagehot） 見參考書
岱碩（Carl Dietzel）
～評邊際效用說 472-4
東印度公司（East India Co.） 9
東土公司（Eastland Co.） 8
法國（France）
～大革命期中的狀況 24-8
～大革命前的財產分配 24-5
～路易十四統治下的政府 26
～大革命前的租稅 26-7
法國革命（French Revolution） 90
政府（Government）
斯密論～的職務 84-5
彌爾論～的影響 206-9
彌爾論～的干涉 207-9
彌爾論～的必需與隨意的職務 206

斯密論～與國富的關係 84-9
斯密論～的干涉 86-9
居斯達窪斯第三 (Gustavus III) 49
制度學派 (Institutional Economics) 586-9
季逢斯 (S. Jevons) 519
放任主義 (Laissz-faire)
米勒評～ 219
薛斯夢迪評～ 400-2
彌爾論～ 207-9
斯密的～說 87-9
東方公司 (Levant Company) 8
孟琦 (Karl Menger)
～著經濟學大綱的分析 373-92
～的主要著作 370-1
～的經濟科學的分類 371-2
～與希謨勒的爭論 372-3
～論資本 382-3
～論經濟與經濟貨物 378-9
～論交換 388-9
～論貨物 375-6,377-8
～論商品 390-1
～論貨幣 391-2
～論需要 373-4
～論財產 380-3
～論價值標準 391-2
～論價值 384-7
孟德斯鳩 (Montesquieu) 29
奈克爾 (Necker) 66
政治的數學 (Political Arithmetic) 57
政治經濟 (Political Economy)
亞希里對於～的性質及方法的意見 584-6
十九世紀後期初葉的～狀況 第十八章
批評擴充了～的範圍並且變遷了其方法 361-2
殷格蘭論～的缺點 581
殷格蘭論～的新派 582
賴斯里論英國的～狀況 576
開恩斯論～的前提 335-6
開恩斯論～的題材 334
～的發展的重要趨勢 361
宗教改革 (Protestant Reformation)
～對於地方主義的破壞影響 8
固定的狀態 (Stationary State)
彌爾論～ 204-5
效用 (Utility)
邊沁的～說 136-7
服榜 (Vauban)
～著皇室什一稅 35
～的生涯 35-6

九畫

英格蘭銀行 (Bank of England)
～停止硬幣支付 91,92,107
柏赫 (Joachim Becher) 19-21
查理斯第三(西班牙Charles III) 49
科爾伯特 (Colbert) 17
信用 (Credit)
～對於價格的影響 360
～說 (請參閱銀行論)
彌爾論～ 192-3,195,357-8
斯密論～ 357
信用制度 (Credit System)
近年來～的發展 363-4
1815年至1849年的～ 135

柯爾伯波 (T. Culpepper) 17
約瑟第二 (Emperor Joseph II) 49
威廉歌德溫 (William Godwin) 93
哈里 (B. F. Haley)
〜論邊際效用說的心理根據 465
計臣學 (Kameralwissenschaft) 19
重商主義 (Mercantilism)
〜認爲是國家的政策 3
〜的批評 22
英國〜的衰落 第五章
英國的〜 4-12
其他歐洲國家的〜 12-13
〜的著作 16-23
法國對〜的反抗 第三章
〜的學說 13-23
重商主義者 (Mercantilists)
英國的〜 16-7
法國的〜 17
德國的〜 19-22
意大利的〜 22
威廉彼得 (William Petty) 57
重農學派 (Physiocractic School)
〜的衰落 53-4
〜的發展 47-9
〜的學說 49-52
〜的起源 41-6
重農學派 (Physiocrats) 2
〜對於斯密的影響 65-6
柏拉圖 (Plato) 1
玻勒克斯芬 (Pollexfen) 17
卹貧法 (Poor Law)
1601年的〜 7
保護政策 (Protection)
斯密評〜 87-9
(參閱李斯脫,馬爾薩斯,米勒,薛斯夢迪,雷慕)
約翰勒 (John Rae)
〜著斯密傳 62
相對論 (Doctrine of Relativity)
克尼思的〜 256-7
俄羅斯公司 (Russia Co.) 8
施尼爾 (N. Senior)
〜的節約說 150-4
〜的生產成本說 154
〜的獨占說 155-7
〜的工資基金說 157-8
〜的生涯 150
〜解釋利息與價值的關係 343
〜的利息說 154
范卜冷 (T. Veblen)
〜評經濟學 587-8
〜評邊際效用說 466
〜的制度經濟發展說 588-9
〜的著作 587-8

十畫

財政學者 (Cameralists) 19
希謨勒對於〜的關係 574
恐慌 (Crises)
商業〜 134-5
彌爾論〜 203-4
奧文論〜 304
羅培圖斯論〜 325
家庭經濟 (Domestic Economy)
魏克斯梯對於〜的分析 449-451
唐納 (E. H. Downey)

～評邊際效用說 468-71
恩格斯（Frederick Engels） 327,328
高丁（J. Godin）
～倡傅立葉社會於法國艾斯 310
高斯眞（Goschen） 242
高丁鎮（Gottingen）
～大學 241
格林（T. H. Green） 517
格累蒙（Grimm） 66
格羅秀斯（Grotius） 1
唯樂主義（Hedonism）
～與邊際效用說的關係 463-71
海其維希（Hegewisch） 241
殷格蘭（J. K. Ingram）
～對孔德的社會學的說明 581-2
～述經濟學的新學派 582-3
～著政治經濟史 見參攷書
～著伊利的經濟學入門的序言 587
～對於經濟學的缺點之見解 581
～的著作 581-2
祥生（J. F. Johnson）
～對於數量說的意見 553-4
借款（Loans）
彌爾論～的利息 195-6
耶琦（F. D. Longe）
～評工資基金說 339
馬爾薩斯（Malthus）
～應用報酬漸減律於農業 99-100
～主張保護的理由 99
～評呂嘉圖的地租說 140-3
～的人口論 94
～發表的小册子 97
～的人口論 94-6
卡里評～ 273
～對於工資基金說的見解 158-62
馬夏爾（A. Marshall）
～的著作的評價 532-3
～的經濟學原理的各章的排列 523
～與克拉克的比較 485
～論生產成本 524,525
～論需要與供給 526-9
～應用供需律於勞力，土地及資本 529-32
～論應用於生產要素的供需之相互依賴 531-2
～論供需律的均衡說 525-6
～論生產費用 524
～的經濟學原理的目標 519
～的主要原則 519-21
～的替代律 530
～的生涯 517-8
～的繼續的原則 519-20
～的邊際增加原則 522-3
～論生產者貨物的價值 526-7
～論生產者的盈餘 529
～論代表商號 526
～論呂嘉圖的地租說 527-8
～論生活標準與工資的關係 529-30
～的著作 518-9
馬克思（K. Marx）
～的共產黨宣言 327
～與國際勞工黨的關係 328
～與法國社會主義者的結交 326-7
～的經濟演進論 329-31
～的剩餘價值說 329,330
～的價值說 329-30

～與蒲魯東及巴枯甯的爭論 328
～的資本論 328
～的生涯 326-8
拿破崙（Napoleon）
～與英國的戰爭對於穀物條例的爭論的影響 98-9
海軍（Navy）
英國～的發展是英國經濟史的關鍵 11
～的功用 10
發展～的主要方法 10-2
紙幣（Notes）
數量說所說明的不兌換～ 360-1
～的價値 360-1
拿伊斯（J. H. Noyes）
～著美國社會主義史 309-10
哲學的過激者（Philosophical Radicals） 138-9
純生產（Produit Net）
重農學派的～說 50,51
財產（Property）
巴師夏的～說 282-3
孟琦論～ 380-3
雷梆區別國家～與國家財富 221-2
聖西蒙派評私有～ 301-2
私有～的要素 183-5
私有～對於分配的影響 186-7
私有～的限制 185-7
蒲魯東對於私有～的攻擊 314-5
流通速率（Rapidity of Circulation）
古典學派的「貨幣的～」說的缺點 360
彌爾對於～的見解 355-6
烏勒諾爾（Raynol） 65
泰恩（H. Taine）
～著古代制度 24
～敍述法國的狀況 24-8
桑敦（W. T. Thornton）
～評需要與供給說 340-1
～的工資基金說 339,340-1
原富（Wealth of Nations）
～的分析 第七章
～的演進 66-7
～對於重農學派的影響 53
～的主旨與綱要 69-70
韋斯特（E. West）
～的農業報酬漸減說 99-100
韋勒爾思（G. Weulersse）
～著法國重農主義運動 41,註一

十一畫

組合主義（Associationism）第十六章 302
組合主義派（Associationists）
～與集產主義派的區別 302-3
培克曼（Beckman） 241
康第貢（Cantillon）
～著商業概論 37-40
～的生涯 37
國外貿易（Foreign Commerce）
重商主義期中的發展手段 10
～與英國海軍發展的關係 10
康多塞（Condorcet） 93
習慣（Custom）
彌爾論～對於財富分配的影響 186-7
笛金遜（Z. Clark Dickinson）
～論邊際効用說的心理 466-7
商業經濟（Business Economy）
近年來～的發展 364-5

貨物 (Goods)
馬夏爾對於補充∽的估價 526-7
孟琦對於補充∽的估價 387
魏沙對於補充∽的估價 396-7
魏沙論成本∽ 394-9
貢巴衞對於耐久∽的估價 437-9
斯密論對於耐久∽的費用 84-5
孟琦論∽ 375-6,376-7,382-3,386-7
貢巴衞對於將來∽的估價 433-6
生產∽(參閱成本∽)
理查瓊斯 (Richard Jones)
∽評呂嘉圖的地租說 144-9
∽的著作 144 註十
國際勞工黨 (International Labor Party)
馬克思與∽的關係 328
勒特落納 (Le Trosne) 48
麥佛蘭 (C. W. Macfarlane)
∽評貢巴衞的利息說 481-2
∽的利潤說 547-9
∽著價值與分配 548註十八,見參攷書
莊園 (Manors) 5
麥克樂 (McCulloch)
∽評述呂嘉圖的生涯 109-10
∽定生活標準的界限 164
∽的工資基金說 162-4
∽著呂嘉圖的著作 110
曼尼 (Meiners) 241
商品 (Merchandise)
孟琦論∽ 390-1
商人冒險團(Merchant Adventurers) 8
密拉波 (Marquis de Mirabean)
∽著人口論 42
∽著經濟表說明 47
∽的生涯 41
∽著農村的哲學 48
∽著賦稅原理 47
密瑟爾登 (E. Misselden) 17
密卻爾 (W. C. Mitchell)
∽論定量經濟學的內容 591
∽評通行的經濟學說 590-1
∽論團體的行為 592
∽論將來的新經濟學說 591-3
∽的著作 590
貨幣 (Money)
孟琦論∽ 391-2
∽的職分 391-2
∽為價值的標準 391
∽的外表及固有價值 392
彌爾論∽ 193
∽的職分 352
∽的重要 351
∽的價值 352-6
米勒論紙幣 219-20
呂嘉圖論∽ 352-6
古典學派經濟學家的∽說的缺點 358-61
國家 (Nation)
雷夢評斯密的國家觀念 221
國家的要素 (National Agents)
∽是生產的要素 173-4,175
國家主義 (Nationalism)
∽與地方主義的比較 4-5
∽說 13-4
國家主義派 (Nationalists)
∽評古典學派經濟學家 211
∽的著作的意義 237-9

貧困問題（Problem of Poverty）
1776年至1815年的～ 91-2
羅培圖斯對於～的救濟 325
～的學說 324-5
節約（Saving）
勞德岱評斯密的～說 214-5
～是資本的來源 82-3
～與資本的增加之關係（彌爾的主張） 179-82
國家（State）
～的企業家說 15
重農學派指定～的職務 52
重商主義的～對於工業的關係說 15-6
國際貿易（International Trade）
彌爾論～ 193-4
國家財富（National Wealth）
雷夢對於～的定義 222-3
勞德岱對於～的定義 212-3
勞力是～的淵源 70-1
政府對於～的關係 84-9
克拉克論～的普遍現象與定律 486-9

十 二 畫

無政府主義（Anarchism）
蒲魯東論～ 315-6
奧國學派（Austrian School）
～學說的批評 第廿四章
～主要領袖的著作之闡明 第廿章至第廿二章
～學說的應用 第廿三章
貿易均衡（Balance of Trade）
重商主義的～說 15
重商主義發展～的計劃 12
黑死疫（Black Death） 55
貢巴衛（Eugen Von Böhm-Bawerk）
～著資本與利息 見參攷書
～評利息的節約說 416-7
～評利息的襯奪說 420-2
～評賈希的利息說 483
～評利息的勞力說 418-9
～利息的折衷說 423-4
～利息的生產力說 410-3
～利息的使用說 413-6
～對於價值說的貢獻 430-3
～與岱碩討論邊際效用說 472-4
～對於利息問題的說明 409-410
～的生涯 408-9
～答覆華爾克與馬夏爾的批評 478-80
～答覆賈希的批評 483
～論利息的方式 436-9
～論「生產手段」的市場 439-442
～論資本的性質來源及功用 425-430
～論利率 442-4
～論耐久貨物的估價 437-9
～論將來貨物的估價 433-6
～論工資 442-4
～的著作 408-9
開恩斯（John E. Cairnes）
～著經濟學的性質與合理的方法 334
～論1857年之經濟狀況 334
～的生產成本說 336,337
～論需求與供給 336-7
～論國際貿易 338
～論無競爭的團體 336
～論價值 336
賴斯里評～ 579

～的生 333-4
～論國際貿易的競爭之阻礙 336
～認經濟學爲「假定的科學」 335
～著經濟學主要原則之新解 335
～評美國的保護政策 339
～論經濟學的題材 334
喀德鄰第二（俄國 Catherine II） 49
集產主義（Collectivism）第十六章 297-302
殖民地（Colonies）
美國～ 90
重商學說中～的地位 12
堪甯漢（W. Cunningham）
～著英國工業與商業之發展56,見參攷書
斐迭南（Ferdinand of Naples） 49
傅立葉（C Fourier）
～的生涯 306-7
～的合居計劃 307-9
～的社會哲學 307
傅立葉社會（Fourieristic Communities） 308,310
幾尼亞公司（Guinea Co.） 9
幾沙（Guizot） 326
黑格兒（G. W. F. Hegel） 240
凱末爾（E. W. Kemmerer）
～對於數量說的意見 557
勞力（Labor）
克拉克認～爲社會的資金 500-1
克拉克區別～與社會的勞力隊伍 500-1
機械替代～ 363
斯密的分工說 72-3
彌爾認～爲生產要素 175-6
呂嘉圖論～的將來 129
彌爾論～的增加律 180,182
呂嘉圖論～的自然與市場價格 124-5
彌爾論生產與不生產的～ 175
斯密論生產與不生產的～ 81-2
斯密認～爲國富的淵源 70
勞働者（Laborers）
～的利益與地主的利益相衝突 133-4
勞工階級（Laboring Class）
羅培圖斯論～的需要 323-4
動態勢力對於～的影響 515-6
薛斯夢迪對於競爭影響於～的觀點 291-2
勞德岱（Lord Lauderdale）
～評斯密的節約說 214-5
～區別公私的財富 212-4
～的資本生產力說 104-5
～的生涯 212
～對於資本的觀點 214-5
奧文（Robert Owen）
～的試驗 303-4
～痛斥呂嘉圖的學說 140
～的紐拉納克的試驗 303
～的生涯 303-4
～的恐慌說 304-5
～的其他學說 304-5
～的著作 305,306
進步（Progress）
古典學派的～論的缺點 351
普芬道夫（Pufendorf） 1
揆內（F. Quesnay）
～的生涯 43
～著經濟表 43
勞麥（Raumer） 242
斯魯德（W. von Schroder） 19,21-2

斯密 (Adam Smith) 1
　～論信用 357
　賴斯里評～ 576-7
　薛斯麥迪評～ 287-8
　～對於自由貿易的例外說 89
　～論政府干涉的影響 86-9
　～論政府與國富的關係 84-6
　重農學派對於～的影響 65-6
　～的生涯 61-2
　藍博槪述米勒對～的批評 217
　社會主義派對於～的態度 286
　雷夢對於～的批評概要 223-4
　～著道德情操論 64,65
　～對於貨幣的功用說 352-3
　～的工資基金說 157
硬幣支付 (Specie Payments)
　停止～對於價格的影響 107
　1797年英格蘭銀行的停止～ 90,92
斯多亞派 (Stoics) 1
舒荣 (Duc de Sully) 17
湯比 (A. Toynbee) 518
華納 (A. Wagner) 575
華爾克 (F. A. Walker)
　～分析企業家的功能 543-4
　～的利潤說 543-7
　～對於數量說的見解 552-3

十三畫

農業報酬漸減學說 (Doctrine of Diminishing Returns in Agriculture) 100-101
詹姆士安德遜 (James Anderson)
　～著鼓勵國家工業的精神之方法研究 98
　～的地租說 97-8
資本 (Capital)
　克拉克論～對於勞力的適合性 495
　勞德岱論調劑～的數量以適合國家的需要 215
　貫巴衞論～的性質來源及功用 425-430
　克拉克的～論 493-6
　克拉克認～爲社會的基金 500-1
　古典學派的～學說之缺點 348-350
　彌爾關於～的四大定理 350
　斯密對於～的定義及分類 74
　斯密論～的各種使用 77-8
　克拉克區別～與～貨物 496-7
　～的獨立生產力說 103-6
　斯密論～的各種使用的効果 77-80
　彌爾論～增加對於分配的效果 200
　斯密的固定與流動～ 75-6
　彌爾論～的功用 177
　斯密論～的功用 74-5
　彌爾論～的增加律 180-2
　斯密論～使用數量的限制 180-1
　勞德岱對於～的觀點 215-6
　孟琦論～ 382-3
　彌爾關於～的四大立論 177-9
　斯密論自私與～用途的關係 85-7
　斯密論～與分工的關係 73-4
　斯密論社會上的～基金 82-3
　斯密論～的來源 75-7
資本家 (Capitalists)
　呂嘉圖論～的利益與地主衝突 133-4
徭役 (Corvée) 27
達倫伯爾 (D'Alembert) 66
達爾文 (C. Darwin)

～著物種源始 519
經濟狀況 (Economic Conditions)
1776年至1815年間的～ 90-3
1815年至1848年間的～ 134-5
過去五十年中的～ 第十九章
經濟貨物 (Economic Goods)
孟琦論～ 378-80
經濟學 (Economics)
密卻爾對於～的評定 589-92
制度學派～ 586-9
定量～ 591-2
統計學派～ 589-94
對於正統派～的反抗 第廿八章
(參閱政治經濟)
經濟學說 (Economic theory)
克拉克對於～的分類 485-6
經濟 (Economy)
孟琦論～ 378-81
費希 (I. Fisher)
～評貢巴衞的利息說 481-3
～對於數量說的解釋 557-9
經濟學大綱 (*Grundsätze*)
孟琦的～的分析 373-92
新歷史學派 (The New Historical School) 569-86
希謨勒解釋～的國民經濟學 571
希謨勒促進～的研究 570
希謨勒對於～的關係 569
路易十四 (Louis XIV) 26-7
詹姆士麥金拖喜 (James Mackintosh) 138
經濟學的方法 (Method in Economics)
亞希里對於～的觀點 584-6
對於～的爭論 351-2
～爲批評家所影響 361
薛斯夢迪對於～的見解 289-90
詹姆士彌爾 (James Mill)
～的工資基金說 162
達累諾斯 (Dudley North) 57,57-8
～著商業概論 58
農民的反叛 (Peasants' Rebellion) 55
費里斯 (C. A. Phillips)
～的銀行論 564
貨幣數量說 (Quantity Theory of Money)
～的批評 558-62
～的交易方程式的解釋 557-62
克因斯論～ 557
～的重述 552-8
費希對於～的見解 557-9
祥生對於～的見解 553-4
凱末爾對於～的見解 557
彌爾對於～的見解 352,354-6
尼柯遜對於～的見解 555-6
呂嘉圖對於～的見解 353-4
華爾克對於～的見解 552-3
雷擧 (D. Raymond)
～評斯密的國家說 221
～評斯密的節約說 222
～評斯密的國家財富的觀點 221
～區別國家財富與私財富 221-2
～的生涯 220
～對於斯密的批評的概要 223-4
聖西蒙 (Saint-Simon)
～的產業平等的觀念 300
～的新社會的觀念 302

～的主要理想 299-300
～的生涯 297
～的著作 298
聖西蒙之徒 (Saint-Simonians)
～評私有財產 301-2
～國家社會主義的發展 301
～的組織 301-2
運輸 (Transportation)
蒸氣應用於～ 135
福特爾 (Voltaire) 29

十四畫

銀行條例 (Bank Act) 135,139-40
鈔票 (Bank Notes)
～對於價格的影響 107
銀行論 (Theory of Banking)
費里斯的～ 564
存款銀行業對於～的影響 564
歐戰對於～的影響 565
～貼現 135
需求與供給 (Demand & Supply)
～應用於貨幣 354-5,355-6,358-61
古典學派的～說的缺點 344-6
桑敦評～的學說 340-1
開恩斯論～ 336-7
馬夏爾論～ 523,528,528-32
彌爾論～ 192-3
銀行存款 (Bank Deposit)
～的發展對於銀行及信用說的影響 564
演進論 (Evolution)
馬克思的～ 328-31
琪維納 (Gervinus) 242
赫佛秀斯 (Helvetius) 66
赫爾曼 (Herman)
～論利息的使用說 166
赫起森 (Hutcheson) 1
～對於斯密的影響 62
瑪林 (Gerard De Malynes) 17
瑪蒙特爾 (Marmontel) 65
蒙特克勒湞 (Montcretien) 18
需要 (Needs)
孟琦論～ 373-4
蒲魯東 (Proudhon)
～的無政府主義 315-6
～對於私有財產的攻擊 314-5
～提議的交易銀行 316
希德布蘭評～ 254
～的生涯 312-4
～與馬克思的爭論 328
～的占有說 315
～的著作 313

十五畫

獎金 (Bounties)
斯密對於～的批評 89
蔡爾德 (Sir Josiah Child) 16
摩里斯 (F. D. Maurice) 518
墨西爾 (Mercier de la Riviere)
～著社會的必然與必要的現象 49
樂觀派 (Optimists)
～對於古典學派的態度 264
說明法美兩國的～的同時外表狀況 264-5
價格 (Prices)
克拉克的～說 505-8
～對於信用的影響 358,359,360
1776年至1815年的～變動 91,99

克拉克的自然～說 491-2
～的穩定 566-8
調劑 (Readjustments)
近年來經濟～的阻礙 366-7
價值的標準 (Standard of Value)
～是貨幣的功用之一 352,359
孟琦論～ 391-2
～的穩定 567
賤售 (Underselling)
彌爾論國外市場的～ 196-7
價值 (Value)
安德遜評～爲比率的觀念 535-6
安德遜說明～是社會的產物 540-2
安德遜論～的定量說 535,536-40
安德遜的～的社會說 535-42
貢巴衛對於～的貢獻 430-3
古典學派的～說的缺點 341-5
～的勞力說 115-9
～的邊際效用說的心理根據的缺點 463-8
～的邊際效用說的無用 468-71
安德遜評～的邊際效用說 474-6
～的邊際效用說的批評 463-96
岱碩評～的邊際效用說 472-4
孟琦對於～的邊際效用說的見解 384-7
馬克思的～的邊際效用說 327-8
～的社會學說 534-42

十六畫

學徒條例 (Act of Apprentices) 7-8
霍布士 (Hobbes) 1
賴斯里 (Cliffe Leslie)
～著經濟學中哲學方法的分析 576-80
～評斯密 576-7
～對於英國經濟學的評定 576
～評開恩斯 579-80
～評古典學派的經濟學說 577-9
～著政治與道德哲學的論文 見參攷書
～的生涯 575
～對於經濟方法的觀點 578-9
～的著作 575
獨占 (Monopoly)
克拉克論～對於勞力的影響 515-6
施尼爾的～說 155-6
穆瑞勒 (Morellet) 65
穆沙 (Justus Moser) 241
盧騷 (Rousseau) 29

十七畫

戴文波 (H. J. Davenport)
～論邊際效用說的心理根據 463,464,467
～著價值與分配 見參攷書
赫爾曼 (Hullman) 241
彌爾 (J. S. Mill)
～放棄工資基金說 339
～關於資本的四大定理的缺點 350
～的經濟原理的目標 169
～論信用 193
～論生產成本 192-3
～論需求與供給 192
～論農業報酬漸減的重要 182
～論分配 183-91
～論習慣與競爭的影響 186-7
～論交易 192-7
～論政府的影響 206-9
～論信用對於價格的影響 357-8
～論進步對於生產與分配的影響 197-206

〜論不兌換紙幣 360-1
〜論國際貿易 193-5
〜論政府的干涉 207-9
〜論政府的必需與隨意的職務 206
〜論放任主義 207-9
〜論大小規模的生產 179
〜論生產的增加律 179-83
〜論貨幣 193,352,354-6
〜論最低的利潤 202-4,205
〜論私有財產 183-7
〜論生產的要素的生產力 177-9
〜論生產 173-38
〜論地租 191
〜論固定的狀態 204-5
〜論國外市場的賤售 196-7
〜論價值 192-3
〜的生涯 169-70
〜的經濟學原理的組織 170-1
〜的商業恐慌說 204
〜的工資基金說的使用 188
〜的著作 170-1
賽 (J. B. Say) 103
薛立曼 (Seligman)
〜的社會價值說 534
薛威克 (H. Sidgwick) 518
薛斯夢迪 (J. C, Sismondi)
〜論商業恐慌 293-4
〜對於政治經濟的觀點之變遷 287-8
〜評古典學派對於自由與競爭的觀點 291
〜評呂嘉圖 290
〜評施尼爾與賽對於經濟科學的見解 288-9
〜評斯密 287-8
〜的生涯 286-7
〜的總淨收入說 292-3
〜對於經濟學的方法的觀點 290-1
〜對於國家與產業的關係的觀點 294-5

十八畫

穀物條例 (Corn laws)
〜的爭論 98-9
〜的小册子 100
〜的取消 140
舊歷史學派 (Old Historical school) 第十三章
〜的特徵 260-7
黑格兒對於〜的影響 240
〜的歷史背景 240-2
薩維尼對於〜的影響 241-2
薩多里 (Sartorius) 241
薩維尼 (F. C. Savigny) 242-3
薩斯 (E. Sax) 445
職工組合 (Trade Unions)
開恩斯論〜對於工資的影響 338
魏沙 (F. Von Weiser)
〜論集合的需要與國家經濟 446-7
〜評成本學說 402-7
〜評孟琦對補充貨物的估價 396-7
〜的成本說 399-402
〜對於分配的說明 397-8
〜論利息 398-9
〜論價值歸與的定律 397-8
〜對於補充貨物的估價 396-7
〜論生產者貨物 394-6
魏克斯梯 (P. Wicksteed)
〜對於家庭經濟的分析 448-50

～對於市場的分析 453-6
～對於經濟學題材的安排 448
～著政治經濟的常識 448
～論生產成本 461-2
～解釋「經濟狀況」「經濟勢力」「經濟動機」「經濟生活」以及「經濟關係」 451,452
～對於交換的說明 451
～論分配 459-61
～論利息，節約，工具及機器 455-7
～論勞力市場 458-9

十 九 畫

邊沁 (Jeremy Bentham)
～對於痛苦與快樂的分類 136
～的生涯與著作 136-7
～的制慾原理 137
～的同情心和厭惡心 137
～的效用說 136-7
～與哲學的過激者的關係 138
關稅 (Duties)
進出口～對於貿易均衡的關係 11-2
(參閱保護關稅)
羅馬法學家 (Roman Jurists) 1
羅伯特庇爾 (Robert Peel) 138
藍博 (J. Rambeaud)
～著經濟學史 見參攷書
～概述米勒對於斯密的批評 217
羅培圖斯 (J. C. Rodbertus)
～論勞工階級的需要 322
～的惟勞力生產經濟貨物說 320-1
～的褫奪稅 322,323
～著勞働階級的需要 323
～的生涯 318
～著標準勞動日 325
～倡議的分配方法 325
～論分配的階段 321-4
～的思想系統概要 319-20
～的恐慌說 325
～的著作 318-9
羅希爾 (Wilhelm Roscher)
～的目標 243
～與希德布蘭的爭論 255
～著德國經濟史 見參考書
～著政治經濟學歷史的研究大綱 243
～著經濟學的基礎 248
～論政治經濟史 245-6
～的歷史的專論 244
～著農業經濟學 248
～著工商業經濟學 248
希謨勒評～的政治經濟史 246-7
希謨勒評～的一般原則 248-9
～對於重商主義學說的概述 22
～的國民經濟體系 247-8
～的著作 243-4

廿 畫

競爭 (Competition)
克拉克論～ 516
～與經濟科學的關係 186-7
薛斯夢迪評～ 293

廿 二 畫

鑄幣稅 (Seigniorage)
呂嘉圖論～ 354

Spann, Othmar. *The History of Economics*, translated by Eden and Cedar Paul (New York: W. W. Norton and Co., 1930).

Suranyi-Unger, Theo., *Economics in the Twentieth Century*, translated by Noel D. Moulton (New York: W. W. Norton & Co., 1931).

Zuckerkandl, Robert, *Zur Theorie des Preises* (Leipzig: Duncker & Humblot, 1889).

and Moral Philosophy (London: Longmans, Green & Co., 1879).

Macfarlane, Charles William, *Value and Distribution* (Philadelphia: J. B. Lippincott Co., 1899).

Mayer, Hans, Fetter, Frank A., and Reisch, Richard, editors, *Die Wirtschaftstheorie der Gegenwart*, 4 vols. (Vienna, 1927—1928).

Rambaud, Joseph, *Histoire des doctrines Economiques* (Paris, 1899).

Roscher, Wilhelm, *Geschichte der National-Oekönomik* (Munich, 1874).

Schmoller, Gustav, *Zur Litteraturgeschichte der Staats- und Sozialwissenschaften* (Lipzig, 1888).

Schmoller, Gustav, *Die Entwickelung der deutschen Volkswirtschaftslehre im neunzehnten Jahrhundert*, 2 vols. (Leipzig, 1908).

Schüller, Richard, *Die klassische National-ökonomie und ihre Gegner* (Berlin, 1895).

Schumpter, Joseph, "*Die neuere Wirtschaftstheorie in den Vereiningten Staaten*," *Schmoller's Jahrbuch*, Bd. 34, 1910.

Schumpter, Joseph, *Dogmen-und Methodengeschichte im Grundriss der Socialökonomik*, Vol. I, 2nd ed. (Tübingen, 1924).